Moritz Bürki Marianne Fuchs

Topfpflanzen

für Gärtnerei und Floristik

Steckbriefe und Tabellen
von A-Z

THALACKER MEDIEN

Die Originalausgabe erscheint unter dem Titel
«Topfpflanzen für Zimmer und Balkon»
bei Fischer Media, AG für Verlag und Publishing,
3110 Münsingen-Bern/Schweiz

Die Deutsche Bibliothek – CIP-Einheitsaufnahme
Topfpflanzen für Gärtnerei und Floristik:
Steckbriefe und Tabellen von A bis Z /
Moritz Bürki; Marianne Fuchs. – 3. verb. Aufl. –
Braunschweig: Thalacker-Medien, 1999
ISBN 3-87815-129-2

Satz und Druck: Fischer Druck AG, Münsingen-Bern
Gestaltung: Volker Dübener
Umschlaggestaltung: Hansgeorg Barkowsky
Lithos: Grafolitho, Zürich
Einband: Schumacher AG, Bern und Schmitten

ISBN 3-87815-129-2

Moritz Bürki
eidg. dipl. Gärtnermeister

war während vieler Jahre als Obergärtner, Betriebsleiter, Fachlehrer und im In- und Ausland als Fachreferent tätig.

Marianne Fuchs

ist eidgenössisch diplomierte Gärtnermeisterin und in der «grünen Branche» als Kursleiterin, Fachlehrerin und Expertin tätig.

Vorwort für die dritte deutsche Ausgabe

«Topfpflanzen für Gärtnerei und Floristik» ist ein Band aus der Reihe der Praxis-Ratgeber, die mit den Titeln «Pflanzenschutz an Zier- und Nutzpflanzen», «Schnittblumen, Schnittgrün und Fruchtzweige», «Blütenstauden für Zier- und Steingärten» sowie «Sommerblumen – Anzucht und Verwendung» in Fachkreisen auf sehr gute Resonanz gestossen sind. Sie werden vornehmlich von Fachgeschäften und Berufsfachschulen mit Erfolg eingesetzt.

Moritz Bürki ist Mitverfasser an allen fünf vorliegenden Büchern dieser Reihe. Seine Mitautorin, Marianne Fuchs, ist Gärtnermeisterin und Fachlehrerin. Gemeinsam haben sie ein Fachbuch geschaffen, das die Palette der Topf- und Zimmerpflanzen zusammenfasst, die heute in Gärtnerei und Floristik angeboten wird. Wer die schnelle, einführende Information sucht, ist mit den steckbriefartigen Beschreibungen in diesem komplett bebilderten Nachschlagewerk gut beraten. Einleitende Texte zur Herkunft, Pflege und Vermehrung sowie ein Anhang mit Tabellen und Register der Pflanzenfamilien sowie der deutschen Pflanzennamen runden dieses Werk ab.

Inhaltsverzeichnis

Der grüne Daumen

Willst Du Deine grünen und blühenden Freunde pflegen,
dann heisst das: Arbeit, Mitfühlen, Hegen,
immer über das Wohl der Pflanzen nachdenken
und ihnen auch die nötige Liebe schenken,
beobachten, überlegen: Was ist jetzt richtig?
Dann in die Tat umsetzen, das ist wichtig!

Um all' dies je zur rechten Zeit
auszuführen, braucht es einige Sicherheit
und ich muss mich ab und zu hinterfragen,
selbstkritisch, ehrlich, ohne zu zagen:
«Besitze ich jenen beliebten Daumen, den ‹grünen›?»
Nur mit einem solchen kann man sich Lorbeeren verdienen!

Der grüne Daumen sagt mir jederzeit,
wann ist es zum Giessen, Düngen so weit,
dass ich in Menge und Zeitpunkt das Richtige tu?
Er gibt mir zum richtigen Handeln die innere Ruh',
oder soll ich darüber dicke Bücher verschlingen?
Als Grundlage wohl ja, dann wird es gelingen!

Doch, der Rest, wie gesagt, man ist mit den Pflanzen auf Du!
Man befühlt die Erde, ob trocken, ob nass, ab und zu,
ob zu hell, zu viel Sonne, zu dunkel am Schatten,
Du bemerkst es bald an den Blättern, den matten.
Warum ging der schöne Glanz verloren?
und langsam wird man als «Gartner» auserkoren.

Auch er, der all' diese Pflanzen angezogen,
er braucht ein Mitfühlen, ein Wissen, ist nie betrogen,
wenn er zu jeder Zeit das Bestmögliche verrichtet,
das ihm die Beobachtung mitteilt und er sich danach richtet,
kurz gesagt, wie steht es mit meinem Daumen, dem berühmten grünen?
Kann ich mit ihm im Umgang mit Pflanzen auch Lorbeeren verdienen?

Moritz Bürki

▲ Abb. 2 / Botanischer Garten der Universität Zürich, drei verschiedene Klimahäuser
▼ Abb. 3 / Tropisches Schauhaus Stadtgärtnerei Bern

Die natürlichen Klimaräume unserer Zimmerpflanzen

Eine vordringliche Aufgabe in der Berufslehre für Gärtner(innen) und Floristen(-innen) ist das Erlernen von Pflanzennamen mit ihrer wissenschaftlichen botanischen Bezeichnung und auch das nähere Kennenlernen der entsprechenden Pflanzen. Doch im Verkauf, im Umgang mit den interessierten Kunden und Kundinnen, müssen wir auch noch einen Schritt weiter gehen. Wir müssen die Kunden bezüglich Ansprüche an die Umweltsfaktoren Licht, Wärme und Luftfeuchtigkeit sowie über Haltbarkeit und Pflege beraten können. Hier gilt der alte Leitsatz:

Pflanzen pflegen heisst, die Pflanzen und ihre spezifischen Ansprüche kennenlernen und als Pflanzenfreund(in) danach trachten, diese Ansprüche durch einen geeigneten Standort und angepasste Pflege optimal zu erfüllen.

Je näher wir diesen Ansprüchen gerecht werden, desto besser werden sich die Pflanzen im Wohnbereich wohl fühlen. Sie gedeihen prächtig, und wir haben mit einem Minimum von Schädlingen und Krankheiten zu rechnen. Zum allgemeinen Verständnis für die Pflegeansprüche gehört auch eine Einführung in die Pflanzengeografie, in die Herkunft der Pflanzen. Während Hunderttausenden bis Millionen von Jahren haben sich die Pflanzen in der ihr am besten zusagenden Klimaregion angesiedelt, ausgebreitet und vermehrt. Eine bestimmte Klimaregion ist zur Heimat der Pflanzen geworden. Es ist nun wichtig für uns, diese typischen Klimaräume etwas näher kennenzulernen, dann können wir auch einfacher Rückschlüsse ziehen, warum diese oder jene Pflanzen gerade an diesem Standort in der Wohnung bevorzugt gut oder an einem anderen Standort nicht gut gedeiht.

1. Der immergüne tropische Regenwald

Die natürlichen Vegetationsräume der meisten Zimmerpflanzen liegen im Bereich des immergrünen tropischen Regenwaldes und der angrenzenden Gebiete. Vor dem Beginn der ungeheuren Brandrodungen nahmen die tropischen Regen- und Höhenwälder noch 43 % des gesamten Waldgebietes der Erde ein. Mit wenigen Ausnahmen hat sich der tropische Regenwald innerhalb des nördlichen und des südlichen Wendekreises von 23° Breite angesiedelt, die Kernzonen liegen im Äquatorialbereich innerhalb des 10. nördlichen und südlichen Breitengrades.

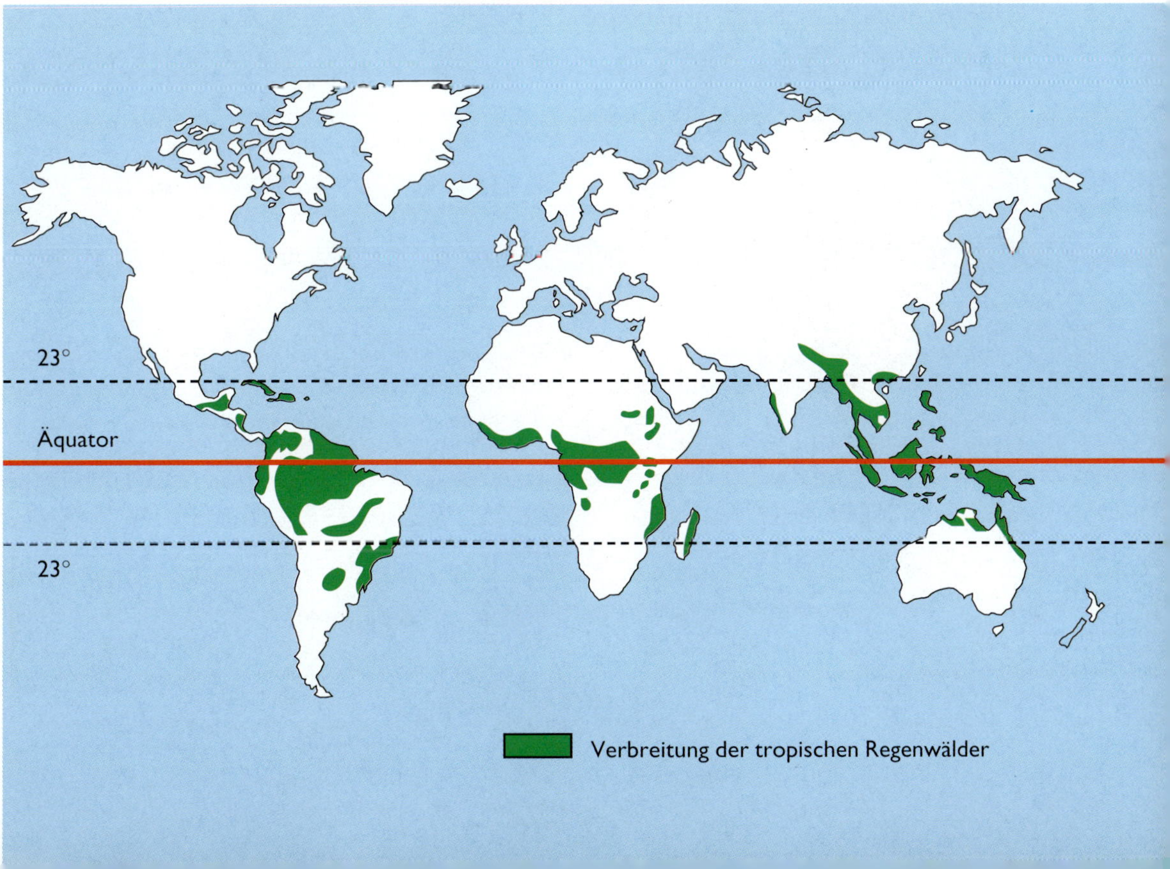

Das Klima

Das Klima im tropischen Regenwald ist gekennzeichnet durch gleichmässige Niederschläge durch das ganze Jahr hindurch, Trockenmonate kennt man nicht. Die Tageslängen sind konstant auf zwölf Stunden begrenzt. Der Tagesablauf verläuft ungefähr so:
Um 6 Uhr morgens steigt nach kurzer Dämmerung die Sonne auf. Im Laufe des Vormittags bilden sich erste Kumuluswolken, die sich bis zum Mittag bis zum voll bedeckten Himmel verstärken. Am Nachmittag setzen wolkenbruchartige Regenfälle ein. Nach dem Gewitterregen klärt es auf, und die Sonne scheint wieder bis um 18 Uhr. Dann bricht sehr rasch die Nacht herein.
In den tiefer gelegenen Regenwäldern (bis 600 Meter über Meer) herrscht durch das ganze Jahr hindurch eine gleichmässige Temperatur von 24 bis 28 °C. Die Jahresniederschlagsmenge kann hier 1 500 bis 2 000 mm und mehr betragen. Mit zunehmender Höhe (tropischer Gebirgswald) nimmt auch die Durchschnittstemperatur ab, auf 2 500 Meter über Meer werden noch 10 °C im Durchschnitt gemessen. Die Standortskenntnisse sollten demnach nicht nur die geografische Herkunft, sondern mit Vorteil auch die bevorzugte Höhenlage umfassen, damit Rückschlüsse auf die optimale Temperaturgestaltung oder Standortzuweisung in der Wohnung gezogen werden können.
Durch diese konstant gleichmässigen Temperaturen sind die Pflanzen immer im Wachstum. Sie kennen also keine Ruhezeiten!

Das Licht

In einem tropischen Regenwald kennen wir unterschiedliche Vegetationsstufen. Da sind die dominierenden Bäume als Urwaldriesen von 50 bis 70 Meter Höhe, die bei dichtem Wuchs durch das Blätterdach nur noch wenig Licht auf den Boden dringen lassen. Oft ist es nur noch 1 Promille des auf die Wipfel der Bäume einfallenden Lichtes. Hier gedeihen nur noch Schattenpflanzen mit geringen Lichtansprüchen. Gerade diese sind es, die auch in unseren Wohnungen noch an relativ schlecht belichteten Standorten gut gedeihen. An lichten Stellen, wo die Bäume nicht so dicht stehen und der Lichteinfall besser ist, finden wir eine grosse Anzahl von Pflanzen, die auch in der Wohnung höhere Lichtwerte bevorzugen. (Siehe Luxtabelle ab Seite 296.)
Es sind vor allem Lianen, die aus der bodennahen Zone nach dem Licht streben und die Bäume zum Hochklettern benützen. Denken wir dabei nur an die vielen Philodendron-Arten (griechisch philo = Freund, dendron = Baum, also Baumfreund, weil ihnen die Bäume zum Hochranken dienen). Diese Kletterpflanzen sind folglich auch lichtbedürftiger. Oder aber, wir finden auf den Ästen und in den Astgabeln sogenannte Epiphyten (Aufsitzerplanzen), die sich mit ihren Wurzeln festhalten. Der grösste Teil unserer Bromelien-Arten gehört dazu. In ihren wassersammelnden Blatttrichtern wird das Regenwasser durch Saugschuppen aufgenommen, zugleich auch darin gelöster Kot von den hier zahlreich lebenden Vögeln, der ihnen als Nahrung dient. Bei den tropischen

▼ Abb. 4 / Tropischer Regenwald in Südamerika

Orchideen finden wir ebenfalls viele epiphytische Arten, die durch lange, hängende Luftwurzeln ebenfalls Wasser und Nährstoffe aufnehmen können.

Das Erdsubstrat

Durch das ständige Wachstum bilden sich immer neue Blätter, Blüten und Früchte. Andererseits sterben ältere Pflanzenteile wieder ab und fallen zu Boden. Die hohe Luftfeuchtigkeit und die Wärme ermöglichen eine rasche Verrottung der organischen Pflanzenteile, es bildet sich eine nährstoffreiche, aber relativ dünne Humusschicht, die den bodenbedeckenden Pflanzen als Nahrung dient.

Für Pflanzen aus den Tropen kann ein humusreiches Substrat mit einem pH-Wert im Bereiche von 5 bis 6 verwendet werden. Anders verhält es sich mit typischen epiphytischen Pflanzen, die in der Natur nie mit dem Boden in Berührung kommen, sondern auf Ästen von Bäumen leben. Demzufolge besteht das Substrat meist nur aus organischen Stoffen wie Rindenschnitzel, Lauberde, Nadelerde, Sphagnum, Torf oder Wurzeln. Der pH-Wert liegt daher im Bereich: Sehr sauer bis sauer, also 4.0 bis 5.5. Man beachte die entsprechenden Substratempfehlungen!

▲ Abb. 5 / Epiphyten, Tropen in Ostasien
▼ Abb. 6 / Epiphyten (Bromelien) in einem Urwald in Neuseeland

2. Die wechselfeuchten Wälder

An den tropischen Regenwald angrenzend folgen Waldzonen, die weniger von den feuchten Meereswinden profitieren. Es regnet weniger oder je nach der Windrichtung (Monsunregen) nur zu bestimmten Jahreszeiten. Dazwischen gibt es Wochen bis Monate mit relativer Trockenheit. Während und nach den Regenzeiten sind diese Wälder grün, man nennt sie daher auch «regengrüne Wälder». In den Trockenperioden von zwei bis mehreren Monaten verlieren die Bäume ihr Laub, und die Wälder wirken dann etwas trostlos = Dornbuschvegetation. Hier sind einige Pflanzenarten heimisch, die sich in ihrem Wachstumsrhythmus mit Wachstum und Ruhezeit gut angepasst haben. In der Pflege müssen diese Ruhezeiten eingehalten werden, wenn die Pflanzen jedes Jahr blühen sollen (Amaryllis, Clivien, Haemanthus, Scadoxus u. a.).

▲ Abb. 7 / Stechginster (Ulex) in Italien
▼ Abb. 8 / Bougainvillea glabra in voller Blüte, sie verliert in Trockenphasen das Laub.

3. Die offene Savannenlandschaft

Selbst innerhalb des tropischen Gürtels und tief in die Subtropen hinein dehnen sich weite Gebiete mit offener Savannenlandschaft aus. Wenige Bäume, einzeln oder in Gruppen, beleben die Landschaft, dazwischen dominieren Graslandschaft und Dornbüsche. Hier haben viele Kakteen und andere dickblättrige Sukkulenten ihre Heimat gefunden. Sie ertragen und verlangen demzufolge sehr viel Licht, andererseits sind sie **tolerant für vorübergehende Trockenheit und auch für trockene Luft**. Durch lederige Oberhaut, wollige Behaarung oder dichte Bedornung sind sie vor zu starker Verdunstung geschützt.

Als Sukkulenten bezeichnet man Pflanzenarten, die in der Lage sind, während den oft kurzen Regenperioden grössere Mengen Wasser und Nährstoffe in ihre vergrösserten Speicherorgane aufzunehmen und zu speichern, damit sie in der Folge längere Trockenperioden schadlos überdauern können. Beispiele: Kakteen, Aloe-Arten, Agaven, Crassula-Arten, Echeveria-Arten, Euphorbia-Arten, Sansevieria-Arten u. a.

▲ Abb. 9 / Sukkulenten: Jardin exotique in Monte Carlo

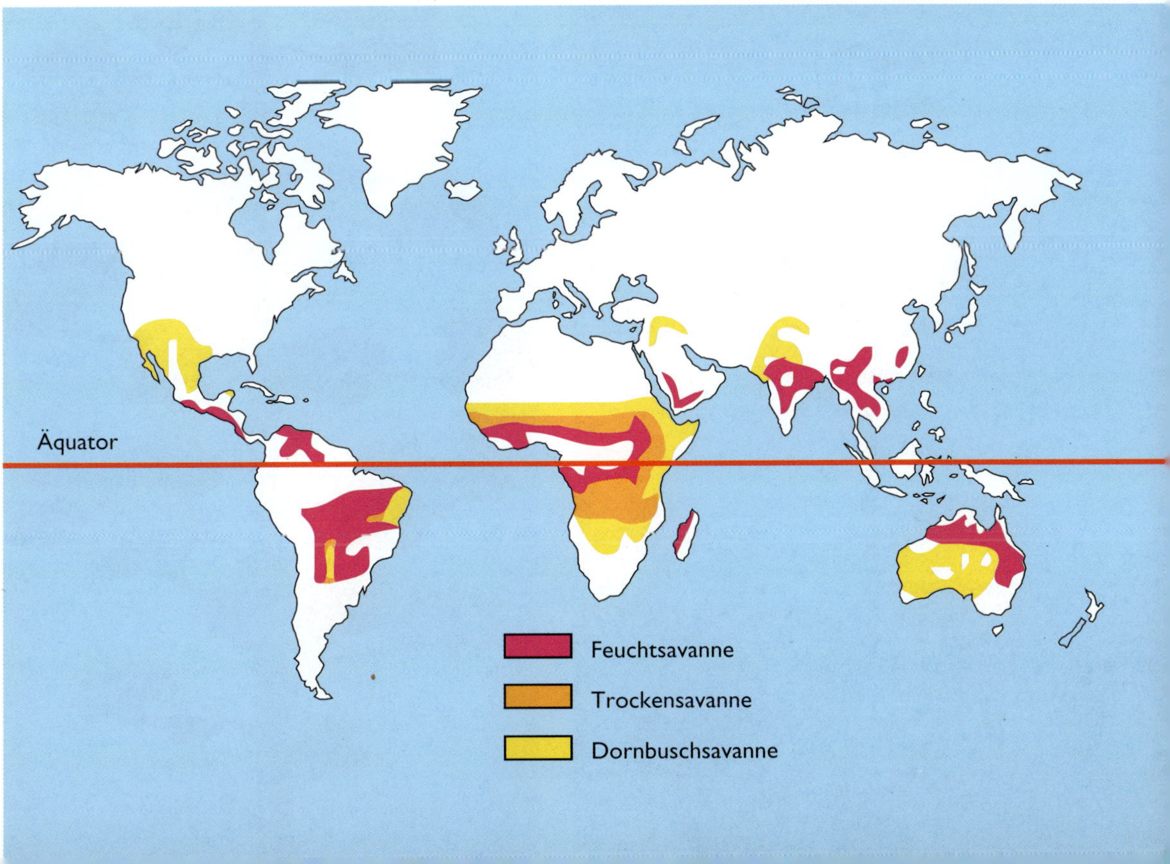

▲ Abb. 10 / Savannenlandschaft im argentinischen Hochland (über 3000 m ü. Meer)

▼ Abb. 11 / Agave americana, blühend

▼ Abb. 12 / Agave: Blütenstand

4. Die Subtropen

Ausserhalb der Tropen wechselt die Tageslänge je nach Jahreszeit. In der Regel finden wir in den Subtropen relativ milde Winter (über 0 °C) und reichlich Niederschläge.
Der Sommer ist andererseits relativ heiss, oft trocken mit vereinzelten Niederschlägen. In dieser Zone gedeihen Hartlaubwälder, wie wir sie zum Beispiel am Mittelmeer in Südfrankreich, Italien, Griechenland, in der Türkei, in Nordwestafrika und teilweise auch in Portugal und Spanien vorfinden. Kleinere Hartlaubwaldregionen finden wir auch in Südafrika und in Südwestaustralien. Hier finden sich Heidekraut-Arten (Erica), Ginster, Lorbeer, Myrten, Oleander, Feigenbaum (Ficus carica) und andere Ficus-Arten sowie auch Palmen.
Die Tageslängen in den Subtropen wechseln ja nach Jahreszeit, und auch die Temperaturen sind sehr unterschiedlich. Im Sommer können es bis zu 30 bis 40 °C sein, im Winter bis knapp über der Frostgrenze. Viele Pflanzenarten, die auf die Tageslänge reagieren, stammen aus den Subtropen (Begonia-Elatior-Hybriden, Begonia-Lorrainebegonien-Hybriden, Euphorbia pulcherrima, Kalanchoe).
Siehe auch die Tabelle: «Pflanzen für mässig warme Standorte», Seite 297.

▲ Abb. 13 / Botanischer Garten Nervi bei Genua

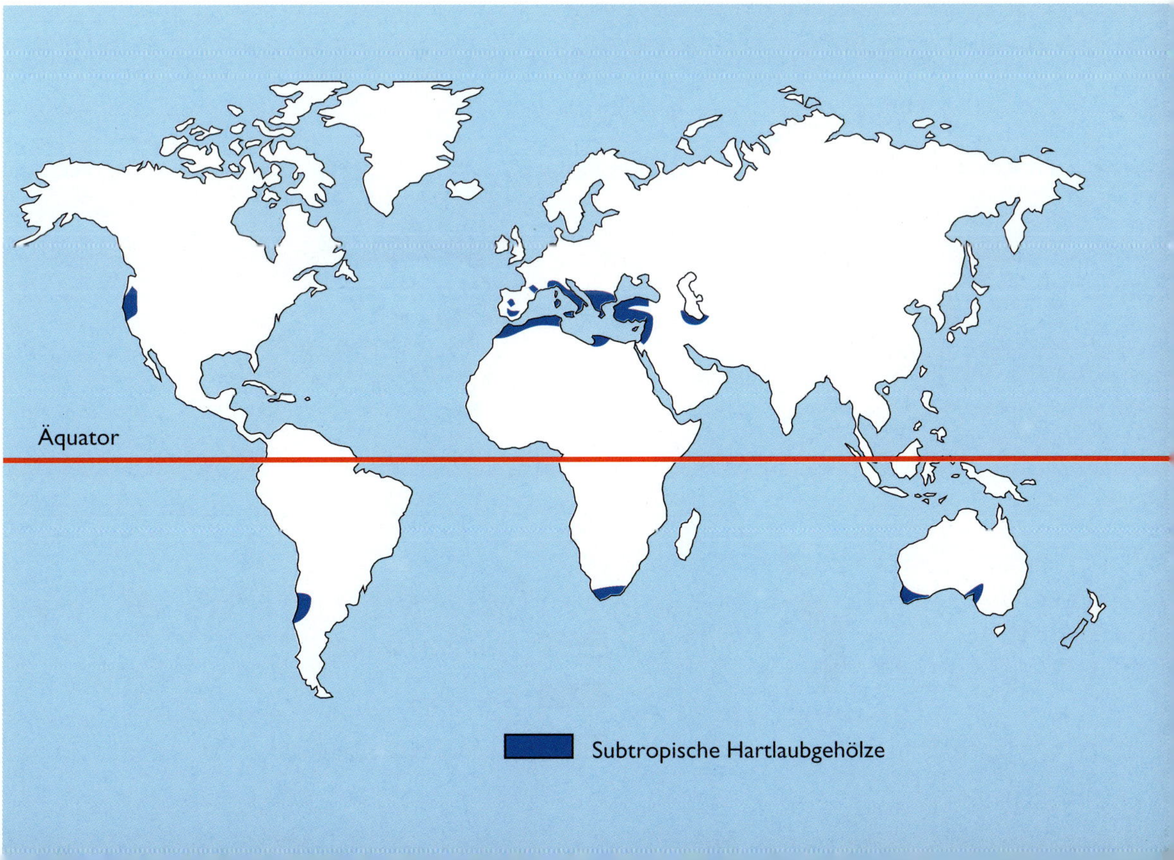

5. Die gemässigte Zone

Anschliessend an die Hartlaubwälder dehnen sich auf der nördlichen Erdhalbkugel grosse Gebiete mit sommergrünen Laubwäldern aus. Diese erstrecken sich vom 45. bis zum 70. nördlichen Breitengrad. Teilweise sind sie auch durch Nadelbäume durchmischt.
In der kalten Jahreszeit (unter 0 °C) sind die Laubgehölze kahl. Im Frühjahr erfolgt der frischgrüne Austrieb, wie wir ihn auch bei uns kennen. Im Sommer ist es vor allem in südlicheren Regionen noch recht warm, im Bereiche der Schweiz kann es an sonnigen Sommertagen 30 bis 35 °C werden. Die Waldgrenze liegt hier bei 1 800 bis 2 200 m ü. M.
Im Herbst vergilben die Blätter, und mit Frosteintritt erfolgt auch der Blattfall.
Aus der gemässigten Zone sind es nur relativ wenige, die in unseren Wohnungen als Zimmerpflanzen gehalten werden. Als typischtes Beispiel sei der «Zimmerefeu» erwähnt, der in vielen Mutationsformen aus dem Waldefeu Hedera helix entstanden ist. Dass er eher kühles Klima bevorzugt, zeigt er uns immer, wenn er in der Wohnung zu warm und bei zu trockener Luft gehalten wird. Es ist ihm hier nicht «wohl», und Spinnmilben, Thripse, Schildläuse und Blattläuse sind die unbeliebten Begleiterscheinungen.
Zimmerefeu ertragen sehr kühle Temperaturen und sollten sinngemäss auch artgerecht plaziert werden. Also, wenn in kühlen Räumen alle anderen Pflanzenarten versagen, dann sind Efeu-Arten am richtigen Platz!

Als weitere Pflanzenarten aus der gemässigten Zone seien noch der Hirschzungenfarn Phyllitis scolopendrium, Saxigraga stolonifera und Carex brunnea erwähnt, die alle eher kühl gehalten werden wollen.
Wählen wir also Standorte, die im Sommer gut gelüftet werden, nicht zu sonnig stehen und im Winter nicht zu warm geheizt sind. Je kühler solche Pflanzen, vor allem auch blühende, gehalten werden, desto länger leben sie in unseren Räumen und desto intensiver sind die Farben und desto grössere Blüten entstehen. Typische Beispiele sind die verschiedenen Primel-Arten und eigentliche Gartenstauden sowie auch Topfrosen. Man beachte ferner die Tabelle «Pflanzen für kühle Standorte», Seite 301.

Abb. 14 / Hedera helix ssp. helix an Birke hochkletternd im Schlosspark Morges am Genfersee ▶

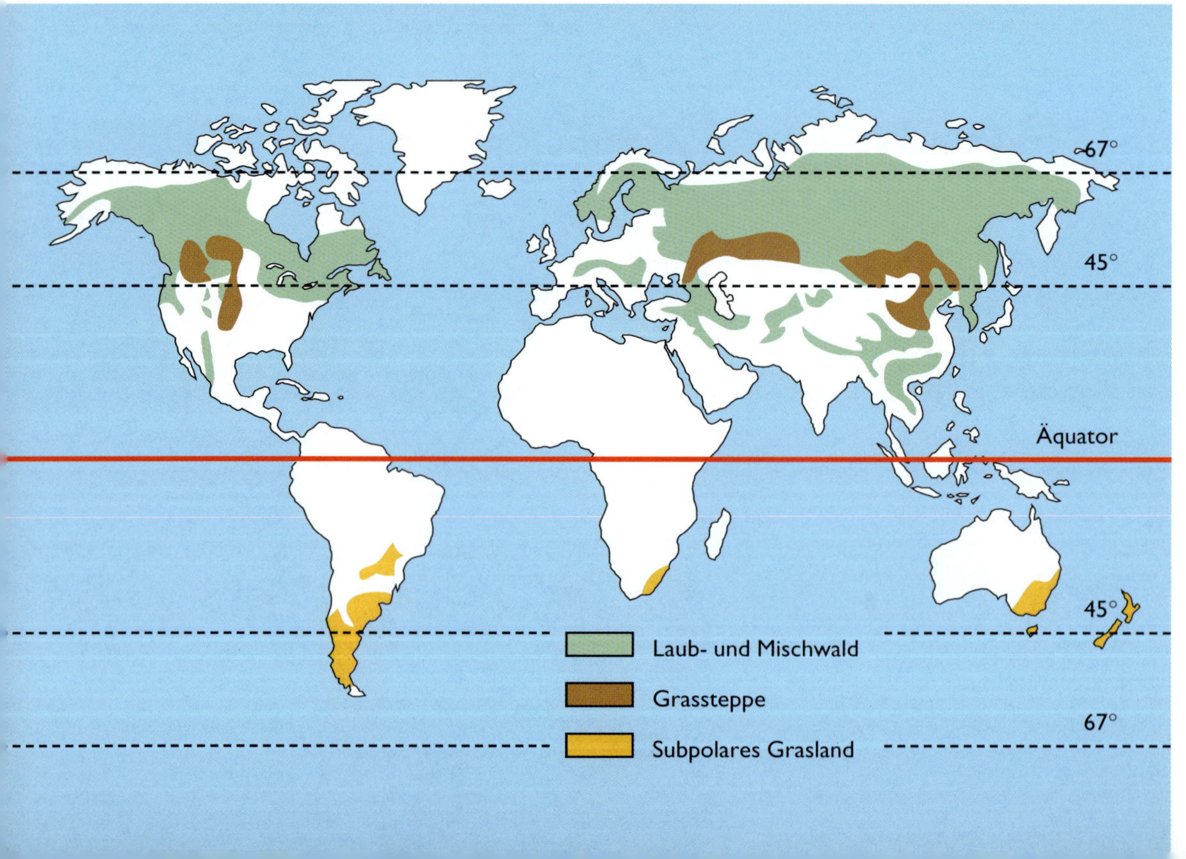

Die Vermehrung der Pflanzen

I. Die generative Vermehrung

Pflanzenarten, die blühen und Samen ansetzen, können relativ leicht durch Samen vermehrt werden. Eine Ausnahme bilden Arten und Sorten, die durch Kreuzungen hervorgegangen sind, sie würden in der Nachkommenschaft z. T. wieder in ihre Vorfahren aufspalten. Hier kommt für die artenreine Nachkommenschaft praktisch nur die vegetative Vermehrung in Frage.

Keimtemperatur

Auch hier ist die Herkunft der Pflanzen ein wichtiger Hinweis für die optimale Keimtemperatur. Pflanzen aus den Tropen erfordern mehr Wärme als solche aus den Subtropen oder aus der gemässigten Zone. Bei Pflanzen aus dem tropischen Regenwald sind in der Regel 20 bis 25 °C erforderlich, bei subtropischen Pflanzenarten in der Regel 15 bis 20 °C (siehe Tabelle).

Zimmerpflanzen durch Aussaat

Pflanzenname	Aussaatzeit in Monaten	Optimale Keimtemp. in °C
Abutilon-Hybriden	1 bis 12	18 bis 20
Achimenes-Hybriden	1 bis 3	20 bis 22
Adiantum raddianum	1 bis 12	20
Asparagus asparagoides	4 bis 5	25
Asparagus densiflorus 'Meyeri'	2 bis 6	25
Asparagus densiflorus 'Sprengeri'	2 bis 6	25
Asparagus falcatus	2 bis 6	25
Asparagus setaceus	2 bis 6	25
Beaucarnea recurvata	1 bis 12	23
Begonia-Knollenbegonien-Hybr.	11 bis 1	22 bis 24
Begonia-Lorrainebegonien-Hybr.	1 bis 3	20 bis 25
Begonia-Rex-Hybriden	10 bis 3	22 bis 24
Begonia-Semperflorens-Hybr.	11 bis 2	20 bis 22
Browallia speciosa	1 bis 2	18 bis 20
Calceolaria-Hybriden	7 bis 9	18
Campanula carpatica	11 bis 5	20
Campanula isophylla	11 bis 2	15 bis 18
Capsicum annuum	1 bis 3	21
Catharanthus roseus	1 bis 3	18 bis 20
Celosia cristata	1 bis 4	18
Chamaedorea elegans	1 bis 12	30
Cissus antarctica	1 bis 12	18 bis 20
Clivia miniata	12 bis 3	15 bis 18
Coffea arabica	11 bis 3	20
Coleus-Blumei-Hybriden	1 bis 3	20 bis 24
Cordyline fruticosa	1 bis 12	28 bis 30
Cordyline indivisa	1 bis 12	20 bis 24
Crossandra infundibuliformis	1 bis 12	22 bis 25
Cuphea hyssopifolia	2 bis 4	18 bis 20
Cyclamen persicum	8 bis 3	18
Cyperus gracilis	1 bis 12	18 bis 20
Cyperus involucratus	1 bis 12	18 bis 20
Dianthus car.-Zwergsorten	3 bis 5	15
Echeveria elegans	1 bis 12	18 bis 20
Echinocactus grusonii	1 bis 12	22
Exacum affine	12 bis 3	18
Fatsia japonica	1 bis 4	22
Ficus benjamina	1 bis 12	25
Ficus elastica	1 bis 12	25
Gerbera jamesonii	2 bis 8	18
Grevillea robusta	1 bis 12	20 bis 24
Howeia forsteriana	1 bis 12	28 bis 30
Hypoestes phyllostachya	1 bis 12	22 bis 24
Impatiens walleriana	12 bis 4	18 bis 22
Jacaranda mimosifolia	12 bis 4	25
Kalanchoe-Hybriden	1 bis 12	20 bis 25
Microcoelum weddelianum	1 bis 3	20 bis 24
Mimosa pudica	1 bis 12	20 bis 22
Monstera deliciosa	2 bis 5	22 bis 24
Nertera granadensis	1 bis 3	20 bis 24
Passiflora caerulea	12 bis 4	18 bis 22
Pelargonium-Peltatum-Hybr.	12 bis 3	20
Pelargonium-Zonale-Hybr.	12	21
Pellaea rotundifolia	1 bis 3	20 bis 24
Phoenix canariensis	1 bis 12	25 bis 30
Phyllitis scolopendrium	1 bis 3	20 bis 24
Platycerium bifurcatum	1 bis 3	20 bis 24
Plumbago auriculata	1 bis 12	20 bis 24
Primula denticulata	5 bis 6	15 bis 18
Primula-Elatior-Hybr.	5 bis 6	15 bis 18
Primula x kewensis	5 bis 6	18
Primula malacoides	5 bis 7	18
Primula obconica	1 bis 12	18
Primula vulgaris	5 bis 6	15 bis 18
Pteris cretica	1 bis 3	20 bis 24
Pteris ensiformis	1 bis 3	20 bis 24
Saintpaulia-Ionantha-Hybriden	1 bis 12	22 bis 25
Senecio-Cruentus-Hybriden	8 bis 10	18 bis 20
Schefflera actinophylla	3 bis 5	22
Schefflera arboricola	1 bis 12	22
Schefflera elegans	1 bis 12	22 bis 24
Sinningia cardinalis	11 bis 4	25
Sinningia-Hybriden	10 bis 3	25 bis 30
Smithiantha-Hybriden	1 bis 4	25 bis 28
Solanum pseudocapsicum	2 bis 3	18 bis 22
Sparmannia africana	7 bis 12	22
Streptocarpus-Hybriden	1 bis 12	20 bis 24
Thunbergia alata	2 bis 3	18
Tillandsia cyanea	1 bis 3	20 bis 24
Tradescantia spathacea	1 bis 12	26 bis 28
Vriesea splendens	1 bis 3	20 bis 24

Keimdauer

Diese beträgt von der Aussaat bis zum Sichtbarwerden der Sämlinge im Durchschnitt 10 bis 20 Tage. Bei hartschaligen Samen kann es auch mehrere Wochen dauern.

Licht- und Dunkelkeimer

Die meisten Pflanzenarten sind lichtneutral, das heisst, die Samen keimen sowohl bei Licht als auch bei Dunkelheit. Ausgesprochen feine Samen (bei Begonien können es bis zu 80 000 Korn pro Gramm sein!), werden in der Regel nicht mit Erde bedeckt, sie sind also schon von Beginn der Aussaat voll dem Licht ausgesetzt. Trotzdem ist es anzuraten, besonders vom Frühling bis in den Herbst, die Saatschalen vor greller Sonneneinstrahlung zu schützen und demzufolge leicht zu schattieren. Hier ist es besonders wichtig, dass die Aussaatschalen stets gleichmässig feucht gehalten werden, denn nur schon eine kurze Trockenphase kann die feinen Sämlinge vernichten.

Dunkelkeimer sind z. B. Cyclamen, deren Keimvorgang wesentlich gefördert wird, wenn die Aussaaten bis zur Keimung in einem abgedunkelten Raum gehalten werden.

Lichtkeimer sind u. a.: Calceolaria-Hybriden, Kalanchoe-Hybriden, Primula malacoides, Saintpaulia-Ionantha-Hybriden, Sinningia-Hybriden, Sinningia cardinalis, Smithiantha-Hybriden, Streptocarpus-Hybriden.

▲ Abb. 17 / Cyclamenaussaat verdunkelt
▼ Abb. 18 / Cyclamensämlinge

▲ Abb. 15 / Coleus-Sämlinge
▼ Abb. 16 / Sinningia-Jungpflanzen aus Samen

▲ Abb. 19 / Cyclamenjungpflanzen
▼ Abb. 20 / Cyclamen in Vollblüte

▲ Abb. 21 / Sporen an Farnpflanzen: Platycerium bifurcatum

Generationswechsel bei Farnen

Wenn wir Farne aussäen wollen, verwenden wir dazu die auf den Blattunterseiten herangereiften Sporen, die jedoch noch nicht befruchtet sind. Farne sind blütenlose Pflanzen und haben sich daher einen anderen Befruchtungsvorgang zugelegt. Die Sporen als feinen braunen Staub säen wir auf eine feuchte, sterile Unterlage, meist ist es Torf. In der Folge bildet sich zuerst das Prothallium oder der Vorkeim. Auf diesem etwa fingernagelgrossen, grünen, zarten Blättchen werden männliche Geschlechtsorgane (Antheridien) und weibliche Geschlechtsorgange (Archegonien) ausgebildet. Zur Befruchtung ist Wasser notwendig. Durch feines Überbrausen der gekeimten Prothallien wandern im Wasser jeweils haploide (einfacher Chromosomensatz) männliche Spermazellen zu den haploiden weiblichen Eizellen und befruchten diese. Daraus entsteht das Embryo mit einem normalen doppelten Chromosomensatz und somit eine neue Farnpflanze. Diese werden nun wie gewöhnliche Sämlinge pikiert, eingetopft und unter schattigfeuchten Bedingungen herangezogen. Als typische Waldpflanzen werden sie stets feucht und schattig gehalten. Sie lieben auch eine hohe Luftfeuchtigkeit.

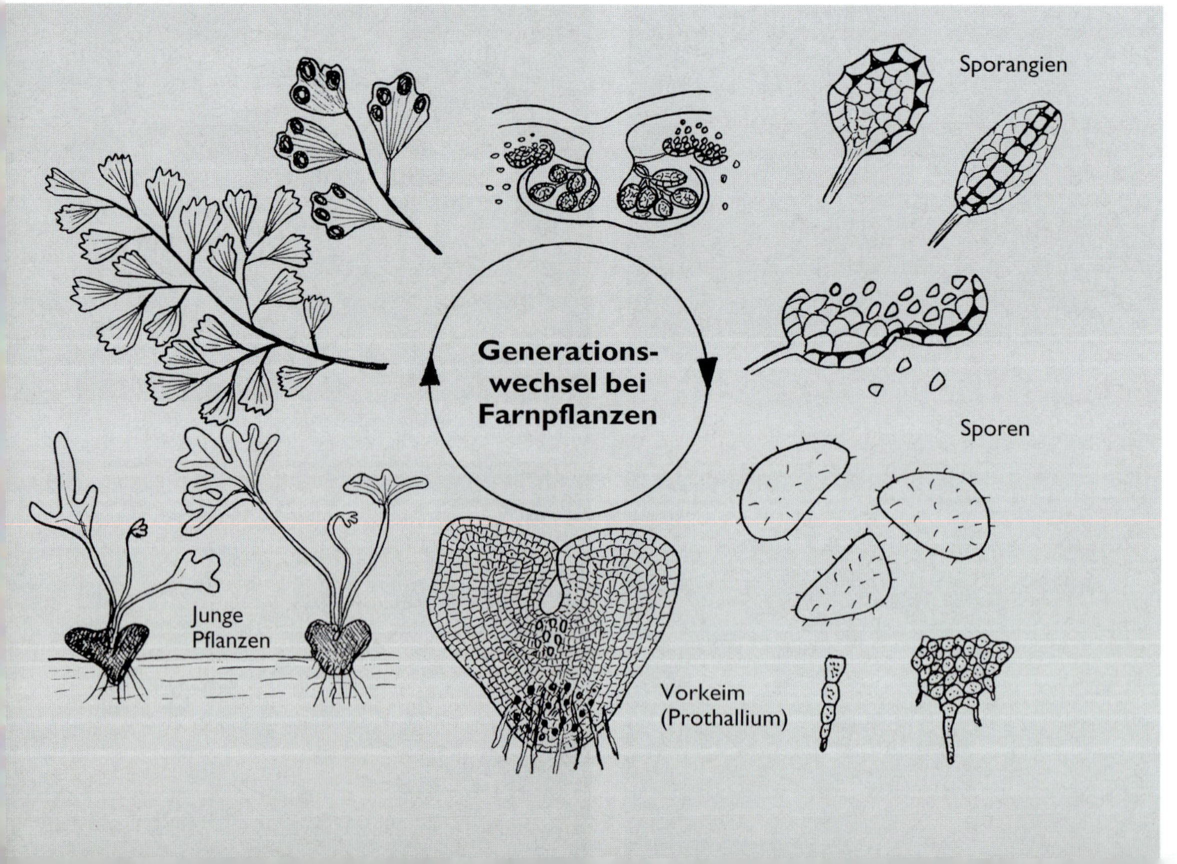

2. Die vegetative Vermehrung

Die vegetative oder ungeschlechtliche Vermehrung wird überall dort angewendet, wo Samen schwierig aufzutreiben sind oder wenn durch Kreuzungen oder Mutationen die aus Samen gezogenen Pflanzen nicht art- oder sortenrein sind. In den Gärtnereien ist für die massenhafte vegetative Vermehrung der Pflanzen ein umfangreicher Bestand an Mutterpflanzen notwendig. Denken wir dabei nur an Chrysanthemen, Geranien, Poinsettien oder Kalanchoe, wo die Mutterpflanze oft die 5- bis 10fache Fläche gegenüber den Vermehrungsflächen benötigen. Der grosse Vorteil bei der vegetativen Vermehrung ist die allgemein kürzere Kulturzeit gegenüber Samenvermehrung und die art- und sortengetreue Nachkommenschaft.
In der gärtnerischen Praxis unterscheidet man in natürliche Vermehrungsarten (in der Regel ohne Messer durchzuführen) und in künstliche Vermehrungsarten, z. B. Stecklingsschnitt mit einem Messer.
Die vegetative Vermehrung geschieht unter möglichst sterilen Bedingungen und hoher Luftfeuchtigkeit in speziellen Kulturhäusern (Nebelvermehrung oder unter Folientunneln).

▲ Abb. 22 / Vermehrungshaus mit Sprühnebelanlage
▼ Abb. 23 / Folienzelte im Vermehrungshaus

A. Natürliche Vermehrungsarten

Teilung

Pflanzen mit ausgeprägter Horst- oder Büschelbildung werden geteilt, und die Teilpflänzchen werden in kleinen Töpfen einzeln herangezogen.

Beispiele: Agapanthus, Acorus, Calathea-Arten, Maranta-Arten, Nertera, Sansevieria-Arten, Selaginella, Soleirolia, Spathiphyllum u. a.

▲ Abb. 24 / Teilung von Pflanzen: Carex brunnea
▼ Abb. 25 / Echeveria mit Kindelaustrieben

Kindel

Die dominierenden Pflanzenteile bilden an der Basis kleine Nebenpflanzen aus, die bei genügender Stärke abgetrennt, eingetopft und in einem Vermehrungshaus mit Bodenwärme bewurzelt werden.

Beispiele: Agave, Bromelien-Arten, Clivien, Echeveria, Hippeastrum, Pandanus u. a.

▲ Abb. 26 / Ausläufertriebe bei Chlorophytum comosum
▼ Abb. 27 / Brutpflanzen: Kalanchoe daigremontiana

Ausläufer
Die Pflanzen bilden lange, oft fadenförmige Triebe aus, die über der Erde wachsen und an den Triebenden einzelne Pflänzchen oder ganze Büschel davon entwickeln. Meist haben sie bereits Wurzeln entwickelt, so dass sie nur noch abgetrennt und eingetopft werden können.

Beispiele: Chlorophytum, Episcia, Nephrolepis, Saxifraga stolonifera u. a.

Brutpflanzen
Die Pflanzen bilden auf den Blättern «lebend gebärend» junge Pflänzchen aus. Diese werden abgelöst und sogleich in die Erde pikiert.

Beispiele: Kalanchoe daigremontiana, Tolmiea u. a.

▲ Abb. 28 / Brutknollen bei Zantedeschia-Arten
▼ Abb. 29 / Schuppenknöllchen bei Achimenes-Hybriden

Brutknollen
Pflanzenarten mit knolliger Basis und meist grundständigem Wuchs bilden seitlich der Knolle eine Reihe weiterer kleiner Knöllchen aus, die man, wenn sie eine genügende Grösse erreicht haben, ablösen und selbständig aufziehen kann. Meist sind sie bereits mit Wurzelansätzen versehen.

Beispiele: Gladiolus, Zantedeschia u. a.

Schuppenknöllchen
Einige Gesneriaceaen bilden tannzapfenähnliche Schuppenknöllchen aus, die sich im Topf zahlreich vermehren. Diese können nach dem Einziehen der Pflanze (Ruhezeit) einzeln oder zu mehreren in kleine Töpfe gepflanzt und angetrieben werden.

Beispiele: Achimenes-Hybriden, Smithiantha u. a.

B. Künstliche Vermehrungsarten

▲ Abb. 30 / Kopfstecklinge: Hydrangea macrophylla (Hortensie)
▼ Abb. 31 / Kopfstecklinge: Abutilon-Hybriden (Schönmalve)

Kopfstecklinge

Ausgereifte Endtriebe von arttypischen Pflanzen werden mit dem Messer sauber waagrecht abgeschnitten und in sterilen Vermehrungsbeeten oder Gefässen zur Bewurzelung gebracht. Bei grossblättrigen Arten werden zur Verdunstungsreduktion die Blätter teilweise eingekürzt oder zusammengebunden.

Beispiele: Abutilon, Acalypha, Begonia-Arten aufrecht wachsend, Beloperone, Calathea, Codiaeum, Coleus, Cordyline, Crossandra, Dendranthema (Chrysanthemen), Dieffenbachia, Dipladenia, Dracaena, Euphorbia, Ficus-Arten, Fittonia, Fuchsia, Gynura, Hebe, Hibiscus, Hydrangea, Hypoestes, Kalanchoe, Maranta, Nerium, Pachystachys, Philodendron-Arten, Pilea-Arten, Pisonia, Sparmannia, Syngonium, Tradescantia u. a.

Triebteilstecklinge

Wenn Pflanzenarten gleichmässig dünne und relativ lange Triebe mit kurzen Internodien ausbilden, ist es oft schwierig, genügend Kopfstecklinge zu erhalten. Diese Triebe werden in Einzelteile mit je mindestens zwei bis drei Blättern oder Blattpaaren (Nodien) geschnitten und meist zu mehreren in Töpfe gesteckt, ergibt buschige Pflanzen.

Beispiele: Aeschynanthus, Ceropegia, Cissus-Arten, Columnea, Erica, Euonymus, Ficus pumila, Ficus sagittata, Hedera helix, Hoya bella, Hypocyrta, Jasminum, Passiflora, Peperomia glabella, Plumbago, Stephanotis, Tradescantia u. a.

▲ Abb. 32 / Triebteil- und Blattaugenstecklinge von Hedera (Efeu).
▼ Abb. 33 / Blattaugenstecklinge von Aphelandra (Glanzkölbchen).

Blattaugenstecklinge

Eine noch ausgiebigere Vermehrungsart ist das Verwenden von jeweils nur einem Blatt mit Nodium, unterem Internodienteil und Achselknospe. Bei Aphelandra mit zwei gegenständigen Blättern wird der Trieb der Länge nach halbiert. Beim Stecken soll das Auge knapp über der Erdoberfläche zu stehen kommen.

Beispiele: Aphelandra, Camellia, Cissus-Arten, Fatshedera, Epipremnun, Ficus-Arten, Hedera, Hoya carnosa, Monstera-Arten, Passiflora, Peperomia-Arten, Philodendron-Arten, Rhoicissus, Schefflera, Scindapsus, Stephanotis, Syngonium, Tetrastigma u. a.

▲ Abb. 34 / Blattgliederstecklinge: Schlumbergera, rechts Hatiora
▼ Abb. 35 / Blattquirlstecklinge: Cyperus involucratus (Zypergras)

▲ Abb. 36 / Stammschnittline: Dracaena fragrans (Drachenbaum)
▼ Abb. 37 / Stammschnittlinge: Philodendron-Art (Baumfreund)

Blattgliederstecklinge

Bei den Weihnachts- und Osterkaktus-Arten ist es üblich, flache Triebteile, sogenannte Blattglieder, voneinander zu lösen und gleich zu mehreren in Töpfe zu stecken. Nach einem Jahr sind wieder verkaufsfertige Pflanzen herangewachsen. Diese können durch Belichtung oder/und Verdunkelung praktisch durch das ganze Jahr in Blüte gebracht werden.

Blattquirlstecklinge

Bei den Cyperus-Arten C. involucratus und C. gracilis können gekürzte Blattquirle mit Stielansatz ins Wasser gestellt oder relativ tief in gut feuchtes Substrat gesteckt werden. Es bilden sich Adventivwurzeln und aus den Blattachsen neue Austriebe.

Stammschnittlinge

Wenn relativ dicktriebige Pflanzenarten mit der Zeit zu gross werden und im unteren Bereich viele Blätter verlieren, wirken sie kahl und schmucklos. Die belaubten Triebspitzen können nun abgeschnitten und mit Bodenwärme und bei hoher Luftfeuchtigkeit als Kopfstecklinge wieder zur Bewurzelung gebracht werden. Die unteren kahlen Triebstücke schneidet man in etwa 15 bis 30 cm lange Einzelstücke. Die kürzeren und dünneren Triebteile legt man waagrecht in torfiges Substrat in Schalen, die dickeren Stammschnittlinge können aufrecht in Töpfe gepflanzt werden und bei 25 bis 30 °C Bodenwärme zur Bewurzelung gebracht werden. Nach der Wurzelbildung entwickeln sich aus den oberen schlafenden Knospen in der Folge rasch wieder buschige Pflanzen.

Beispiele: Liegend vermehren: Dieffenbachia-Arten, Cordyline, Monstera, Philodendron-Arten u. a. Stehend: Datura, Dracaena-Arten, Yucca u. a.

▲ Abb. 38 / Kakteenpfropfung

▼ Abb. 39 / Hedera helix ssp. poetarum auf x Fatshedera gepfropft.

Pfropfungen / Veredelungen
Verschiedene mässigstarkwachsende Pflanzenarten werden durch Pfropfung auf eine stärker wachsende Unterlage aus der gleichen Pflanzenfamilie vermehrt. Dadurch erzielt man in kürzerer Zeit grössere Pflanzen oder reizvolle Hochstämme. Es wird in der Regel die Kopulation oder das Rindenpfropfen durchgeführt. Bei der Kopulation werden zwei gleichstarke Triebteile durch langen Schrägschnitt aneinandergeplattet, bei der Rindenpfropfung werden dünnere Triebteile auf dickere Unterlagen gebracht. Bei beiden Veredelungsarten ist es wichtig, dass Kambium auf Kambium kommt. (Kambium = Teilungsgewebe direkt unter der Rinde).

Beispiele: Hedera auf x Fatshedera, Dizygotheca auf Oreopanax, Rhododendron simsii auf R. concinnum, Schlumbergera auf Pereskia aculeata (Hochstammbildner) und verschiedene Kaktus-Arten.

▲ Abb. 40 / Saintpaulia-Ionantha-Hybriden (Usambaraveilchen)

▼ Abb. 41 / Echeveria elegans (Dickblattrosette)

Blattstecklinge
Gut ausgereifte Blätter werden mit Stielansatz in steriles Substrat wenig tief gesteckt. An der Stielbasis bilden sich Adventivwurzeln und Adventivknospen. Bei Saintpaulien werden die entwickelten Adventivpflänzchen mit Vorteil einzeln abgetrennt und eingetopft. Dadurch erhalten wir je einzelne flache Rosetten mit einem Blumenbouquet in der Mitte.

Beispiele: Begonia-Lorrainebegonien-Hybriden, Begonia-Elatior-Hybriden, Echeveria, Peperomia argyreia und P. caperata, Saintpaulia u. a.

Anmerkung: Bei Pflanzenarten, die durch Mutation in panaschierte Formen übergegangen sind wie z. B. Peperomia glabella pan., Peperomia obtusifolia pan, Peperomia caperata pan., können nicht durch Blattstecklinge vermehrt werden. Die Adventivpflanzen entwickeln sich wieder zur grünen Art. Panaschierte Formen können nur durch Triebstecklinge, Triebteilstecklinge oder durch Blattaugenstecklinge artrein vermehrt werden.

▲ Abb. 42 / Blattbasis- und Keilstecklinge: Begonia-Rex-Hybriden
▼ Abb. 43 / Blatteilstecklinge: Begonia-Rex-Hybriden

▲ Abb. 44 / Blatteilstecklinge: Bogenhanf
▼ Abb. 45 / Blatteilstecklinge: Drehfrucht

Blatteilstecklinge
Viele grundständige Pflanzen mit wenig Triebwachstum, aber vielen grossen und oft auch dekorativen Blättern lassen sich mit Vorteil durch Blatteile vermehren. Die verwendeten Blätter müssen gut ausgereift sein. Sie werden auf eine saubere Unterlage gelegt und mit einem scharfen Messer in Teile geschnitten, wie es auf den Bildern ersichtlich ist. Blattbasis- und Nervenkeilstecklinge werden wenig tief in steriles Substrat mit leichter Sand- oder Perliteabdeckung gesteckt. Die kleinen Blatteile hingegen legt man auf die Vermehrungsschalen und deckt sie mit einer sauberen Glasscheibe zirka 1 cm über die Schnittlinge. Bei Sonne zusätzlich schattieren.

Beispiele: Begonia masoniana, Begonia-Rex-Hybriden, Sansevieria-Arten, Streptocarpus u. a.

Abwandlungen von dieser Vermehrungsart sind auch die Blatteile der Sansevieria trifasciata. Bei der panaschierten Form 'Laurentii' muss beachtet werden, dass die Adventivknospen wieder in die grüne Form zurückschlagen.

▼ Abb. 46 / Blatteilstecklinge: Streptocarpus-Blatt ohne Mittelrippe

Die Mikrovermehrung

Unter dem Begriff Mikrovermehrung (deutsche Fassung von micropropagation, englisch) bezeichnet man Pflanzenvermehrungsarten, bei denen Techniken der Zellkultur, der Meristemkultur und der In-vitro-Kultur (in vitro = im Glas) usw. angewendet werden. Wesentliches Merkmal dieser Vermehrungsart ist, dass diese nicht mehr im Gewächshaus oder im Freiland erfolgt, sondern unter keimfreien Bedingungen, in Gefässen (in vitro), auf künstlichen Nährmedien im Labor verarbeitet und in Klimakammern kultiviert werden.

Grundlagen

Die biologische Grundlage der Mikrovermehrung ist die sogenannte Totipotenz. Die Totipotenz-Theorie besagt, dass jede lebende Zelle die gesamte genetische Information enthält, um über verschiedene Teilungs- und Differenzierungsschritte wieder zu einer ganzen Pflanze auszuwachsen. Übrigens, alle vorkommenden vegetativen Vermehrungsarten der gärtnerischen Praxis basieren auf dieser Grundlage.

Ausgangsmaterial

Verschiedenste **pflanzliche Organe,** wie Sprossspitzen oder Achselknopsen, in speziellen Fällen sogar auch Blüten; **Gewebe** von Blättern, Sprossen oder Wurzeln; **Zellen** vor allem aus den Blättern finden dafür Verwendung.

Anwendungsgebiete

- Massenvermehrung
- Anzucht von krankheitsfreien Pflanzen
- Züchtung
- Langzeitlagerung.

Voraussetzungen

- Sauberes, steriles Arbeiten
- Geeignete Nährmedien und Kulturbedingungen
- Etablierung, Vermehrung, Bewurzelung in vitro
- Überführung der Kulturen auf Erdsubstrate.

Nährmedien

Um ein Erfolg der Mikrovermehrung zu gewährleisten, müssen alle Substanzen vorhanden sein, welche die Pflanzen zum Wachsen und Leben benötigen. Dazu gehören Wasser, Nährstoffe (Makro- und Mikroelemente), pflanzliche Wachstumsregulatoren (meist Cytokinine und Auxine), je nach Bedarf Vitamine und Aminosäuren.
Weil die oft winzigen Zellklümpchen noch nicht assimilieren können, sind auch Kohlenhydrate (Zucker) notwendig. Häufig werden diese Nährmedien durch die Zugabe von Agar-Agar eingedickt.

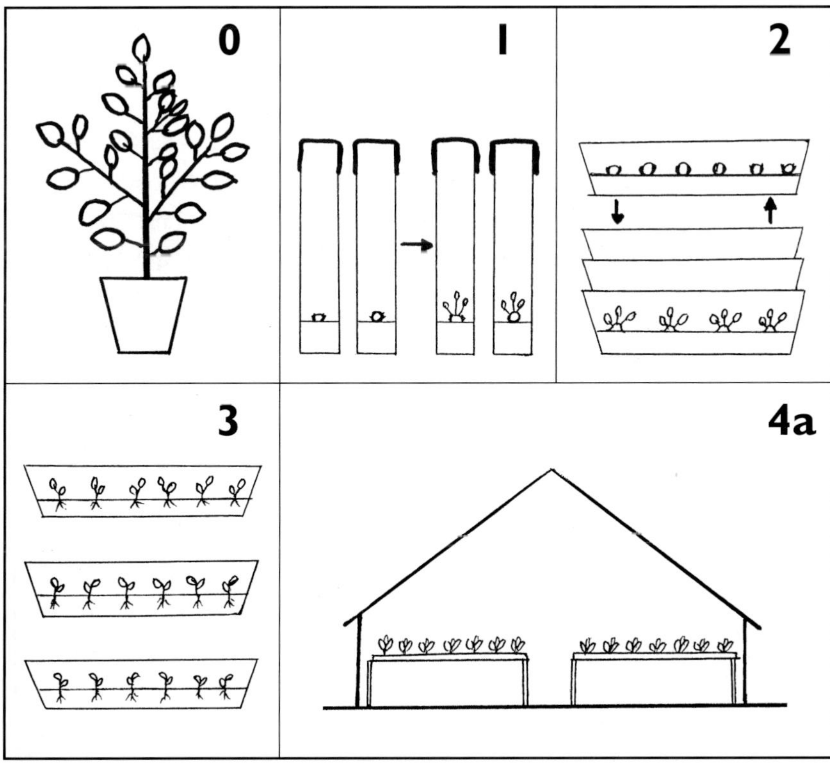

Schematische Darstellung der Gewebekultur zur Vermehrung

Phase 0
Selektion der Ausgangspflanzen auf Wuchs, Ertrag und Gesundheit.

Phase 1
Etablieren der Gewebekulturen im Labor unter sterilen Bedingungen 4 bis 8 Wochen.

Phase 2
Vermehrung in vitro in Abständen von 4 Wochen.

Phase 3
Bewurzelung in vitro 4 bis 8 Wochen.

Phase 4 (a + b)
Überführen in Erde und Akklimation an Gewächshaus- und Freilandbedingungen 8 bis 12 Wochen.

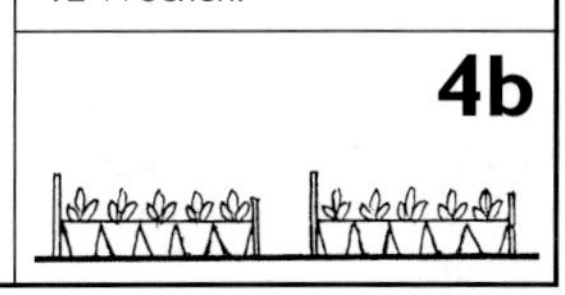

Vorteile der Mikrovermehrung

- Auf kleinem Raum können grosse Mengen von Pflanzen vermehrt werden
- Man ist unabhängig von den Vegetationsperioden
- Sehr gleichmässiger Wuchs
- Schnelle Anpassung an sich verändernde Märkte (oft rascher Wandel im Pflanzensortiment).

Nachteile der Mikrovermehrung

- Nicht alle Pflanzenarten lassen sich regenerieren
- Es können genetische Veränderungen (Mutationen) auftreten
- In kleinen Mengen mangelnde Wirtschaftlichkeit.

Anwendungsgebiete

Blühende Zierpflanzen
Grünpflanzen
Gemüsearten
Beerenobst
Landwirtschaftliche Nutzpflanzen
Baumobst.

Die fünf verschiedenen Phasen der Mikrovermehrung sind bei fast allen Pflanzenarten gleich:

Phase 0 (Auslese der Mutterpflanzen)

Wie bei allen anderen Vermehrungstechniken steht am Anfang eine sehr strenge Mutterpflanzenauslese (Selektion). Der sorgfältigen Auslese auf beste Eigenschaften und Einheitlichkeit kommt bei der Mikrovermehrung besondere Bedeutung zu, weil aus einer einzigen Pflanze sehr viele Nachkommen erzeugt werden können.

Phase 1 (Vorbereitung)

Präparierung der Explantate im Labor unter sterilsten Bedingungen. Darunter verstehen wir das Herausschneiden aus der Pflanze der für die anschliessende Vermehrung geeigneten, mikroskopisch kleinen Gewebeteilchen und deren Überführung auf die Nährböden. Als Ausgangsmaterial für eine Mikrovermehrung können, je nach Pflanzenart, Gewebestücke aus sehr verschiedenen Pflanzenteilen verwendet werden. Oft ist es das Teilungsgewebe oder das sogenannte Meristem, weil dieses am wenigsten mit Krankheitskeimen befallen ist. Dieses in der Regel krankheitsfreie Gewebe finden wir im Mittelpunkt der Knospen und schlafenden Augen.

Phase 2 (Vermehrung)

Die Vermehrung erfolgt durch ein Auswachsen oder Regenerieren von kleinen Trieben aus den Grundgeweben oder aus einzelnen Sprossen. Den Effekt der Vermehrung erreichen wir wie bei der traditionellen Vermehrung durch einen bestimmten Reiz (Schnitt, Pinzieren). Der Nährlösung werden bestimmte Pflanzenhormone zugesetzt, welche die Wirkung der Reizreaktion steigern, das heisst, sie bewirken, dass aus dem Grundgewebe oder aus einem einzelnen Spross mehrere Seitensprosse auswachsen. Die so gewonnenen Sprösschen bilden das Ausgangsmaterial für den nächsten Vermehrungsschritt.
Die Vermehrungsrate schwankt je nach Pflanzenart und -sorte von 1,5 bis 8. Ein Vermehrungsschritt dauert wiederum, je nach Art und Sorte, drei bis acht Wochen. Theoretisch lassen sich aus einem einzelnen Spross in einem Jahr bis zu 100 000 Nachkommen erzeugen. In der Praxis verzichtet man jedoch aus Sicherheitsgründen auf so hohe Vermehrungsraten.

Phase 3 (Bewurzelung)

Je nach Saison oder Pflanzenart werden die in der Vermehrung gewonnenen Einzelsprösschen auf speziellen Nährböden zur Wurzelbildung angeregt. Die Wurzelbildung kann wie bei der normalen Stecklingsvermehrung mit Bewurzelungshormonen gefördert werden. Zur Bewurzelung wird eine Zeitdauer von zirka vier Wochen benötigt.

Phase 4 (Überführen auf Erde, Anpassung an Gewächshaus- und Freilandbedingungen)

In der ersten Zeit nach dem Verlassen des Kulturgefässes benötigen die kleinen Pflänzchen viel Pflege und Aufmerksamkeit, um ein gutes Anwachsergebnis zu erzielen. Diese Anpassung an die natürlichen Bedingungen im Gewächshaus ist oft die schwierigste Phase der Mikrovermehrung und erfordert eine für jede Pflanzenart individuell entwickelte Methode. Jahrelange Vergleichstests waren nötig, bis man zur heute bemerkenswerten Sicherheit gelangte.

Meristemkultur bei Geranien zur Anzucht bakterienfreier Mutterpflanzen

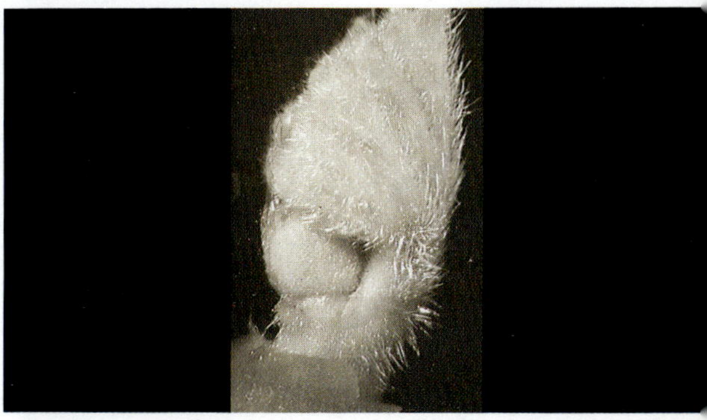

Geraniensprossspitze, Grösse zirka 10 mm

▲ Abb. 47
▼ Abb. 48

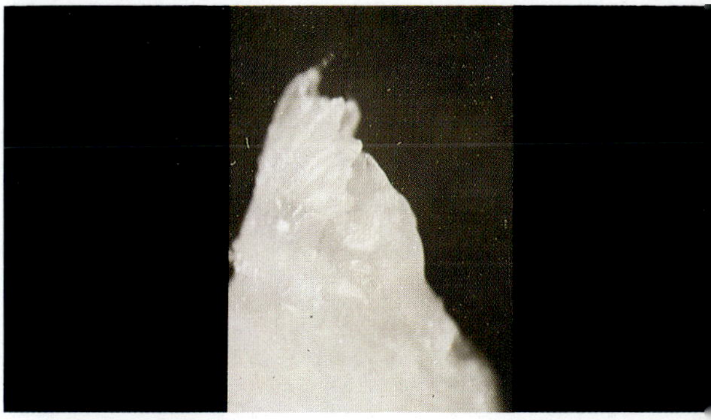

Entfernen der Blattanlage und eventueller Blütenanlagen und Knospenschuppen, Grösse zirka 3 mm

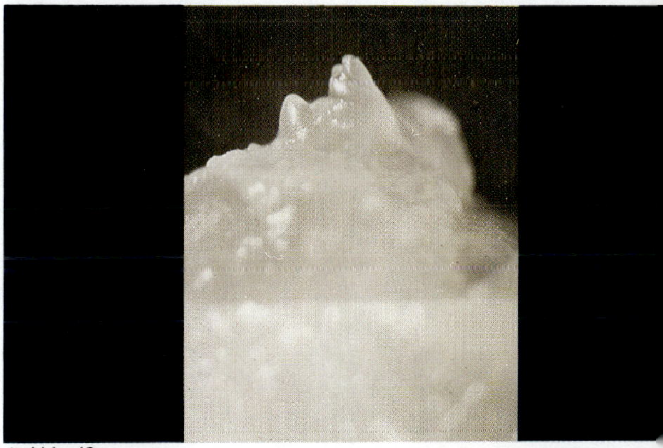

Entfernen der Blatt- und Blütenanlagen und Knospenschuppen, Grösse zirka 0,5 bis 1 mm

▲ Abb. 49
▼ Abb. 50

Vegetationspunkt (Meristem), Grösse zirka 0,2 bis 0,5mm

Nun folgt das Aufsetzen des Meristems auf eine Filterbrücke in flüssigem Nährmedium in einem Kulturröhrchen.

Gewebevermehrung bei Cyclamen

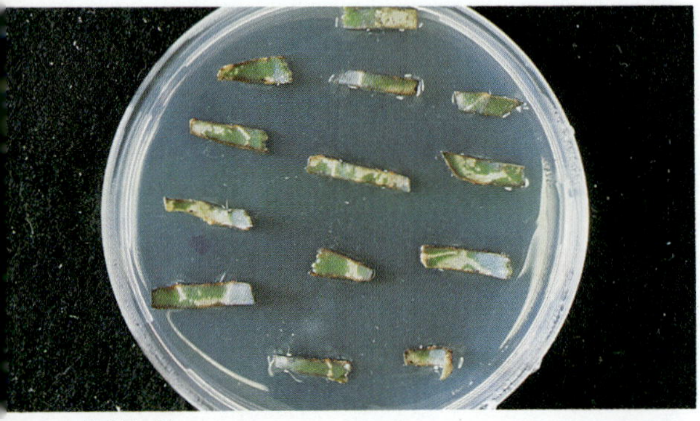

▲ Abb. 51

Aufsetzen von Blattstreifen auf ein Nährmedium in einer Petrischale

▼ Abb. 52

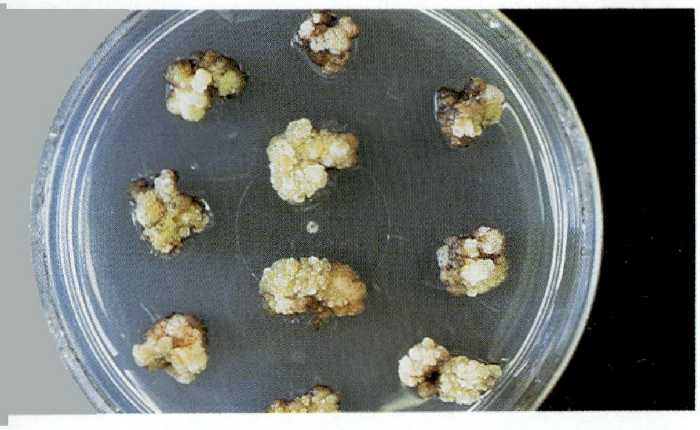

Bildung von undifferenzierten Zellhäufchen = Kallus

▲ Abb. 53

Differenzierung der kleinen Cyclamen-Pflänzchen

▼ Abb. 54

Cyclamen-Mini-Stecklinge, Grösse zirka 1 bis 2 cm Entweder in Erde überführen oder in vitro weitervermehren

Laborarbeiten in vitro bis ex vitro

▲ Steriles Arbeiten im Labor an einer Sterilbank

Klimaschrank: Je nach Kultur werden die Licht- und Temperaturverhältnisse optimal eingestellt.

◄▲ Abb. 55
▲ Abb. 56

Saintpaulien: Überführen der In-vitro-Pflänzchen auf Erde (ex vitro) im Gewächshaus

▲ Abb. 57
▼ Abb. 58

Wüchsige Saintpaulia-Jungpflanzen aus Mikrovermehrung

Kulturen

▲ Abb. 59

Primula in vitro

▼ Abb. 60

Streptocarpus in vitro

▼ Abb. 61 / Nephrolepis in vitro

▼ Abb. 62 / Kalanchoe in vitro

Botanische Namen und Zeichen

Carl von Linné, der berühmte schwedische Naturforscher und Botaniker (1707 bis 1778), hat dem damaligen Wirrwarr in der internationalen Verständigung, wenn es um die Benennung der Pflanzen ging, mit seiner binären Nomenklatur ein Ende gesetzt. Nach seinen Richtlinien sollten künftig alle Pflanzen dieser Erde mit zwei Namenseinheiten benannt werden, der **Gattung** und der **Art**. Das ermöglichte es nach und nach, das ganze Pflanzenreich in ein einheitliches System einzugliedern. Als Grundlage galt der wissenschaftliche botanische Namen, der meist aus dem **Griechischen** oder dem **Lateinischen** stammt. Das System wurde später namentlich durch Engler noch verfeinert und verbessert, so dass heute klare Regeln bestehen. Trotzdem kommt es von Zeit zu Zeit zu Namensveränderungen, weil sich die Wissenschaftler nicht immer einig sind. In der Schweiz und in Deutschland gilt als Richtlinie für die zur Zeit richtige Nomenklatur das «Handwörterbuch für Pflanzennamen» von Zander. In der neusten Ausgabe 1993 sind wieder einige Namensänderungen vorgenommen worden. So gelten heute frühere Synonyme zum Teil wieder als richtig, einige Pflanzen erhielten vollkommen neue Gattungs- oder Artnamen zugesprochen, mit denen wir uns in Zukunft auseinanderzusetzen haben. Diese Namen wurden sofort in diesem Buch aufgenommen. Damit den Benützern und Benützerinnen dieses Buches die Vormerkung der betroffenen Änderungen leichter fällt, seien diese Pflanzenarten in der Folge aufgelistet.

Alte Namen	**Neue Namen**
Beloperone guttata	Justicia brandegeana
Brassaia actinophylla	Schefflera actinophylla
Celosia argentea	Celosia cristata
Chrysanthemum-Indicum-Hybriden	Dendranthema-Grandiflorum-Hybriden
Citrus microcarpa	x Citrofortunella microcarpa
Cyperus alternifolius	Cyperus involucratus
Davallia bullata	Davallia mariesii
Dizygotheca elegantissima	Schefflera elegantissima
Erica hederophylla	Erica carnea
Ficus buxifolia, F. triangularis	Ficus leprieurii
Ficus retusa	Ficus microcarpa
Dendrobium phalaenopsis	Dendrobium-Phalaenopsis-Hybriden
Haemanthus katherinae	Scadoxus multiflorus ssp. katherinae
Hedera helix ssp. helix (kleinblättrige Sorten)	Hedera helix ssp. poetarum
Odontglossum grande	Rossioglossum grande
Pachypodium lamerei	Pachypodium lamieri
Pavonia multiflora	Triplochlamys multiflora
Philodendron elegans	Philodendron angustisectum
Philodendron laciniatum	Philodendron pedatum
Polyscias balfouriana	Polyscias scutellaria
Rhipsalidopsis gartneri	Haortia gaertneri
Rhododendron simsii	Rhododendron-Simsii-Hybriden
Rhoeo spathacea	Tradescantia spathacea
Ruellia makoyana	Dipteracanthus makoyanus
Setcreasa pallida	Tradescantia pallida
Sinningia specioa	Sinningia-Hybriden
Stenandrium lindenii	Aphelandra maculata
Tradescantia albiflora	Tradescantia fluminensis
Zebrina pendula	Tradescantia zebrina

Zeichen

☉	Einjährige Pflanzen
⊙	Zweijährige Pflanzen
♃	Staude
♄	Halbstrauch
ħ	Strauch
♄	Baum
x	Bastard (Hybride)
+	Pfropfbastard (Chimäre)
≀	Hängepflanze
≀	Kletterpflanze
〰→	Kriechpflanze
〰	Ufer- und Sumpfpflanzen
≋	Wasserpflanzen
⌂W	Warmhaus (20 bis 25 °C)
⌂K	Kalthaus (10 bis 18 °C)
☠	Giftpflanze
∞	Fruchtschmuck
✂	Schnitt für Vasenschmuck oder Verwendung in der Binderei
Ⓝ	Nutzpflanze
D	Duftpflanze

Abkürzungen

ssp.	subspecies (Unterart)
var.	varietas (Varietät)
f.	forma (Form)

▲ Abb. 63
▼ Abb. 64

Abutilon-Hybriden

Handelsname: Schönmalve.
Synonym: A. x hybriden.
Familie: Malvaceae.
Heimat/Herkunft: Zuchtform, Wildformen aus Brasilien.
Wuchsform: Strauchig verholzend, aufrecht verzweigt mit überhängenden jüngeren Zweigen. Die wechselständigen gelappten Blätter sind weich und dunkelgrün. Aus den Blattachseln gelbe, orangefarbene, rosa bis rote Blüten an langen Stielen, die glockenartig überhängen.
Pflanzenhöhe: 30 bis 150 cm und mehr.
Temperatur- und Lichtansprüche: Im Sommerhalbjahr heller Platz im Wohnraum oder halbschattig im Freien. Temperatur im Sommer 18 bis 20 °C, im Winter 10 bis 15 °C.
Substrat/pH-Wert: Humoses Substrat mit Landerdezusatz, pH-Wert: 6.0 bis 6.8.
Besondere Pflegehinweise: Rückschnitt im Frühjahr, nach Bedarf umpflanzen. Im Sommer mässige Düngung.
Vermehrungsart: Aussaat möglich, gute Sorten durch Kopf- oder Triebteilstecklinge.
Zeitraum des Angebotes: 2 bis 10.
Pflanzenschutz: Anfällig für Schildläuse, Wolläuse, Blattläuse. Spinnmilben bei zu trockenwarmem Klima.

Abutilon megapotamicum

Handelsname: Hängende Schönmalve.
Synonym: A. vexillarium.
Familie: Malvaceae.
Heimat/Herkunft: Brasilien.
Wuchsform: Strauchiger, dünntriebiger Wuchs. Hängend bis kletternd. Die langherzförmigen Blätter sind gelbgrün marmoriert. Aus den Blattachseln erscheinen aparte hängende Blüten mit leuchtendroten Kelch- und gelben Blütenblättern.
Pflanzenhöhe: Je nach Alter 30 bis 100 cm und mehr.
Temperatur- und Lichtansprüche: Heller Standort, erträgt bei guter Abhärtung auch volle Sonne im Freien. Im Sommer 15 bis 20 °C, im Winter werden kühle Temperaturen bis 6 °C ertragen.
Substrat/pH-Wert: Humoses Substrat mit reichlich Landerdeanteil, pH-Wert: 6.0 bis 6.8.
Besondere Pflegehinweise: Sowohl als Ampel- als auch als Kletterpflanze (aufbinden) verwendbar. Im Winter mässig feucht halten.
Vermehrungsart: Kopf- und Triebteilstecklinge bei 22 bis 25 °C.
Zeitraum des Angebotes: 3 bis 10.
Pflanzenschutz: Anfällig für Blattläuse, Weisse Fliegen, Schildläuse.

Abutilon pictum

Handelsname: Gefleckte Schönmalve, Zimmerahorn.
Synonym: A. striatum.
Familie: Malvaceae.
Heimat/Herkunft: Brasilien.
Wuchsform: Aufrechter, strauchiger Wuchs, verholzend. Das gelappte Blatt ist gelb-grün marmoriert. Aus den Blattachseln erscheinen orangefarbene, glockenähnliche Blüten.
Pflanzenhöhe: Je nach Alter 40 bis 60 cm und mehr.
Temperatur- und Lichtansprüche: Erträgt volle Sonne, im Sommer auch im Freien geeignet oder im Wintergarten. Im Winter kühler halten bei 10 bis 15 °C.
Substrat/pH-Wert: Humoses Substrat mit genügend Landerdeanteil, pH-Wert: 6.0 bis 6.8.
Besondere Pflegehinweise: Nach der Überwinterung Rückschnitt, fleissig giessen und düngen im Sommer.
Vermehrungsart: Kopf- und Triebteilstecklinge durch den Winter bei 18 bis 21 °C.
Zeitraum des Angebotes: 3 bis 8.
Pflanzenschutz: Anfällig für Blattläuse, Spinnmilben, Weisse Fliegen.

▲ Abb. 65
▼ Abb. 66

Acacia armata

N

Handelsname: Akazie, Känguruhdorn.
Synonym: A. paradoxa.
Familie: Leguminosae.
Heimat/Herkunft: Australien: Neusüdwales, Viktoria, Süd- und Westaustralien.
Wuchsform: Strauchig verholzend aufrecht mit etwas sparrigem Wuchs, gute Verzweigung. Die breitlanzettlichen Blättchen sind z.T. gefiedert. Aus den Blattachseln bilden sich kugelige und wollige Blüten in schwefelgelber Farbe im Januar bis März.
Pflanzenhöhe: 30 bis 50 cm und mehr.
Temperatur- und Lichtansprüche: Im Sommer im Halbschatten im Freien bei 15 bis 18 °C. Im Winter kühl halten bei 4 bis 6 °C, mässig heller Standort.
Substrat/pH-Wert: Humoses Substrat mit etwas Landerdeanteil, pH-Wert: 6.0 bis 7.0.
Besondere Pflegehinweise: Nach der Blüte Formierungsrückschnitt und nach Bedarf umpflanzen. Eine kühle Ruhephase ab Herbst fördert die Blütenbildung.
Vermehrungsart: 1. Aussaat möglich, sehr lange Keimzeit, Samen in warmem Wasser einweichen. 2. Kopfstecklinge im April oder Juli/August in Sand-Torfgemisch.
Zeitraum des Angebotes: 1 bis 3.
Pflanzenschutz: Bei vernachlässigten Pflanzen Schild- und Wolläuse.

Acalypha hispaniolae

Handelsname: Hängender Katzenschwanz.
Synonym: A. pendula.
Familie: Euphorbiaceae.
Heimat/Herkunft: Hispaniola.
Wuchsform: Lockerer Wuchs mit dünnen, leicht überhängenden Trieben. Das ovale, am Rande gezähnte Blatt ist dunkelgrün. Aus den Blattachseln erscheinen relativ kurze, rote Blütenähren.
Pflanzenhöhe: Hängend 30 bis 40 cm.
Temperatur- und Lichtansprüche: Heller Standort, erträgt im Sommer auch etwas Sonne. Wird im Wintergarten oder auf dem Balkon meist als Ampelpflanze gehalten. 16 bis 20 °C.
Substrat/pH-Wert: Humoses Substrat mit Landerdeanteil, pH- Wert: 6.2 bis 6.8.
Besondere Pflegehinweise: Gleichmässig feucht halten und im Sommer regelmässig düngen.
Vermehrungsart: Kopf- und Triebteilstecklinge bei 18 bis 20 °C.
Zeitraum des Angebotes: 1 bis 12.
Pflanzenschutz: Anfällig für Spinnmilben, Blattläuse.

▲ Abb. 67
▼ Abb. 68

Acalypha hispida

Handelsname: Katzenschwanz.
Synonym: A. sanderi.
Familie: Euphorbiaceae.
Heimat/Herkunft: Neu-Guinea.
Wuchsform: Aufrechter Wuchs mit sparriger Verzweigung, verholzend. Die dunkelgrünen Blätter sind langherzförmig. Aus den Blattachseln entwickeln sich lange Blütenähren in Dunkelrot oder Weiss.
Pflanzenhöhe: 30 bis 50 cm, ältere Pflanzen werden bis 200 cm hoch.
Temperatur- und Lichtansprüche: Warmer und heller, jedoch nicht vollsonniger Standort. Im Sommer 18 bis 20 °C, im Winter 16 bis 18 °C.
Substrat/pH-Wert: Humoses Substrat mit etwas Landerdenanteil, pH-Wert: 6.2 bis 6.8.
Besondere Pflegehinweise: Um buschige Pflanzen zu erhalten, muss pinziert werden. Im Sommer regelmässig düngen.
Vermehrungsart: Kopf- und Blattaugenstecklinge bei 20 °C Bodentemperatur.
Zeitraum des Angebotes: 1 bis 12.
Pflanzenschutz: Bei zu trockener Luft Spinnmilben, Thrips, Blattläuse, bei zu hoher Luftfeuchtigkeit Grauschimmelpilz.

Acalypha-Wilkesiana-Hybriden ♄ (W)

Handelsname: Wilkes Nesselschön.
Synonym: A. marginata, A. musaica, A. obovata.
Familie: Euphorbiaceae.
Heimat/Herkunft: Kulturform.
Wuchsform: Aufrechter, strauchiger Wuchs, verholzend. Die ovalen bis herzförmigen Blätter stehen relativ dicht. Die sich bildenden Ähren sind unscheinbar. Je nach Sorte unterschiedliche Blattformen, Blattzeichnungen und -färbungen. A.-Wilkesiana-Hybriden 'Musaica' weisen grosse, rot-braun gefleckte Blätter auf.
Pflanzenhöhe: 30 bis 40 cm.
Temperatur- und Lichtansprüche: Verlangt einen hellen, warmen Standort, jedoch im Sommer ohne volle Sonneneinstrahlung. Im Winter nicht unter 16 °C.
Substrat/pH-Wert: Humoses Substrat mit Landerdeanteil, pH-Wert: 6.2 bis 6.8.
Besondere Pflegehinweise: Diese Art verlangt höhere Luftfeuchtigkeit, daher ist sie besonders für grössere Pflanzenschalen oder Blumenfenster geeignet.
Vermehrungsart: Kopf- und Triebteilstecklinge bei 20 °C.
Zeitraum des Angebotes: 1 bis 12.
Pflanzenschutz: Anfällig für Spinnmilben, Blattläuse, Wolläuse.

▲ Abb. 69 / Acalypha-Wilkesiana-Hybriden 'Musaica'
▼ Abb. 70

Achimenes-Hybriden ♃ (W)

Handelsname: Schiefteller.
Familie: Gesneriaceae.
Heimat/Herkunft: Zuchtform, Wildformen aus Zentralamerika.
Wuchsform: Im Boden bilden sich Rhizom-Schuppenknöllchen. Nach dem Einziehen der Triebe im Spätherbst bis Winter treiben krautige, aufrechte Triebe hoch, die breitlanzettlichen Blätter stehen gegenständig. Aus den Blattachseln bilden sich an langen Blütenröhren schiefabstehende, grosse Blütenteller in Rot, Rosa, Blau und Weiss.
Pflanzenhöhe: 15 bis 25 cm, ältere Pflanzen überhängen 30 bis 40 cm lang.
Temperatur- und Lichtansprüche: Heller, aber nicht vollsonniger Standort. 18 bis 22 °C.
Substrat/pH-Wert: Humoses, durchlässiges Substrat, pH-Wert: 5.0 bis 6.5.
Besondere Pflegehinweise: Nach dem Verblühen trockener halten und Triebe langsam einziehen lassen. Die Knollen bei 12 bis 15 °C in Sand überwintern.
Vermehrungsart: Ab Januar bis April satzweise 3 bis 9 Knöllchen pro Topf einpflanzen und antreiben. Auch Kopfstecklinge direkt in den Schlusstopf stecken, 4 bis 6 pro Topf.
Zeitraum des Angebotes: 4 bis 9.
Pflanzenschutz: Nicht bei Sonne giessen, sonst gelbe Ringflecken (Gesneriaceae). Anfällig für Blattläuse, Thripse und Älchen.

▲ Abb. 71
▼ Abb. 72

Acorus gramineus 'Pusillus' ♃

Handelsname: Kalmus, Acorus.
Synonym: A. gramineus var. pusillus.
Familie: Araceae.
Heimat/Herkunft: Japan, China, Thailand, Indien.
Wuchsform: Kriechender, grasartiger Wuchs. Aus kurzen Grundsprossen entwickeln sich weiche, schwertförmige Blätter, grün mit weissen Streifen. Ältere Pflanzen bilden kolbige Blütenstände zwischen den Blättern.
Pflanzenhöhe: 15 bis 20 cm, die grüne Art kann bis 40 cm hoch werden.
Temperatur- und Lichtansprüche: Heller, jedoch nicht vollsonniger Standort, 15 bis 18 °C, im Winter ertragen sie auch 10 bis 12 °C.
Substrat/pH-Wert: Humoses Substrat mit etwas Landerdenanteil, pH-Wert: 5.5 bis 6.5.
Besondere Pflegehinweise: Trockenheit und trockenwarme Luft vermeiden, sonst gibt es dürre Blattspitzen. Nie zu nass halten.
Vermehrungsart: Teilung von älteren Pflanzen.
Zeitraum des Angebotes: 1 bis 12.
Pflanzenschutz: Anfällig für Spinnmilben bei trockener Luft.

Actiniopteris australis ♃

Handelsname: Actiniopteris.
Synonym: A. radiata.
Familie: Actiniopteridaceae.
Heimat/Herkunft: Süd- bis Ostafrika, Arabien bis Indien.
Wuchsform: Zwergfarn mit kriechenden Rhizomen und aufstrebenden Blattstielen, die oben palmähnlich nach allen Richtungen verteilte, schmallineare Blättchen tragen.
Pflanzenhöhe: 15 bis 20 cm.
Temperatur- und Lichtansprüche: Heller, aber nicht vollsonniger Standort. Ideal bei 15 bis 20 °C.
Substrat/pH-Wert: Humoses, eher grobfaseriges Substrat, pH-Wert: 4.8 bis 5.8.
Besondere Pflegehinweise: Stets gleichmässig feucht halten. Zu trockene Luft meiden.
Vermehrungsart: Teilung.
Zeitraum des Angebotes: 1 bis 12.
Pflanzenschutz: Anfällig für Schild- und Wolläuse.

Adiantum raddianum 'Fragrantissimum'

♃ (w) ✂

Handelsname: Frauenhaarfarn.
Synonym: A. cuneatum, A. decorum.
Familie: Adiantaceae.
Heimat/Herkunft: Tropisches Mittel- bis Südamerika.
Wuchsform: Aus kurzem, zum Teil kriechendem Grundspross entwickeln sich dünne, drahtige, braunschwarz glänzende Blattstiele. Diese tragen, rispig verzweigt, eine Vielzahl von rundlichen, hellgrünen bis grünen Blättchen. Die Sporangien sitzen blattunterseits dem Rand entlang.
Pflanzenhöhe: Je nach Alter, 20 bis 50 cm.
Temperatur- und Lichtansprüche: Farne sind Schattenpflanzen, lieben jedoch einen mässig hellen Standort von 15 bis 20 °C mit nicht zu trockener Luft.
Substrat/pH-Wert: Torfig-humoses Substrat mit einem pH-Wert von 4.8 bis 5.8.
Besondere Pflegehinweise: Trockenheit vermeiden, das heisst regelmässig feucht halten. Mässige Düngung von 0.05 bis 0.1 ‰.
Vermehrungsart: Aussaat der Sporen→Prothallium →Befruchtung→junge Pflanze.
Zeitraum des Angebotes: 1 bis 12.
Pflanzenschutz: Anfällig für Nematoden, Blatt-, Schild- und Wurzelläuse, Thripse.

▲ Abb. 73 / Sorte 'Fragrantissimum'

▼ Abb. 74 / Sorte 'Fritz Lüthi'

▼ Abb. 75 / Sorte 'Mikrophyllum'

▲ Abb. 76
▼ Abb. 77

Adiantum tenerum 'Scutum Roseum' ♃ (w)

Handelsname: Rosafarbener Frauenhaarfarn.
Synonym: –.
Familie: Adiantaceae.
Heimat/Herkunft: Florida, Antillen, Mexiko bis Peru.
Wuchsform: Aus kurzem Grundspross entspringen sehr feine, drahtige Blattstiele, die als Wedel verzweigt rundliche Blättchen tragen. Die Sporangien sitzen dem Rande entlang auf der Blattunterseite. Die jungen Blattwedel sind zartrosa bis grün, später mittelgrün.
Pflanzenhöhe: 20 bis 30 cm.
Temperatur- und Lichtansprüche: 15 bis 20 °C, hell, aber nicht sonnig.
Substrat/pH-Wert: Torfig-humoses Substrat, pH-Wert: 4.8 bis 5.8.
Besondere Pflegehinweise: Stets gleichmässig feucht halten. Trockene Zimmerluft und Zugluft vermeiden.
Vermehrungsart: Aussaat der Sporen→Prothallium →Befruchtung→junge Pflanzen.
Zeitraum des Angebotes: 1 bis 12.
Pflanzenschutz: Nematoden, Blatt-, Schild- und Wurzelläuse, Thripse. Bei Trockenheit braune Blätter.

Aechmea chantinii ♃ (w)

Handelsname: Lanzenrosette.
Synonym: Aechmea.
Familie: Bromeliaceae.
Heimat/Herkunft: Kolumbien, Nordperu, Amazonasgebiet.
Wuchsform: Aus kurzem Grundspross bildet sich eine aufstrebende Trichterrosette mit linearen Blättern in olivgrün mit prächtigen rosaweissen Querbändern. Der Blütenstand wird von leuchtendroten Hochblättern eingehüllt, die später hängen.
Pflanzenhöhe: 40 bis 50 cm.
Temperatur- und Lichtansprüche: Heller, warmer Standort, aber im Sommer keine volle Sonne. 18 bis 22 °C.
Substrat/pH-Wert: Humoses, lockeres Substrat mit Lauberde oder Sphagnumanteil, pH-Wert: 4.0 bis 4.5.
Besondere Pflegehinweise: Stets gleichmässig feucht halten, auch den Trichter mit kalkfreiem Wasser füllen. Gelegentlich ausspülen. Mässig düngen.
Vermehrungsart: Durch Abnahme der Kindel, die auf warmem Fuss bei 22 bis 25 °C rasch zur Bewurzelung gebracht werden können.
Zeitraum des Angebotes: 1 bis 12.
Pflanzenschutz: Anfällig für Blattläuse (Blüten), Schildläuse, Thripse.

Aechmea fasciata ♃

Handelsname: Lanzenrosette.
Synonym: Billbergia fasciata, B. rhodocyanea.
Familie: Bromeliaceae.
Heimat/Herkunft: Brasilien, Tropenwald.
Wuchsform: In den Tropen Epiphyt. Stark verkürzter Grundstamm, aus dem sich die leicht bedornte, grosse Blattrosette entwickelt. Die Trichterrosette sammelt Regenwasser, Saugschuppen leiten das Wasser in das Pflanzengewebe. Der Blütenstand aus dem Trichter entwickelt rosafarbene Hüllblätter, aus denen blaue Einzelblüten erscheinen.
Pflanzenhöhe: 30 bis 50 cm.
Temperatur- und Lichtansprüche: Hell und warm, aber nicht vollsonnig. Im Sommer 18 bis 25 °C, im Winter nicht unter 15 °C.
Substrat/pH-Wert: Humoses und lockeres Substrat, pH-Wert: 5.0 bis 5.8.
Besondere Pflegehinweise: Weiches Wasser (Regenwasser) verwenden. Gleichmässig feucht halten, auch Rosetten mit Wasser füllen, doch periodisch auswechseln.
Vermehrungsart: 1. Aussaat. 2. Kindel, die sich an der Basis bilden.
Zeitraum des Angebotes: 1 bis 12.
Pflanzenschutz: Bei zu hoher Temperatur treten Blattläuse auf. Bei zu tiefer Temperatur und zu grosser Nässe entsteht Fäulnis in der Rosette.

▲ Abb. 78
▼ Abb. 79

Aechmea fulgens ♃

Handelsname: Glänzende Aechmea.
Synonym: A. fulgens var. discolor.
Familie: Bromeliaceae.
Heimat/Herkunft: Brasilien.
Wuchsform: Aus einem kurzen Grundspross entwickeln sich bis 40 cm lange und 6 cm breite, grüne Blätter, die unterseits grau bewachst sind und grosse lockere Rosetten bilden. Der Blütenstand ist eine lockere pyramidale Rispe mit violettpurpurenen Blüten.
Pflanzenhöhe: 40 cm.
Temperatur- und Lichtansprüche: Heller, nicht vollsonniger Standort bei 18 bis 22 °C.
Substrat/pH-Wert: Humoses, lockeres Substrat mit Lauberde- oder Sphagnumanteil, pH-Wert: 4.0 bis 4.5.
Besondere Pflegehinweise: Gleichmässig feucht halten. Die Trichter mit Wasser füllen, gelegentlich ausspülen. Mässig düngen.
Vermehrungsart: Durch Abnahme von Kindeln, z. T. durch Aussaat.
Zeitraum des Angebotes: 1 bis 12.
Pflanzenschutz: Anfällig für Blattläuse (Blüten), Schildläuse und Thripse.

▲ Abb. 80
▼ Abb. 81

Aechmea miniata

♃ (w)

Handelsname: Menningrote Aechmea.
Synonym: Lamprococcus miniatus.
Familie: Bromeliaceae.
Heimat/Herkunft: Brasilien.
Wuchsform: Aus kurzem Grundspross bildet sich eine eher breite Blattrosette mit lanzettlichen, 30 cm langen, schmalen, grünen Blättern, die bei hellem Standort grauweiss werden. Aus dem Zentrum bildet sich ein rispiger Blütenstand mit leuchtendroten Blüten.
Pflanzenhöhe: 30 bis 40 cm.
Temperatur- und Lichtansprüche: Heller, aber nicht vollsonniger Standort, warm bei 18 bis 22 °C.
Substrat/pH-Wert: Humoses, grobfaseriges Substrat mit Lauberde- oder Sphagnumanteil, pH-Wert: 4.0 bis 4.5.
Besondere Pflegehinweise: Gleichmässig feucht halten, Wasser auch in den Trichter giessen, gelegentlich ausspülen. Mässig düngen.
Vermehrungsart: Durch Abnahme von Kindeln, die in kleine Töpfe gepflanzt gepflanzt werden. Bodenwärme 22 bis 25 °C.
Zeitraum des Angebotes: 1 bis 12.
Pflanzenschutz: Anfällig für Blattläuse (Blüten), Schildläuse, Thripse.

Aechmea weilbachii

♃ (w)

Handelsname: Weilbachs Aechmea.
Synonym: –.
Familie: Bromeliaceae.
Heimat/Herkunft: Brasilien.
Wuchsform: Aus kurzem Grundspross bildet sich eine lockere aufstrebende Rosette aus grünen, bis 60 cm langen und schmalen Blättern, die am Rande leicht gesägt sind. Der rispige Blütenstand mit roten Hoch- und rosafarbenen Kronblättern überragt die Blätter.
Pflanzenhöhe: 60 bis 70 cm.
Temperatur- und Lichtansprüche: Hell, jedoch nicht vollsonnig. 18 bis 22 °C.
Substrat/pH-Wert: Humoses, grobfaseriges Substrat mit Lauberde- oder Sphagnumanteil, pH-Wert: 4.0 bis 4.5.
Besondere Pflegehinweise: Stets gleichmässig feucht halten, auch in den Trichter Wasser geben. Periodisch ausspülen.
Vermehrungsart: Durch Abtrennnen der Kindel und Eintopfen in relativ kleine Töpfe. 22 bis 25 °C.
Zeitraum des Angebotes: 1 bis 12.
Pflanzenschutz: Anfällig für Blattläuse (Blütenstand), Schildläuse, Thripse.

Aeonium arboreum 'Atropurpureum' ♄ (K)

Handelsname: Aeonium, Dickblattrosette.
Synonym: Sempervivum arboreum.
Familie: Crassulaceae.
Heimat/Herkunft: Marokko.
Wuchsform: Aufstrebend, fingerdicke Sprosse, die endständig grosse und flache Blattrosetten tragen. Die Sprosse werden von unten her kahl. Gelegentlich aus der Blattrosette heraus erscheinen rispige, gelbe Blütenstände.
Pflanzenhöhe: 15 bis 50 cm und höher.
Temperatur- und Lichtansprüche: Im Sommer sehr hell bis sonnig, bei 15 bis 20 °C, im Winter eher kühl bei 8 bis 10 °C halten.
Substrat/pH-Wert: Sandig-lehmiges Substrat mit etwas Torfzusatz, pH-Wert: 6.0 bis 7.0.
Besondere Pflegehinweise: Im Winter bei kühlem und hellem Standort sehr wenig giessen. Ab März wieder feuchter halten und mässig düngen.
Vermehrungsart: Kopfstecklinge.
Zeitraum des Angebotes: 1 bis 12.
Pflanzenschutz: Anfällig für Woll- und Blattläuse.

▲ Abb. 82
▼ Abb. 83

Aeschynanthus hillebrandtii ♄ (W)

Handelsname: Schamblume, Sinnblume.
Synonym: –.
Familie: Gesneriaceae.
Heimat/Herkunft: Burma.
Wuchsform: Halbstrauch mit zuerst aufstrebenden, später etwas überhängenden Trieben, die gegenständig in dichter Folge mit ovalen fleischigen Blättchen besetzt sind. Die Blüten sitzen endständig und bilden lange, vorne weit geöffnete Röhren.
Pflanzenhöhe: 20 bis 30 cm.
Temperatur- und Lichtansprüche: Heller, aber nicht sonniger Standort. Mindesttemperatur im Winter 18 °C.
Substrat/pH-Wert: Humoses, grobfaseriges Substrat mit etwas Landerdeanteil, pH-Wert: 5.0 bis 6.0.
Besondere Pflegehinweise: Nicht mit kaltem Wasser und nicht bei Sonne über die Blätter giessen.
Vermehrungsart: Ausgereifte Kopf- oder Triebteilstecklinge zu mehreren pro Topf bei 22 bis 24 °C.
Zeitraum des Angebotes: 1 bis 12.
Pflanzenschutz: Anfällig für Blattläuse, Spinnmilben.

▲ Abb. 84
▼ Abb. 85

Aeschynanthus radicans ♃–♄

Handelsname: Hängende Aeschynanthus.
Synonym: A. lobbianus, A. pulcher, Trichosporum pulchrum, T. javanicus, T. lobbianum.
Familie: Gesneriaceae.
Heimat/Herkunft: Malakka, Java.
Wuchsform: In der Jugend krautig aufstrebend, später verholzend und überhängend. Die gegenständigen Blätter sind breitoval und lederig. Die scharlachroten Blüten sitzen endständig dicht zusammen, der Kelch ist rotbraun gefärbt.
Pflanzenhöhe: 20 bis 50 cm.
Temperatur- und Lichtansprüche: Durch das ganze Jahr hindurch relativ warm bei 18 bis 20 °C und halbschattig.
Substrat/pH-Wert: Durchlässiges, humoses Substrat mit etwas Landerdezusatz, pH-Wert: 5.0 bis 6.0.
Besondere Pflegehinweise: Vorsicht: Nicht bei Sonne über die Blätter giessen (gelbe Blattringe). Gleichmässig feucht halten und im Sommer mässig düngen.
Vermehrungsart: Kopf- und Triebteilstecklinge bei 25 bis 30 °C Bodenwärme. Mehrere Stecklinge pro Topf.
Zeitraum des Angebotes: 4 bis 10.
Pflanzenschutz: Blattläuse und Thripse bei zu trockener Luft. Blattflecken durch Giessfehler.

Aeschynanthus speciosus ♄

Handelsname: Aeschynanthus.
Synonym: Trichosporum speciosum.
Familie: Gesneriaceae.
Heimat/Herkunft: Java, Borneo, Malakka.
Wuchsform: Anfänglich krautig aufrecht, später sparrig überhängend. Die Blätter sind langlanzettlich, steif und grün. Die Blüten erscheinen endständig in dichten Büscheln, sie sind orange- bis scharlachrot.
Pflanzenhöhe: 30 bis 60 cm.
Temperatur- und Lichtansprüche: Ideale Sommertemperatur 15 bis 22 °C, im Winter nicht unter 18 °C. Halbschattiger Standort.
Substrat/pH-Wert: Durchlässiges, humoses Substrat mit etwas Landerdeanteil, pH-Wert 5.0 bis 6.0.
Besondere Pflegehinweise: Gleichmässig feucht halten und im Sommer mässig düngen. Eine kurze Kühlphase Ende des Winters fördert die Blütenbildung, Temperatur 12 bis 15 °C, dabei vorsichtig giessen.
Vermehrungsart: Kopf- und Blattaugenstecklinge, mehrere pro Topf für buschige Pflanzen.
Zeitraum des Angebotes: 4 bis 10.
Pflanzenschutz: Bei trockener Luft und Ballentrockenheit Befall von Blattläusen und Thripsen. Ringflecken auf den Blättern bei unvorsichtigem Giessen.

Aglaonema commutatum var. robustum 'Maria'

ħ (W)

Handelsname: Kolbenfaden.
Synonym: A. robustum.
Familie: Araceae.
Heimat/Herkunft: Urform aus Celebes, Kulturform nur in Gärtnereien.
Wuchsform: Kurzer Grundstamm mit seitlichen Basistrieben. Die lanzettlichen Blätter sind dunkelgrün gefärbt und weisen grössere bis kleinere, weissgraue Flecken auf. Sehr robuste und dekorative neuere Sorte. Die Blüten (Kolben und Spatha) sind unscheinbar unter dem Laub versteckt.
Pflanzenhöhe: 30 cm.
Temperatur- und Lichtansprüche: Aglaonemen sind richtige Schattenkünstler, sie ertragen neben hellen, halbsonnigen Standorten auch relativ starken Schatten (siehe Lux-Tabelle), 18 bis 20 °C.
Substrat/pH-Wert: Humoses Substrat mit etwas Landerdeanteil, pH-Wert: 5.0 bis 6.0.
Besondere Pflegehinweise: Gleichmässig feucht halten, Trockenheit meiden. Mässig düngen. Geeignet für Hydrokultur.
Vermehrungsart: Teilung von älteren Pflanzen. Abnahme von seitlichen Basistrieben als Kopfstecklinge.
Zeitraum des Angebotes: 1 bis 12.
Pflanzenschutz: Anfällig für Schildläuse, Wolläuse, Spinnmilben bei Trockenheit.

▲ Abb. 86
▼ Abb. 87

Aglaonema commutatum var. robustum 'Pseudobracteatum'

ħ (W)

Handelsname: Aglaoneme, Kolbenfaden.
Synonym: A. robustum 'Pseudobracteatum', A. pseudobracteatum.
Familie: Araceae.
Heimat/Herkunft: Wildform aus den Philippinen, Celebes.
Wuchsform: Aus dickem, aufrecht wachsendem Stamm erscheinen auf langen Stielen sitzend lanzettliche weiche Blätter. Auf grüner Grundfarbe finden wir gelbe bis weisse Punkte und Flecken in dichter Anordnung. Die Blüten (Kolben und Spatha) sind unscheinbar.
Pflanzenhöhe: 30 bis 60 cm.
Temperatur- und Lichtansprüche: Heller, nicht sonniger Standort bei 15 bis 20 °C. Erträgt auch relativ viel Schatten.
Substrat/pH-Wert: Humoses Substrat mit etwas Landerdeanteil, pH-Wert: 5.0 bis 6.0.
Besondere Pflegehinweise: Aglaonemen sind empfindlich auf Unterkühlung vom Boden her und Nässe. Gleichmässig feucht halten.
Vermehrungsart: Teilung, Kopfstecklinge, Stammschnittlinge.
Zeitraum des Angebotes: 1 bis 12.
Pflanzenschutz: Anfällig für Schild- und Wolläuse, Spinnmilben.

▲ Abb. 88
▼ Abb. 89

Aglaonema commutatum var. robustum 'Treubii'

Handelsname: Treub's Aglaoneme.
Synonym: A. robustum 'Treubii', A. treubii.
Familie: Araceae.
Heimat/Herkunft: Wildform aus den Philippinen, Celebes.
Wuchsform: Oft zahlreiche kurze Stämme, mit schmallanzettlichen Blättern in Grün mit grauer Zeichnung. Die Blüten sind eher unscheinbar und sitzen unter dem dichten Blattwerk.
Pflanzenhöhe: 20 bis 30 cm.
Temperatur- und Lichtansprüche: Aglaonemen ertragen auch wenig Licht (200 bis 400 Lux!). Sie sind aber trotzdem für mässig hellen Standort bei 15 bis 20 °C dankbar.
Substrat/pH-Wert: Humos mit etwas Landerdeanteil, pH-Wert: 5.0 bis 6.0.
Besondere Pflegehinweise: Gleichmässig feucht und warm halten.
Vermehrungsart: Teilen, Kopfstecklinge.
Zeitraum des Angebotes: 1 bis 12.
Pflanzenschutz: Anfällig für Schildläuse, Wolläuse, Spinnmilben.

Aglaonema crispum 'Silver King'

Handelsname: Aglaoneme, Kolbenfaden.
Synonym: A. roebelinii, A roebelinii lusus pseudobracteosum.
Familie: Araceae.
Heimat/Herkunft: Philippinen-Insel Luzon.
Wuchsform: Fingerdicker, aufrechter Spross, aus dem sich dichtstehend langlanzettliche Blätter mit schöner Zeichnung entwickeln. Grundfarbe graugrün mit dunkelgrünen unregelmässigen Flecken zwischen den Blattnerven, Seitentriebbildung.
Pflanzenhöhe: 30 bis 40 cm.
Temperatur- und Lichtansprüche: Als Bodendecker des Urwaldes lieben Aglaonemea einen schattigen Standort mit mässigem Lichtvorkommen, bei 16 bis 20 °C.
Substrat/pH-Wert: Humoses, lockeres Substrat, pH-Wert: 5.0 bis 6.0.
Besondere Pflegehinweise: Bevorzugt hohe Luftfeuchtigkeit. Gleichmässig feucht halten und mässig düngen. Aglaonema wachsen noch dort, wo andere Pflanzen versagen, in bezug auf Licht!
Vermehrungsart: Kopfstecklinge und Stammschnittlinge, auch Samenaussaat ist möglich.
Zeitraum des Angebotes: 1 bis 12.
Pflanzenschutz: Anfällig für Schild- und Wolläuse, bei zu trockener Luft auch Spinnmilbenbefall.

Allamanda cathartica var. grandiflora

♄ (W) ⇕

Handelsname: Allamande, Goldtrompete.
Synonym: A. grandiflora.
Familie: Apocynaceae.
Heimat/Herkunft: Nordöstliches Südamerika.
Wuchsform: Strauch bis Schlinger mit eiförmigen Blättern, die meist zu 3 bis 4 quirlständig angeordnet sind. Die grossen gelben Blüten stehen endständig.
Pflanzenhöhe: 30 bis 50 cm und mehr.
Temperatur- und Lichtansprüche: Heller Standort, auch volle Sonne, 18 bis 25 °C warm. Im Winter nicht unter 18 °C.
Substrat/pH-Wert: Humoses Substrat mit etwas Landerdeanteil, pH-Wert: 5.5 bis 6.3.
Besondere Pflegehinweise: Frühjahr bis Herbst gleichmässig feucht, im Winter etwas trockener halten. Durch Rückschnitt im Februar wird die Blütenbildung gefördert.
Vermehrungsart: Kopf- und Triebteilstecklinge.
Zeitraum des Angebotes: 4 bis 9.
Pflanzenschutz: Anfällig für Weisse Fliegen, Spinnmilben, Woll- und Schildläuse.

▲ Abb. 90
▼ Abb. 91

Alocasia lowii

♃ (W)

Handelsname: Alokasie, Tropenwurz.
Synonym: –.
Familie: Araceae.
Heimat/Herkunft: Borneo, Malakka.
Wuchsform: Kurzer aber dicker Grundspross mit langen runden Blattstielen, die grosse herzförmige Blätter tragen. Die dunkelgrüne Grundfarbe wird durch weisse Adern aufgelockert. Der Blütenstand (Spatha und Hüllblatt) ist unscheinbar.
Pflanzenhöhe: 80 bis 120 cm.
Temperatur- und Lichtansprüche: Grosser Platzbedarf, hell, aber nicht sonnig, 18 bis 22 °C.
Substrat/pH-Wert: Humoses Substrat mit Landerdeanteil, pH-Wert: 5.5 bis 6.5.
Besondere Pflegehinweise: Liebt erhöhte Luftfeuchtigkeit und reichliche Nährstoffgaben.
Vermehrungsart: Durch Ausläufertriebe oder Rhizomteilung. Auch durch Aussaat möglich.
Zeitraum des Angebotes: 1 bis 12.
Pflanzenschutz: Anfällig für Blattläuse, Spinnmilben.

▲ Abb. 92
▼ Abb. 93

Aloe arborescens ♄ (K)

Handelsname: Strauchige Aloe.
Synonym: –.
Familie: Liliaceae.
Heimat/Herkunft: Natal, Kapland, Malawi.
Wuchsform: Kurzer gestauchter Spross, später breitverzweigt mit dickfleischigen, am Rande gezähnten bis bedornten Blättern. Der straff aufsteigende Blütenschaft trägt endständig-ährig angeordnet lange geröhrte rote Blüten.
Pflanzenhöhe: 30 bis 50 cm.
Temperatur- und Lichtansprüche: Im Sommer hell bis vollsonnig, auch im Freien haltbar, 15 bis 25 °C. Im Winter hell und kühl bei 5 bis 8 °C.
Substrat/pH-Wert: Sandig-lehmiges Substrat, pH-Wert: 6.0 bis 7.2.
Besondere Pflegehinweise: Im Winter relativ trocken halten. Dies fördert die Blütenbildung. Im Sommer mässig düngen.
Vermehrungsart: Durch Seitentriebe (Kopfstecklinge) in sandighumoses Substrat.
Zeitraum des Angebotes: 4 bis 10.
Pflanzenschutz: Anfällig für Woll-und Wurzelläuse.

Alpinia vittata ♄ (W)

Handelsname: Alpinie.
Synonym: A. sanderae.
Familie: Zingiberaceae.
Heimat/Herkunft: Pazifische Inseln.
Wuchsform: Immergrüne Staude bis Strauch des Warmhauses mit kriechenden Rhizomen und straff aufrechten Trieben. Diese tragen wechselständig langlanzettliche Blätter in Dunkelgrün, die mit unregelmässigen cremefarbigen bis gelben Streifen gezeichnet sind. Die Blüten sind rot.
Pflanzenhöhe: 30 cm.
Temperatur- und Lichtansprüche: Heller Standort, im Sommer keine volle Sonne bei 18 bis 22 °C.
Substrat/pH-Wert: Humoses Substrat mit Landerdeanteil, pH-Wert: 5.5 bis 6.5.
Besondere Pflegehinweise: Gleichmässig feucht halten, liebt erhöhte Luftfeuchtigkeit. Im Sommer vermehrt düngen. Im Winter trockener halten.
Vermehrungsart: Teilung der Wurzelstöcke.
Zeitraum des Angebotes: 1 bis 12.
Pflanzenschutz: Anfällig für Spinnmilben.

Amomum compactum

♃ (W) ✂ N

Handelsname: Java-Kardamome.
Synonym: A. cardamomum, A. kepulaga.
Familie: Zingiberaceae.
Heimat/Herkunft: Indonesien.
Wuchsform: Krautiger Strauch mit kräftigen, horstbildenden Rhizomen, an denen bis fingerdicke, aufwärtsstehende Sprosse aufsteigen. Die langlanzettlichen, dunkelgrünen Blätter sind wechselständig angeordnet. Sie stehen relativ dicht übereinander und duften stark nach Zimt. Die Blüte ist weiss.
Pflanzenhöhe: 40 bis 60 cm und mehr.
Temperatur- und Lichtansprüche: Heller, im Sommer nicht vollsonniger Standort bei 18 bis 22 °C.
Substrat/pH-Wert: Humoses Substrat mit Landerdeanteil und genügend Nährstoffreserven, pH-Wert: 5.5 bis 6.5.
Besondere Pflegehinweise: Gleichmässig feucht halten und düngen. Gut geeignet für Hydrokultur.
Vermehrungsart: Teilung der starken Horste.
Zeitraum des Angebotes: 1 bis 12.
Pflanzenschutz: Anfällig für Spinnmilben.

▲ Abb. 94
▼ Abb. 95

Ampelopsis brevipedunculata var. maximowiczii 'Elegans'

♄ (K) ⇕ ⚘

Handelsname: Scheinrebe.
Synonym: Cissus brevipedunculata, A. heterophylla, Vitis heterophylla, V. heterophylla var. maximowiczii.
Familie: Vitaceae.
Heimat/Herkunft: Ostchina.
Wuchsform: Strauchartig bis kletternd, wechselständige Blätter, die z.T. gebuchtet bis geteilt sind. Weiss, rosa und grün marmoriert. Im Winter oft Blattfall.
Pflanzenhöhe: Je nach Alter 30 bis 50 cm.
Temperatur- und Lichtansprüche: Sehr hell, jedoch nicht vollsonnig. Im Sommer auch im Freien im Halbschatten, 15 bis 18 °C. Im Winter 5 bis 10 °C.
Substrat/pH-Wert: Humoses Substrat mit etwas Landerdeanteil, pH-Wert: 5.8 bis 6.5.
Besondere Pflegehinweise: Im Sommerhalbjahr gleichmässig feucht halten, im Winter mit Beginn des Laubfalls etwas trockener.
Vermehrungsart: Aus ausgereiften Trieben im Juli/August Triebteilstecklinge bei 15 bis 18 °C.
Zeitraum des Angebotes: 4 bis 10.
Pflanzenschutz: Anfällig für Blattläuse und Spinnmilben bei zu trockener Luft.

▲ Abb. 96
▼ Abb. 97

Ananas comosus 'Variegatus' ♃

Handelsname: Zierananas.
Synonym: Bromelia ananas, B. comosa, A. sativus, Ananassa sativa.
Familie: Bromeliaceae.
Heimat/Herkunft: Brasilien.
Wuchsform: Grundständige Blattrosette mit riemenförmigen Blättern, die am Ende zugespitzt sind. Das breite Mittelband ist dunkelgrün, die Seitenbänder weiss bis zartrosa oder gelblich. Der Rand ist bedornt. Im Alter bildet sich aus dem Zentrum ein verdickter Fruchtstand (Sammelfrucht). Endständig entwicklet sich eine schopfartige Blattrosette.
Pflanzenhöhe: Als jüngere Pflanzen 20 bis 30 cm hoch, ausgewachsene Pflanzen können 1 Meter und höher werden.
Temperatur- und Lichtansprüche: Heller bis sonniger Standort bei 18 bis 20 °C. Im Winter bei 16 bis 18 °C.
Substrat/pH-Wert: Humoses, lockeres Substrat, pH-Wert: 5.0 bis 5.5.
Besondere Pflegehinweise: Gleichmässig feucht halten, mässig düngen.
Vermehrungsart: Die Blattrosetten über der Frucht werden abgeschnitten und bei 25 °C in sandig-humosem Substrat zur Bewurzelung gebracht.
Zeitraum des Angebotes: 1 bis 12.
Pflanzenschutz: Anfällig für Schildläuse, Wolläuse.

Anthurium-Andraeanum-Hybriden ♄

Handelsname: Grosse Flamingoblume.
Synonym: A. andreanum, A. x cultorum.
Familie: Araceae.
Heimat/Herkunft: Kolumbien, Tropenwald.
Wuchsform: Aufrechter Wuchs, relativ kurzer Spross, lange Blattstiele mit glänzendgrünen, langherzförmigen Blättern. Aus den Blattscheiden erscheint auf langem Schaft eine glänzende Spatha in Rot, Weiss oder Rosa, z. T. grüne Einfärbungen mit gelbem Kolben.
Pflanzenhöhe: 50 bis 80 cm.
Temperatur- und Lichtansprüche: Heller Standort, jedoch keine volle Sonne, 16 bis 20 °C.
Substrat/pH-Wert: Grobes, humoses Substrat mit Nadel-oder Lauberdezusatz, pH-Wert: 5.0 bis 5.5.
Besondere Pflegehinweise: Gleichmässig feucht halten, kalkarmes Wasser verabreichen.
Vermehrungsart: Grössere Pflanzen bilden an der Basis kleinere Seitentriebe, die gelöst und auf Bodenwärme von 20 bis 25 °C zur Bewurzelung gebracht werden. Auch Aussaat ist möglich.
Zeitraum des Angebotes: 1 bis 12.
Pflanzenschutz: Anfällig für Schildläuse, Blattläuse, Älchen, Spinnmilben, Thripse bei zu trockener Luft. Bei zu kühlen Temperaturen Wurzelfäule.

Anthurium crystallinum

♃ (W) D

Handelsname: Silbriggenervte Anthurie.
Synonym: –.
Familie: Araceae.
Heimat/Herkunft: Kolumbien, Tropenwald.
Wuchsform: Sehr kurzer Grundstamm. Auf zirka 20 bis 30 cm langen Blattstielen sehr grosse, langherzförmige Blätter, dunkelgrün mit silberweisser Aderung. Die Spathen der Blütentriebe sind schmal, dunkelgrün und treten kaum in Erscheinung. Kolben schlank und grünbraun.
Pflanzenhöhe: 25 bis 40 cm.
Temperatur- und Lichtansprüche: Hell, aber nicht vollsonnig, 18 bis 22 °C.
Substrat/pH-Wert: Grobhumoses Substrat mit Sphagnum- oder Laubzusatz, pH-Wert: 5.0 bis 5.5.
Besondere Pflegehinweise: Liebt erhöhte Luftfeuchtigkeit. Ideal für das Blumenfenster. Kalkarmes Wasser verwenden.
Vermehrungsart: Aussaat.
Zeitraum des Angebotes: 1 bis 12.
Pflanzenschutz: Bei zu trockener Luft Thripse, Spinnmilben, Blatt-und Schildläuse, Wolläuse.

▲ Abb. 98
▼ Abb. 99

Anthurium-Scherzerianum-Hybriden

♃ (W) ✂

Handelsname: Kleine Flamingoblume.
Synonym: A. scherzerianum, A. x hortulanum.
Familie: Areceae.
Heimat/Herkunft: Guatemala, Costa-Rica.
Wuchsform: Kurzer Grundstamm mit lanzettlichen, dunkelgrünen und überhängenden Blättern. Aus den Blattscheiden entwickeln sich 20 bis 30 cm lange Schäfte, die je ein kreisrundes bis ovales, meist leuchtendrotes Spathenblatt tragen. Der Kolben ist meist gewunden.
Pflanzenhöhe: 20 bis 30 cm.
Temperatur- und Lichtansprüche: Heller Standort, jedoch keine volle Sonne, 18 bis 20 °C.
Substrat/pH-Wert: Humoses, lockeres Substrat mit Sphagnumzusatz, pH-Wert: 5.0 bis 5.5.
Besondere Pflegehinweise: Zur Förderung der Blütenbildung im Winter etwas kühler und trockener halten, jedoch nicht unter 15 °C. Sonst feucht halten und mässig düngen.
Vermehrungsart: Aussaat.
Zeitraum des Angebotes: 1 bis 12.
Pflanzenschutz: Anfällig für Blattläuse, Schildläuse, Spinnmilben, Thripse, Älchen, Schnecken. Bei zu tiefer Temperatur, zu grosser Nässe und falschem pH-Wert oft Wurzelfäule.

▲ Abb. 100
▼ Abb. 101

Aphelandra maculata

Handelsname: Gefleckte Aphelandre.
Synonym: Stenandrium lindenii.
Familie: Acanthaceae.
Heimat/Herkunft: Peru, Bolivien.
Wuchsform: Gedrungene, krautige Pflanze mit rosettenartig angeordneten, gegenständigen Blättern in ovaler Form. Die Farbe ist samtig grün mit gelber Nervenzeichnung. Die gelben Blüten sitzen auf schlanken Ähren.
Pflanzenhöhe: 15 bis 20 cm.
Temperatur- und Lichtansprüche: Hell, jedoch nicht vollsonnig. Verlangt hohe Wärme bei 20 °C und erhöhte Luftfeuchtigkeit. Im Winter bis auf 15 °C absenken.
Substrat/pH-Wert: Humoses, grobes Substrat mit etwas Landerdeanteil, pH-Wert: 5.5 bis 6.5.
Besondere Pflegehinweise: Mit Vorteil im geschlossenen Blumenfenster, in Vitrinen oder in «Flaschengärten».
Vermehrungsart: Aussaat bei 30 °C, Teilung oder Kopfstecklinge.
Zeitraum des Angebotes: 1 bis 12.
Pflanzenschutz: Anfällig für Blattläuse.

Aphelandra squarrosa

Handelsname: Aphelandre, Glanzkölbchen.
Synonym: A. squarrosa var. leopoldii, A. leopoldii.
Familie: Acanthaceae.
Heimat/Herkunft: Südostbrasilien.
Wuchsform: Halbstrauch mit dickem, aufrechtem Spross und gegenständig angeordneten, kurzgestielten Blättern. Die lanzettliche Blattfläche ist dunkelgrünglänzend und weist eine ausgeprägte weisse Nervenzeichnung auf. Endständig, vierkantige Blütenähre aus gelben Hochblättern und Blüten.
Pflanzenhöhe: 20 bis 40 cm.
Temperatur- und Lichtansprüche: Im Sommerhalbjahr warm bei 18 bis 25 °C, während der Ruhezeit im Winter kühler bei 12 bis 14 °C. Hell, aber keine volle Sonne!
Substrat/pH-Wert: Humoses Substrat mit etwas Landerdeanteil, pH-Wert: 5.5 bis 6.5.
Besondere Pflegehinweise: Infolge von zu geringen Lichtverhältnissen im Winter keine Blütenbildung. Nach 2 Monaten Ruhezeit, Rückschnitt, umpflanzen und neu antreiben, ausreichend düngen.
Vermehrungsart: Kopf- und (halbierte) Blattaugenstecklinge.
Zeitraum des Angebotes: 4 bis 12.
Pflanzenschutz: Anfällig für Schildläuse, Wolläuse, Blattläuse, Thripse, Spinnmilben, Blattälchen.

Aphelandra tetragona

♄ (W)

Handelsname: Vierkantige Aphelandre.
Synonym: –.
Familie: Acanthaceae.
Heimat/Herkunft: Venezuela.
Wuchsform: Straff aufrechter Wuchs, dicker Spross mit grossen grünen, ovalen Blättern, die kreuzweise gegenständig angeordnet sind. Die leuchtendroten Blüten stehen dicht im vierkantigen, ährigen Blütenstand.
Pflanzenhöhe: Je nach Alter 30 bis 60 cm.
Temperatur- und Lichtansprüche: Heller, nicht vollsonniger Standort bei 18 bis 20 °C.
Substrat/pH-Wert: Humoses Substrat mit Landerdeanteil, pH-Wert: 5.5 bis 6.5.
Besondere Pflegehinweise: Infolge des starken Wachstums Rückschnitt nach dem Verblühen. Umpflanzen nach Bedarf, durch den Sommer reichlich giessen und düngen, im Winter nur mässig. Ruhephase bei 15 °C.
Vermehrungsart: Kopf- und Blattaugenstecklinge.
Zeitraum des Angebotes: 4 bis 11.
Pflanzenschutz: Anfällig für Blattläuse, Wolläuse, Schildläuse, Thripse, Spinnmilben, Blattälchen.

▲ Abb. 102
▼ Abb. 103

Araucaria heterophylla

♄ (K)

Handelsname: Zimmertanne.
Synonym: A. excelsa.
Familie: Araucariaceae.
Heimat/Herkunft: Norfolkinseln.
Wuchsform: Straff aufrechter Wuchs mit quirlständig flach ausschweifenden, weichbenadelten Blatttrieben.
Pflanzenhöhe: 30 bis 100 cm und mehr.
Temperatur- und Lichtansprüche: Heller, aber nicht vollsonniger Standort. Im Sommer zirka 15 bis 18 °C. Warme und trockene Zimmerluft meiden. Im Winter gedeihen sie bei 5 bis 10 °C recht gut.
Substrat/pH-Wert: Humoses Substrat mit etwas Landerdezusatz, pH-Wert: 4.8 bis 5.8.
Besondere Pflegehinweise: gleichmässig feucht halten und durch das Sommerhalbjahr regelmässig düngen.
Vermehrungsart: In Spezialgärtnereien durch Kopfstecklinge.
Zeitraum des Angebotes: 1 bis 12.
Pflanzenschutz: Anfällig für Wolläuse und Thripse.

▲ Abb. 104
▼ Abb. 105

Ardisia crenata

Handelsname: Ardisie, Spitzblume.
Synonym: A. crenulata, A. crispa.
Familie: Myrsinaceae.
Heimat/Herkunft: Japan, Korea, Taiwan, China, Nordindien.
Wuchsform: Aufrechter, strauchiger, verzweigter Wuchs mit langovalen, wechselständigen dunkelgrünen Blättern. Nach der Befruchtung der eher unscheinbaren Blüten entwickeln sich grosse rote Beeren in oft dichten Rispen von grossem Zierwert.
Pflanzenhöhe: 30 bis 80 cm und mehr.
Temperatur- und Lichtansprüche: Hell bis sonnig, jedoch in den heissen Sommermonaten vor voller Sonne schützen. Im Sommer bei 16 bis 20 °C, im Winter 12 bis 16 °C.
Substrat/pH-Wert: Humoses Substrat mit etwas Landerdezusatz, pH-Wert: 5.0 bis 6.0.
Besondere Pflegehinweise: Bei zu hoher Wärme fallen die Früchte vorzeitig ab. Im Sommer reichlich, im Winter mässig giessen. Mässige Nährstoffgaben durch den Sommer.
Vermehrungsart: Aussaat bei 20 bis 22 °C oder Kopfstecklinge in einem Sand-Torf-Gemisch.
Zeitraum des Angebotes: 1 bis 12.
Pflanzenschutz: Anfällig für Schild-und Wolläuse.

Areca catechu

N

Handelsname: Betelnusspalme.
Synonym: –.
Familie: Palmae.
Heimat/Herkunft: Wahrscheinlich Philippinen.
Wuchsform: Kurzer, aufrechter Stamm mit ausladenden Blättern. Diese sind frischgrün und deutlich zweiteilig, jede Blatthälfte ist langlanzettlich und weist die für Palmem typische Parallelnervung auf. Im Alter liefert sie Betelnüsse.
Pflanzenhöhe: 60 bis 80 cm.
Temperatur- und Lichtansprüche: Heller Standort, erträgt auch etwas direktes Sonnenlicht. 16 bis 18 °C.
Substrat/pH-Wert: Humoses Substrat mit Landerdeanteil, pH-Wert: 5.5 bis 6.5.
Besondere Pflegehinweise: Regelmässig giessen und düngen.
Vermehrungsart: Aussaat der Betelnüsse.
Zeitraum des Angebotes: 1 bis 12.
Pflanzenschutz: Anfällig für Schild- und Wolläuse, Spinnmilben. Bei Trockenheit dürre Blattspitzen.

Asparagus asparagoides

♃ (W) ⇕ ✂

Handelsname: Glanzblättriger Zierspargel.
Synonym: A. medeoloides, Medeola asparagoides, Mysiphyllum asparagoides.
Familie: Liliaceae.
Heimat/Herkunft: Kapland, Südafrika.
Wuchsform: Stark windende Staude mit verzweigten Trieben. Die Phyllokladien (Scheinblätter) sind 1 cm breit, 3 cm lang, lanzettlich bis langherzförmig. Achselständig entwicklen sich weisse Blüten, aus denen sich kugelige, purpurfarbige Beerenfrüchte entwickeln.
Pflanzenhöhe: 50 bis 100 cm und mehr.
Temperatur- und Lichtansprüche: Heller, jedoch nicht vollsonniger Standort, im Sommer 15 bis 18 °C, im Winter 12 bis 15 °C.
Substrat/pH-Wert: Humoses bis mittelschweres Substrat mit reichlich Vorratsdüngeranteil, pH-Wert: 5.5 bis 6.5.
Besondere Pflegehinweise: Gleichmässig feucht halten und im Sommer fleissig düngen.
Vermehrungsart: Aussaat im Januar/Februar bei 16 bis 18 °C.
Zeitraum des Angebotes: 4 bis 10. Zierwert: die schönen langen Triebranken.
Pflanzenschutz: Anfällig für Blattläuse, Schildläuse, Thripse, Spinnmilben, Tausendfüssler.

▲ Abb. 106
▼ Abb. 107

Asparagus densiflorus 'Meyeri'

♃ (K) ⇕ ✂

Handelsname: Meyers Zierspargel.
Synonym: A. meyeri, A. myersii.
Familie: Liliaceae.
Heimat/Herkunft: Natal, Südafrika.
Wuchsform: Aus gestauchtem Grundstamm entwickeln sich dichtbenadelte und verzweigte Blatttriebe, die meist straff aufrecht stehen und walzig bis in eine Spitze auslaufend sehr dekorativ wirken, später überhängend.
Pflanzenhöhe: 30 bis 50 cm.
Temperatur- und Lichtansprüche: Heller, aber nicht vollsonniger Standort, im Sommer bei 16 bis 20 °C, im Winter kühler bei 8 bis 15 °C.
Substrat/pH-Wert: Humoses bis mittelschweres, nährstoffreiches Substrat, pH-Wert: 5.5 bis 7.0.
Besondere Pflegehinweise: Im Sommer reichlich giessen und düngen, im Winter entsprechend den Lichtverhältnissen Wasser- und Düngergaben reduzieren.
Vermehrungsart: Aussaat bei 16 °C.
Zeitraum des Angebotes: 1 bis 12.
Pflanzenschutz: Anfällig für Blatt-und Schildläuse, Thripse, Spinnmilben, Tausendfüssler.

▲ Abb. 108
▼ Abb. 109

Asparagus densiflorus 'Sprengeri'

♃ (K) ⚘ ✂

Handelsname: Sprengers Zierspargel.
Synonym: A. sprengeri.
Familie: Liliaceae.
Heimat/Herkunft: Natal, Südafrika.
Wuchsform: Gedrungener Grundspross mit zunehmend stärkeren aufstrebenden, später überhängenden Blatttrieben, die bis 150 cm lang werden können, mit nadeligen Einzelblättchen, leicht bedornt. Bei älteren Pflanzen entwicklen sich weisse kleine Blüten, aus denen sich grüne bis rote Beeren entwickeln.
Pflanzenhöhe: 20 bis 50 cm und mehr.
Temperatur- und Lichtansprüche: Heller Standort, bis vollsonnig, auch auf dem Balkon möglich. Im Sommer 16 bis 20 °C, im Winter 8 bis 15 °C.
Substrat/pH-Wert: Humoses bis mittelschweres, nährstoffreiches Substrat, pH-Wert: 5.5 bis 7.0.
Besondere Pflegehinweise: Im Sommer reichlich giessen und düngen. Im Winter entsprechend den Lichtverhältnissen geringere Düngergaben.
Vermehrungsart: Aussaat bei 16 °C.
Zeitraum des Angebotes: 1 bis 12.
Pflanzenschutz: Anfällig für Schild-und Blattläuse, Thripse, Spinnmilben, Tausendfüssler.

Asparagus falcatus

♄ (K)–(W) ⚘

Handelsname: Sichelblättriger Zierspargel.
Synonym: –.
Familie: Liliaceae.
Heimat/Herkunft: Tropisches Afrika bis Natal.
Wuchsform: Kurzer Grundstamm, straff aufstrebende Blatttriebe mit guter Verzweigung. Die Phyllokladien sind bis 10 cm lang und sichelförmig ausgebildet. Die Triebe sind leicht bedornt.
Pflanzenhöhe: 30 bis 50 cm und mehr.
Temperatur- und Lichtansprüche: Heller Standort, keine volle Sonne, nicht zu warm, ideal bei 15 bis 18 °C im Sommer und 12 bis 15 °C im Winter.
Substrat/pH-Wert: Humoses bis mittelschweres Substrat mit reichlich Vorratsdüngeranteil, pH-Wert: 5.5 bis 7.0
Besondere Pflegehinweise: Reichlich düngen und giessen im Sommerhalbjahr, im Winter mässig giessen und wenig düngen.
Vermehrungsart: Aussaat bei 16 °C.
Zeitraum des Angebotes: 1 bis 12.
Pflanzenschutz: Anfällig für Blatt- und Schildläuse, Thripse, Spinnmilben, Tausendfüssler.

Asparagus setaceus ♄ (W) ↕ ✂

Handelsname: Plumosus-Zierspargel.
Synonym: A. plumosus, Asparagopsis setaceae.
Familie: Liliaceae.
Heimat/Herkunft: Südafrika, nördlich bis Natal.
Wuchsform: Aus gestauchtem Grundstamm entsteigen anfänglich aufstrebende, später flach sich ausbreitende Blatttriebe, die dicht mit feinen grünen Nadelblättchen besetzt sind. Die Blüte ist unscheinbar weiss und sitzt auf der Triebunterseite. Die Samenbeeren sind zuerst grün, später purpurfarbig.
Pflanzenhöhe: 20 bis 50 cm, ältere Pflanzen bilden Blattranken und können 150 bis 200 cm hoch werden.
Temperatur- und Lichtansprüche: Halbschattig bei relativ hoher Luftfeuchtigkeit. Im Sommer 16 bis 20 °C, im Winter 12 bis 15 °C.
Substrat/pH-Wert: Humoses Substrat mit etwas Landerdeanteil, pH-Wert: 5.5 bis 6.5.
Besondere Pflegehinweise: Keine Trockenheit aufkommen lassen. Mässige Düngergaben.
Vermehrungsart: Aussaat bei 16 bis 18 °C.
Zeitraum des Angebotes: 1 bis 12.
Pflanzenschutz: Bei jungen Trieben gelegentlich Blattläuse. Bei zu trockener Luft Spinnmilben.

▲ Abb. 110
▼ Abb. 111

Aspidistra elatior ♃ (K)

Handelsname: Schusterpalme.
Synonym: –.
Familie: Liliaceae.
Heimat/Herkunft: China.
Wuchsform: Kriechender, fingerdicker Grundspross. Davon aufsteigend an langen Stielen grosse, langlanzettliche Blätter, dunkelgrün, mattglänzend. Eine Mutationsform ist weissgestreift, A.e. 'Variegata'. Knapp über der Erde entwickeln sich braunrote, sternförmige, kleine Blüten.
Pflanzenhöhe: 30 bis 60 cm und mehr.
Temperatur- und Lichtansprüche: Hell, jedoch nicht vollsonnig bis schattig, sehr tolerant. Im Sommer 15 bis 18 °C, z. T. im Freien. Im Winter 7 bis 10 °C.
Substrat/pH-Wert: Humoses Substrat mit etwas Landerdeanteil, pH-Wert: 5.5 bis 6.5.
Besondere Pflegehinweise: Volle Sonne und grosse Nässe meiden, sonst sind Aspidistra anspruchslos.
Vermehrungsart: Teilung im Frühjahr bei Triebbeginn.
Zeitraum des Angebotes: 1 bis 12.
Pflanzenschutz: Anfällig für Schildläuse, Spinnmilben bei zu trockener Luft.

▲ Abb. 112
▼ Abb. 113

Asplenium nidus

♃ (W)

Handelsname: Nestfarn, Asplenium.
Synonym: A. nidus-avis.
Familie: Aspleniaceae.
Heimat/Herkunft: Tropisches Asien, Polynesien, Trop. Australien, Ostafrika.
Wuchsform: Grundständige Rosette mit kreisförmig angeordneten langen, breitlanzettlichen Blättern. Das Blatt ist frischgrün glänzend mit schwarzbrauner Mittelrippe. Auf der Blattunterseite oft zahlreiche Sporenanlagen in Streifen angeordnet.
Pflanzenhöhe: 20 bis 100 cm.
Temperatur- und Lichtansprüche: Hell, aber nicht vollsonnig, im Sommer 18 bis 20 °C, im Winter 16 bis 18 °C.
Substrat/pH-Wert: Humoses, lockeres Substrat mit etwas Kompostanteil, pH-Wert: 4.5 bis 6.0.
Besondere Pflegehinweise: Erhöhte Luftfeuchtigkeit fördert ein freudiges Wachstum. Stets gleichmässig feucht halten, mässig düngen.
Vermehrungsart: Aussaat→Prothallium→Befruchtung→junge Pflanzen.
Zeitraum des Angebotes: 1 bis 12.
Pflanzenschutz: Anfällig für Schildläuse, Wurzelläuse.

Astrophytum capricorne

(K)

Handelsname: Bischofsmütze.
Synonym: –.
Familie: Cactaceae.
Heimat/Herkunft: Neu-Mexiko.
Wuchsform: Der fleischige Pflanzenkörper ist anfänglich kugelförmig, später zylindrisch. Er weist meist 8 Rippen auf, die auf den Areolen weisse Wollflocken und gedrehte braunschwarze Dornen aufweisen. Die aus dem Zentrum erscheinende Blüte ist gross, glänzend gelb und weist eine dunkelrote Mitte auf. Blütezeit Sommer bis Herbst.
Pflanzenhöhe: Je nach Alter 10 bis 20 cm.
Temperatur- und Lichtansprüche: Heller, aber nicht vollsonniger Standort. Im Sommer warme Lage bei 18 bis 25 °C, im Winter bei 5 bis 10 °C.
Substrat/pH-Wert: 50 % mineralisches Material, wie Grobsand, Feinkies, Tonsplit und 50 % Lauberde.
Besondere Pflegehinweise: Es wird nur gegossen, wenn die Erde angetrocknet ist. Eher etwas besprühen. Im Winter relativ trocken halten.
Vermehrungsart: Aussaat.
Zeitraum des Angebotes: 1 bis 12.
Pflanzenschutz: Anfällig für Wurzelläuse, bei Nässe Wurzelfäule.

Beaucarnea recurvata

Handelsname: Beaucarnea, Flaschenbaum.
Synonym: Noline recurvata, N. tuberculata, B. tuberculata.
Familie: Agavaceae.
Heimat/Herkunft: Mexiko.
Wuchsform: Aus kurzem, stark verdicktem, im Alter verholztem Grundstamm steigen schmallanzettliche bis schwertförmige, dunkelgrüne Blätter auf. Später bilden sich verholzte, dicke Triebe und eine breite Basis. Ein rispig-überhängender, rosafarbener Blütenstand ist eine besondere Zierde.
Pflanzenhöhe: 30 bis 200 cm hoch.
Temperatur- und Lichtansprüche: Vollsonnig bis schattiger Standort, im Sommer auch im Freien möglich, Temperatur 18 bis 30 °C. Im Winter kühl, bei 6 bis 10 °C.
Substrat/pH-Wert: Humoses, lehmiges Substrat, pH-Wert: 5.8 bis 6.8.
Besondere Pflegehinweise: Im Sommer gut feucht halten und mässig düngen, im Winter trockener halten.
Vermehrungsart: Aussaat. Von älteren Pflanzen auch Kopfstecklinge und Stammschnittlinge.
Zeitraum des Angebotes: 1 bis 12.
Pflanzenschutz: Anfällig für Spinnmilben bei zu trockener Luft.

▲ Abb. 114 / Beaucarnea, junge Pflanze

▼ Abb. 115 / Beaucarnea, blühend, Bot. Garten Monte Carlo

▼ Abb. 116 / Beaucarnea, dicke Stammpartie im Alter

▲ Abb. 117
▼ Abb. 118

Begonia boweri ♃ (W)

Handelsname: Bower's Begonie.
Synonym: –.
Familie: Begoniaceae.
Heimat/Herkunft: Mexiko.
Wuchsform: Krautig, grundständig mit kriechendem kurzem Spross mit langen Blattstielen. Die dekorativen Blätter sind unsymmetrisch langherzförmig, dunkel- bis frischgrün mit braunem Rand. Im Winter erscheinen weisse rispige Blütenstände hoch über dem gedrungenen Blattwerk.
Pflanzenhöhe: Unblühend 10 bis 20 cm, blühend 20 bis 30 cm.
Temperatur- und Lichtansprüche: Heller Standort, keine volle Sonne, bei 15 bis 18 °C.
Substrat/pH-Wert: Humoses Substrat mit etwas Landerdezusatz, pH-Wert: 5.5. bis 6.5.
Besondere Pflegehinweise: Trockenwarme Luft meiden, gleichmässig feucht halten. Im Winter weniger giessen.
Vermehrungsart: Blatteilstecklinge, grössere Pflanzen können auch geteilt werden.
Zeitraum des Angebotes: 1 bis 12.
Pflanzenschutz: Anfällig für Blatt- und Wurzelälchen, Milben, Grauschimmelpilze.

Begonia-Corallina-Hybriden ♄ (W)

Handelsname: Korallenrote Begonie.
Synonym: –.
Familie: Begoniaceae.
Heimat/Herkunft: Zuchtformen.
Wuchsform: Strauchig aufrecht bis überhängend, verzweigt mit unsymmetrischen, langlanzettlichen grünen Blättern, die oberseits kleine Silberflecken aufweisen. Aus den Blattachseln entspringen rispige Blütenstände mit männlichen und weiblichen hängenden Blüten. Neuerdings werden davon auch Hochstammformen angeboten ('Tamaya').
Pflanzenhöhe: Je nach Alter 30 bis 80 cm.
Temperatur- und Lichtansprüche: Heller, aber nicht vollsonniger Standort bei 15 bis 18 °C.
Substrat/pH-Wert: Humoses Substrat mit Landerdeanteil, pH-Wert: 5.5. bis 6.5.
Besondere Pflegehinweise: Gleichmässig feucht halten. Durch den Sommer mässig düngen, im Winter schwächere Dosierung. Nach Bedarf zurückschneiden.
Vermehrungsart: Kopf- und Triebteilstecklinge.
Zeitraum des Angebotes: 1 bis 12.
Pflanzenschutz: Anfällig für Spinnmilben, Blatt- und Wurzelälchen, Echten Mehltau.

Begonia-Corallina-Hybriden 'Luzerna' ♄ (w)

Handelsname: Luzerna-Begonie, Forellenbegonie.
Synonym: –.
Familie: Begoniaceae.
Heimat/Herkunft: Brasilien, Kulturform.
Wuchsform: Krautig aufrecht, z.T. verzweigt, etwas sparriger Wuchs, wechselständig grosse, unsymmetrisch lanzenförmige grüne Blätter, mit weissen runden Flecken. Die roten Blüten sind zu dichten Rispen angeordnet:
Pflanzenhöhe: Je nach Alter 40 bis 150 cm.
Temperatur- und Lichtansprüche: Heller Standort, keine volle Sonne, im Sommer auch im Freien im Halbschatten möglich, bei 13 bis 18 °C.
Substrat/pH-Wert: Humoses Substrat mit etwas Landerdeanteil, pH-Wert: 5.5 bis 6.5.
Besondere Pflegehinweise: Zu grosse Pflanzen zurückschneiden. Im Sommerhalbjahr mässig düngen.
Vermehrungsart: Blattaugenstecklinge, wobei man die grosse Blattfläche auf ca. ⅓ reduziert, Kopfstecklinge.
Zeitraum des Angebotes: 4 bis 10.
Pflanzenschutz: Anfällig für Wurzel- und Blattälchen, Milben, Echten Mehlau.

▲ Abb. 119

Begonia-Elatior-Hybriden ♃ (w)

Handelsname: Elatiorbegonie.
Synonym: B. x hiemalis.
Familie: Begoniaceae.
Heimat/Herkunft: Kreuzung aus B. socotrana x B. tuberhybrida.
Wuchsform: Krautig aufrecht, verzweigt mit wechselständig unsymmetrisch herzförmigen Blättern, je nach Sorte rundlich, länglich bis eingebuchtet, dunkelgrün bis rotgrün. Die Blüten erscheinen über dem Laub in vielen Farben: Weiss, Gelb, Orange, Rosa, Rot, einfach und gefüllt.
Pflanzenhöhe: 20 bis 40 cm.
Temperatur- und Lichtansprüche: Möglichst hell, jedoch keine volle Sonne. Im Sommer 18 bis 20 °C, im Winter 16 bis 18 °C.
Substrat/pH-Wert: Humoses Substrat mit Landerdeanteil, pH-Wert: 5.0 bis 6.5.
Besondere Pflegehinweise: Zu trockene Luft meiden. Mässig düngen auch im Winter. Durch Kultursteuerung durch das ganze Jahr blühend, Kurztagspflanze.
Vermehrungsart: Blattstecklinge, Kopfstecklinge.
Zeitraum des Angebotes: 1 bis 12. Gefüllte Sorten werden vor allem im Sommerhalbjahr angeboten.
Pflanzenschutz: Anfällig für Wurzel- und Blattälchen, Milben, Grauschimmelpilze, Echten Mehltau.

▲ Abb. 120 / Begonia-Elatior-Hybriden, einfache Sorten
▼ Abb. 121 / Begonia-Elatior-Hybriden, gefüllte Sorten

▲ Abb. 122
▼ Abb. 123

Begonia x erytrophylla ♃ (W)

Handelsname: Elefantenohrbegonie.
Synonym: B. feasti.
Familie: Begoniaceae.
Heimat/Herkunft: Kreuzung aus B. hydrocotylifolia x B. manicata.
Wuchsform: Krautig, kurzer kriechender Grundstamm mit langen Blattstielen und dunkelgrün glänzenden rundlichen Blättern, die unterseits rot gefärbt sind. Die rosafarbenen Blüten stehen in lockeren Rispen über dem Laub.
Pflanzenhöhe: 20 bis 30 cm.
Temperatur- und Lichtansprüche: Hell, jedoch nicht vollsonnig. Im Sommer 18 bis 20 °C, im Winter bei 13 bis 15 °C.
Substrat/pH-Wert: Humoses Substrat mit etwas Landerdeanteil, pH-Wert: 5.5 bis 6.5.
Besondere Pflegehinweise: Pflegeleicht, im Winter kühler und trockener halten. Mässig düngen.
Vermehrungsart: Blatteilstecklinge, z. T. Teilung von älteren Pflanzen.
Zeitraum des Angebotes: 1 bis 12.
Pflanzenschutz: Anfällig für Wurzel- und Blattälchen, bei zu trockenwarmer Luft Thripse, im Extremfall Echten Mehltau.

Begonia-Knollenbegonien-Hybr. ♃ (K)

Handelsname: Knollenbegonie.
Synonym: B. x tuberhybrida.
Familie: Begoniaceae.
Heimat/Herkunft: Zuchtform aus verschiedenen knollenbildenden Arten.
Wuchsform: Rundliche fleischige Knolle, aus der 2 bis 3 fingerdicke fleischige Triebe aufsteigen. Grosse unsymmetrisch-langherzförmige grüne Blätter mit Behaarung. Aus den Blattachseln einfache bis gefüllte Blütenstände in Weiss, Gelb, Rosa, Orange, Rot, und Dunkelrot.
Pflanzenhöhe: 20 bis 30 cm, Hängeformen bis 60 cm lang.
Temperatur- und Lichtansprüche: Heller, aber nicht vollsonniger Standort. Grossblumige Sorten an regen- und windgeschütztem Ort. Ost- bis Nordseite des Hauses oder in Schalen im Sommer im Freien.
Substrat/pH-Wert: Humoses Substrat mit Landerdeanteil, pH-Wert: 5.5 bis 6.8.
Besondere Pflegehinweise: Ab März bei 18 °C Knollen antreiben. Ab Mitte Mai ins Freie pflanzen. Ab Oktober Knollen relativ kühl und trocken überwintern.
Vermehrungsart: Aussaat, Knollenteilung, aber auch Kopfstecklinge möglich.
Zeitraum des Angebotes: 4 bis 9.
Pflanzenschutz: Anfällig für Wurzel- und Blattälchen, Blattläuse, Echten Mehltau.

Begonia limmingheana

♄ ⌂w ⚘

Handelsname: Hängebegonie.
Synonym: B. liminghii, B. glaucophylla.
Familie: Begoniaceae.
Heimat/Herkunft: Brasilien.
Wuchsform: Kriechender bis hängender Wuchs mit wechselständig angeordneten, breitlanzettlichen Blättern in mittlerem Grün. Aus den Blattachseln entwickeln sich traubige bis rispige Blütenstände in Rosa bis Orange.
Pflanzenhöhe: 30 bis 80 cm.
Temperatur- und Lichtansprüche: Heller Standort, im Winter sogar bei vollem Sonnenlicht. 16 bis 20 °C.
Substrat/pH-Wert: Humoses Substrat mit etwas Landerdeanteil, pH-Wert: 5.5 bis 6.2.
Besondere Pflegehinweise: Nässe und Ballentrockenheit meiden. Gleichmässig feucht halten und im Sommer mässig düngen.
Vermehrungsart: Kopf- und Triebteilstecklinge.
Zeitraum des Angebotes: 1 bis 5.
Pflanzenschutz: Bei trockenwarmer Luft Thripse.

▲ Abb. 124
▼ Abb. 125

Begonia-Lorrainebegonien-Hybriden

♃ ⌂w

Handelsname: Lorrainebegonie, Winterbegonie.
Synonym: B. x cheimantha.
Familie: Begoniaceae.
Heimat/Herkunft: Artenkreuzung B. dregei x B. socotrana, Südafrika und Insel Sokotra.
Wuchsform: Krautig, aufrecht, verzweigt. An langen Stielen runde Blätter von frischgrüner Farbe. Endständig bilden sich rispig verzweigte Blütenstände mit männlichen und weiblichen Blüten in Rosa oder Weiss.
Pflanzenhöhe: 25 bis 40 cm im Durchmesser.
Temperatur- und Lichtansprüche: 16 bis 18 °C, heller, aber nicht vollsonniger Standort.
Substrat/pH-Wert: Humoses, durchlässiges Substrat mit Landerdeanteil, pH-Wert: 5.0 bis 6.2.
Besondere Pflegehinweise: Vorsichtig giessen, sonst entsteht gerne Stammfäule. Keinen krassen Standortwechsel.
Vermehrungsart: In der Regel durch Blattstecklinge bei 20 °C . Neuerdings auch aus Mikrovermehrung. Auch Aussaat ist möglich.
Zeitraum des Angebotes: 10 bis 12.
Pflanzenschutz: Anfällig für Blattläuse, Blatt- und Wurzelnematoden, Milben, Thripse, Echten Mehltau, Botrytis, Stammfäule.

▲ Abb. 126

Begonia masoniana 'Iron Cross' ♃ (w)

Handelsname: Eisernes Kreuz-Begonie.
Synonym: B. 'Iron Cross'.
Familie: Begoniaceae.
Heimat/Herkunft: Vermutlich aus China.
Wuchsform: Kriechender fleischiger Grundstamm, aus dem sich grosse, unsymmetrisch herzförmige Blätter entwickeln, die schön gezeichnet sind. Grundfarbe hellgrün, gefurcht, mit handförmiger brauner Zeichnung im Zentrum (Eisernes Kreuz). Die Blüten sind klein, zahlreich und grünlichweiss.
Pflanzenhöhe: 20 bis 40 cm.
Temperatur- und Lichtansprüche: Heller, aber nicht vollsonniger Standort. Im Sommer 18 bis 22 °C, im Winter 15 bis 16 °C.
Substrat/pH-Wert: Humoses Substrat mit Landerdeanteil, pH-Wert: 5.0 bis 6.5.
Besondere Pflegehinweise: Mässig giessen und düngen. Im Winter Radiatorennähe meiden.
Vermehrungsart: Blatteilstecklinge von ausgereiften Blättern bei 20 °C.
Zeitraum des Angebotes: 1 bis 12.
Pflanzenschutz: Anfällig für Blattläuse, Thripse und Echten Mehltau.

▲ Abb. 127
▼ Abb. 128

Begonia-Rex-Hybriden ♃ (w)

Handelsname: Königsbegonie, Rexbegonie, Blattbegonie.
Synonym: B. rex-cultorum.
Familie: Begoniaceae.
Heimat/Herkunft: Assam.
Wuchsform: Kurzer, dicker, gestauchter Spross, aus dem an runden fleischigen Stielen sich unsymmetrisch herzförmige Blätter entfalten. Meist grundständige Pflanze mit schöner Blattzeichnung und -färbung in Silber, Rosa, Rot, Grün und Purpur. Blüten zartrosa.
Pflanzenhöhe: 20 bis 30 cm.
Temperatur- und Lichtansprüche: Hell bis halbschattig, jedoch nicht vollsonnig, 16 bis 18 °C. Im Winter 15 bis 16 °C.
Substrat/pH-Wert: Humoses Substrat mit etwas Landerdeanteil, pH-Wert: 5.0 bis 6.5.
Besondere Pflegehinweise: Trockene Luft und Zugluft meiden. Im Winter eher kühler und trockener halten. Mässig düngen.
Vermehrungsart: Blatteilstecklinge, Aussaat möglich.
Zeitraum des Angebotes: 1 bis 12.
Pflanzenschutz: Anfällig für Blattläuse, Älchen, Thripse, bei zu grosser Feuchtigkeit Echten Mehltau und Grauschimmelpilze.

Begonia serratipetala

♃ (W)

Handelsname: Gesägtblättrige Begonie.
Synonym: –.
Familie: Begoniaceae.
Heimat/Herkunft: Neu-Guinea.
Wuchsform: Krautig aufrechter Wuchs mit ausladenden Trieben. Das unsymmetrisch herzförmige Blatt ist olivengrün, am Rande doppelt gesägt und weist eine unregelmässige blutrote Fleckenzeichnung auf. Die Blüten sind rosa.
Pflanzenhöhe: 30 bis 60 cm.
Temperatur- und Lichtansprüche: Heller, aber nicht vollsonniger Standort. Nicht zu warm, 15 bis 18 °C genügen.
Substrat/pH-Wert: Humoses Substrat mit etwas Landerdeanteil, pH-Wert: 5.5 bis 6.2.
Besondere Pflegehinweise: Stets gleichmässig feucht halten, Ballentrockenheit und Nässe vermeiden. Gelegentlicher Rückschnitt, wenn die Pflanzen zu gross werden.
Vermehrungsart: Kopfstecklinge bei 20 °C.
Zeitraum des Angebotes: 1 bis 12.
Pflanzenschutz: Anfällig für Blattläuse, Blattnematoden, Thripse, Botrytis und Echten Mehltau.

▲ Abb. 129
▼ Abb. 130

Billbergia nutans

♃ (K)–(W)

Handelsname: Haferbromelie.
Synonym: –.
Familie: Bromeliaceae.
Heimat/Herkunft: Südbrasilien, Uruguay, Paraguay, Nordargentinien.
Wuchsform: Kurzer grundständiger Spross mit aufstrebenden bis leicht überhängenden Blättern, die schmallanzettlich geformt sind, grün mit Silberanflug. Aus den röhrigen Rosetten erscheinen lange Blütentriebe mit rosafarbenen Hochblättern und grünlichen, hängenden Blüten.
Pflanzenhöhe: 30 bis 40 cm.
Temperatur- und Lichtansprüche: Sehr hell bis halbschattig, 15 bis 20 °C, also sehr tolerant.
Substrat/pH-Wert: Humoses Substrat mit etwas Landerdeanteil, pH-Wert: 5.0 bis 6.0.
Besondere Pflegehinweise: Im Sommerhalbjahr feucht halten, ab Frühjahr bis Herbst mässig düngen, im Winter etwas trockener halten.
Vermehrungsart: Teilung der sich rasch durch Kindel entwickelnden Pflanzen.
Zeitraum des Angebotes: 1 bis 12.
Pflanzenschutz: Anfällig für Schildläuse.

▲ Abb. 131
▼ Abb. 132

Blechnum brasiliense

♃ (K)

Handelsname: Rippenfarn.
Synonym: –.
Familie: Blechnaceae.
Heimat/Herkunft: Tropisches Zentral- bis Südamerika.
Wuchsform: Aus einem kurzen Spross entwickelt sich eine trichterförmige Rosette aus einfachgefiederten, glänzend grünen Blättern, die in der Jugend braunrot gefärbt sind. Die einzelnen Blattwedel werden bis 1 Meter lang.
Pflanzenhöhe: Je nach Alter 30 bis 100 cm.
Temperatur- und Lichtansprüche: Halbschatten bis lichter Schatten im Sommer 18 bis 25 °C, im Winter 13 bis 18 °C.
Substrat/pH-Wert: Humoses, grobfaseriges Substrat mit etwas Landerdeanteil, pH-Wert: 4.5 bis 5.8.
Besondere Pflegehinweise: Vom Frühling bis in den Herbst reichlich giessen und mässig düngen, im Winter gleichmässig feucht halten. Liebt erhöhte Luftfeuchtigkeit.
Vermehrungsart: Aussaat der Sporen→Prothallium →Befruchtung→junge Farnpflanzen.
Zeitraum des Angebotes: 1 bis 12.
Pflanzenschutz: Bei schlechter Pflege anfällig für Blattläuse, Wolläuse. Schildläuse, Thripse, Spinnmilben und Blattälchen.

Blechnum gibbum

♃ (W)

Handelsname: Rippenfarn.
Synonym: Lomaria gibba.
Familie: Blechnaceae.
Heimat/Herkunft: Neukaledonien, Neue Hebriden.
Wuchsform: Grundständiger Spross mit rosettenartigen, nach aussen strebenden gefiederten grünen Blättern.
Pflanzenhöhe: Je nach Alter 20 bis 50 cm.
Temperatur- und Lichtansprüche: Heller bis halbschattiger Standort, keine volle Sonne, im Sommer 18 bis 25 °C, im Winter 13 bis 18 °C.
Substrat/pH-Wert: Torfig-humoses Substrat, pH-Wert: 4.5 bis 5.8.
Besondere Pflegehinweise: Stets gleichmässig feucht halten, im Sommerhalbjahr mässig düngen, im Winter weniger.
Vermehrungsart: Durch Aussaat der Sporen→Prothallium→Befruchtung→junge Pflanzen.
Zeitraum des Angebotes: 1 bis 12.
Pflanzenschutz: Anfällig für Blattälchen, Blattläuse, Wolläuse, Schildläuse, Thripse, Spinnmilben.

Bougainvillea glabra

Handelsname: Bougainvillea, Wunderblume, Drillingsblume.
Synonym: –.
Familie: Nyctaginaceae.
Heimat/Herkunft: Brasilien, an der Riviera eingebürgert.
Wuchsform: Strauchig bis rankig mit verholzenden Trieben, die oft mit langen Dornen besetzt sind. Das lanzettliche Blatt ist grün, matt bis leicht glänzend. Endständig bilden sich rispige Blütenstände. Was wir als Blüten betrachten, sind violette Hochblätter. Die Blüten sind röhrig ausgebildet und gelblichweiss.
Pflanzenhöhe: Handelsgrösse30 bis 40 cm, es werden auch Pyramiden und Hochstämme von 100 bis 120 cm angeboten.
Temperatur- und Lichtansprüche: Im Sommer mit Vorteil vollsonnig im Freien, 18 bis 25 °C. Im Winter kühl und hell bei 5 bis 8 °C.
Substrat/pH-Wert: Mittelschwere, tonhaltige Substrate eignen sich besser als Torfsubstrate, pH-Wert: 6.0 bis 6.8.
Besondere Pflegehinweise: Im Sommer reichlich giessen und düngen. Im Winter eher kühl und relativ trocken halten.
Vermehrungsart: Kopf- bis Triebteilstecklinge, warm bei 30 bis 35 °C zur Bewurzelung bringen.
Zeitraum des Angebotes: 5 bis 9.
Pflanzenschutz: Anfällig für Blattläuse, Spinnmilben, Thripse, Wolläuse.

▲ Abb. 133
▼ Abb. 134

Bougainvillea spectabilis

Handelsname: Grossblütige Bougainvillea.
Synonym: –.
Familie: Nyctaginaceae.
Heimat/Herkunft: Brasilien.
Wuchsform: Kletterpflanze mit starkem Wuchs mit vereinzelten Dornen. Die Blätter sind breitoval, dunkelgrün und wechselständig angeordnet. Die grossen Scheinblüten (Hochblätter) in Rotviolett und anderen Farben stehen je zu 3 in einer Gruppe. Die eigentlichen Blüten sind röhrenförmig und cremeweiss.
Pflanzenhöhe: 40 bis 80 cm und mehr.
Temperatur- und Lichtansprüche: Möglichst viel Licht, auch volle Sonne wird gut ertragen, sowie ein luftiger Standort. Im Sommer auch im Freien geeignet, ebenfalls Standartpflanze für den Wintergarten. Wintertemperatur bei 10 bis 12 °C, damit wird der Blütenansatz gefördert.
Substrat/pH-Wert: Lehmig-humoses Substrat, pH-Wert: 6.0 bis 6.5.
Besondere Pflegehinweise: Im Sommer reichlich giessen und düngen, im Winter Ruhezeit und relativ trocken halten.
Vermehrungsart: Kopf- und Triebteilstecklinge sehr warm bei 30 bis 35 °C.
Zeitraum des Angebotes: 4 bis 10.
Pflanzenschutz: Anfällig für Woll- und Blattläuse, Spinnmilben, Thripse.

▲ Abb. 135
▼ Abb. 136

Brachychiton rupestris

♄ (K)

Handelsname: Flaschenbaum.
Synonym: Sterculia rupestris.
Familie: Sterculiaceae.
Heimat/Herkunft: Australien.
Wuchsform: Als interessante Zimmerpflanze mit besonderem Aussehen findet der Flaschenbaum immer wieder BewunderInnen. Aus einem bizarren, meist 2- bis 3teiligen, z.T. über der Erde stehenden Wurzelstück entwickeln sich dünne Triebe mit schmalen, dunkelgrünen Blättern, die der Pflanze ein lockeres Aussehen verleihen.
Pflanzenhöhe: Je nach Alter 30 bis 80 cm und mehr.
Temperatur- und Lichtansprüche: Heller Standort bis volle Sonne mit im Winter nicht zu hohen Wärmeansprüchen, 7 bis 10 °C genügen, im Sommer 15 bis 20 °C.
Substrat/pH-Wert: Humoses, durchlässiges Substrat mit ausreichend Landerdeanteil, pH-Wert: 5.5 bis 6.5.
Besondere Pflegehinweise: Wenn die Pflanzen zu gross werden, wird ein starker Rückschnitt gut ertragen.
Vermehrungsart: Aussaat im Frühjahr.
Zeitraum des Angebotes: 1 bis 12.
Pflanzenschutz: Anfällig für Spinnmilben.

Brassavola perrinii

♃ (W)

Handelsname: Brassavola.
Synonym: –.
Familie: Orchidaceae.
Heimat/Herkunft: Südostbrasilien, Paraguay.
Wuchsform: In den Tropen lebt diese Art epiphytisch auf Bäumen. Die Pseudobulben tragen meist nur ein einzelnes, zylindrisches bis abgeflachtes, lederiges Blatt. Die Blüte hingegen ist sehr auffallend blassgrün bis weiss mit weisser, grosser, herzförmiger Lippe, 3 bis 5 Blüten bilden zusammen eine Traube.
Pflanzenhöhe: 25 bis 35 cm.
Temperatur- und Lichtansprüche: Sehr heller Standort, der aber vor direkter Sonneneinstrahlung geschützt werden muss. Im Sommer 18 bis 22 °C, im Winter 16 bis 18 °C.
Substrat/pH-Wert: Rindenstücke mit Farnwurzeln, Sphagnum oder Orchideensubstrat, pH-Wert: 4.0 bis 5.0.
Besondere Pflegehinweise: Infolge des hohen Bedarfs an Luftfeuchtigkeit mit Vorteil ein geschlossenes Blumenfenster oder ein Mini-Gewächshaus vorziehen. Am besten auf Rindenstücken befestigen und oft befeuchten.
Vermehrungsart: Durch Teilung von älteren Pflanzen oder durch Aussaat.
Zeitraum des Angebotes: 1 bis 12 vereinzelt im Handel.
Pflanzenschutz: Anfällig für Schildläuse.

Brosimum alicastrum

Handelsname: Brotnussbaum.
Synonym: –.
Familie: Moraceae.
Heimat/Herkunft: Westindien, Zentralamerika bis Brasilien.
Wuchsform: Immergrüne Pflanze mit aufwärtsstrebendem, lockerem Wuchs, leicht verzweigt. Die langlanzettlichen, dunkelgrünen Blätter sind leicht überhängend. Aus den Blattachseln runde, gelbe und kleine Feigenfrüchte.
Pflanzenhöhe: 60 bis 200 cm.
Temperatur- und Lichtansprüche: Heller Standort, keine volle Sonne im Sommer, 16 bis 20 °C.
Substrat/pH-Wert: Humoses Substrat mit etwas Landerdeanteil, pH-Wert: 6.0 bis 6.8.
Besondere Pflegehinweise: Mässig giessen und düngen, stehende Nässe meiden. Gelegentlicher Rückschnitt.
Vermehrungsart: Kopf- und Triebteilstecklinge.
Zeitraum des Angebotes: 1 bis 12.
Pflanzenschutz: Im Extremfall Schildläuse.

▲ Abb. 137
▼ Abb. 138

Browallia speciosa

Handelsname: Browallie.
Synonym: B. major.
Familie: Solanaceae.
Heimat/Herkunft: Kolumbien.
Wuchsform: Krautig, aufrecht bis breitverzweigt mit langlanzettlichen, grünen Blättern. Aus den Blattachseln entwickeln sich kurzgeröhrt fünflappige Blüten in Blau, Violett oder Weiss.
Pflanzenhöhe: 15 bis 20 cm.
Temperatur- und Lichtansprüche: 15 bis 18 °C, heller Standort, jedoch nicht vollsonnig. Im Sommer auch im Freien möglich.
Substrat/pH-Wert: Humoses bis mittelschweres Substrat mit Landerdeanteil, pH-Wert: 5.0 bis 6.0.
Besondere Pflegehinweise: Verblühte Blüten sofort entfernen. Nach Bedarf zu lange Triebe zurückschneiden. Mässig düngen durch den Sommer.
Vermehrungsart: Aussaat oder durch Kopfstecklinge.
Zeitraum des Angebotes: 5 bis 10.
Pflanzenschutz: Anfällig für Blattläuse.

▲ Abb. 139
▼ Abb. 140

Brunfelsia pauciflora var. calycina

♄ (W)

Handelsname: Brunfelsie.
Synonym: B. calycina, Franciscea calycina.
Familie: Solanaceae.
Heimat/Herkunft: Brasilien.
Wuchsform: Aufrechter bis ausladender, etwas sparriger Wuchs, geringe Verzweigung. Die Blätter sind langlanzettlich und dunkelgrün glänzend. Aus den äusseren Blattachseln entwickeln sich grosse, tellerförmige blauviolette Blüten, die von einer langen Röhre getragen sind.
Pflanzenhöhe: Handelsgrösse 20 bis 30 cm, grössere Pflanzen 50 bis 80 cm.
Temperatur- und Lichtansprüche: Ideal bei 20 °C ohne grössere Temperaturwechsel. Hohe Luftfeuchtigkeit wird bevorzugt (Blumenfenster). Im Winter bei 10 bis 12 °C trockener halten, dies fördert die Blütenbildung.
Substrat/pH-Wert: Humoses bis mittelschweres Substrat, pH-Wert: 5.0 bis 6.0.
Besondere Pflegehinweise: Regelmässig feucht halten und düngen im Sommerhalbjahr. Für hohe Luftfeuchtigkeit sorgen.
Vermehrungsart: Kopfstecklinge von ausgereiften Trieben, bei 30 °C bewurzeln sie sich am besten.
Zeitraum des Angebotes: 1 bis 12.
Pflanzenschutz: Anfällig für Blattläuse und Spinnmilben.

Caladium-Bicolor-Hybriden

♃ (W)

Handelsname: Kaladie, Buntwurz.
Synonym: C. x hortulanum, C. bicolor.
Familie: Araceae.
Heimat/Herkunft: Amazonasgebiet, Regenwald.
Wuchsform: Knolliger Wurzelstock mit aufstrebenden langen Blattstielen, auf denen sich grosse, langherzförmige Blätter entwickeln. Die Blätter sind auffallend bunt gefärbt bis gefleckt, in Weiss, Rosa, Rot und Grün. Die Blütenstände bilden einen Kolben und sind von einem eher unscheinbaren Hüllblatt umgeben.
Pflanzenhöhe: 30 bis 40 cm.
Temperatur- und Lichtansprüche: Infolge hoher Ansprüche an die Luftfeuchtigkeit im Blumenfenster oder in flachen Schalen. Temperatur 20 bis 25 °C.
Substrat/pH-Wert: Torfiges Humussubstrat mit etwas Landerdeanteil, pH-Wert: 5.5 bis 6.3.
Besondere Pflegehinweise: Knollen im Februar/März bei 22 bis 25 °C antreiben. Hohe Luftfeuchtigkeit, später abhärten. Im Herbst einziehen lassen.
Vermehrungsart: Teilung der Knollen (Brutknollen).
Zeitraum des Angebotes: 4 bis 9.
Pflanzenschutz: Anfällig für Blattläuse, bei zu trockener Luft Spinnmilben.

Calanthe-Vestita-Hybriden ♃ (W)

Handelsname: Calanthe, bekleidete Schönorche.
Synonym: C. x veitchii.
Familie: Orchidaceae.
Heimat/Herkunft: Ostasiatische Tropen bis Subtropen.
Wuchsform: Aufrechter, dicker und länglicher Pseudobulben, auf dem sich wenige, aber grosse lanzettliche Blätter bilden, die jedoch im Herbst abfallen. Aus der Basis entwickeln sich im Winter an langen, behaarten Schäften traubige Blütenstände in Weiss, Rosa und Lilapurpur.
Pflanzenhöhe: 50 bis 70 cm.
Temperatur- und Lichtansprüche: Heller, nicht vollsonniger Standort im warmen Zimmer oder Blumenfenster bei 18 bis 22 °C, im Winter Ruhezeit bei 13 bis 15 °C.
Substrat/pH-Wert: Humoses Substrat aus Lauberde, Torf, Perlite und Sand, pH-Wert: 5.0 bis 6.0.
Besondere Pflegehinweise: Nach der Blüte werden die Pseudobulben trocken gelagert. Im April alte Wurzeln ausschütteln und in neues Substrat pflanzen.
Vermehrungsart: Teilung der grösseren Pflanzen.
Zeitraum des Angebotes: 11 bis 4.
Pflanzenschutz: Anfällig für Blattläuse.

▲ Abb. 141
▼ Abb. 142

Calathea crocata ♃ (W)

Handelsname: Gelbblühende Calathea.
Synonym: –.
Familie: Marantaceae.
Heimat/Herkunft: Brasilien.
Wuchsform: Immergrüne, krautige Pflanze mit grundständigem Wuchs. Langovale Blätter, dunkelgrün mit deutlichem Flaum. Die gelborangen ährigen Blütenstände stehen über dem Laub.
Pflanzenhöhe: 20 bis 35 cm.
Temperatur- und Lichtansprüche: Im Sommer 20 bis 22 °C, hell, aber nicht vollsonnig bei relativ hoher Luftfeuchtigkeit. Im Winter genügen 13 bis 16 °C.
Substrat/pH-Wert: Humoses, lockeres Substrat, pH-Wert: 5.0 bis 6.0.
Besondere Pflegehinweise: Gleichmässige Feuchtigkeit anstreben. Trockene Luft meiden (Spinnmilben).
Vermehrungsart: Teilung der sich an der Basis durch Seitentriebe ausbreitenden Pflanzen.
Zeitraum des Angebotes: 1 bis 12.
Pflanzenschutz: Anfällig für Blattläuse und Spinnmilben.

▲ Abb. 143
▼ Abb. 144

Calathea lancifolia

♃ (W)

Handelsname: Lanzenblättrige Calathea, Korbmarante.
Synonym: C. insignis.
Familie: Marantaceae.
Heimat/Herkunft: Brasilien.
Wuchsform: Kurze krautige Grundsprosse, aus denen schöngezeichnete lanzettenförmige Blätter aufsteigen. Die bis 50 cm langen Blätter sind in der Grundfarbe hell- bis dunkelgrün mit abwechselnd kleinen und grossen langovalen, dunkelgrünen Flecken. Die Unterseite ist purpurrot. An älteren Pflanzen entwickeln sich unscheinbare kleine weisse Blüten.
Pflanzenhöhe: 30 bis 60 cm.
Temperatur- und Lichtansprüche: Calathea lieben Warmhausklima von 18 bis 20 °C, im Winter können sie kühler bei 14 bis 16 °C gehalten werden. Lichtbedürfnis: mässig hell, keine volle Sonne.
Substrat/pH-Wert: Grobfaserig, humos mit wenig Landerdeanteil, pH-Wert: 5.0 bis 6.0.
Besondere Pflegehinweise: Trockene Luft meiden und gleichmässig feucht halten.
Vermehrungsart: Teilung von älteren Pflanzen. Anzucht auf warmem Fuss von 20 °C.
Zeitraum des Angebotes: 1 bis 12.
Pflanzenschutz: Anfällig für Spinnmilben bei zu trockener Luft.

Calathea leopardina

♃ (W)

Handelsname: Gefleckte Calathea.
Synonym: Maranta leopardina.
Familie: Marantaceae.
Heimat/Herkunft: Brasilien.
Wuchsform: Krautige Pflanze mit Rhizomen im Boden, aus denen sich die Triebe mit langen Blattstielen und verkehrteiförmigen Blättern entwickeln. Die Farbe ist hellgrün mit dunkelgrüner Fleckenzeichnung.
Pflanzenhöhe: 60 bis 80 cm.
Temperatur- und Lichtansprüche: Hell, jedoch nicht sonnig, warmer Standort bei 18 bis 22 °C, im Winter kühler bei 13 bis 16 °C.
Substrat/pH-Wert: Humoses, durchlässiges Substrat mit etwas Landerdeanteil, pH-Wert: 5.0 bis 6.0.
Besondere Pflegehinweise: Gleichmässig feucht halten und im Sommer mässig düngen. Jedes Jahr einmal umpflanzen.
Vermehrungsart: Teilung von grösseren Pflanzen.
Zeitraum des Angebotes: 1 bis 12.
Pflanzenschutz: Anfällig für Blattläuse, Spinnmilben.

Calathea makoyana ♃ (W)

Handelsname: Fensterblattcalathea, Korbmarante.
Synonym: Maranta makoyana.
Familie: Marantaceae.
Heimat/Herkunft: Brasilien.
Wuchsform: Aus kurzen Grundsprossen entwickeln sich auf langen Blattstielen breiteiförmige, grosse Blätter von 20 bis 25 cm Durchmesser. Die Blattfläche ist prächtig gezeichnet, die Grundfläche ist cremegelb bis hellolivgrün, fein gestreift, dazwischen sind grössere und kleinere dunkelgrüne Flecken zu einem prächtigen Muster angeordnet.
Pflanzenhöhe: Bis 60 cm.
Temperatur- und Lichtansprüche: Im Sommerhalbjahr relativ warmer Standort von 18 bis 22 °C, im Winter bei 15 bis 18 °C. Hell, aber keine volle Sonneneinstrahlung.
Substrat/pH-Wert: Grobhumoses Substrat mit etwas Landerdeanteil, pH-Wert: 5.0 bis 6.0.
Besondere Pflegehinweise: Relativ hohe Luftfeuchtigkeit und gleichmässige Feuchtigkeit, mässige Düngung.
Vermehrungsart: Grössere Pflanzen mit gut entwickeltem Wurzelwerk vorsichtig teilen, auf warmem Fuss und bei feuchter Luft anziehen.
Zeitraum des Angebotes: 1 bis 12.
Pflanzenschutz: Anfällig für Spinnmilben bei zu trockener Luft.

▲ Abb. 145
▼ Abb. 146

Calathea ornata ♃ (W)

Handelsname: Gestreifte Calathea, Korbmarante.
Synonym: Maranta ornata.
Familie: Marantaceae.
Heimat/Herkunft: Guayana, Kolumbien.
Wuchsform: Gedrungenes Sprosswachstum. Auf langen Blattstielen langovale Blätter von dunkelgrüner Farbe. Sehr dekorativ wirken die schmalen, weissen Linienzeichnungen und die rote Hauptnervatur.
Pflanzenhöhe: 60 bis 100 cm.
Temperatur- und Lichtansprüche: Heller Standort, jedoch im Sommer volle Sonne meiden. Im Sommer 18 bis 20 °C, im Winter 13 bis 16 °C.
Substrat/pH-Wert: Humoses Substrat mit etwas Landerde, pH-Wert: 5.0 bis 6.0.
Besondere Pflegehinweise: Stets gleichmässig feucht halten. Liebt hohe Luftfeuchtigkeit. Mässig düngen.
Vermehrungsart: Teilung der Pflanzen, Anzucht bei 18 bis 20 °C.
Zeitraum des Angebotes: 1 bis 12.
Pflanzenschutz: Anfällig für Spinnmilben bei trockener Luft.

▲ Abb. 147
▼ Abb. 148

Calathea picturata

♃ (w)

Handelsname: Gefleckte Calathea.
Synonym: –.
Familie: Marantaceae.
Heimat/Herkunft: Brasilien.
Wuchsform: Krautige Pflanze mit Rhizombildung. Aufstrebender bis ausladender Wuchs. Die langovalen Blätter sitzen auf langen Blattstielen. Blattfarbe in der Mitte weiss bis gelblich, mit dunkelgrüner Umrandung. Verschiedene Sorten.
Pflanzenhöhe: 30 bis 50 cm.
Temperatur- und Lichtansprüche: Heller, aber nicht vollsonniger warmer Standort. Im Sommer 18 bis 22 °C, im Winter bei 13 bis 16 °C.
Substrat/pH-Wert: Humoses, durchlässiges Substrat mit etwas Landerde- und Sandanteil, pH-Wert: 5.0 bis 6.0.
Besondere Pflegehinweise: Gleichmässig feucht halten und im Sommer mässig düngen. Jedes Jahr umpflanzen. Liebt erhöhte Luftfeuchtigkeit.
Vermehrungsart: Teilung von grösseren Pflanzen.
Zeitraum des Angebotes: 1 bis 12.
Pflanzenschutz: Anfällig für Blattläuse, Spinnmilben.

Calathea zebrina

♃ (w)

Handelsname: Zebra-Calathea, Korbmarante.
Synonym: Maranta zebrina.
Familie: Marantaceae.
Heimat/Herkunft: Südostbrasilien.
Wuchsform: Kurzer Grundspross mit aufstrebenden Blattstielen. Langovale Blätter von dunkelgrüner Farbe mit hellgrünen schmalen Bändern und roter Unterseite.
Pflanzenhöhe: 30 bis 50 cm.
Temperatur- und Lichtansprüche: Heller Standort, im Sommer volle Sonne meiden. Im Sommer 18 bis 20 °C, im Winter 14 bis 16 °C.
Substrat/pH-Wert: Humoses Substrat mit Landerdeanteil, pH-Wert: 5.0 bis 6.0.
Besondere Pflegehinweise: Gleichmässig feucht halten. Liebt erhöhte Luftfeuchtigkeit. Mässig düngen.
Vermehrungsart: Teilung von älteren Pflanzen, Anzucht bei 18 bis 20 °C.
Zeitraum des Angebotes: 1 bis 12.
Pflanzenschutz: Anfällig für Blattläuse, Spinnmilben.

Calceolaria-Hybriden

⊙ (K)

Handelsname: Grosse Pantoffelblume.
Synonym: C. x herbeohybrida, C. x speciosa, C. x hybrida.
Familie: Scrophulariaceae.
Heimat/Herkunft: Zuchtform.
Wuchsform: Einjährige krautige Pflanze, die vegetativ eine gedrungene Blattrosette bildet, Blätter grün, weich, oval, behaart. Der aufstrebende Blütentrieb ist rispig verzweigt. Die pantoffelähnlichen grossen Blüten wirken aufgeblasen und sind gelb, orange, rot und z.T. getupft.
Pflanzenhöhe: 20 bis 30 cm.
Temperatur- und Lichtansprüche: Heller, nicht vollsonniger Standort. Nicht über 12 bis 15 °C, sonst verblassen die Blüten.
Substrat/pH-Wert: Humoses Substrat mit Landerdeanteil, pH-Wert: 5.0 bis 6.0.
Besondere Pflegehinweise: Ab Blütebeginn in einem mässig geheizten Zimmer am Fenster (ohne Unterheizung) aufstellen. Verblühte Blumen entfernen.
Vermehrungsart: Aussaat.
Zeitraum des Angebotes: 9 bis 4.
Pflanzenschutz: Anfällig für Blattälchen und Weisse Fliegen, Grauschimmelpilze. Bei zu starker Sonneneinstrahlung auch Blattverbrennungen.

▲ Abb. 149
▼ Abb. 150

Callisia elegans

♃ (W)

Handelsname: Aufrechte Callisie.
Synonym: Setcreasea striata, S. groegeriana.
Familie: Commelinaceae.
Heimat/Herkunft: Neu Mexiko.
Wuchsform: Krautige Pflanze mit anfänglich aufrechtem Wuchs, später kriechend. Die wechselständigen, breitlanzettlichen Blätter sind mattgrün mit weisser Streifenzeichnung. Die Blüten sind weiss.
Pflanzenhöhe: 20 bis 30 cm.
Temperatur- und Lichtansprüche: Heller bis halbschattiger Standort. Bei zu viel Licht verlieren sie ihre Zeichnung. Nicht zu warm bei 12 bis 16 °C.
Substrat/pH-Wert: Humos mit ausreichend Landerdeanteil, pH-Wert: 5.5 bis 6.5.
Besondere Pflegehinweise: Bei zu warmem Standort rasches Triebwachstum. Regelmässiger Rückschnitt bildet buschige Pflanzen.
Vermehrungsart: Kopfstecklinge, 6 bis 8 Stück pro Topf.
Zeitraum des Angebotes: 1 bis 12.
Pflanzenschutz: Anfällig für Blattläuse.

▲ Abb. 151
▼ Abb. 152

Callisia repens

Handelsname: Hängende Callisie.
Synonym: –.
Familie: Commelinaceae.
Heimat/Herkunft: Tropisches Amerika.
Wuchsform: Kriechender bis hängender Wuchs mit zahlreichen dünnen Trieben und kleinen eiförmigen bis breitlanzettlichen grünen Blättchen. Blüten klein, weiss. Bildet dichte Ampeln.
Pflanzenhöhe: 20 bis 30 cm.
Temperatur- und Lichtansprüche: Heller bis halbschattiger Standort. Nicht zu warm halten, 12 bis 18 °C sind ideal.
Substrat/pH-Wert: Humoses Substrat mit etwas Landerdeanteil, pH-Wert: 5.5 bis 6.5.
Besondere Pflegehinweise: Gleichmässig feucht halten und im Sommer mässig düngen. Im Winter sparsamer giessen.
Vermehrungsart: Durch Kopfstecklinge, zu mehreren pro Topf.
Zeitraum des Angebotes: 1 bis 12.
Pflanzenschutz: Anfällig für Blattläuse.

Camellia japonica

Handelsname: Kamelie.
Synonym: –.
Familie: Theaceae.
Heimat/Herkunft: Japan, Korea, Taiwan.
Wuchsform: Immergrüner, aufwärtsstrebender Strauch mit verholzten Trieben und wechselständigen, lederigen, dunkelgrün glänzenden Blättern. In den endständigen Blattachseln entwickeln sich im Frühjahr grosse einfache bis gefüllte Blüten in Weiss, Rosa oder Rot.
Pflanzenhöhe: Je nach Alter 30 bis 100 cm und mehr.
Temperatur- und Lichtansprüche: Im Sommer mit Vorteil im Freien oder im Wintergarten, hell bis leichter Schatten. Im Winter kühl bis frostfrei, antreiben bei 15 bis 16 °C, nicht höher.
Substrat/pH-Wert: Torfiges Substrat, pH-Wert: 4.0 bis 5.5.
Besondere Pflegehinweise: Nie trocken halten! Möglichst mit kalkfreiem Wasser giessen. Von Frühjahr bis Herbst mässig düngen.
Vermehrungsart: Kopf- und Blattaugenstecklinge.
Zeitraum des Angebotes: 12 bis 4.
Pflanzenschutz: Anfällig für Schildläuse, Blattläuse, Wolläuse.

Campanula carpatica var. carpatica ♃

Handelsname: Karpaten-Glockenblume.
Synonym: –.
Familie: Campanulaceae.
Heimat/Herkunft: Karpaten-Gebirge.
Wuchsform: Staude mit kurzem, aufrechtem Wuchs und dichten Horsten, nicht wuchernd. Die runden bis herzförmigen Blättchen stehen dicht im unteren Bereich. Die grossen Glockenblüten in Blau und Weiss stehen einzeln über der Pflanze.
Pflanzenhöhe: 20 bis 25 cm.
Temperatur- und Lichtansprüche: Heller bis vollsonniger Standort. Als Freilandpflanze nicht zu warm, sie erträgt im Winter Frost.
Substrat/pH-Wert: Landerde mit etwas Torfzusatz und Sand, pH-Wert: 6.0 bis 7.5.
Besondere Pflegehinweise: Nur während der Blüte in einem hellen Zimmer aufstellen, nachher in den Steingarten pflanzen.
Vermehrungsart: Teilung.
Zeitraum des Angebotes: Als blühende Topfpflanze 1 bis 6.
Pflanzenschutz: Anfällig für Blattläuse, Blattflecken (Ascochyta).

▲ Abb. 153

Campanula isophylla ♃ K

Handelsname: Stern von Bethlehem, Glockenblume.
Synonym: –.
Familie: Campanulaceae.
Heimat/Herkunft: Ligurische Alpen, Italien.
Wuchsform: Krautige Pflanze mit anfänglich aufstrebenden, später überhängenden Trieben. Die weichen wechselständigen Blätter sind herzförmig bis leicht gelappt. Die weisse Sorte 'Alba' wächst kompakter, die hellblaue Sorte 'Mayii' bildet längere Rankentriebe. Langtagpflanze mit breiten Glockenblüten.
Pflanzenhöhe: 15 bis 40 cm je nach Sorte und Wuchshemmstoffbehandlung.
Temperatur- und Lichtansprüche: Im Sommer möglichst kühler Standort bei 10 bis 15 °C, hell aber nicht vollsonnig.
Substrat/pH-Wert: Mittelschweres Substrat, durchlässig, pH-Wert: 6.0 bis 6.8.
Besondere Pflegehinweise: Nässe meiden, kühl und feucht überwintern und zurückschneiden, so dass die Bodentriebe austreiben.
Vermehrungsart: Kopfstecklinge bei 10 bis 15 °C durch den Winter. Mehrere Stecklinge pro Topf.
Zeitraum des Angebotes: 5 bis 7. (Durch Belichtung ab Februar Blüte auf Muttertag möglich.)
Pflanzenschutz: Anfällig für Spinnmilben, Thripse, Botrytis, Ascochyta-Blattflecken.

▲ Abb. 154
▼ Abb. 155

Campanula poscharskyana ♃

Handelsname: Glockenblume.
Synonym: –.
Familie: Campanulaceae.
Heimat/Herkunft: Dalmatien.
Wuchsform: Staude mit starker Ausläuferbildug, Blätter gezähnt, herzförmig an langen Stielen. An den aufstrebenden bis flachliegenden Blütentrieben bilden sich mehrere, tief eingeschnittene Glockenblüten in Blau, Violett und Weiss.
Pflanzenhöhe: 30 bis 50 cm.
Temperatur- und Lichtansprüche: Freilandstaude, im Wohnzimmer nur während der Blüte in kühlen, hellen Räumen haltbar.
Substrat/pH-Wert: Lehmig-humoses Substrat mit Sandzusatz, pH-Wert: 6.0 bis 7.5.
Besondere Pflegehinweise: Nach der Blüte leichter Rückschnitt und die Pflanzen an halbschattiger Stelle in den Stein- oder Alpengarten auspflanzen.
Vermehrungsart: Teilung.
Zeitraum des Angebotes: 3 bis 6.
Pflanzenschutz: Anfällig für Blattläuse, Blattflecken (Ascochyta).

▲ Abb. 156
▼ Abb. 157

Capsicum annuum ⊙–♄ N

Handelsname: Spanischer Pfeffer, Paprika.
Synonym: –.
Familie: Solanaceae.
Heimat/Herkunft: Wahrscheinlich Mexiko.
Wuchsform: Anfangs krautig aufrecht, später breitverzweigt. Langlanzettliche, grüne Blätter, aus den Blattachseln entwickeln sich anfänglich grüne, später gelbe, rote oder violette Früchte mit schönem Glanz.
Pflanzenhöhe: Je nach Sorte 15 bis 25 cm.
Temperatur- und Lichtansprüche: Sehr heller Standort, fruchtende Pflanzen bei 15 bis 18 °C.
Substrat/pH-Wert: Humoses bis mittelschweres Substrat, pH-Wert: 5.5 bis 6.5.
Besondere Pflegehinweise: Trockenheit und zu hohe Wärme meiden.
Vermehrungsart: Aussaat bei 15 bis 18 °C.
Zeitraum des Angebotes: 5 bis 10.
Pflanzenschutz: Anfällig für Blattläuse, Spinnmilben, Weisse Fliegen, Thripse, Botrytis.

Carex brunnea 'Variegata' ♃ K–W

Handelsname: Ziersegge.
Synonym: C. elegantissima.
Familie: Cyperaceae.
Heimat/Herkunft: Südliches Asien, Malakka, Australien.
Wuchsform: Kurze Grundsprosse, die sich laufend verzweigen und mit der Zeit dichte Grasbüschel bilden. Die Blättchen sind sehr schmal und bis 30 cm hoch, elegant aufstrebend bis überhängend. Bei der Sorte 'Variegata' wirken die zwei weissgelblichen Seitenstreifen sehr dekorativ. Bei älteren Pflanzen grünliche Blütenstände.
Pflanzenhöhe: 20 bis 30 cm.
Temperatur- und Lichtansprüche: Im Sommerhalbjahr bis 20 °C sonnig bis halbschattig, im Winter mit Vorteil kühler bei 8 bis 16 °C.
Substrat/pH-Wert: Humus-Landerde-Sandgemisch 3:2:1, pH-Wert: 5.8 bis 6.8.
Besondere Pflegehinweise: Nie trocken halten, sonst gibt es dürre Blattspitzen.
Vermehrungsart: Nur durch Teilung von grösseren Pflanzen. Aussaat ergibt die grüne Grundform, C. brunnea.
Zeitraum des Angebotes: 1 bis 12.
Pflanzenschutz: Anfällig für Spinnmilben bei zu trockener Luft.

▲ Abb. 158

Catharanthus roseus ♃ W–K

Handelsname: Catharanthus.
Synonym: Vinca rosea, Lochnera rosea, Ammocallis rosea.
Familie: Apocynaceae.
Heimat/Herkunft: Madagaskar.
Wuchsform: Aufrechter Halbstrauch mit breiter Verzweigung und gegenständigen, langovalen Blättern. Aus den Blattachseln entwickeln sich flache Blüten auf langen Röhren in Weiss, Rosa und Purpur.
Pflanzenhöhe: 15 bis 25 cm.
Temperatur- und Lichtansprüche: Heller, aber nicht vollsonniger Standort, im Sommer 16 bis 20 °C, im Winter 12 bis 18 °C.
Substrat/pH-Wert: Humoses bis lehmhaltiges Substrat, pH-Wert: 5.0 bis 6.0.
Besondere Pflegehinweise: Im Sommer mässig feucht halten und düngen, im Winter vorsichtiger giessen.
Vermehrungsart: Kopfstecklinge im Winter oder Aussaat im Februar.
Zeitraum des Angebotes: 4 bis 9.
Pflanzenschutz: Anfällig für Blattläuse.

▲ Abb. 159
▼ Abb. 160

▲ Abb. 161

Cattleya-Labiata-Hybriden ♃ (W)

Handelsname: Cattleya.
Synonym: C. labiata var. autumnalis hort., C. labiata var. vera hort.
Familie: Orchidaceae.
Heimat/Herkunft: Wildformen aus Nordostbrasilien.
Wuchsform: In den Tropen Epiphyt mit zylindrischen langen Pseudobulben, an deren Ende 2 bis 3 langovale, meist dicklederige, grüne Blätter stehen. Aus der Blattscheide entwickeln sich nach abgeschlossener Ruhezeit traubige Blütenstände mit 2 bis 6 (oft auch mehr) prächtigen Blüten mit oft gewellter Lippe und hellerem Schlund. Farben: Weiss, Gelb, Rosa, Violett.
Pflanzenhöhe: 30 bis 40 cm.
Temperatur- und Lichtansprüche: Warmer, heller Standort, im Sommerhalbjahr vor Sonne schützen. Im Sommer 15 bis 25 °C, im Winter 12 bis 18 °C.
Substrat/pH-Wert: 2 Teile Farnwurzeln und 1 Teil Sphagnum, pH-Wert: 4.0 bis 5.0.
Besondere Pflegehinweise: Nach der Blüte einige Wochen kühler halten (Ruhezeit). Im Sommer reichlich mit kalkarmem Wasser giessen. Im Winter trockener halten. Hohe Luftfeuchtigkeit schaffen.
Vermehrungsart: Teilung, in Spezialbetrieben, durch Aussaat und Mikrovermehrung.
Zeitraum des Angebotes: 1 bis 12.
Pflanzenschutz: Anfällig für Blatt- und Schildläuse, Asseln, Schnecken.

▲ Abb. 162 / Celosia cristata 'Cristata'
▼ Abb. 163 / Celosia cristata 'Plumosa'

Celosia cristata 'Cristata' Celosia cristata 'Plumosa' ⊙

Handelsname: Hahnenkamm-Celosie, Federbusch-Celosie.
Synonym: C. argentea var. cristata, C. argentea var. plumosa.
Familie: Amaranthaceae.
Heimat/Herkunft: Tropisches Afrika.
Wuchsform: Einjährige Pflanze mit straff aufrechtem Wuchs und hellgrünen, z. T. rötlichen, lanzettlichen Blättern. Endständig runde bis abgeflachte, hahnenkammartige Blütenstände in Gelb, Orange, Rot und Dunkelrot. C. c. 'Plumosa' weist einen pyramidalen Blütenstand auf.
Pflanzenhöhe: Niedere Topfsorten 20 bis 30 cm.
Temperatur- und Lichtansprüche: Heller bis vollsonniger Standort bei nicht zu grosser Wärme, 15 bis 18 °C, im Sommer auch im Freien.
Substrat/pH-Wert: Humoses Substrat mit Landerde- und Sandzusatz, pH-Wert: 6.0 bis 6.8.
Besondere Pflegehinweise: Nicht zu stark düngen, nicht zu nass halten, andererseits Trockenheit meiden.
Vermehrungsart: Aussaat Februar bis April.
Zeitraum des Angebotes: 4 bis 9.
Pflanzenschutz: Anfällig für Blattläuse, Wurzel- und Stengelfäule.

Cephalocereus senilis

Handelsname: Greisenhauptkaktus.
Synonym: Pilocerus senilis.
Familie: Cactaceae.
Heimat/Herkunft: Mittleres Mexiko.
Wuchsform: Säulenkaktus, der sich praktisch nicht verzweigt. Die zahlreichen Rippen sind dicht mit langen, weissgrauen Haaren bedeckt. Die Blüten erscheinen erst im Alter ab 1 Meter Höhe.
Pflanzenhöhe: Im Handel 15 bis 30 cm, ausgewachsen kann diese Art einige Meter hoch werden.
Temperatur- und Lichtansprüche: Möglichst hell, auch vollsonnig im Freien, jedoch windgeschützte Lage. Im Sommer 15 bis 25 °C, im Winter kühl bei 12 bis 15 °C.
Substrat/pH-Wert: 50 % mineralische Teile, wie Kies, Ziegelschrot, Grobsand und 50 % Lauberde, pH-Wert: 6.0 bis 7.0.
Besondere Pflegehinweise: Das Greisenhaupt liebt eine feuchte Wärme (überbrausen). Alle 2 Wochen düngen, im Winter trocken halten.
Vermehrungsart: Aussaat.
Zeitraum des Angebotes: 1 bis 12.
Pflanzenschutz: Anfällig für Spinnmilben, Wurzelläuse, bei zu feuchter Erde und Luft im Winter Wurzelfäule.

▲ Abb. 159
▼ Abb. 160

Cereus peruvianus

Handelsname: Felsenkaktus, Säulenkaktus.
Synonym: Piptanthocereus peruvianus.
Familie: Cactaceae.
Heimat/Herkunft: Südamerika, vermutlich Peru.
Wuchsform: Straff aufrecht, z.T. Seitentriebe bildend, graugrün. Die Form 'Monstrosus' ist wirr verwachsen. Die dornigen Borsten sind braun.
Pflanzenhöhe: 20 bis 30 cm, bis 1 Meter hoch werdend.
Temperatur- und Lichtansprüche: Möglichst hell und vollsonnig aufstellen. Über den Sommer daher auch im Freien. Im Winter kühl halten bei 6 bis 10 °C.
Substrat/pH-Wert: 50 % Mineralteile: Kies, Sand, Tongriess und 50 % Lauberde, pH-Wert: 6.0 bis 7.0.
Besondere Pflegehinweise: Durch den Sommer mässig giessen und düngen. Im Winter trocken halten.
Vermehrungsart: Aussaat und durch Seitensprosse.
Zeitraum des Angebotes: 1 bis 12.
Pflanzenschutz: Anfällig für Woll- und Schildläuse.

▲ Abb. 166
▼ Abb. 167

Ceropegia woodii ssp. woodii

♃ (K)–(W)

Handelsname: Leuchterblume.
Synonym: C. hastata.
Familie: Asclepiadaceae.
Heimat/Herkunft: Südafrika, Zimbabwe bis Ostkap.
Wuchsform: Aus hasel- bis baumnussgrossen Wurzelknöllchen entwickeln sich sehr dünne, hängende Triebe, die an den Knoten gegenständige, verdickte, herzförmige Blätter bilden. Aus den Blattachseln entwickeln sich aufrechtstehend rosafarbene Blütenröhren, die oben geöffnet und schwarzbraun gefärbt sind = Leuchterblume.
Pflanzenhöhe: (Länge) 20 bis 200 cm.
Temperatur- und Lichtansprüche: Ceropegia sind recht anspruchslos. Im Sommer ertragen sie sogar volle Sonne und bis zu 20 bis 25 °C, im Winter können sie bei 10 bis 12 °C gehalten werden, hell bis halbschattig.
Substrat/pH-Wert: Humoses Substrat mit etwas Landerdeanteil, pH-Wert: 5.8 bis 6.5.
Besondere Pflegehinweise: Im Sommer mässig düngen.
Vermehrungsart: An den Knoten bilden sich Knöllchen, diese können mit einem Triebteil und einem Blattpaar je zu 3 bis 5 Stück in 7-cm-Töpfchen gepflanzt und bei 18 bis 20 °C zur Bewurzlung gebracht werden. Auch Triebteilstecklinge und Aussaat.
Zeitraum des Angebotes: 1 bis 12.
Pflanzenschutz: Problemlos.

Chamaedorea elegans

(W)

Handelsname: Bergpalme.
Synonym: Neanthe bella, Collinia elegans.
Familie: Palmae.
Heimat/Herkunft: Mexiko, Guatemala.
Wuchsform: Kurzer aufrechter Grundstamm. Aufstrebende gefiederte Blätter von weicher Beschaffenheit. Gelbe Blüten an verzweigten Ähren.
Pflanzenhöhe: 20 bis 100 cm.
Temperatur- und Lichtansprüche: Heller bis halbschattiger Standort, im Sommer volle Sonne meiden, 15 bis 20 °C, im Winter genügen 12 bis 15 °C.
Substrat/pH-Wert: Humoses Substrat mit etwas Landerdeanteil, pH-Wert: 5.0 bis 6.0.
Besondere Pflegehinweise: Im Sommer stets gut feucht halten, im Winter mässig giessen. Vor zu trockener Luft schützen.
Vermehrungsart: Aussaat bei 25 °C.
Zeitraum des Angebotes: 1 bis 12.
Pflanzenschutz: Anfällig für Spinnmilben und Schildläuse.

Chamelaucium unicatum

♄ (K)

Handelsname: Wachspflanze, Südseemyrte.
Synonym: –.
Familie: Myrtaceae.
Heimat/Herkunft: Westaustralien.
Wuchsform: Zwergstrauch bis Baum mit lockerer, breiter Verzweigung. Die schmallanzettlichen Blättchen sind immergrün, bei voller Sonne oft bräunlich bis bronzerot. Aus den Blattachseln entwickeln sich im Winter bis Frühjahr viele grosse und flache Blüten in Weiss, Rosa und Violett.
Pflanzenhöhe: Als Topfpflanze 20 bis 30 cm.
Temperatur- und Lichtansprüche: Heller bis vollsonniger Standort, luftig, über den Sommer auch im Freien haltbar. Im Winter kühl bei 5 bis 8 °C.
Substrat/pH-Wert: Humoses Substrat mit etwas Landerdeanteil, pH-Wert: 5.0 bis 6.0.
Besondere Pflegehinweise: Gleichmässig feucht halten, mit Vorteil kalkarmes Wasser verwenden. Mässig düngen. Im Winter feucht halten. Nach der Blüte Rückschnitt!
Vermehrungsart: Kopfstecklinge.
Zeitraum des Angebotes: 1 bis 3.
Pflanzenschutz: Problemlos.

▲ Abb. 168
▼ Abb. 169

Chlorophytum comosum 'Variegatum'

♃ (K)–(W)

Handelsname: Grünlilie.
Synonym: C. sternbergianum.
Familie: Liliaceae.
Heimat/Herkunft: Kapland, Natal, Südafrika.
Wuchsform: Krautige Staude mit verdickten weissen Wurzeln. Aus kurzem Grundspross lange überhängende schwertförmige Blätter, grün mit weissem Mittelband. An langen überhängenden Ausläufertrieben weisse Blüten und junge Brutpflanzen.
Pflanzenhöhe: Je nach Alter 10 bis 50 cm.
Temperatur- und Lichtansprüche: Heller Standort, jedoch volle Sonne meiden. Temperaturtolerant von 8 bis 20 °C.
Substrat/pH-Wert: Humoses Substrat mit Landerdeanteil, pH-Wert: 5.8 bis 6.5.
Besondere Pflegehinweise: Pflegeleicht, gelegentlich umpflanzen, mässig düngen.
Vermehrungsart: Durch Brutpflanzen.
Zeitraum des Angebotes: 1 bis 12.
Pflanzenschutz: Anfällig für Blattläuse. Dürre Blattspitzen bei Trockenheit und Nährstoffmangel!

▲ Abb. 170
▼ Abb. 171

Chrysalidocarpus lutescens

Handelsname: Goldfruchtpalme.
Synonym: Areca lutescens.
Familie: Palmae.
Heimat/Herkunft: Madagascar.
Wuchsform: Aus kurzem, schlankem Grundstamm entsteigen an langen Stielen dunkelgrüne Blattfiedern, die elegant nach aussen gewölbt sind und matt glänzen. Meist sind 3 bis 5 Pflanzen in einem Gefäss vereint. Nach wenigen Jahren bilden sich bereits schöne Fruchtstände in Gelb.
Pflanzenhöhe: 40 bis 100 cm und mehr.
Temperatur- und Lichtansprüche: Heller, im Sommer aber nicht vollsonniger Standort, bei 16 bis 22 °C durch das ganze Jahr.
Substrat/pH-Wert: Humoses Substrat mit etwas Landerdezusatz, pH-Wert: 5.0 bis 6.5.
Besondere Pflegehinweise: Stets gleichmässig feucht halten, nie austrocknen lassen. Auch Wasser im Untersatz wird ertragen.
Vermehrungsart: Aussaat.
Zeitraum des Angebotes: 1 bis 12.
Pflanzenschutz: Anfällig für Schildläuse, Wolläuse, Spinnmilben, Thripse.

Cissus antarctica

Handelsname: Känguruhklimme, Känguruhwein.
Synonym: –.
Familie: Vitaceae.
Heimat/Herkunft: Australien.
Wuchsform: Aufrecht wachsender bis breitausladender Strauch mit guter Verzweigung. Die einzelnen Blätter sind wechselständig angeordnet, langherzförmig, am Rande grobgesägt.
Pflanzenhöhe: 30 bis 150 cm.
Temperatur- und Lichtansprüche: Cissus lieben keinen warmen Standort. Im Winter ertragen sie 8 bis 10 °C, im Sommer 16 bis 20 °C. Keine volle Sonne, schattig bis halbschattig.
Substrat/pH-Wert: Humoses bis lehmhaltiges, mittelschweres Substrat, pH-Wert: 5.5 bis 6.5.
Besondere Pflegehinweise: Gleichmässig feucht halten und mässig düngen. Gelbe Blätter weisen auf zu viel Licht oder Nährstoffmangel hin.
Vermehrungsart: Kopf- und Triebteilstecklinge, ausgereifte Triebe verwenden.
Zeitraum des Angebotes: 1 bis 12.
Pflanzenschutz: Anfällig für Spinnmilben, Weichhautmilben und Blattläuse.

Cissus discolor ♄ (W) ⸾

Handelsname: Zweifarbige Zierrebe, bunte Klimme.
Synonym: –.
Familie: Vitaceae.
Heimat/Herkunft: Java.
Wuchsform: Dünntriebiger Ranker bis Kletterer mit wechselständigen, langherzförmigen, samtig violettgrünen Blättern, die mit silbriggrauen Flecken gezeichnet sind.
Pflanzenhöhe: 30 bis 80 cm.
Temperatur- und Lichtansprüche: Diese Art liebt hellen und relativ warmen Standort bei 15 bis 20 °C. Vor voller Sonne schützen.
Substrat/pH-Wert: Humos mit Landerdeanteil, pH-Wert: 5.5 bis 6.5.
Besondere Pflegehinweise: Infolge des starken und raschen Wachstums nach Bedarf aufbinden oder zurückschneiden. Liebt erhöhte Luftfeuchtigkeit (Blumenfenster).
Vermehrungsart: Ausgereifte Kopfstecklinge oder auch Blattaugenstecklinge.
Zeitraum des Angebotes: 1 bis 12.
Pflanzenschutz: Anfällig für Spinnmilben, Weichhautmilben und Thripse.

▲ Abb. 172
▼ Abb. 173

Cissus rhombifolia ♄ (K)–(W) ⸾

Handelsname: Königswein, Klimme.
Synonym: Rhoicissus rhomboidea.
Familie: Vitaceae.
Heimat/Herkunft: Mexiko, tropisches Amerika.
Wuchsform: Verholzende Kletterpflanze mit verzweigtem Wuchs. Die Blätter sind dunkelgrün, matt glänzend, dreigeteilt und rhombisch geformt.
Pflanzenhöhe: Je nach Alter 30 bis 150 cm.
Temperatur- und Lichtansprüche: Heller Standort bis mässiger Schatten, volle Sonne meiden. Im Sommer 15 bis 20 °C, im Winter mit Vorteil nur 8 bis 15 °C.
Substrat/pH-Wert: Humoses Substrat mit Landerdeanteil, pH-Wert: 5.5 bis 6.5.
Besondere Pflegehinweise: Gleichmässig feucht halten und im Sommerhalbjahr mässig düngen.
Vermehrungsart: Ausgereifte Kopf- oder Triebteil- bis Blattaugenstecklinge.
Zeitraum des Angebotes: 1 bis 12.
Pflanzenschutz: Anfällig für Spinnmilben, Weichhautmilben und Thripse.

▲ Abb. 174
▼ Abb. 175

Cissus rhombifolia 'Ellen Danica'

Handelsname: Danica-Zierrebe, Königswein.
Synonym: Rhoicissus rhomboidea.
Familie: Vitaceae.
Heimat/Herkunft: Mutationsform aus C. rhombifolia, in Dänemark entstanden.
Wuchsform: Verholzende Kletterpflanze mit besserer Verzweigung und kompakterem Wuchs als die Art. Die dreigeteilten, dunkelgrün glänzenden Blätter sind z. T. tief eingeschnitten und wirken daher sehr dekorativ.
Pflanzenhöhe: Je nach Alter 30 bis 120 cm.
Temperatur- und Lichtansprüche: Heller Standort bis mässig schattig. Volle Sonne meiden. Im Sommer 15 bis 20 °C, im Winter werden 8 bis 15 °C gut ertragen.
Substrat/pH-Wert: Humos mit Landerdeanteil, pH-Wert: 5.5 bis 6.5.
Besondere Pflegehinweise: Gleichmässig feucht halten und besonders im Sommerhalbjahr mässig düngen.
Vermehrungsart: Ausgereifte Kopf- oder Triebteilstecklinge.
Zeitraum des Angebotes: 1 bis 12.
Pflanzenschutz: Anfällig für Spinnmilben, Weichhautmilben und Thripse.

Cissus striata

Handelsname: Gestreifte Klimme, Japanwein.
Synonym: –.
Familie: Vitaceae.
Heimat/Herkunft: Chile, Südbrasilien.
Wuchsform: Kleinblättrige Kletterpflanze mit zierlichem Wuchs, geringe Verzweigung. Die Blätter sind meist handförmig geteilt und weisen 3 bis 5 Teilblättchen auf, dunkelgrün.
Pflanzenhöhe: 20 bis 50 cm.
Temperatur- und Lichtansprüche: Heller bis halbschattiger Standort, keine volle Sonne. 12 bis 18 °C.
Substrat/pH-Wert: Humos mit Landerdeanteil, pH-Wert: 5.0 bis 6.0.
Besondere Pflegehinweise: Gleichmässig feucht halten, im Sommer mässig düngen.
Vermehrungsart: Ausgereifte Kopf- oder Triebteilstecklinge.
Zeitraum des Angebotes: 1 bis 12.
Pflanzenschutz: Anfällig für Spinnmilben, Weichhautmilben und Thripse.

x Citrofortunella microcarpa ♄ (K) ✤ D

Handelsname: Kleinfrüchtige Kalamondie, Zwergapfelsine.
Synonym: Citrus microcarpa, Citrus milis.
Familie: Rutaceae.
Heimat/Herkunft: Kreuzung aus Citrus x Fortunella.
Wuchsform: Strauch bis Baum mit kleinen Stacheln und guter Verzweigung. Die frischgrün glänzenden Blätter sind eiförmig. Aus den Blattachseln entwickeln sich weisse Blüten und kleine orangefarbene Früchte.
Pflanzenhöhe: 30 bis 80 cm.
Temperatur- und Lichtansprüche: Heller Standort 15 bis 20 °C, nach einer Abhärtungszeit im Sommer im Freien als Kübelpflanze sogar vollsonnig. Bei 4 bis 6 °C überwintern.
Substrat/pH-Wert: Humoses Substrat mit genügend Landerdeanteil, pH-Wert: 4.8 bis 5.5.
Besondere Pflegehinweise: Nach Bedarf im Frühjahr leicht formieren und umpflanzen. Stets gleichmässig feucht halten.
Vermehrungsart: Durch Kopfstecklinge unter Glas bei 18 bis 22 °C.
Zeitraum des Angebotes: 1 bis 12.
Pflanzenschutz: Anfällig für Schildläuse, Wolläuse, Spinnmilben, Thripse und Russtaupilze.

▲ Abb. 176
▼ Abb. 177 / Clerodendrum speciosissimum, Kulturform

Clerodendrum speciosissimum ♄ (W)

Handelsname: Losbaum.
Synonym: C. fallax.
Familie: Verbenaceae.
Heimat/Herkunft: Sundainseln, Polynesien, Neu-Guinea.
Wuchsform: Verholzender Strauch mit aufrechtem, gedrungenem Wuchs und gegenständigen, herzformigen, dunkelgrünen Blättern. Endständig bilden sich an grossen, rispigen Blütenständen scharlachrote Blüten.
Pflanzenhöhe: 30 bis 50 cm.
Temperatur- und Lichtansprüche: Heller bis schwachsonniger Standort bei 16 bis 20 °C.
Substrat/pH-Wert: Humoses Substrat mit Landerdezusatz, pH-Wert: 5.5 bis 6.5.
Besondere Pflegehinweise: Gleichmässig giessen und mässig düngen durch den Sommer, im Winter etwas trockener halten. Nach der Blüte Rückschnitt vornehmen.
Vermehrungsart: Triebteilstecklinge.
Zeitraum des Angebotes: 1 bis 12.
Pflanzenschutz: Anfällig für Blattläuse und Schildläuse.

▲ Abb. 178
▼ Abb. 179

Clerodendrum thomsoniae

Handelsname: Los- oder Schicksalsblume.
Synonym: Clerodendron thomsoniae.
Familie: Verbenaceae.
Heimat/Herkunft: Westafrika.
Wuchsform: Strauch bis Kletterpflanze mit grossen, dunkelgrünen, langherzförmigen, weichen Blättern. Endständig rispige Blütenstände mit auffallend grossen, weissen Kelchblättern, aus denen sich die dunkelroten Blüten schön abheben.
Pflanzenhöhe: Handelsgrösse 30 cm. Ältere Pflanzen können 1 Meter hoch und grösser werden, im Blumenfenster oder Wintergarten 2 bis 4 Meter lang.
Temperatur- und Lichtansprüche: Im Sommerhalbjahr 18 bis 20 °C, sehr heller Standort. Im Winter eher kühler und weniger giessen. Eine Ruhephase von 2 bis 3 Monaten bei 10 bis 15 °C ist ratsam.
Substrat/pH-Wert: Humoses bis mittelschweres Substrat, pH-Wert: 5.5 bis 6.5.
Besondere Pflegehinweise: Ruhezeit im Winter fördert in der Wohnung den Blütenansatz. Rückschnitt und wärmer stellen im März.
Vermehrungsart: Ausgereifte Kopf- oder Triebteilstecklinge bei 22 bis 25 °C.
Zeitraum des Angebotes: 1 bis 12.
Pflanzenschutz: Anfällig für Blattläuse, Schildläuse.

Clerodendrum ugandense

Handelsname: Blauer Losbaum.
Synonym: –.
Familie: Verbenaceae.
Heimat/Herkunft: Uganda bis Zimbabwe.
Wuchsform: Neuere Zimmer- bis Kübelpflanze mit locker verzweigtem Wuchs. Die Blätter sind relativ klein und breitlanzettlich, dunkelgrün. An den Triebenden stehen in lockerer, verzweigter Anordnung schmetterlingsartige Blüten mit langen Staubfäden. Hell- bis mittelblau.
Pflanzenhöhe: Je nach Alter 30 bis 50 cm und mehr.
Temperatur- und Lichtansprüche: Heller Standort, im Sommer volle Sonne meiden. Sommer 15 bis 20 °C, im Winter 8 bis 12 °C.
Substrat/pH-Wert: Lehmig-humoses Substrat, pH-Wert: 5.5 bis 6.5.
Besondere Pflegehinweise: Nach der Blüte leichter Formschnitt, dann blühen sie wieder. Stets gut feucht halten, nie austrocknen lassen.
Vermehrungsart: Kopf- oder Triebteilstecklinge, die nicht zu stark verholzt sind.
Zeitraum des Angebotes: 4 bis 10.
Pflanzenschutz: Anfällig für Blattläuse, Spinnmilben.

Cleyera japonica 'Tricolor' ♄–♄ (K)

Handelsname: Sperrstrauch.
Synonym: C. ochnacea, Eurya ochnocea, C. fortunei, Eurya japonica var. variegata, E. latifolia var. variegata.
Familie: Theaceae.
Heimat/Herkunft: Japan, Korea, Riukiu-Inseln, Taiwan, China.
Wuchsform: Immergrüner Kleinstrauch bis Baum mit verkehrt eiförmigen bis langlanzettlichen, 10 cm langen und 4 cm breiten Blättern. In Kultur ist meist die panaschierte Form mit gelben Blatträndern, junge Blätter sind vorwiegend rosa überlaufen. Die gelben bis weissen Blüten erscheinen aus den Blattachseln.
Pflanzenhöhe: 30 bis 40 cm.
Temperatur- und Lichtansprüche: Heller Standort, jedoch im Sommer vor praller Sonne schützen. Im Sommer 15 bis 18 °C, in milden Lagen auch im Freien haltbar. Im Winter 10 bis 12 °C.
Substrat/pH-Wert: Humoses Substrat mit Landerdezusatz, pH-Wert: 6.0 bis 7.0.
Besondere Pflegehinweise: Infolge des starken Wurzelwerkes reichlich giessen.
Vermehrungsart: Kopfstecklinge im Frühjahr bei 18 bis 20 °C.
Zeitraum des Angebotes: 1 bis 12.
Pflanzenschutz: Bei zu warmem Standort Thripse, Spinnmilben, Blatt- und Schildläuse.

▲ Abb. 180
▼ Abb. 181

Clivia miniata ♃ (K)

Handelsname: Klivie, Riemenblatt.
Synonym: –.
Familie: Amaryllidaceae.
Heimat/Herkunft: Natal, Südafrika.
Wuchsform: Aus gestauchtem Spross zweiseitig angeordnet lineare, dunkelgrüne Blätter, die straff aufstreben und oben leicht ausladen. Aus der Blattbasis entspringt im Frühjahr ein langer Schaft mit grosser Blütendolde. Die Einzelblüten sind leuchtend orangerot mit gelbem Schlund.
Pflanzenhöhe: 40 bis 50 cm.
Temperatur- und Lichtansprüche: Im Sommerhalbjahr heller, aber nicht vollsonniger Standort, auch im Freien bei Halbschatten, 15 bis 20 °C. Im Winter zur Einhaltung einer Ruhezeit sehr kühl halten, 5 bis 8 °C.
Substrat/pH-Wert: Humoses Substrat mit Landerdeanteil, pH-Wert: 6.0 bis 6.8.
Besondere Pflegehinweise: Ab Frühjahr bis Herbst reichlich giessen und düngen. Ab Oktober relativ trocken und kühl halten. Antreiben ab März.
Vermehrungsart: Aussaat, Kindel.
Zeitraum des Angebotes: 3 bis 6.
Pflanzenschutz: Anfällig für Schildläuse, Wolläuse und den Roten Brenner, Blattverbrennungen bei voller Sonne.

▲ Abb. 182
▼ Abb. 183

▼ Abb. 184

Cocos nucifera

ħ W N

Handelsname: Kokospalme.
Synonym: –.
Familie: Palmae.
Heimat/Herkunft: In den Tropen verbreitet.
Wuchsform: Aus einer grossen Kokosnuss entspringen straff aufsteigende Blätter, die deutlich genervt sind. Das einzelne grosse Blatt ist am Ende tief eingeschnitten. Blüten und Früchte erscheinen erst im Alter.
Pflanzenhöhe: 100 bis 200 cm.
Temperatur- und Lichtansprüche: Sehr heller Standort, im Sommer vor voller Sonneneinstrahlung schützen, 20 bis 23 °C, im Winter mit Vorteil bei 16 °C.
Substrat/pH-Wert: Humoses Substrat mit Landerdeanteil, pH-Wert: 5.0 bis 6.0.
Besondere Pflegehinweise: Im Sommerhalbjahr reichlich giessen und eine erhöhte Luftfeuchtigkeit anstreben. Mässig düngen.
Vermehrungsart: Aussaat.
Zeitraum des Angebotes: 1 bis 12.
Pflanzenschutz: Anfällig für Schildläuse und Spinnmilben.

Codiaeum variegatum var. pictum

ħ W

Handelsname: Wunderstrauch, Kroton.
Synonym: Croton variegatus.
Familie: Euphorbiaceae.
Heimat/Herkunft: Gunda-Inseln, Indien.
Wuchsform: Verholzender Strauch mit aufstrebendem, z. T. verzweigtem Wuchs. Die wechselständig angeordneten Blätter sind je nach Sorte unterschiedlich geformt und bunt gefärbt. Aus den Triebenden bilden sich lange Blütentrauben mit kleinen, weissen Blüten.
Pflanzenhöhe: 30 bis 100 cm und mehr.
Temperatur- und Lichtansprüche: Sehr heller, im Sommer nicht vollsonniger Standort, bei 18 bis 20 °C halten durch das ganze Jahr.
Substrat/pH-Wert: Humoses Substrat mit etwas Landerdeanteil, pH-Wert: 5.0 bis 6.0.
Besondere Pflegehinweise: Gleichmässig feucht halten, nie den Wurzelballen austrocknen lassen. Durch das Sommerhalbjahr mässig düngen.
Vermehrungsart: Kopfstecklinge bei 25 bis 30 °C unter Glas oder Folie.
Zeitraum des Angebotes: 1 bis 12.
Pflanzenschutz: Anfällig für Wolläuse, Schildläuse, Thripse und bei trockener Luft Spinnmilben.

Coffea arabica var. mokka

ħ (W) N ♧

Handelsname: Kaffeestrauch.
Synonym: –.
Familie: Rubiaceae.
Heimat/Herkunft: Ostafrika.
Wuchsform: Immergrüner Strauch mit aufrechtem, verzweigtem Wuchs, später breit ausladend. Die breitlanzettlichen dunkelgrünen Blätter sind gegenständig angeordnet und am Rande leicht gewellt. Aus den Blattachseln bilden sich weisse Blüten, später grüne bis rote Beerenfrüchte mit je zwei Kaffeebohnen.
Pflanzenhöhe: 30 bis 100 cm und mehr.
Temperatur- und Lichtansprüche: Sehr heller Standort, jedoch im Sommer vor voller Sonne schützen. Im Sommer 16 bis 20 °C, im Winter 12 bis 15 °C.
Substrat/pH-Wert: Humoses Substrat mit Landerdeanteil, pH-Wert: 6.0 bis 6.8.
Besondere Pflegehinweise: Im Sommerhalbjahr reichlich giessen und mässig düngen. Kaffeepflanzen lieben erhöhte Luftfeuchtigkeit.
Vermehrungsart: Aussaat.
Zeitraum des Angebotes: 1 bis 12.
Pflanzenschutz: Anfällig für Schildläuse.

▲ Abb. 185
▼ Abb. 186

Coleus-Blumei-Hybriden

h (K)

Handelsname: Buntnessel.
Synonym: C. blumei.
Familie: Labiatae.
Heimat/Herkunft: Zuchtform, Wildformen aus Afrika bis Asien.
Wuchsform: Krautig aufrechter Wuchs mit mässig bis guter Verzweigung. Die Triebe sind vierkantig. Die bunt gezeichneten Blätter sind gegenständig angeordnet, langherz- bis eiförmig, z. T. stark gelappt bis gezähnt. Endständig entwickeln sich an längeren Trauben hellblaue Blüten.
Pflanzenhöhe: 20 bis 50 cm.
Temperatur- und Lichtansprüche: Sehr heller Standort, jedoch keine volle Sonne. Im Sommer ertragen sie 18 bis 25 °C, im Winter nicht unter 12 bis 15 °C. Im Sommer auch im Freiland in Schalen und Rabatten im Halbschatten.
Substrat/pH-Wert: Humoses Substrat mit Landerdeanteil, pH-Wert: 5.8 bis 6.5.
Besondere Pflegehinweise: Bei zu dunklem Standort «vergrünen» viele Sorten. Alle 1 bis 2 Jahre durch Stecklinge erneuern. Im Sommer reichlich düngen.
Vermehrungsart: 1. Durch Aussaat, oft erhalten wir dadurch neue Farben und Formen. 2. Sortenrein durch Kopfstecklinge in Wasser oder direkt in Vermehrungssubstrat.
Zeitraum des Angebotes: 4 bis 6.
Pflanzenschutz: Anfällig für Blattläuse, Wolläuse, Thripse, Weisse Fliegen und Spinnmilben.

▲ Abb. 187
▼ Abb. 188

Columnea gloriosa

♄ (W) ⌇

Handelsname: Rötliche Kolumnee.
Synonym: C. gloriosa var. superba.
Familie: Gesneriaceae.
Heimat/Herkunft: Costa Rica.
Wuchsform: Krautige Ampelplanze mit ausgeprägt hängenden Trieben. Die eirunden bis lanzettlichen Blätter sind dunkelgrün, behaart und gegenständig angeordnet. Aus den Blattachseln bilden sich einzelne leuchtendrote röhrenförmige Blüten.
Pflanzenhöhe: 30 bis 60 cm und mehr.
Temperatur- und Lichtansprüche: Heller bis halbschattiger Standort, unbedingt vor Sonne schützen. Im Sommer 18 bis 22 °C, im Winter bei 14 bis 16 °C.
Substrat/pH-Wert: Humoses Substrat mit grober Struktur, pH-Wert: 5.0 bis 6.0.
Besondere Pflegehinweise: Da die Blüten nur an jungen Trieben erscheinen, die Pflanzen gelegentlich zurückschneiden. Von Dezember bis Januar Ruhezeit = Blütenansatz.
Vermehrungsart: Triebteilstecklinge und reife Kopfstecklinge.
Zeitraum des Angebotes: 4 bis 7.
Pflanzenschutz: Anfällig für Blattläuse, Thripse, gelbe Blattflecken durch Wassertropfen bei Sonne.

Columnea hirta

♄ (W) ⌇

Handelsname: Steifhaarige Kolumnee.
Synonym: –.
Familie: Gesneriaceae.
Heimat/Herkunft: Costa Rica.
Wuchsform: Mehrtriebig, kriechend bis überhängend mit ellyptischen, kurzbehaarten, grünen, gegenständigen Blättern. Die leuchtendroten, röhrigen Blüten sind sehr gross und werden bis 10 cm lang.
Pflanzenhöhe: 30 bis 60 cm.
Temperatur- und Lichtansprüche: Heller bis halbschattiger Standort, jedoch keine Sonneneinstrahlung. Im Sommer bei 18 bis 22 °C, im Winter 14 bis 16 °C.
Substrat/pH-Wert: Humoses Substrat mit grober Struktur, pH-Wert: 5.0 bis 6.0.
Besondere Pflegehinweise: Eine Ruhephase im Winter fördert die Blütenbildung. Im Sommer gleichmässig feucht halten und mässig düngen. Bei Sonne nicht über die Blätter giessen.
Vermehrungsart: Triebteilstecklinge, 4 bis 5 Stück pro Topf.
Zeitraum des Angebotes: 4 bis 8.
Pflanzenschutz: Anfällig für Blattläuse, Thripse, gelbe Blattflecken bei unvorsichtigem Giessen bei Sonne.

Columnea microphylla

Handelsname: Kleinblättrige Kolumnee.
Synonym: –.
Familie: Gesneriaceae.
Heimat/Herkunft: Zentralamerika, Costa-Rica, Panama.
Wuchsform: Halbstrauch mit stark überhängenden, dünnen Trieben und gegenständigen, eirunden, kleinen, dickfleischigen Blättchen. Aus den Blattachseln erscheinen ab März bis Juni grosse orangerote Röhrenblüten mit einem überhöhten Helm. Es gibt auch eine weisspanaschierte Form.
Pflanzenhöhe: Bis 100 cm lang.
Temperatur- und Lichtansprüche: Heller bis halbschattiger Standort, vor voller Sonne schützen, 18 bis 22 °C.
Substrat/pH-Wert: Humoses, durchlässiges Substrat mit etwas Landerdezusatz, pH-Wert: 5.0 bis 6.0.
Besondere Pflegehinweise: Ruhezeit im Winter bis Vorfrühling einhalten bei 14 bis 16 °C. Nach dem Knospenansatz auf 20 bis 25 °C steigern.
Vermehrungsart: Triebteil- bis Kopfstecklinge, je 5 bis 6 pro Topf bei 20 bis 25 °C.
Zeitraum des Angebotes: 4 bis 7.
Pflanzenschutz: Anfällig für Blattläuse, Thripse. Die Ringflecken auf den Blättern sind Folgen von unvorsichtigem Giessen bei Sonneneinfall.

▲ Abb. 189
▼ Abb. 190

Coprosma x kirkii

Handelsname: Koprosma.
Synonym: –.
Familie: Rubiaceae.
Heimat/Herkunft: Neuseeland, Norfolkinseln. Kreuzung aus C. acerosa x C. repens.
Wuchsform: Schlanker, verholzender Wuchs mit dünnen, langen Trieben, die sich leicht verzweigen. Jüngere Triebe überhängen und bilden dadurch ein dichtes Gebilde. Die schmal-lanzettlichen Blättchen sind mattgrün, der Rand ist weiss.
Pflanzenhöhe: Je nach Alter 30 bis 50 cm und mehr.
Temperatur- und Lichtansprüche: Heller Standort bis volle Sonne, erträgt auch Halbschatten. Temperatur eher kühl, im Sommer 12 bis 18 °C, im Winter bei 10 °C.
Substrat/pH-Wert: Humos mit Landerdeanteil, pH-Wert: 6.0 bis 7.0.
Besondere Pflegehinweise: Im Sommer gleichmässig giessen und düngen, im Winter etwas trockener halten.
Vermehrungsart: Kopfstecklinge.
Zeitraum des Angebotes: 1 bis 12.
Pflanzenschutz: Anfällig für Blattläuse bei zu warmem Standort.

▲ Abb. 191
▼ Abb. 192

Cordyline fruticosa

Handelsname: Keulenlilie.
Synonym: C. terminalis.
Familie: Agavaceae.
Heimat/Herkunft: Vorderindien, Malakka, Neuseeland, Polynesien bis Nordostaustralien.
Wuchsform: Unverzweigter aufrechter, fingerdicker Spross, der spiralig angeordnet an 10 bis 15 cm langen Blattstielen langovale, meist schön gefärbte Blätter trägt. Ältere Pflanzen entwickeln endständig rosa gefärbte Blütentrauben.
Pflanzenhöhe: 30 bis 50 cm.
Temperatur- und Lichtansprüche: Heller Standort, aber keine volle Sonne, im Sommer 18 bis 22 °C, im Winter 13 bis 15 °C.
Substrat/pH-Wert: Humoses Substrat mit etwas Landerdeanteil, pH-Wert: 5.8 bis 6.5.
Besondere Pflegehinweise: Zu trockene Luft und Ballentrockenheit erzeugen braune Blattflecken.
Vermehrungsart: Kopfstecklinge bei 30 bis 35 °C oder auch Stammschnittlinge mit 3 bis 5 Augen, auch Aussaat ist möglich.
Zeitraum des Angebotes: 1 bis 12.
Pflanzenschutz: Anfällig für Thripse, Spinnmilben und Botrytis.

Cordyline indivisa

Handelsname: Keulenlilie.
Synonym: Dracaena indivisa.
Familie: Agavaceae.
Heimat/Herkunft: Neuseeland.
Wuchsform: Straff aufrecht wachsend, ungeteilter Stamm mit dicht angeordneten, schmal-schwertförmigen, lederigen, dunkelgrünen Blättern.
Pflanzenhöhe: 50 bis 100 cm.
Temperatur- und Lichtansprüche: Erträgt volle Sonne und einen relativ kühlen und luftigen Standort, im Sommer auch für Rabatten im Freien geeignet. Im Winter bis 6 bis 8 °C.
Substrat/pH-Wert: Lehmig-humoses Substrat, pH-Wert: 5.8 bis 6.5.
Besondere Pflegehinweise: Nie austrocknen lassen. Erträgt Rückschnitt, dann bilden sich mehrere Triebe.
Vermehrungsart: Aussaat, Kopfstecklinge oder Stammschnittlinge.
Zeitraum des Angebotes: 1 bis 12.
Pflanzenschutz: Anfällig für Blattläuse, Spinnmilben.

Cordyline stricta ♄ (K)

Handelsname: Steife Cordyline, Keulenlilie.
Synonym: C. congesta, Dracaena stricta.
Familie: Agavaceae.
Heimat/Herkunft: Australien, Subtropen.
Wuchsform: Straff aufrechter langsamer Wuchs, unverzweigt. Die dunkelgrünen Blätter sind langlanzettlich bis schwertförmig. Bei älteren Pflanzen endständig violette Blütenrispen.
Pflanzenhöhe: 30 bis 60 cm.
Temperatur- und Lichtansprüche: Heller bis mässig schattiger Standort, im Sommer 15 bis 18 °C, im Winter werden 4 bis 7 °C noch gut ertragen (Kalthauspflanze).
Substrat/pH-Wert: Humoses Substrat mit Landerdeanteil, pH-Wert: 5.8 bis 6.5.
Besondere Pflegehinweise: Im Sommerhalbjahr gut feucht halten und mässig düngen, im Winter bei kühler Überwinterung etwas trockener halten.
Vermehrungsart: Aussaat, Kopfstecklinge oder Stammschnittlinge bei 30 bis 35 °C.
Zeitraum des Angebotes: 1 bis 12.
Pflanzenschutz: Anfällig für Spinnmilben, Thripse und Grauschimmelpilze.

▲ Abb. 193
▼ Abb. 194

Crassula coccinea ♄–♄ (K)

Handelsname: Rote Crassula, Dickblatt.
Synonym: Rochea coccinea, R. versicolor.
Familie: Crassulaceae.
Heimat/Herkunft: Südafrika.
Wuchsform: Sukkulente, mehrtriebige Pflanze mit straff aufrechtem Wuchs mit dicht angeordneten breitlanzettlichen, grünen, verdickten Blättern. Endständig, im Mai/Juni entstehen rispige Blütenstände mit roten, sternförmigen Blüten.
Pflanzenhöhe: 20 bis 30 cm.
Temperatur- und Lichtansprüche: Sehr heller bis schwach sonniger Standort. Im Freien bei 15 bis 18 °C, im Winter bei 10 °C.
Substrat/pH-Wert: Lehmig-sandiges Substrat mit etwas Torfanteil, pH-Wert: 6.5 bis 7.5.
Besondere Pflegehinweise: Zur Blütenbildung ist eine Kühlphase im Winter wichtig. Nach der Blüte Rückschnitt.
Vermehrungsart: Kopfstecklinge nach dem Rückschnitt und Neuaustrieb.
Zeitraum des Angebotes: 5 bis 6.
Pflanzenschutz: Anfällig für Blattläuse, Wolläuse, Spinnmilben und Thripse.

▲ Abb. 195
▼ Abb. 196

Crassula muscosa

♄ (K)

Handelsname: Moosartiges Dickblatt.
Synonym: C. lycopodioides, C. pseudolycopodioides, C. lycopodioides var. pseudolycopodioides.
Familie: Crassulaceae.
Heimat/Herkunft: Namibia.
Wuchsform: Die dünnen Triebe sind streng vierkantig und dachziegelartig aufgebaut und wenig verzweigt, aufwärtsstrebend bis kriechend. Endständig bilden sich unscheinbare weisse Blütchen.
Pflanzenhöhe: 20 bis 25 cm.
Temperatur- und Lichtansprüche: Sehr hell bis vollsonnig, im Sommer am Fenster oder an geschützter Lage auch im Freien. Im Sommer 15 bis 25 °C, im Winter 6 bis 10 °C.
Substrat/pH-Wert: Humoses Substrat mit ausreichend Landerde- und etwas Sandzusatz, pH-Wert: 6.5 bis 7.5.
Besondere Pflegehinweise: Im Sommer mässig giessen, im Winter bei kühler Temperatur wenig giessen.
Vermehrungsart: Triebteil- oder Kopfstecklinge.
Zeitraum des Angebotes: 1 bis 12.
Pflanzenschutz: Bei zu warmem und schattigem Standort anfällig für Spinnmilben, Thripse, Woll- und Schildläuse, Phytophtora-Fäule.

Crassula ovata

♄ (K)

Handelsname: Ovales Dickblatt, Judasbaum, Geldbaum.
Synonym: C. argentea, C. obliqua, C. portulacea.
Familie: Crassulaceae.
Heimat/Herkunft: Kapland bis Natal.
Wuchsform: Kompakter Wuchs mit kräftigem Grundstamm und dicktriebiger, breiter Verzweigung. Die ovalen Blätter sind dick und glänzend dunkelgrün. An älteren Pflanzen bilden sich zahlreiche weisse Blüten.
Pflanzenhöhe: Je nach Alter 15 bis 30 cm.
Temperatur- und Lichtansprüche: Hell bis vollsonnig, im Sommer auch im Freien, 12 bis 18 °C, im Winter kühl halten bei 6 bis 10 °C.
Substrat/pH-Wert: Landerde mit Humus- und Sandzusatz, pH-Wert: 6.5 bis 7.5.
Besondere Pflegehinweise: Im Sommer mässig giessen und gelegentlich düngen. Im Winter eher trocken halten.
Vermehrungsart: Kopfstecklinge.
Zeitraum des Angebotes: 1 bis 12.
Pflanzenschutz: In der Regel problemlos.

Crassula perfoliata var. falcata ♄ (K)

Handelsname: Sichelförmiges Dickblatt.
Synonym: C. falcata, Rochea falcata, R. perfoliata.
Familie: Crassulaceae.
Heimat/Herkunft: Südostkapland, Natal.
Wuchsform: Aus fingerdickem Spross bilden sich zweireihig angeordnet dichtstehende, verdickte, weissgraue Blätter in Sichelform. Im Sommer bilden starke Pflanzen endständig grosse Blütenstände in leuchtendem Rot.
Pflanzenhöhe: Zwergformen 5 bis 15 cm, Normalform 10 bis 30 cm.
Temperatur- und Lichtansprüche: Sehr heller bis leicht sonniger Standort, nahe Fenster. Sommertemperatur 12 bis 18 °C, im Winter 8 bis 15 °C.
Substrat/pH-Wert: Landerde mit Humus- und Sandanteil, pH-Wert: 6.5 bis 7.5.
Besondere Pflegehinweise: Im Sommer mässig giessen und etwas düngen. Im Winter wenig giessen. Rückschnitt nach der Blüte.
Vermehrungsart: Kopf- und Blattstecklinge.
Zeitraum des Angebotes: 1 bis 12.
Pflanzenschutz: Anfällig für Blattläuse im Blütenstand.

▲ Abb. 197
▼ Abb. 198

Crassula perforata ♃ (K)

Handelsname: Durchwachsenes Dickblatt.
Synonym: C. perfossa, C. conjuncta.
Familie: Crassulaceae.
Heimat/Herkunft: Kapland, Südafrika.
Wuchsform: Kriechender Wuchs mit aufgerichteten Trieben, mässig verzweigt. Die kurzen, breitovalen und dicken Blättchen stehen gegenständig kreuzweise übereinander und sind paarweise verwachsen. Farbe graugrün mit roten Punkten und rotem Rand. Die weissen Blüten erscheinen in kleinen Rispen.
Pflanzenhöhe: 10 bis 15 cm.
Temperatur- und Lichtansprüche: Sehr hell bis vollsonnig. Im Sommer auch im Freien (Balkon, Terrasse). Im Winter kühl und hell halten bei 6 bis 10 °C.
Substrat/pH-Wert: Lehmig-humoses Substrat mit Kies- oder Sandzusatz, pH-Wert: 6.8 bis 7.5.
Besondere Pflegehinweise: Im Winter relativ trocken halten.
Vermehrungsart: Kopf- und Triebteilstecklinge.
Zeitraum des Angebotes: 1 bis 12.
Pflanzenschutz: In der Regel anspruchslos. Bei zu grosser Wärme und Schatten Blattläuse.

▲ Abb. 199
▼ Abb. 200

Crassula rupestris

♃ (K)

Handelsname: Felsendickblatt.
Synonym: C. perfossa, C. monticola.
Familie: Crassulaceae.
Heimat/Herkunft: Kapland, Südafrika.
Wuchsform: Kriechender bis aufrechter Wuchs mit dünnen Trieben mit gegenständig und kreuzweise angeordneten, breitovalen Blättern. In der Form etwas lockerer als C. perforata. Bei intensiver Sonneneinstrahlung verfärbt sich die sonst graugrüne Pflanze in ein intensives Leuchtendrot. Blüten gelb in Trugdolden.
Pflanzenhöhe: 10 bis 30 cm.
Temperatur- und Lichtansprüche: Heller Standort bis volle Sonne, luftig im Sommer. Im Winter kühl bei 6 bis 10 °C.
Substrat/pH-Wert: Lehmig-humoses Substrat mit Kies- oder Sandzusatz, pH-Wert: 6.8 bis 7.5.
Besondere Pflegehinweise: In der Überwinterung hell, aber relativ trocken halten.
Vermehrungsart: Kopf- und Triebteilstecklinge.
Zeitraum des Angebotes: 1 bis 12.
Pflanzenschutz: Problemlos. Bei zu schattigem Standort Blattläuse.

Crassula schmidtii

♃ (K)

Handelsname: Schmidt's Dickblatt.
Synonym: C. impressa.
Familie: Crassulaceae.
Heimat/Herkunft: Namibia bis Transvaal.
Wuchsform: Flach bis aufrecht wachsend, dünntriebig, reich verzweigt. Bildet dichten «Rasen». Die grünen Blättchen sind langlanzettlich, verdickt, weich, grün mit rotem Anflug. Zahlreiche rosafarbene Blüten in rispigen Blütenständen.
Pflanzenhöhe: 10 bis 20 cm.
Temperatur- und Lichtansprüche: Hell bis vollsonnig, luftiger Standort nahe Fenster oder im Sommer auf dem Balkon oder der Terrasse. Im Winter kühl bei 6 bis 10 °C
Substrat/pH-Wert: Lehmig-humoses Substrat mit Kies- oder Sandzusatz, pH-Wert: 6.8 bis 7.5.
Besondere Pflegehinweise: Im Winter hell und kühl halten, nur bei starker Trockenheit giessen.
Vermehrungsart: Kopfstecklinge und Teilung.
Zeitraum des Angebotes: 1 bis 12.
Pflanzenschutz: Gelegentlich Blattläuse bei unsachgemässem Standort.

Crossandra infundibuliformis ♄ (w)

Handelsname: Crossandra.
Synonym: C. undulifolia.
Familie: Acanthaceae.
Heimat/Herkunft: Indien.
Wuchsform: Aufrechter, gedrungener Wuchs mit gegenständigen, breitlanzettlichen, dunkelgrün glänzenden Blättern. Aus den oberen Blattachseln erscheinen lange Blütenähren mit leuchtendorangefarbenen flachen Einzelblüten.
Pflanzenhöhe: 15 bis 25 cm.
Temperatur- und Lichtansprüche: Heller, aber nicht vollsonniger Standort. Im Sommer 18 bis 20 °C, im Winter 13 bis 16 °C.
Substrat/pH-Wert: Humoses Substrat mit Landerdeanteil, pH-Wert: 5.0 bis 6.0.
Besondere Pflegehinweise: Stets gleichmässig feucht halten. Mit Vorteil für höhere Luftfeuchtigkeit sorgen. Mässig düngen, Blätter nicht benetzen.
Vermehrungsart: Kopfstecklinge bei 20 bis 25 °C oder durch Aussaat.
Zeitraum des Angebotes: 2 bis 10.
Pflanzenschutz: Anfällig für Blattläuse, Spinnmilben und Weisse Fliegen.

▲ Abb. 201
▼ Abb. 202

Cryptanthus acaulis ♃ (w)

Handelsname: Stengelloser Erdstern, Versteckblüte.
Synonym: C. undulatus.
Familie: Bromeliaceae.
Heimat/Herkunft: Brasilien.
Wuchsform: Erdbromelie mit gestauchtem Grundspross und kleinen, flachen Rosetten. Die lanzettlichen Blätter sind mattgrün und am Rande gewellt und bedornt. Im Zentrum weisse Blüten, die etwas versteckt sind. Danach bilden sich Kindel.
Pflanzenhöhe: 5 cm, Pflanzendurchmesser bis 15 cm.
Temperatur- und Lichtansprüche: Heller Standort, jedoch keine Mittagssonne. Temperatur 18 bis 25 °C.
Substrat/pH-Wert: Grobfaseriges Substrat mit Sphagnum, pH-Wert: 4.5 bis 5.5.
Besondere Pflegehinweise: Stets gleichmässig feucht halten, auch durch Übersprühen im Sommer. Schwache aber stete Nährstoffgaben. Geeignet für Flaschengärten.
Vermehrungsart: Durch Abtrennen der Kindel.
Zeitraum des Angebotes: 1 bis 12.
Pflanzenschutz: In der Regel keine Probleme.

▲ Abb. 203
▼ Abb. 204

Cryptanthus bivittatus ♃

Handelsname: Gestreifter Erdstern, Versteckblüte.
Synonym: –.
Familie: Bromeliaceae.
Heimat/Herkunft: Brasilien.
Wuchsform: Erdsterne sind im Gegensatz zu anderen Bromelien keine Epiphyten. Sie wachsen flach über dem Boden und bilden praktisch stammlose, flache Blattrosetten. Die Blätter sind lineal bis schwertförmig, am Rande leicht gewellt und gezähnt. Diese Art wird von zwei cremeweissen Streifen gezeichnet. Im Zentrum bilden sich weisse Blüten und danach Kindel. Auch rote Kulturformen.
Pflanzenhöhe: Höhe 5 cm, Durchmesser 15 bis 20 cm.
Temperatur- und Lichtansprüche: Relativ anspruchslos, halbsonnig bis mässig hell, 18 bis 25 °C.
Substrat/pH-Wert: Grobes Torfsubstrat, pH-Wert: 4.5 bis 5.5.
Besondere Pflegehinweise: Gleichmässig feucht halten, mit kalkfreiem Wasser giessen. Auch für Aquatuffsteine geeignet sowie für Flaschengärten.
Vermehrungsart: Abtrennen der Kindel an der Basis. Diese in kleine Töpfe stecken, schattig und feucht halten, bis sie Wurzeln gebildet haben.
Zeitraum des Angebotes: 1 bis 12.
Pflanzenschutz: Anfällig für Wolläuse.

Cryptanthus bromelioides ♃

Handelsname: Bromelien-Erdstern, Versteckblüte.
Synonym: C. acaulis var. bromelioides.
Familie: Bromeliaceae.
Heimat/Herkunft: Brasilien, Regenwald.
Wuchsform: Erdbromelie mit kurzem Grundstamm und aufstrebenden, langgestreckten lanzettlichen bis schwertförmigen Blättern, derb-lederig, bronzegrün mit weissen Längsbändern. Weisse Blüten im Zentrum, danach Kindel.
Pflanzenhöhe: 25 bis 40 cm.
Temperatur- und Lichtansprüche: Heller bis halbschattiger Standort, im Sommer keine volle Sonne, 18 bis 25 °C.
Substrat/pH-Wert: Torfsubstrat mit Sphagnum, pH-Wert: 4.5 bis 5.5.
Besondere Pflegehinweise: Stets gleichmässig feucht halten. Mit Regenwasser giessen. Schwache Nährstoffgaben.
Vermehrungsart: Durch Abtrennen von seitlichen Kindelpflänzchen.
Zeitraum des Angebotes: 1 bis 12.
Pflanzenschutz: Anfällig für Wolläuse und Blattläuse.

Cryptanthus fosterianus ♃ (W)

Handelsname: Foster's Erdstern, Versteckblüte.
Synonym: –.
Familie: Bromeliaceae.
Heimat/Herkunft: Nordwestbrasilien.
Wuchsform: Blattrosette auf gedrungenem Spross mit langen, linearen bis schwertförmigen Blättern, die am Rande leicht bedornt sind. Prächtige graue Querbänder auf grünem bis braunem Grund. Weisse Blüten im Zentrum. Kindelbildung aus den Blattachseln.
Pflanzenhöhe: 10 bis 20 cm.
Temperatur- und Lichtansprüche: Heller Standort, jedoch nicht vollsonnig bei 18 bis 20 °C.
Substrat/pH-Wert: Torfsubstrat mit Sphagnum, pH-Wert: 4.5 bis 5.5.
Besondere Pflegehinweise: Gleichmässig feucht halten und schwach düngen. Liebt erhöhte Luftfeuchtigkeit.
Vermehrungsart: Durch Abnahme der seitlichen Kindel.
Zeitraum des Angebotes: 1 bis 12.
Pflanzenschutz: Anfällig für Wolläuse und Blattläuse.

▲ Abb. 205

Cryptanthus zonatus ♃ (W)

Handelsname: Gegürtelter Erdstern, Versteckblüte.
Synonym: –.
Familie: Bromeliaceae.
Heimat/Herkunft: Brasilien, Regenwald.
Wuchsform: Erdbromelie mit grosser, flacher Rosette mit breiten schwertförmigen bis lanzettlichen, am Rande gewellten Blättern, die auf dunkelgrünem Grund silbrigweisse Querbänder aufweisen. Im Zentrum weisse Blüten, danach Kindelbildung.
Pflanzenhöhe: 10 bis 15 cm, Durchmesser bis 40 cm.
Temperatur- und Lichtansprüche: Heller bis mässig heller Standort, ohne direkte Sonneneinstrahlung im Sommer. Temperatur 18 bis 25 °C.
Substrat/pH-Wert: Torfsubstrat mit Sphagnum, pH-Wert: 4.5 bis 5.5.
Besondere Pflegehinweise: Gleichmässig feucht halten und schwach düngen. Liebt erhöhte Luftfeuchtigkeit.
Vermehrungsart: Durch Abnehmen von seitlichen Kindeln.
Zeitraum des Angebotes: 1 bis 12.
Pflanzenschutz: Anfällig für Wolläuse und Blattläuse.

▲ Abb. 206
▼ Abb. 207

▲ Abb. 208
▼ Abb. 209

Ctenanthe lubbersiana 'Variegata' ♃ (w)

Handelsname: Ctenanthe.
Synonym: Phrynium lubbersianum.
Familie: Marantaceae.
Heimat/Herkunft: Wildformen aus Brasilien.
Wuchsform: Aus kriechendem Grundspross aufstrebende Triebe mit frisch- bis dunkelgrün glänzenden ovalen, seitlich aufstrebenden bis hängenden Blättern. Die panaschierte Form 'Variegata' ist unregelmässig mit gelben bis weissen Flecken gezeichnet.
Pflanzenhöhe: 40 bis 70 cm.
Temperatur- und Lichtansprüche: Heller bis mässig belichteter Standort, keine volle Sonne! Im Sommer 18 bis 20 °C, im Winter 15 bis 18 °C.
Substrat/pH-Wert: Humos mit Landerdeanteil, pH-Wert: 5.0 bis 6.0.
Besondere Pflegehinweise: Liebt relativ hohe Luftfeuchtigkeit. Auch gut geeignet für Hydrokultur und Blumenfenster.
Vermehrungsart: Teilung und durch Triebteil- und Kopfstecklinge.
Zeitraum des Angebotes: 1 bis 12.
Pflanzenschutz: Anfällig für Blattläuse und Spinnmilben.

Ctenanthe oppenheimiana ♃ (w)

Handelsname: Ctenanthe.
Synonym: Maranta oppenheimiana.
Familie: Marantaceae.
Heimat/Herkunft: Brasilien.
Wuchsform: Aus kriechenden Grundsprossen aufstrebende Triebe mit langovalen, seitlich aufstrebenden bis hängenden Blättern. Dunkelgrüne Farbe mit silbriggrauen Bändern zwischen den Hauptnerven. Die panaschierte Form ist unregelmässig weiss gefleckt.
Pflanzenhöhe: 30 bis 50 cm.
Temperatur- und Lichtansprüche: Heller bis mässig belichteter Standort, keine Sonne! Im Sommer 18 bis 20 °C, im Winter 15 bis 18 °C.
Substrat/pH-Wert: Humos mit Landerdeanteil, pH-Wert: 5.0 bis 6.0.
Besondere Pflegehinweise: Liebt relativ hohe Luftfeuchtigkeit. Auch gut geeignet für Hydrokulturen und Blumenfenster.
Vermehrungsart: Teilung und durch Triebteil- und Kopfstecklinge.
Zeitraum des Angebotes: 1 bis 12.
Pflanzenschutz: Anfällig für Blattläuse und Spinnmilben.

Cuphea hyssopifolia ♄ K

Handelsname: Hyssopblättriges Köcherblümchen.
Synonym: –.
Familie: Lythraceae.
Heimat/Herkunft: Mexiko, Guatemala.
Wuchsform: Zwergstrauch mit aufrechtem bis ausstrebendem Wuchs und kompakter Verzweigung. Die Blätter sind klein, in der Form schmallanzettlich. Zahlreiche kleine Blütchen in Weiss, Rosa oder Lila sitzen in den Blattachseln und lassen die Pflanzen als zierlich erscheinen.
Pflanzenhöhe: 15 bis 30 cm.
Temperatur- und Lichtansprüche: Heller bis schwach sonniger Standort, 15 bis 18 °C.
Substrat/pH-Wert: Humoses Substrat mit etwas Landerdeanteil, pH-Wert: 6.0 bis 6.8.
Besondere Pflegehinweise: Mässig giessen und durch das Sommerhalbjahr düngen, im Winter sparsamer.
Vermehrungsart: Kopfstecklinge, Triebteilstecklinge.
Zeitraum des Angebotes: 1 bis 12.
Pflanzenschutz: Anfällig für Blattläuse.

▲ Abb. 210
▼ Abb. 211

▼ Abb. 212

Cupressus macrocarpa 'Gold Crest' ♄ K N

Handelsname: Goldzypresse.
Synonym: C. lambertiana.
Familie: Cupressaceae.
Heimat/Herkunft: Kalifornien, USA.
Wuchsform: Konifere mit aufstrebendem verholztem Hauptspross. Die zahlreichen Seitensprosse wachsen schräg nach aussen und bilden im Gesamten eine breite Pyramide. Die Schuppennadeln sind gelbgrün gefärbt. Z. T. werden auch Hochstämme angeboten.
Pflanzenhöhe: Je nach Alter 30 bis 80 cm.
Temperatur- und Lichtansprüche: Heller Standort bis volle Sonne, nicht zu warme Lage, 12 bis 15 °C genügen.
Substrat/pH-Wert: Humoses Substrat mit Landerdeanteil, pH-Wert: 5.0 bis 6.0.
Besondere Pflegehinweise: Stets feucht halten, nie austrocknen lassen.
Vermehrungsart: Kopfstecklinge.
Zeitraum des Angebotes: 1 bis 12.
Pflanzenschutz: Problemlos.

▲ Abb. 213
▼ Abb. 214

Cyclamen persicum ♃ (K)

Handelsname: Persisches Alpenveilchen.
Synonym: C. latifolium, C. aleppicum, C. puniceum, C. allepicum ssp. puniceum, C. vernale.
Familie: Primulaceae.
Heimat/Herkunft: Griechenland, Südwestasien, Tunesien.
Wuchsform: Runde Basisknolle, daraus entwickeln sich herzförmige Blätter zu einer kompakten, grundständigen Rosette. Aus der Knolle entsteigen an schlanken Schäften z. T. duftende, veilchenähnliche Blüten in Weiss, Rosa, Lachs, Rot, Lila und Dunkelrot.
Pflanzenhöhe: Kleinblumige Sorten 15 bis 20 cm, Grossblumige 25 bis 30 cm.
Temperatur- und Lichtansprüche: Hell, aber nicht vollsonnig, Wärme meiden, ideal in blühendem Zustand 12 bis 16 °C.
Substrat/pH-Wert: Humoses Substrat mit Laub- und Landerdeanteil, pH-Wert: 5.5 bis 6.8.
Besondere Pflegehinweise: Vorsichtig neben die Knolle giessen, mässig düngen. Trockenwarme Luft meiden.
Vermehrungsart: Aussaat, Dunkelkeimer.
Zeitraum des Angebotes: 4 bis 12.
Pflanzenschutz: Anfällig für Blattläuse, Blattraupen, Spinnmilben, Thrips, Wurzelälchen und Grauschimmelpilze.

Cymbidium-Hybriden ♃ (K)

Handelsname: Kahnorchidee, Kahnlippe.
Synonym: –.
Familie: Orchidaceae.
Heimat/Herkunft: Zuchtformen, Wildformen aus Ostasien.
Wuchsform: An der Basis starke Pseudobulben, lange grüne, schwertförmige Blätter, oft nach aussen gebogen. Aus den Bulben aufsteigend starke Blütentrauben (keine Rispen). Die Blüten sind grünlich, crèmegelb, rosa bis purpurrot.
Pflanzenhöhe: 80 bis 180 cm.
Temperatur- und Lichtansprüche: Heller und luftiger Standort bei 15 bis 20 °C, während des Sommers auch im Freien unter Bäumen, volle Sonne meiden. Im Winter 8 bis 12 °C.
Substrat/pH-Wert: Eine Mischung aus Farnwurzeln, Sphagnum, Kiefernrinde, Buchenlaub und Grobtorf, pH-Wert: 4.8 bis 5.5.
Besondere Pflegehinweise: Alle 3 Jahre umpflanzen. Durch den Sommer reichlich giessen und mässig düngen. Im Winter kühl und trocken halten.
Vermehrungsart: Teilung beim Umpflanzen, Mikrovermehrung.
Zeitraum des Angebotes: Winter bis Frühjahr bei Blütebeginn.
Pflanzenschutz: Anfällig für Spinnmilben und Schildläuse.

Cyperus albostriatus ♃ (K)–(W)

Handelsname: Breitblättriges Cypergras.
Synonym: C. laxus, C. diffusus.
Familie: Cyperaceae.
Heimat/Herkunft: In den Tropen verbreitet.
Wuchsform: Aus unterirdischen Rhizomen entwickeln sich einerseits zahlreiche Grundblätter, anderseits aufsteigende Blatttriebe mit quirligen Blattschöpfen, grün, breitlanzettlich. Aus der Blattbasis entwickeln sich grünliche Blüten.
Pflanzenhöhe: 20 bis 30 cm.
Temperatur- und Lichtansprüche: Heller bis halbschattiger Standort, vor voller Sonne schützen, 14 bis 20 °C.
Substrat/pH-Wert: Humoses Substrat mit Landerdeanteil, pH-Wert: 5.0 bis 6.0.
Besondere Pflegehinweise: Stets gleichmässig feucht halten. Im Winter etwas kühler halten, mässig düngen.
Vermehrungsart: Teilung der Rhizome.
Zeitraum des Angebotes: 1 bis 12.
Pflanzenschutz: Anfällig für Blattläuse.

▲ Abb. 215
▼ Abb. 216

Cyperus gracilis ♃ (K)–(W) 〰

Handelsname: Zierliches Cypergras.
Synonym: –.
Familie: Cyperaceae.
Heimat/Herkunft: Australien, Neukaledonien.
Wuchsform: Aus der Basis entwickeln sich dünne Blattstiele, die oben quirlständig ausgefächert sind. Im Habitus wie C. involucratus, nur wesentlich zierlicher.
Pflanzenhöhe: 20 bis 40 cm.
Temperatur- und Lichtansprüche: Heller Standort ohne volle Sonne, im Sommer auch im Freien haltbar. Im Sommer bis 20 °C, im Winter bei 13 bis 15 °C.
Substrat/pH-Wert: Humoses Substrat mit Landerdeanteil, pH-Wert: 5.0 bis 6.0.
Besondere Pflegehinweise: Trockenheit meiden. Mit Vorteil in einen grossen Untersatz stellen, der stets mit Wasser gefüllt ist. Vergilbende Blätter ausschneiden.
Vermehrungsart: Blattquirle ins Wasser stellen. Aussaat.
Zeitraum des Angebotes: 1 bis 12.
Pflanzenschutz: Anfällig für Blattläuse, Spinnmilben, bei Trockenheit dürre Blattspitzen.

▲ Abb. 217
▼ Abb. 218

Cyperus haspan ♃

Handelsname: Haspan-Cypergras.
Synonym: –.
Familie: Cyperaceae.
Heimat/Herkunft: In den Tropen verbreitet.
Wuchsform: Aus kurzen Grundsprossen erscheinen zierlich-aufstrebene Blattschäfte, die oben pinselartig mit kurzen Blättern ausgestattet sind. Vereinzelt ragen längere neue Blatttriebe aus dem Schopf heraus.
Pflanzenhöhe: 20 bis 30 cm.
Temperatur- und Lichtansprüche: Sonnig bis halbschattig. Temperaturtolerant 12 bis 20 °C.
Substrat/pH-Wert: Humoses Substrat mit Landerdeanteil, pH-Wert: 5.0 bis 6.0.
Besondere Pflegehinweise: Stets ausreichend nass bis gut feucht halten, Trockenheit meiden.
Vermehrungsart: Blattschopfstecklinge.
Zeitraum des Angebotes: 1 bis 12.
Pflanzenschutz: Bei Trockenheit Spinnmilben und dürre Blattspitzen.

Cyperus involucratus ♃

Handelsname: Zypergras.
Synonym: C. alternifolius, C. flabelliformis, C. alternifolius ssp. flabelliformis.
Familie: Cyperaceae.
Heimat/Herkunft: Mittel- bis Südafrika, Madagaskar.
Wuchsform: Aus kurzem Basisspross entwickeln sich lange, dünne Blattstiele, die oben regenschirmartig quirlförmig geteilt sind. Die Einzelblättchen sind lineal, nach aussen zugespitzt und elegant überhängend. Aus den Blattbüscheln entwickeln sich kurze grüne Blütenähren.
Pflanzenhöhe: 20 bis 80 cm.
Temperatur- und Lichtansprüche: In der Temperatur tolerant, 12 bis 20 °C. Sonnig bis halbschattig.
Substrat/pH-Wert: Humoses Substrat mit Landerdeanteil, pH-Wert: 5.0 bis 6.0.
Besondere Pflegehinweise: Trockenheit meiden. Ideal, wenn im Untersatz stets etwas Wasser mit Nährlösung vorhanden ist.
Vermehrungsart: 1. Durch Blattquirle, die um ½ bis ⅓ in der Länge eingekürzt werden, im Wasser oder im sandig-humosen Substrat bewurzeln, sehr feucht halten. 2. Aussaat.
Zeitraum des Angebotes: 1 bis 12.
Pflanzenschutz: Bei Trockenheit Spinnmilben und dürre Blattspitzen.

Cyperus papyrus

♃ (W) N ≈

Handelsname: Papyrusstaude.
Synonym: –.
Familie: Cyperaceae.
Heimat/Herkunft: Tropisches Mittelafrika.
Wuchsform: Aus kurzem Grundstamm mit Rhizomen wachsen starke, dreikantige Blattstiele, die endständig pinselartige Blattbüschel aufweisen, die später locker auseinanderfallen. Diente den Ägyptern zur Papierherstellung.
Pflanzenhöhe: 200 bis 300 cm.
Temperatur- und Lichtansprüche: Sehr heller Standort, erträgt im Freien auch volle Sonne. 15 bis 20 °C. Im Winter frostfrei halten (nicht winterhart)!
Substrat/pH-Wert: Humoses Substrat mit Landerdeanteil, pH-Wert: 5.5. bis 6.5.
Besondere Pflegehinweise: Stets feucht bis nass halten. Ideal in einem mit Wasser gefüllten Untersatz, mässig düngen.
Vermehrungsart: Teilung von älteren Pflanzen.
Zeitraum des Angebotes: 5 bis 10.
Pflanzenschutz: Anfällig für Blattläuse und Spinnmilben.

▲ Abb. 219

Cyrtomium falcatum

♃ (K)

Handelsname: Sichelfarn.
Synonym: Aspidium falcatum, Polystichum falcatum. Phanerophlebia falcata.
Familie: Aspidiaceae.
Heimat/Herkunft: Ostasien.
Wuchsform: Grundständiger Spross mit breiter, ausladender Blattrosette. Die Blätter sind einfach gefiedert und dunkelgrün glänzend. Die Fiedern sind breitlanzettlich und sichelförmig angeordnet. Auf der Blattunterseite finden wir die Sporen in runden Häufchen.
Pflanzenhöhe: 20 bis 30 cm, im Durchmesser 30 bis 70 cm.
Temperatur- und Lichtansprüche: Heller bis halbschattiger Standort, im Sommerhalbjahr keine direkte Sonne. Idealtemperatur 12 bis 18 °C.
Substrat/pH-Wert: Humoses Substrat mit etwas Kompost- oder Landerdeanteil, pH-Wert: 4.5 bis 5.8.
Vermehrungsart: Durch Aussaat der Sporen→Vorkeim→Befruchtung→junge Farnpflanzen.
Zeitraum des Angebotes: 1 bis 12.
Pflanzenschutz: Anfällig für Schildläuse.

▲ Abb. 220
▼ Abb. 221

▲ Abb. 222
▼ Abb. 223

Cytisus maderensis ♄

Handelsname: Madeirischer Geissklee, schmalblumiger Kleestrauch.
Synonym: –.
Familie: Leguminosae.
Heimat/Herkunft: Madeira.
Wuchsform: Aufrechter bis breitverzweigter Wuchs, verholzend. Die einzelnen Blätter sind gefiedert, die Fiedern langoval. Endständig entwickeln sich traubige bis ährige Blütenstände in Gelb, die in eine Spitze auslaufen.
Pflanzenhöhe: Je nach Alter 30 bis 50 cm.
Temperatur- und Lichtansprüche: Heller bis sonniger Standort bei nicht zu hoher Wärme. Liebt viel frische Luft. Im Winter bei 2 bis 5 °C relativ trocken halten, dann erfolgt der Blütenansatz.
Substrat/pH-Wert: Humoses Substrat mit reichlich Landerdeanteil, pH-Wert: 6.0 bis 7.0.
Besondere Pflegehinweise: Nach der Blüte Rückschnitt (formieren). Im Halbschatten im Freien einsenken, im Oktober einräumen und hell stellen.
Vermehrungsart: Kopfstecklinge nach dem Verblühen.
Zeitraum des Angebotes: 12 bis 6.
Pflanzenschutz: Anfällig für Blattläuse und Spinnmilben.

Cytisus x racemosus ♄

Handelsname: Geissklee.
Synonym: –.
Familie: Leguminosae.
Heimat/Herkunft: Kreuzung aus C. canariensis x C. maderensis var. magnifoliosus.
Wuchsform: Verholzender Blütenstrauch mit aufrechtem bis überhängendem Wuchs, gut verzweigt. Die Blättchen sind einfach gefiedert. Die gelben Blüten stehen endständig in Trauben.
Pflanzenhöhe: 25 bis 40 cm.
Temperatur- und Lichtansprüche: Heller Standort, vor voller Sonne schützen, nicht zu warm halten, 12 bis 18 °C. Bei 5 bis 8 °C überwintern.
Substrat/pH-Wert: Humoses Substrat mit reichlich Landerdeanteil, pH-Wert: 6.0 bis 7.0.
Besondere Pflegehinweise: Nach der Blüte Rückschnitt (formieren). Im Halbschatten im Freien einsenken, im Oktober einräumen und hell stellen.
Vermehrungsart: Kopfstecklinge nach dem Verblühen.
Zeitraum des Angebotes: 2 bis 4.
Pflanzenschutz: Anfällig für Blattläuse und Spinnmilben.

Darlingtonia californica ♃ (K)

Handelsname: Schlauchpflanze, Kobrapflanze.
Synonym: –.
Familie: Saraceniaceae.
Heimat/Herkunft: USA: Südoregon bis Nordwestkalifornien.
Wuchsform: Aus kurzem, kriechendem Wurzelstock entwickeln sich aufrechtstehende schlauchförmige Blätter, die im Jungstadium smaragdgrün, später rötlich gefärbt sind. Am Blattende befindet sich eine Abbiegung nach unten, damit das Regenwasser nicht in den Schlauch fällt. Im Innern befinden sich Honigdrüsen, die Insekten anziehen, die den Pflanzen im nährstoffarmen Boden als Nahrung dienen.
Pflanzenhöhe: 10 bis 30 cm.
Temperatur- und Lichtansprüche: Halbschattig bis schattig, nie zu trocken-warm aufstellen. Ein kühler Standort sagt ihr zu, 12 bis 15 °C genügen.
Substrat/pH-Wert: Sphagnum (Sumpfmoos) bis grobtorfiges Substrat ohne Zusatzstoffe, pH-Wert: 4.0 bis 4.5.
Besondere Pflegehinweise: Mit Vorteil die Töpfe in ein grösseres Gefäss mit Sphagnum oder Torf stellen. Alles gleichmässig feucht halten. Trockene Luft meiden.
Vermehrungsart: Teilung von grösseren Pflanzen.
Zeitraum des Angebotes: 1 bis 12.
Pflanzenschutz: Anfällig für Blattläuse.

▲ Abb. 224
▼ Abb. 225

Davallia mariesii ♃ (W)

Handelsname: Katzenpfotenfarn.
Synonym: D. bullata.
Familie: Davalliaceae.
Heimat/Herkunft: Japan, China, Korea, Taiwan.
Wuchsform: Diese Farnart bildet lange, fingerdicke und dicht behaarte Ausläufer, die bei grösseren Pflanzen nach unten hängen und sehr dekorative Ampelpflanzen bilden. Das dunkelgrünglänzende Blatt ist zwei- bis dreifach gefiedert und filigranartig gestaltet.
Pflanzenhöhe: 20 bis 60 cm.
Temperatur- und Lichtansprüche: Heller bis halbschattiger Standort, erträgt im Winter sogar Sonne. Temperatur: 15 bis 20 °C.
Substrat/pH-Wert: Humoses Substrat mit etwas Kompost- oder Landerdezusatz, pH-Wert: 4.5 bis 5.8.
Besondere Pflegehinweise: Sehr haltbarer Farn. Stets feucht halten und mässig düngen.
Vermehrungsart: Durch Teilung oder Ausläufer, die in Stücke geschnitten und in Substrat zur Bewurzelung gebracht werden.
Zeitraum des Angebotes: 1 bis 12.
Pflanzenschutz: Anfällig für Schildläuse.

▲ Abb. 226 / Dekorative Blumenform
▼ Abb. 227 / Kaskadenchrysanthemen

Dendranthema-Grandiflorum-Hybriden ♃ ⌂(K) ✂

Handelsname: Chrysantheme, Winteraster.
Synonym: Chrysanthemum indicum, C. x hortorum, C.-Indicum-Hybriden, C. morifolium, C. sinense, C. vestitum, Anthemis grandiflora, D. x grandiflorum, D. morifolium.
Familie: Compositae.
Heimat/Herkunft: Japan, China, Korea.
Wuchsform: Staude mit krautigem, aufrechtem Wuchs und wechselständigen, eingebuchteten Blättern. Endständig einzelne bis mehrere einfache bis gefüllte Blumen in Weiss, Rosa, Rot, Gelb, Orange, Purpur und Violett. Kurztagspflanze, die durch das ganze Jahr zum Blühen gebracht werden kann.
Pflanzenhöhe: 10 bis 30 cm, als Topfpflanze.
Temperatur- und Lichtansprüche: Heller bis sonniger Standort, im Sommer auch im Freien. Ideal 12 bis 18 °C.
Substrat/pH-Wert: Humoses Substrat mit Landerdeanteil, pH-Wert 6.0 bis 7.5.
Besondere Pflegehinweise: Reichlich giessen und aufblühende Pflanzen gut düngen. Vor Frost schützen.
Vermehrungsart: Kopfstecklinge, oft mehrere pro Topf und weich pinzieren.
Zeitraum des Angebotes: 1 bis 12.
Pflanzenschutz: Anfällig für Blattläuse, Älchen, Spinnmilben, Weichhautmilben, Thripse, Wanzen, Echten Mehltau, Rost und Grauschimmelpilze.

▲ Abb. 228 / Einfache Blumenform
▼ Abb. 229 / Grossblumige Form

▲ Abb. 230 / Dekorative Reflexform (zweifarbig)
▼ Abb. 231

Dendrobium-Phalaenopsis-Hybriden

♃ (w)

Handelsname: Phalaenopsisblütige Dendrobie, Baumwucherer.
Synonym: D. phalaenopsis.
Familie: Orchidaceae.
Heimat/Herkunft: Nordaustralien bis Indonesien.
Wuchsform: Epiphytische Warmhauspflanze aus den Tropen mit daumendicken, aufrechten Sprossen, mit wechselständigen langlanzettlichen, dünnledederigen grünen Blättern. Aus den Nodien der oberen Sprossteile erscheinen traubige Blütenstände mit rundlichen Blüten in Rosa bis Kirschrot. Hauptblütezeit ist August bis September.
Pflanzenhöhe: 40 bis 70 cm.
Temperatur- und Lichtansprüche: Heller bis schwachsonniger Standort, 18 bis 25 °C. Im Winter eine Ruhephase einhalten bei 16 bis 18 °C.
Substrat/pH-Wert: Lockeres Orchideensubstrat, bestehend aus Sphagnum, Farn- oder Buchenwurzeln und etwas Föhrenrinde, pH-Wert: 4.0 bis 5.0.
Besondere Pflegehinweise: Als Pflanzgefässe ideal in Holzkörben oder relativ kleine, flache Tontöpfe oder -schalen. Durch den Sommer fleissig, im Winter sparsamer, mit kalkarmem Wasser giessen.
Vermehrungsart: Teilung von älteren Pflanzen, Mikrovermehrung.
Zeitraum des Angebotes: 8 bis 12, z. T. 1 bis 12.
Pflanzenschutz: Anfällig für Blattläuse und Schildläuse.

▲ Abb. 232
▼ Abb. 233

Dianthus caryophyllus ♃ ✂ D

Handelsname: Gartennelke, Topfnelke.
Synonym: –.
Familie: Caryophyllaceae.
Heimat/Herkunft: Vermutlich aus dem Mittelmeerraum.
Wuchsform: Staude, mit guter Verzeigung an der Basis und straff aufsteigenden Trieben. Das Blatt ist linealisch bis schmalschwertförmig, glänzendgrün bis silbrigblau und gegenständig angeordnet. Endständig bilden sich gefüllte Nelkenblüten mit zartem Duft in Weiss, Rosa, Gelb und Rot.
Pflanzenhöhe: 20 bis 25 cm.
Temperatur- und Lichtansprüche: Topfnelken verlangen einen sehr hellen bis schwachsonnigen Standort bei kühlen Temperaturen, im Winter 5 bis 10 °C.
Substrat/pH-Wert: Lehmig-humoses Substrat, pH-Wert: 6.0 bis 7.0.
Besondere Pflegehinweise: Nach der Blüte Rückschnitt vornehmen. Mässig feucht halten und düngen.
Vermehrungsart: Kopfstecklinge und Aussaat.
Zeitraum des Angebotes: 4 bis 10.
Pflanzenschutz: Anfällig für Blattläuse, Spinnmilben, Thripse und Nelkenrost.

Didymochlaena truncatula ♃ (W)

Handelsname: Didymochlaene.
Synonym: D. lunulata.
Familie: Aspidiaceae.
Heimat/Herkunft: Pantropisch vorkommend.
Wuchsform: Aus kräftigen, aber kurzen Rhizomen steigen die dunkelgrün glänzenden, doppelt gefiederten Blattwedel auf. Junge Blätter sind rötlichbronze, ältere neigen nach aussen.
Pflanzenhöhe: 20 bis 30 cm.
Temperatur- und Lichtansprüche: Hell bis halbschattig, im Sommerhalbjahr keine volle Sonne. 12 bis 18 °C genügen.
Substrat/pH-Wert: Humoses, grobfaseriges Substrat, pH-Wert: 4.5 bis 5.5.
Besondere Pflegehinweise: Stets gleichmässig feucht halten, mässig düngen.
Vermehrungsart: Aussaat der Sporen→Vorkeim→Befruchtung→junge Farnpflanzen.
Zeitraum des Angebotes: 1 bis 12.
Pflanzenschutz: Anfällig für Blattläuse, Schild- und Wolläuse, Blattnematoden.

Dieffenbachia bowmannii

Handelsname: Dieffenbachie.
Synonym: D. reginae.
Familie: Araceae.
Heimat/Herkunft: Kolumbien, Brasilien.
Wuchsform: Starker, aufrechter Spross, der sich im Alter an der Basis verzweigt. Grosse lange Blätter neigen nach aussen. Auffallend sind die hellen und auch dunklen Flecken auf den Blättern.
Pflanzenhöhe: Je nach Alter, 30 bis 100 cm.
Temperatur- und Lichtansprüche: Heller Standort bis Halbschatten, keine volle Sonne im Sommer, 18 bis 20 °C.
Substrat/pH-Wert: Humoses Substrat mit etwas Landerdeanteil, pH-Wert: 5.5. bis 6.5.
Besondere Pflegehinweise: Nie zu kühl und zu nass halten, mässig düngen.
Vermehrungsart: Kopfstecklinge, abtrennen von Basistrieben, sowie Stammschnittlinge.
Zeitraum des Angebotes: 1 bis 12.
Pflanzenschutz: Anfällig für Blattläuse, Wolläuse und Schildläuse, Spinnmilben, Thripse und Stammgrundfäule.

▲ Abb. 234
▼ Abb. 235

Dieffenbachia maculata

Handelsname: Dieffenbachie.
Synonym: D. picta.
Familie: Araceae.
Heimat/Herkunft: Nördliches Südamerika.
Wuchsform: Dicker aufrechter Spross, an der Basis z.T. kurze Seitentriebe, sonst unverzweigt. Die grossen ovalen bis lanzettlichen Blätter sind auf grünem Grund mit weissen bis hellgrünen Flecken gezeichnet. Unscheinbare grünliche Spathablüten.
Pflanzenhöhe: 30 bis 100 cm.
Temperatur- und Lichtansprüche: Heller bis halbschattiger Standort, keine volle Sonne. Im Sommer 18 bis 25 °C, im Winter nicht kühler als 15 bis 18 °C.
Substrat/pH-Wert: Humoses Substrat mit etwas Landerdeanteil, pH-Wert: 5.5. bis 6.5.
Besondere Pflegehinweise: Im Sommerhalbjahr reichlich giessen und mässig düngen, im Winter etwas sparsamere Gaben.
Vermehrungsart: Kopfstecklinge, Stammschnittlinge, bei 24 bis 28 °C bewurzeln lassen.
Zeitraum des Angebotes: 1 bis 12.
Pflanzenschutz: Anfällig für Blattläuse, Wolläuse, Schildläuse, Spinnmilben, Thripse und Stammfäule.

▲ Abb. 236
▼ Abb. 237

Dionaea muscipula

♃ (K)

Handelsname: Venusfliegenfalle.
Synonym: –.
Familie: Droseraceae.
Heimat/Herkunft: USA, Carolina.
Wuchsform: Krautige, mehrjährige Pflanze, die grundständige Rosetten bildet. Die Blätter sind verkehrt eiförmig mit am Ende zwei beweglichen Klappen, die am Rande mit grossen Wimperhaaren ausgerüstet sind. In den Klappen befinden sich Reizhaare, die bei Berühung (durch Insekten) augenblicklich das Zuklappen auslösen und so die Insekten fangen. Diese dienen diesen «fleischfressenden Pflanzen» als Nahrung.
Pflanzenhöhe: 10 bis 15 cm.
Temperatur- und Lichtansprüche: Leicht sonnig bis halbschattig. Ideal ist ein relativ kühler Standort mit hoher Luftfeuchtigkeit, im Winter genügen 3 bis 10 °C, im Sommer 15 bis 18 °C.
Substrat/pH-Wert: Gemisch aus Sphagnum-Sumpfmoos, Torf und Landerde, pH-Wert: 4.0 bis 4.5.
Besondere Pflegehinweise: Gleichmässig feucht halten, Regenwasser verwenden. Nicht düngen! Mit Plastiktüte ein «Zelt» mit hoher Luftfeuchtigkeit schaffen.
Vermehrungsart: Teilung, Blattaugenstecklinge, Aussaat.
Zeitraum des Angebotes: 1 bis 12.
Pflanzenschutz: Bei zu starker Sonne Verbräunungsschäden.

Dioscorea sylvatica

♄ (K) ⌇

Handelsname: Jamswurzel, Schildkrötenpflanze.
Synonym: D. montana, Testudinaria sylvatica.
Familie: Dioscoreaceae.
Heimat/Herkunft: Östliches Kapland bis tropisches Afrika.
Wuchsform: Knapp über dem Boden flacher Erdstamm mit schildkrötenähnlicher, verholzter Musterung. Daraus entsteigen dünne, im unteren Teil verholzte Triebe mit herzförmigen grünen Blättern. Aus den Blattachseln bilden sich 30 cm lange rispige Blütenstände in Gelbgrün.
Pflanzenhöhe: Schling- bis Kletterpflanze, 2 bis 6 Meter.
Temperatur- und Lichtansprüche: Sehr hell bis vollsonnig, im Sommerhalbjahr 18 bis 25 °C, im Winter 10 bis 15 °C.
Substrat/pH-Wert: Lehmig-humoses Substrat mit Zusatz von Grobsand, pH-Wert: 6.0 bis 7.0.
Besondere Pflegehinweise: Ende Juli/August nach dem Neuaustrieb in nahrhafte Erde umpflanzen, alte Erde entfernen. Ruhezeit von Juni bis August, dann wenig giessen. Sonst reichliche Wasser- und Düngergaben.
Vermehrungsart: Aussaat.
Zeitraum des Angebotes: 8 bis 5.
Pflanzenschutz: Anfällig für Schild- und Wolläuse.

Dipladenia-Hybriden

ħ (w) ≹

Handelsname: Grossblumige Dipladenie, Trichterblüte.
Synonym: –.
Familie: Apocynaceae.
Heimat/Herkunft: Wildformen aus Brasilien, Kolumbien.
Wuchsform: Von Natur aus eine Kletterpflanze mit ovalen, dunkelgrünen Blättern. Aus den Blattachseln erscheinen kurze Blütentriebe mit grossen, glockenförmigen Blüten in intensiven Farben: Rosa und Rot.
Pflanzenhöhe: 25 bis 30 cm, ältere Pflanzen bis 100 cm.
Temperatur- und Lichtansprüche: Heller, aber nicht vollsonniger Standort. Im Sommer 18 bis 25 °C, im Winter 13 bis 15 °C.
Substrat/pH-Wert: Durchlässiges und humoses Substrat, pH-Wert: 4.8 bis 5.5.
Besondere Pflegehinweise: Ab Oktober bis März deutliche Ruhephase einhalten, weniger giessen. Bei Triebwachstumsbeginn im März Rückschnitt vornehmen.
Vermehrungsart: Kopf- und Triebteilstecklinge, 2 bis 3 pro Topf.
Zeitraum des Angebotes: 4 bis 8.
Pflanzenschutz: Anfällig für Schildläuse, Thripse, Spinnmilben, Wolläuse. Bei Trockenheit und zu hellem Standort Einrollen der Blätter.

▲ Abb. 238
▼ Abb. 239

Dipladenia sanderi

ħ (w) ≹

Handelsname: Sanders Dipladenie, Trichterblüte.
Synonym: Mandevilla sanderi.
Familie: Apocynaceae.
Heimat/Herkunft: Brasilien.
Wuchsform: Strauchig bis leicht kletternd mit gegenständigen, eirunden, mattglänzenden Blättern. Aus den Blattachseln erscheinen schöne rosafarbene Blüten mit gelbem Schlund.
Pflanzenhöhe: 20 bis 30 cm.
Temperatur- und Lichtansprüche: Heller Standort ohne volle Sonneneinstrahlung. Im Sommer 18 bis 20 °C, im Winter 13 bis 15 °C.
Substrat/pH-Wert: Humoses Substrat mit etwas Landerdeanteil, pH-Wert: 4.8 bis 5.5.
Besondere Pflegehinweise: Im Winter ist eine Ruhezeit von 13 bis 15 °C ratsam. Dadurch entsteht eine bessere Blütenbildung. Im Frühjahr bis Herbst mässig giessen und düngen, ansonsten sparsam giessen.
Vermehrungsart: Kopf- und Triebteilstecklinge.
Zeitraum des Angebotes: 4 bis 9.
Pflanzenschutz: Anfällig für Schild- und Wolläuse, Thripse.

Dipteracanthus makoyanus

Handelsname: Dipteracanthus.
Synonym: Ruellia makoyana.
Familie: Acanthaceae.
Heimat/Herkunft: Brasilien.
Wuchsform: Kriechender bis hängender Wuchs, stark verzweigt. Die gegenständigen Blätter sind langoval, dunkelgrün mit weisser Mittelnervenzeichnung. Aus den Blattachseln bilden sich geröhrte Blüten in Dunkelrosa.
Pflanzenhöhe: 10 bis 20 cm, im Durchmesser bis 30 cm breit.
Temperatur- und Lichtansprüche: Halbschattig bis hell, jedoch keine volle Sonne bei 18 bis 22 °C.
Substrat/pH-Wert: Humoses Substrat mit Landerdezusatz, pH-Wert: 5.5 bis 6.5.
Besondere Pflegehinweise: Während der Wachstumsphase gleichmässig feucht halten. Auch in der Ruhephase nicht austrocknen lassen. Für erhöhte Luftfeuchtigkeit sorgen.
Vermehrungsart: Kopfstecklinge, je 4 bis 5 Stück pro Topf.
Zeitraum des Angebotes: 9 bis 12.
Pflanzenschutz: Anfällig für Blattläuse und Weisse Fliegen.

▲ Abb. 240
▼ Abb. 241

Dischidia pectenoides

Handelsname: Dischidie.
Synonym: –.
Familie: Asclepiadaceae.
Heimat/Herkunft: Philippinen.
Wuchsform: Interessanter Epiphyt (für geschlossene Blumenfenster) mit dünnen Trieben und Luftwurzeln. Die Blätter sind relativ klein, lanzettlich, grün, ein Teil davon ist zu grossen, mit Wasser gefüllten Taschen ausgerüstet. Die Blütenknospen sind rosa, die Früchte beinhalten Samen mit langem Federnflaum.
Pflanzenhöhe: 20 bis 40 cm.
Temperatur- und Lichtansprüche: Heller, nicht vollsonniger Standort bei 20 bis 25 °C mit hoher Luftfeuchtigkeit.
Substrat/pH-Wert: Die Pflanzen werden an Baumrinden geheftet. Dazu wird Sphagnum mitverwendet, pH-Wert: 4.0 bis 4.5.
Besondere Pflegehinweise: Fleissig überbrausen mit lauwarmem, kalkarmem Wasser. Schwache Düngergaben alle 2 bis 3 Wochen.
Vermehrungsart: Teilung.
Zeitraum des Angebotes: 1 bis 12.
Pflanzenschutz: Anfällig für Blattläuse.

Dracaena deremensis

♄ (W)

Handelsname: Drachenbaum, Dracaene.
Synonym: Pleomele deremensis.
Familie: Agavaceae.
Heimat/Herkunft: Tropisches Afrika.
Wuchsform: Aufrechter, etwa daumendicker Stamm mit wechselständigen, dichtstehenden Blättern, linear bis lanzettlich, nach aussen zugespitzt. Verschiedene Sorten mit schönen Blattzeichnungen, die bekannteste ist D. d. 'Warneckii' mit dunkelgrünen und graugrünen Streifen, mit weissen Bändern geziert. Auch Hochstammformen.
Pflanzenhöhe: Je nach Alter 30 bis 150 cm und mehr.
Temperatur- und Lichtansprüche: Im Winterhalbjahr mindestens 14 bis 16 °C, im Sommer 18 bis 22 °C. Heller, aber nicht vollsonniger Standort.
Substrat/pH-Wert: Humoses Substrat mit etwas Landerdeanteil, pH-Wert: 5.5 bis 6.3.
Besondere Pflegehinweise: Sowohl Nässe wie auch Trockenheit vermeiden. Im Winterhalbjahr vorsichtig giessen.
Vermehrungsart: Kopfstecklinge und Stammschnittlinge.
Zeitraum des Angebotes: 1 bis 12.
Pflanzenschutz: Anfällig für Schild- und Wolläuse, Spinnmilben, Thripse bei zu trockener Luft.

▲ Abb. 242 / Dracaena deremensis 'Warneckii'

▼ Abb. 243 / Dracaena deremensis 'Yellow Stripe'

▼ Abb. 244 / Dracaena deremensis 'Warneckii Compacta'

▲ Abb. 245 / Dracaena fragrans

Dracaena fragrans

♄ (W) N

Handelsname: Duftender Drachenbaum.
Synonym: –.
Familie: Agavaceae.
Heimat/Herkunft: Tropisches West- und Ostafrika, Abessinien.
Wuchsform: Dicker runder Stamm von 5 bis 8 cm Durchmesser, grössere Pflanzen sind unten oft kahl. Die Blätter sind bis 30 bis 50 cm lang und 5 bis 8 cm breit, frischgrün und je nach Sorte gestreift oder gebändert. Viele Sorten.
Pflanzenhöhe: 50 bis 200 cm.
Temperatur- und Lichtansprüche: Heller, jedoch nicht vollsonniger Standort. Im Winter 15 bis 18 °C, im Sommerhalbjahr 18 bis 22 °C.
Substrat/pH-Wert: Humoses Substrat mit Landerdeanteil, pH-Wert: 5.5 bis 6.3.
Besondere Pflegehinweise: D. fragrans benötigt viel Platz. Für erhöhte Luftfeuchtigkeit sorgen.
Vermehrungsart: Kopfstecklinge und Stammschnittlinge bei 21 bis 24 °C Bodenwärme.
Zeitraum des Angebotes: 1 bis 12.
Pflanzenschutz: Anfällig für Spinnmilben, Thripse, Schild- und Blattläuse.

▼ Abb. 246 / Dracaena fragrans 'Massangeana'

▼ Abb. 247 / Dracaena fragrans 'Victoriae'

Dracaena marginata

♄ (W)

Handelsname: Schmalblättrige Dracaene.
Synonym: –.
Familie: Agavaceae.
Heimat/Herkunft: Madagaskar.
Wuchsform: Fingerdicker Stamm mit weisslichem Anflug, zum Teil verzweigt. Sehr schmale, lineale bis schwertförmige Blätter, dunkelgrün glänzend mit rotbraunem Rand. Panaschierte Form mit weissen und roten Streifen. Meist ist Hochstammform.
Pflanzenhöhe: 30 bis 100 cm und mehr.
Temperatur- und Lichtansprüche: Heller bis halbschattiger Standort bei 15 bis 20 °C. Keine direkte Sonneneinstrahlung.
Substrat/pH-Wert: Humoses Substrat mit etwas Landerdeanteil, pH-Wert: 5.5 bis 6.3.
Besondere Pflegehinweise: Weder zu nass noch zu trocken halten, im Sommer mässig düngen. Wenig anspruchsvoll. Zu hohe Pflanzen stark zurückschneiden.
Vermehrungsart: Kopfstecklinge und Stammschnittlinge.
Zeitraum des Angebotes: 1 bis 12.
Pflanzenschutz: Anfällig für Spinnmilben, Thripse, Woll- und Schildläuse.

▲ Abb. 248
▼ Abb. 249

Dracaena reflexa

♄ (W)

Handelsname: Dracaene.
Synonym: Pleomele reflexa.
Familie: Agavaceae.
Heimat/Herkunft: Mauritanien, Madagaskar.
Wuchsform: Wächst ein- bis mehrstämmig aufrecht mit dichtem lanzettlichem Blattschopf. Die Blätter sind dunkelgrün glänzend und relativ weich. Die Sorte 'Song of India' ist weissgestreift.
Pflanzenhöhe: 20 bis 40 cm.
Temperatur- und Lichtansprüche: Heller, aber im Sommer nicht vollsonniger Standort bei 15 bis 20 °C. Erträgt auch Schatten.
Substrat/pH-Wert: Humos mit Landerdeanteil, pH-Wert: 5.5 bis 6.5.
Besondere Pflegehinweise: Gleichmässige Feuchtigkeit ist anzustreben. Zu hohe Pflanzen zurückschneiden. Winterruhe bei 15 °C.
Vermehrungsart: Kopfstecklinge und Stammschnittlinge.
Zeitraum des Angebotes: 1 bis 12.
Pflanzenschutz: Anfällig für Spinnmilben, Thripse, Schild- und Wolläuse.

▲ Abb. 250
▼ Abb. 251

Dracaena sanderiana ♄

Handelsname: Sander's Drachenbaum.
Synonym: –.
Familie: Agavaceae.
Heimat/Herkunft: Kamerun.
Wuchsform: Bleistiftdicker, aufrechter Spross mit lockeren, lanzettlichen Blättern, grün mit cremeweissen Randbändern. Die kleinste der bekanntesten Dracaenaformen.
Pflanzenhöhe: 20 bis 60 cm.
Temperatur- und Lichtansprüche: Hell, aber nicht vollsonnig, 18 bis 22 °C.
Substrat/pH-Wert: Humoses Substrat mit etwas Landerdeanteil, pH-Wert: 5.5 bis 6.3.
Besondere Pflegehinweise: Sowohl Nässe wie Trockenheit meiden. Im Winter reduzierte Düngung.
Vermehrungsart: Kopfstecklinge, für Schalenpflanzen einzeln, als Zimmerpflanzen in 3er Tuffs.
Zeitraum des Angebotes: 1 bis 12.
Pflanzenschutz: Anfällig für Schildläuse, Wolläuse, Thripse, Spinnmilben. Dürre Blattspitzen nach Trockenheit.

Dracaena surculosa var. surculosa ♄

Handelsname: Weissgefleckte Dracaena, Drachenbaum.
Synonym: D. godseffiana.
Familie: Agavaceae.
Heimat/Herkunft: Tropisches Westafrika.
Wuchsform: Strauchartig, mehrtriebig, aufwärtsstrebend. An den dünnen Trieben sitzen grosse, eirunde Blätter von grüner Grundfarbe mit unregelmässigen, gelbweissen Flecken. Endständig weisse Blüten.
Pflanzenhöhe: 20 bis 30 cm.
Temperatur- und Lichtansprüche: Heller, jedoch nicht vollsonniger Standort, im Sommer 18 bis 22 °C, im Winter ertragen sie kühl bis 10 °C.
Substrat/pH-Wert: Humoses Substrat mit etwas Landerdeanteil, pH-Wert: 5.5 bis 6.3.
Besondere Pflegehinweise: Diese Art liebt erhöhte Luftfeuchtigkeit (Blumenfenster, Pflanzenschalen). Gleichmässig giessen, mässig düngen.
Vermehrungsart: Kopfstecklinge.
Zeitraum des Angebotes: 1 bis 12.
Pflanzenschutz: Anfällig für Spinnmilben, Thripse, Woll- und Schildläuse.

Duchesnea indica

♃ (K) ⇝ ⸾ ⚭

Handelsname: Indische Erdbeere.
Synonym: Fragaria indica.
Familie: Rosaceae.
Heimat/Herkunft: Japan, China bis Indien.
Wuchsform: Kurzer Grundspross mit dünnen, langen, hängenden Ausläufertrieben. Das Blatt ist dreiteilig und leicht behaart. An den Blütentrieben bilden sich rosafarbene Erdbeerblüten. Nach der Befruchtung entstehen rote Scheinfrüchte.
Pflanzenhöhe: 30 bis 40 cm.
Temperatur- und Lichtansprüche: Heller bis vollsonniger Standort, nicht zu hohe Wärme, bei 15 bis 18 °C, liebt frische Luft. Im Sommer auch ideal für den Balkon.
Substrat/pH-Wert: Humoses Substrat mit etwas Landerdeanteil, pH-Wert: 5.8 bis 6.5.
Besondere Pflegehinweise: Durch den Winter kühler und etwas trockener halten, vor dem Austrieb Rückschnitt vornehmen.
Vermehrungsart: Durch Abnahme der Ausläufertriebe.
Zeitraum des Angebotes: 3 bis 6.
Pflanzenschutz: Anfällig für Blattläuse und Spinnmilben.

▲ Abb. 252
▼ Abb. 253

Echeveria derenbergii

♃ (K)

Handelsname: Echeverie.
Synonym: –.
Familie: Crassulaceae.
Heimat/Herkunft: Mexiko.
Wuchsform: Kompakte Rosette mit dickfleischigen, aussen zugespitzten Blättern, die aussen leicht nach innen gebogen sind, graugrün mit rötlichen Rändern und Spitzen. Die orangeroten Glockenblüten sind innen gelb.
Pflanzenhöhe: 5 bis 15 cm, Durchmesser 7 bis 10 cm.
Temperatur- und Lichtansprüche: Standort so hell wie möglich, auch vollsonnig. Dies ergibt eine gute Blattausfärbung und einen reichen Blütenansatz. Im Winter 5 bis 10 °C.
Substrat/pH-Wert: Lehmig-humoses Substrat mit Sandzusatz, pH-Wert: 6.0 bis 7.2.
Besondere Pflegehinweise: Im Winter kühl und trocken halten, dies fördert die Blütenbildung. Sonst mässig giessen und düngen.
Vermehrungsart: Blattstecklinge, seitliche Kindel, Aussaat.
Zeitraum des Angebotes: 1 bis 4.
Pflanzenschutz: Anfällig für Blattläuse und Echten Mehltau. Bei grosser Nässe im Winter Stengelfäule.

▲ Abb. 254
▼ Abb. 255

Echeveria elegans

♃–♄ (K)

Handelsname: Echeverie, Blattrosette.
Synonym: E. perelegans.
Familie: Crassulaceae.
Heimat/Herkunft: Mexiko.
Wuchsform: Sukkulente flache Blattrosette auf kurzem Grundspross. Die Blätter sind blauweiss, breitspatelig und dick. Im Frühjahr erscheinen aus den Blattachseln traubige Blütenstiele, die zahlreiche rosa bis gelborange Blüten tragen.
Pflanzenhöhe: Unblühend 5 cm, Durchmesser 10 bis 15 cm, blühend 10 bis 15 cm hoch.
Temperatur- und Lichtansprüche: Echeveria ertragen volle Sonne, auch im Freien (Gräber, Rabatten). Im Winter bei 5 bis 10 °C.
Substrat/pH-Wert: Humoses Substrat mit Landerde- und Sandzusatz, pH-Wert: 6.0 bis 7.0.
Besondere Pflegehinweise: Als Sukkulent eher trocken halten, mässig giessen, im Winter sparsam giessen.
Vermehrungsart: Seitliche Blattrosetten (Kindel) oder auch durch Blattstecklinge und Aussaat.
Zeitraum des Angebotes: 4 bis 9.
Pflanzenschutz: Anfällig für Blattläuse und Echten Mehltau.

Echeveria setosa

♃ (K)

Handelsname: Behaarte Echeverie.
Synonym: –.
Familie: Crassulaceae.
Heimat/Herkunft: Mexiko.
Wuchsform: Auf kurzem aufrechtem Stamm flache Blattrosette, die einzelnen Blätter sind dick, länglich zugespitzt und mit deutlichem Haarkleid. Die orangefarbenen Blüten erscheinen im Frühjahr an traubigen Blütenständen. Bildet an der Basis Kindeltriebe.
Pflanzenhöhe: 10 bis 15 cm.
Temperatur- und Lichtansprüche: Sehr heller bis mässig sonniger Standort, im Sommer 15 bis 25 °C, im Winter kühl bei 10 bis 15 °C.
Substrat/pH-Wert: Sandig-lehmiges Substrat mit etwas Humusanteil, pH-Wert: 6.0 bis 7.2.
Besondere Pflegehinweise: Im Sommer mässig giessen und düngen, im Winter hell und kühl, aber relativ trocken.
Vermehrungsart: Seitliche Kindel und durch Blattstecklinge.
Zeitraum des Angebotes: 2 bis 11.
Pflanzenschutz: Anfällig auf Blattläuse.

Echinocactus grusonii

Handelsname: Goldkugelkaktus, Schwiegermutterstuhl.
Synonym: –.
Familie: Cactaceae.
Heimat/Herkunft: Mexiko.
Wuchsform: Kugel- bis zylinderförmig, mit 20 bis 25 tiefen Rippen eingeschnitten. Dunkelgrün mit dichter gelber Bedornung auf den Rippenkanten. Oben an der Triebbasis wolliger Scheitel, aus dem im Frühjahr bis 5 cm lange, gelbe Blüten erscheinen.
Pflanzenhöhe: Von 5 cm im Durchmesser bis zu 100 cm im Alter.
Temperatur- und Lichtansprüche: Im Winter bei 5 bis 8 °C überwintern, im Sommer bei voller Sonne im Freien, wo sie 30 bis 35 °C und mehr ertragen.
Substrat/pH-Wert: 50 % mineralisches Material, wie Tongries, Kies, Grobsand und 50 % Lauberde, pH-Wert: 5.5 bis 6.5.
Besondere Pflegehinweise: Im Sommer giessen und düngen, im Winter volle Ruhephase, ohne giessen und düngen.
Vermehrungsart: 1. Durch Aussaat. 2. Durch Seitensprosse, die sich an der Basis bilden.
Zeitraum des Angebotes: 1 bis 12.
Pflanzenschutz: Anfällig für Wolläuse und Spinnmilben.

▲ Abb. 256
▼ Abb. 257

▼ Abb. 258

Elettaria cardamomum

♃ (W) N

Handelsname: Malabarkardamone.
Synonym: Amomum cardamomum.
Familie: Zingiberaceae.
Heimat/Herkunft: Ceylon, Südindien, Südostasien.
Wuchsform: Aus kriechenden Rhizomen entspringen aufwärts strebende Sprosse, die wechselständig langlanzettliche, dunkelgrüne, leicht gewellte Blätter tragen. Diese duften sehr stark nach Kardamon.
Pflanzenhöhe: 40 bis 70 cm.
Temperatur- und Lichtansprüche: Heller Standort, im Winter auch Sonne. Ideal bei 15 bis 20 °C.
Substrat/pH-Wert: Humoses Substrat mit Landerdeanteil, pH-Wert: 5.8 bis 6.5.
Besondere Pflegehinweise: Gleichmässig feucht halten und mässig düngen. Gut geeignet für Hydrokultur.
Vermehrungsart: Teilung.
Zeitraum des Angebotes: 1 bis 12.
Pflanzenschutz: Anfällig für Spinnmilben.

▲ Abb. 259 / Gelbgestreifte Form
▼ Abb. 260 / Weissgestreifte Form

Epipremnum pinnatum ♄ ⌂W ⸾⸾

Handelsname: Efeutute, Goldranke.
Synonym: E. mirabile, E. aureum, Pothos aureus, Rhaphidophora aurea, Scindapsus aureus.
Familie: Araceae.
Heimat/Herkunft: Salamonsinseln vor Neu-Guinea.
Wuchsform: Kletter- bis Hängepflanze mit etwa fingerdickem Spross. Die wechselständigen, unsymmetrisch-herzförmigen Blätter sind frischgrün, mit unregelmässig gelben Punkten, Streifen und Flecken. Alte Exemplare können bis 30 cm Durchmesser aufweisen, wenn ihnen genügend Licht und Nahrung zur Verfügung steht. Verschiedene Formen.
Pflanzenhöhe: 20 bis 100 cm und mehr.
Temperatur- und Lichtansprüche: Hell aber nicht vollsonnig, erträgt jedoch auch Standorte mit geringem Lichtanteil. Temperatur bei 18 bis 22 °C.
Substrat/pH-Wert: Humoses Substrat mit leichtem Landerdeanteil, pH-Wert: 5.0 bis 6.5.
Besondere Pflegehinweise: Pflegeleichte Pflanze, zu kühle Temperaturen und Nässe meiden.
Vermehrungsart: Kopfstecklinge, Blattaugenstecklinge.
Zeitraum des Angebotes: 1 bis 12.
Pflanzenschutz: Anfällig für Schildläuse.

▼ Abb. 261 / Gelbgrüne Form

Episcia cupreata

♃ (w)

Handelsname: Kupferfarbene Episcie, Schattenröhre.
Synonym: –.
Familie: Gesneriaceae.
Heimat/Herkunft: Kolumbien.
Wuchsform: Krautige Pflanze mit gedrungenem Wuchs und zahlreichen Ausläufern. Die Blätter sind gegenständig, oval bis ellyptisch, behaart, ausgeprägte bräunliche bis kupferfarbige Blattzeichnung auf grünem Grund. Einzelne rote Blüten aus den Blattachseln.
Pflanzenhöhe: 20 bis 30 cm.
Temperatur- und Lichtansprüche: Heller Standort, vor direkter Sonne schützen, 16 bis 20 °C.
Substrat/pH-Wert: Humoses Substrat, pH-Wert: 5.5 bis 6.5.
Besondere Pflegehinweise: Gleichmässig feucht halten, im Sommer mässig düngen. Liebt erhöhte Luftfeuchtigkeit.
Vermehrungsart: Ausläufertriebstecklinge, Blattstecklinge.
Zeitraum des Angebotes: 4 bis 9.
Pflanzenschutz: Anfällig für Blattläuse, Spinnmilben und Thripse.

▲ Abb. 262
▼ Abb. 263

Erica carnea

♄

Handelsname: Schneeheide.
Synonym: E. herbacea, E. mediterranea.
Familie: Ericaceae.
Heimat/Herkunft: Mitteleuropa bis Alpen.
Wuchsform: Zwergstrauch verholzend mit breitverzweigtem Wuchs. Als Blätter sind kleine Nadeln ausgebildet. An den jüngeren Trieben bilden sich im Herbst zahlreiche, hängende Glockenblütchen in Weiss, Rosa und Rot. Blütezeit ist im Februar bis Mai.
Pflanzenhöhe: 10 bis 20 cm, Durchmesser 20 bis 30 cm.
Temperatur- und Lichtansprüche: Als Freilandpflanze halbschattig bis vollsonnig. Erträgt auch starke Fröste. In der Wohnung am besten für Balkonkistchen und grössere, ausdauernde Pflanzenschalen geeignet.
Substrat/pH-Wert: Humos bis mittelschwer, pH-Wert: 5.8 bis 6.5.
Besondere Pflegehinweise: Stets gleichmässig feucht halten.
Vermehrungsart: Kopfstecklinge von nicht zu weichen Trieben.
Zeitraum des Angebotes: 1 bis 12.
Pflanzenschutz: Problemlos.

▲ Abb. 264
▼ Abb. 265

Erica gracilis

Handelsname: Erika, Topfheidekraut.
Synonym: –.
Familie: Ericaceae.
Heimat/Herkunft: Südafrika.
Wuchsform: Niedere Sträucher, aus Kultur auch Pyramiden und Hochstämme. Verholzend, dünntriebig, fein verzweigt mit kleinen nadeligen Blättchen. Im Herbst erscheinen an den Trieben zahlreiche rundliche Glöckchen in Rot, Rosa oder Weiss.
Pflanzenhöhe: 20 bis 40 cm, Hochstämme und Pyramiden bis 100 cm.
Temperatur- und Lichtansprüche: Erträgt volle Sonne, im Herbst im Freiland bis Frosteintritt.
Substrat/pH-Wert: Torfiges Substrat, pH-Wert: 4.4 bis 5.0.
Besondere Pflegehinweise: Stets gleichmässig feucht halten, erträgt keine Trockenheit. Weiterkultur nach dem Verblühen schwierig, daher kompostieren.
Vermehrungsart: Kopfstecklinge in Spezialbetrieben.
Zeitraum des Angebotes: 8 bis 10.
Pflanzenschutz: Anfällig für Echten Mehltau und Wurzelbräune.

Erica-Hybriden

Handelsname: Grossblütige Erika, Heidekraut.
Synonym: E. x hybrida.
Familie: Ericaceae.
Heimat/Herkunft: Südafrika.
Wuchsform: Strauch mit betont straff aufrechtem Wuchs und seitlicher Verzweigung. Die weichen Blattnadeln sind behaart. Die langen röhrigen Blüten stehen an den Triebenden, sie erscheinen im Frühjahr.
Pflanzenhöhe: 30 bis 60 cm.
Temperatur- und Lichtansprüche: Im Freien, vor Frost schützen. Im Wohnraum so kühl und hell wie möglich halten, 10 bis 15 °C.
Substrat/pH-Wert: Torfiges Substrat, pH-Wert: 4.4 bis 5.0.
Besondere Pflegehinweise: Eriken sind stets gut feucht zu halten. Regen- oder kalkfreies Wasser verwenden. In der Regel lohnt sich eine Weiterpflege nach der Blüte nicht.
Vermehrungsart: Kopfstecklinge in Spezialbetrieben.
Zeitraum des Angebotes: 3 bis 5.
Pflanzenschutz: Anfällig für Echten Mehltau.

Euonymus japonica

Handelsname: Japanischer Spindelstrauch, Euonymus.
Synonym: –.
Familie: Celastraceae.
Heimat/Herkunft: Riukiu-Inseln, Korea.
Wuchsform: Aufrechter Zwergstrauch mit krautigen Trieben. Die eiförmigen, 3 bis 7 cm langen Blätter sind gegenständig angeordnet und am Rande gesägt. Grün mit hellem Blattrand. Je nach Sorte unterschiedliche Blattzeichnungen und Grössen.
Pflanzenhöhe: 10 bis 30 cm.
Temperatur- und Lichtansprüche: Sonnig bis halbschattig, möglichst kühl halten. Im Sommer 15 bis 18 °C, im Winter 6 bis 10 °C.
Substrat/pH-Wert: Humoses Substrat mit Landerdeanteil, pH-Wert: 6.0 bis 7.0.
Besondere Pflegehinweise: Nässe und Trockenheit meiden.
Vermehrungsart: Kopf- und Triebteilstecklinge, mehrere Stecklinge pro Topf.
Zeitraum des Angebotes: 1 bis 12.
Pflanzenschutz: Anfällig für Schildläuse und Echten Mehltau.

▲ Abb. 266
▼ Abb. 267

Euphorbia erythraeae

Handelsname: Kandelaberwolfsmilch.
Synonym: E. candelabrum var. erythraeae.
Familie: Euphorbiaceae.
Heimat/Herkunft: Abessinien.
Wuchsform: Dicker, fleischiger Spross mit in der Regel 5 bis 6 Rippen. Dunkelgrüne Grundfarbe mit etwas verdickten, schräg nach aussen laufenden Nerven. Auf den Rippenkanten weisser Flaum und dunkelbraune kurze Dornen. Seitliche Sprossbildung. Kakteenähnlich, jedoch mit weissem Milchsaft (Wolfsmilchgewächse).
Pflanzenhöhe: Im Handel 50 bis 100 cm, in der Heimat einige Meter hoch.
Temperatur- und Lichtansprüche: Erträgt volle Sonne und auch Sommertemperaturen bis 30 °C, im Winter kühler stellen bei 12 bis 15 °C.
Substrat/pH-Wert: Lehmig-humoses Substrat mit Sandzusatz, pH-Wert: 6.5 bis 7.0.
Besondere Pflegehinweise: Bei durchlässigem Substrat im Sommer reichlich giessen, im Winter relativ trocken halten.
Vermehrungsart: Abnahme der Seitensprosse.
Zeitraum des Angebotes: 1 bis 12.
Pflanzenschutz: Anfällig für Schild- und Wolläuse, bei zu grosser Nässe im Winter Wurzelfäule.

▲ Abb. 268
▼ Abb. 269 / Euphorbia meloformis (links unten)

Euphorbia grandicornis ♄

Handelsname: Gestachelte Wolfsmilch.
Synonym: –.
Familie: Euphorbiaceae.
Heimat/Herkunft: Natal, Kenia, Tansania.
Wuchsform: Säulenförmig aufstrebender Wuchs, kaktusähnlich mit stark ausgebildeten Dornen. Oft unregelmässig geformt. Die gelben Cyathien sind eher unscheinbar. Cyathien sind Scheinblüten bei den Wolfsmilchgewächsen.
Pflanzenhöhe: Je nach Alter 30 bis 80 cm und mehr.
Temperatur- und Lichtansprüche: Sehr heller bis vollsonniger Standort. Im Sommer erträgt sie auch grosse Hitze. Im Winter kühler und trockener halten, 8 bis 10 °C.
Substrat/pH-Wert: Lehmig-humoses Substrat mit Sand- oder Kiesanteil, durchlässig, pH-Wert: 6.5 bis 7.0.
Besondere Pflegehinweise: Im Winter eher trocken halten, keinenfalls nass!
Vermehrungsart: Kopf- und Triebteilstecklinge.
Zeitraum des Angebotes: 1 bis 12.
Pflanzenschutz: Anfällig für Schildläuse.

Euphorbia meloformis

Handelsname: Melonenförmige Euphorbia.
Synonym: –.
Familie: Euphorbiaceae.
Heimat/Herkunft: Kapland.
Wuchsform: Flache, fleischige Kugel bis Säule (Altersform) mit meist acht Rippen. Der Pflanzenkörper ist dunkelgrün mit hellen Querstreifen. Nahe am Scheitel bilden sich auf den Rippen hellgrüne Cyathien. An der Basis erscheinen oft zahlreiche Kindel.
Pflanzenhöhe: 8 bis 10 cm.
Temperatur- und Lichtansprüche: Heller bis vollsonniger Standort. Durch das ganze Jahr relativ warm halten bei mindestens 17 bis 22 °C.
Substrat/pH-Wert: Wie bei Kakteen: 50% grobes mineralisches Material, wie Grobsand, Feinkies, Feinleca und 50% Lauberde, pH-Wert: 6.5 bis 7.0.
Besondere Pflegehinweise: Bei durchlässigem Substrat fleissig giessen. Je sonniger der Standort, desto schöner werden die hellen Querbänder.
Vermehrungsart: Durch Seitensprosse.
Zeitraum des Angebotes: 1 bis 12.
Pflanzenschutz: Bei zu grosser Nässe und zu kühlem Standort Wurzelfäule.

Euphorbia milii var. milii ♄ (K)–(W)

Handelsname: Christusdorn.
Synonym: E. splendens, E. bojeri.
Familie: Euphorbiaceae.
Heimat/Herkunft: Madagaskar.
Wuchsform: Sukkulenter aufwärtsstrebender Strauch mit starker Verzweigung und Bedornung. Die wechselständigen Blätter sind verkehrteiförmig und grün. Auf kurzen Stielen je 2 oder 4 rote Blüten mit roten, rosa, weissen oder gelben Hochblättern. Die Triebe weisen Milchsaft auf.
Pflanzenhöhe: Je nach Alter 10 bis 50 cm und mehr.
Temperatur- und Lichtansprüche: Volle Sonne bei 18 bis 25 °C im Sommer. Im Winter werden 15 °C ertragen.
Substrat/pH-Wert: Humoses Substrat mit Landerde - und Sandzusatz, pH-Wert: 6.0 bis 6.8.
Besondere Pflegehinweise: Anspruchslose Zimmerpflanze, mässig feucht halten und düngen. Eine Ruhephase von 4 bis 6 Wochen fördert die Blütenbildung.
Vermehrungsart: Kopfstecklinge in durchlässigem Substrat.
Zeitraum des Angebotes: 1 bis 12.
Pflanzenschutz: Anfällig für Wolläuse und Wurzelfäule.

▲ Abb. 270

Euphorbia pulcherrima ♄ (W)

Handelsname: Weihnachtsstern, Poinsettie.
Synonym: Poinsettia pulcherrima.
Familie: Euphorbiaceae.
Heimat/Herkunft: Tropisches Mexiko, Mittelamerika.
Wuchsform: Aufrechtwachsender Halbstrauch bis Strauch mit wechselständig angeordneten, eirunden bis breitlanzettlichen Blättern, grün und z. T. panaschiert. Endständig bildet sich im Winter eine grosse Hochblattrosette in Weiss, Rosa oder Rot. Im Zentrum zahlreiche Cyathien. Kurztagspflanze. Auch Hochstamm-, Pyramiden- und Ampelformen.
Pflanzenhöhe: 10 bis 50 cm und mehr.
Temperatur- und Lichtansprüche: Als blühende Zimmerpflanze hell bis leicht sonnig bei 16 bis 20 °C.
Substrat/pH-Wert: Humoses, durchlässiges Substrat mit Landerdezusatz, pH-Wert: 6.0 bis 6.8.
Besondere Pflegehinweise: Gleichmässig feucht halten, nicht zu nahe an Radiatoren, sonst frühzeitiger Cyathienabfall. Rückschnitt nach dem Verblühen. Kühl und relativ trocken halten, im Frühjahr Frischaustrieb.
Vermehrungsart: Kopfstecklinge in Spezialbetrieben.
Zeitraum des Angebotes: 10 bis 12.
Pflanzenschutz: Anfällig für Weisse Fliegen, Thripse und Wolläuse, Wurzelbräune, Blattflecken.

▲ Abb. 271
▼ Abb. 272

Euphorbia resinifera

Handelsname: Vierkantige Euphorbie.
Synonym: E. 'San Salvador'.
Familie: Euphorbiaceae.
Heimat/Herkunft: Marokko.
Wuchsform: Dicke, hellgraugrüne Sprosse mit vier Kanten, die im Alter durch starke Seitensprossbildung grosse «Polster» bilden können. Nur im Scheitelbereich grüne, hinfällige Blättchen. Auf den Rippen braune bis graue Dornen. An den Triebspitzen gelbe Cyathien.
Pflanzenhöhe: Im Handel 15 bis 20 cm, wildwachsend bis 2 Meter hoch.
Temperatur- und Lichtansprüche: Heller bis vollsonniger Standort. Im Sommer 18 bis 25 °C, im Winter kühler bei 12 bis 15 °C.
Substrat/pH-Wert: Lehmig-humoses Substrat mit Grobsandzusatz, pH-Wert: 6.5 bis 7.0.
Besondere Pflegehinweise: Mässig giessen, vor Nässe schützen. Im Winter relativ trocken halten.
Vermehrungsart: Abnahme der Seitensprosse.
Zeitraum des Angebotes: 1 bis 12.
Pflanzenschutz: Bei zu grosser Nässe Wurzelfäule.

▲ Abb. 273
▼ Abb. 274

Euphorbia tirucalli

Handelsname: Tirucalli-Wolfsmilch.
Synonym: E. rhipsaloides, E. laro.
Familie: Euphorbiaceae.
Heimat/Herkunft: Madagaskar, tropisches Ost- bis Südafrika.
Wuchsform: Stark aufstrebender Strauch mit runden, bleistiftdicken, dunkelgrünen Sprossen, die sich reich verzweigen, wobei sich Gabeln bilden. Oft «wirre» Krone. Kleine, lanzettliche Blättchen an den wachsenden Trieben, die jedoch bald abfallen. Giftiger Milchsaft.
Pflanzenhöhe: Im Handel 25 bis 40 cm, in der Heimat bis 10 Meter hoch.
Temperatur- und Lichtansprüche: Hell bis vollsonnig bei 16 bis 20 °C.
Substrat/pH-Wert: Lehmig-humoses Substrat mit Sandzusatz, pH-Wert: 6.5 bis 7.0.
Besondere Pflegehinweise: Mässig giessen, im Winterhalbjahr trocken halten.
Vermehrungsart: Durch Kopfstecklinge.
Zeitraum des Angebotes: 1 bis 12.
Pflanzenschutz: Anfällig für Blattläuse, Spinnmilben, bei zu grosser Nässe Wurzelfäule.

Euphorbia trigona

Handelsname: Säuleneuphorbie, Wolfsmilch.
Synonym: E. hermentiana.
Familie: Euphorbiaceae.
Heimat/Herkunft: Kapland, Südafrika.
Wuchsform: Sukkulente, straff aufrechte Pflanze mit z. T. seitlichen Austrieben. Spross dreikantig mit gekerbten Rippen, dunkelgrün mit hellgrüner Zeichnung. Blätter im oberen Bereich oval.
Pflanzenhöhe: Je nach Alter 20 bis 100 cm.
Temperatur- und Lichtansprüche: Heller Standort bis mässige Sonne. Im Sommer 18 bis 25 °C, im Winter 12 bis 15 °C.
Substrat/pH-Wert: Humoses Substrat mit Landerde- und Sandanteil, pH-Wert: 6.0 bis 7.0.
Besondere Pflegehinweise: Mässig giessen, im Winter trockener halten. Benötigt flaches Gefäss für eine bessere Standfestigkeit.
Vermehrungsart: Kopfstecklinge.
Zeitraum des Angebotes: 1 bis 12.
Pflanzenschutz: Anfällig für Woll- und Schildläuse, Spinnmilben.

▲ Abb. 275
▼ Abb. 276

Exacum affine

Handelsname: Blaues Lieschen.
Synonym: –.
Familie: Gentianaceae.
Heimat/Herkunft: Sokotra.
Wuchsform: Krautig, aufrecht bis breitverzweigt. Die eiförmigen, grünglänzenden Blättchen sind kreuzweise gegenständig angeordnet. Aus den Blattachseln erscheinen blaue oder weisse Einzelblüten mit deutlich sichtbaren gelben Staubfäden.
Pflanzenhöhe: 10 bis 20 cm im Durchmesser.
Temperatur- und Lichtansprüche: Sehr heller, aber nicht vollsonniger Standort, nicht zu warm bei 16 bis 20 °C, je nach Jahreszeit.
Substrat/pH-Wert: Durchlässiges, humoses Substrat mit Sand- oder Perlitzusatz, pH-Wert: 5.5 bis 6.5.
Besondere Pflegehinweise: Verblühte Blüten laufend ausbrechen. Meist nur 2 Jahre haltbar. Gleichmässig feucht halten, mässig düngen.
Vermehrungsart: 1. Aussaat bei 18 °C. 2. Kopfstecklinge bei 20 bis 22 °C, 2 bis 3 Stück pro Topf.
Zeitraum des Angebotes: 1 bis 12.
Pflanzenschutz: Anfällig für Weichhautmilben, Thripse sowie bei grosser Nässe Wurzel- und Stengelfäule.

▲ Abb. 277
▼ Abb. 278

x Fatshedera lizei

Handelsname: Efeuaralie.
Synonym: –.
Familie: Araliaceae.
Heimat/Herkunft: Gattungsbastard Fatsia x Hedera.
Wuchsform. Meist unverzweigt aufrecht, schlanker Wuchs mit wechselständigen, gelappten grünen Blättern. Im Alter bilden sich endständig grüne Blütendolden. Es gibt Mutationsformen mit heller gezeichneten Blattflächen.
Pflanzenhöhe: Je nach Alter 30 bis 100 cm und mehr.
Temperatur- und Lichtansprüche: Heller, jedoch im Sommer nicht vollsonniger Standort. Liebt eher kühleren Standort bei 16 bis 18 °C, im Winter 10 bis 15 °C.
Substrat/pH-Wert: Humoses Substrat mit Landerdezusatz, pH-Wert: 5.8 bis 6.5.
Besondere Pflegehinweise: Fatshedera lieben gleichmässige Feuchtigkeit, jedoch ist Nässe zu meiden. Mässig düngen.
Vermehrungsart: Kopf- und Blattaugenstecklinge.
Zeitraum des Angebotes: 1 bis 12.
Pflanzenschutz: Anfällig für Blattläuse, Schildläuse, Spinnmilben und Thripse.

Fatsia japonica

Handelsname: Aralie, Zimmeraralie.
Synonym: Aralia japonica, Aralia sieboldii.
Familie: Araliaceae.
Heimat/Herkunft: Japan, Riukiu-Inseln, Südkorea.
Wuchsform: Kräftiger, fingerdicker, aufrechter Spross, meist unverzweigt mit grossen 7- bis 9lappigen, grünen Blättern an langen Blattstielen. Im Alter weisse Blütenstände in kugeligen Dolden. Die Form 'Variegata' weist eine weisse Fleckenzeichnung auf.
Pflanzenhöhe: Je nach Alter 30 bis 150 cm und mehr.
Temperatur- und Lichtansprüche: Im Sommer sehr heller Standort bei 12 bis 15 °C, also relativ kühl. Grosse Pflanzen als Kübelpflanzen auch im Freien im Halbschatten. Im Winter 10 bis 12 °C.
Substrat/pH-Wert: Humoses Substrat mit Landerdezusatz, pH-Wert: 5.8 bis 6.5.
Besondere Pflegehinweise: Im Sommer bei starker Blattentfaltung stets feucht halten und mässig düngen. Im Winter vorsichtig giessen, nässeempfindlich!
Vermehrungsart: Aussaat, nur frischen Samen verwenden.
Zeitraum des Angebotes: 1 bis 12.
Pflanzenschutz: Anfällig für Blattläuse, Schildläuse, Spinnmilben und Thripse.

Ficus benjamina

Handelsname: Birkenfeige, Birkenförmiger Gummibaum.
Synonym: F. nitida, F. retusa var. nitida.
Familie: Moraceae.
Heimat/Herkunft: Indien, Malakka, Malaiisches Archipel, Nordaustralien.
Wuchsform: Aufrecht wachsender Strauch bis Baum mit lockerer Verzweigung und oben überhängenden Zweigen. Wechselständig, dunkelgrün glänzende, lanzettliche Blätter. Es gibt auch verschiedene weissgezeichnete Kulturformen.
Pflanzenhöhe: Je nach Alter 30 bis 200 cm.
Temperatur- und Lichtansprüche: Heller Standort, im Sommer volle Sonne meiden, 15 bis 20 °C. Im Winter werden auch 12 bis 15 °C ertragen.
Substrat/pH-Wert: Humoses Substrat mit Landerdezusatz, pH-Wert: 6.0 bis 6.8.
Besondere Pflegehinweise: Gleichmässige Feuchtigkeit und mässige Düngung. Nässe und Unterkühlung meiden.
Vermehrungsart: Kopf- und Triebteilstecklinge.
Zeitraum des Angebotes: 1 bis 12.
Pflanzenschutz: Anfällig für Blattläuse, Schildläuse, Wolläuse, Spinnmilben und Thripse.

▲ Abb. 279 / Ficus benjamina

▼ Abb. 280 / Ficus benjamina 'Starlight'

▼ Abb. 281 / Ficus benjamina 'Gold King'

▲ Abb. 282
▼ Abb. 283

Ficus binnendijkii 'Alii'

Handelsname: Schmalblättriger Gummibaum.
Synonym: –.
Familie: Moraceae.
Heimat/Herkunft: Java.
Wuchsform: Aufstrebender Strauch bis Baum, verholzend, mit lockerer bis dichter Verzweigung. Die langlanzettlichen, dunkelgrünen Blätter hängen locker an den dünnen Zweigen. An älteren Pflanzen bilden sich auch Luftwurzeln.
Pflanzenhöhe: Je nach Alter 50 bis 100 cm und mehr.
Temperatur- und Lichtansprüche: Heller Standort, im Sommer volle Sonne meiden. Temperatur 15 bis 20 °C, im Winter werden 12 bis 15 °C ertragen.
Substrat/pH-Wert: Humoses Substrat mit Landerdezusatz, pH-Wert: 6.0 bis 6.8.
Besondere Pflegenhinweise: Gleichmässige Feuchtigkeit, mässig düngen. Nässe und Unterkühlung meiden.
Vermehrungsart: Kopf- und Triebteilstecklinge.
Zeitraum des Angebotes: 1 bis 12.
Pflanzenschutz: Anfällig für Wolläuse, Schildläuse, Spinnmilben, Thripse und Wurzelfäule bei grosser Nässe.

Ficus cyathistipula

Handelsname: Verzweigter Gummibaum.
Synonym: –.
Familie: Moraceae.
Heimat/Herkunft: Tropisches Afrika.
Wuchsform: Aufstrebender strauchiger Wuchs mit lockerer Verzweigung. Die wechselständig angeordneten Blätter sind dunkelgrün glänzend, zugespitzt lanzettlich bis langoval. Aus den Blattachseln bilden sich baumnussgrosse grüne Feigenfrüchte.
Pflanzenhöhe: Je nach Alter 30 bis 100 cm und mehr.
Temperatur- und Lichtansprüche: Heller Standort, im Sommer volle Sonne meiden. Sommertemperatur 15 bis 20 °C, im Winter werden 12 bis 15 °C gut ertragen.
Substrat/pH-Wert: Humoses Substrat mit Landerdezusatz, pH-Wert: 6.0 bis 6.8.
Besondere Pflegehinweise: Gleichmässig giessen und mässig düngen. Nässe und Unterkühlung meiden.
Vermehrungsart: Kopf-, Triebteil- und Blattaugenstecklinge.
Zeitraum des Angebotes: 1 bis 12.
Pflanzenschutz: Anfällig für Wolläuse, Schildläuse, Spinnmilben und Thripse. Bei grosser Nässe Wurzelfäule.

Ficus deltoidea

♄ (W) ☘

Handelsname: Mistelfeige, Verschiedenblättriger Gummibaum.
Synonym: F. diversifolia.
Familie: Moraceae.
Heimat/Herkunft: Malaiisches Archipel.
Wuchsform: Pyramidal aufgebauter Strauch mit lockerer Verzweigung. Wechselständig kreisrunde bis ovale, dunkelgrüne Blätter von unterschiedlicher Grösse. Im Alter aus den Blattachseln erbsengrosse gelbe bis hellgrüne Feigenfrüchte.
Pflanzenhöhe: 50 bis 150 cm
Temperatur- und Lichtansprüche: Heller Standort, volle Sommersonne meiden, 15 bis 20 °C. Im Winter genügen 12 bis 15 °C.
Substrat/pH-Wert: Humoses Substrat mit Landerdezusatz, pH-Wert: 6.0 bis 6.8.
Besondere Pflegehinweise: Gleichmässig feucht halten und mässig düngen. Nässe meiden.
Vermehrungsart: Kopf- und Triebteilstecklinge.
Zeitraum des Angebotes: 1 bis 12.
Pflanzenschutz: Anfällig für Blattläuse, Wolläuse, Schildläuse, Spinnmilben und Thripse.

▲ Abb. 284
▼ Abb. 285

Ficus elastica 'Decora'

♄ (W) Ⓝ

Handelsname: Gummibaum.
Synonym: –.
Familie: Moraceae.
Heimat/Herkunft: Nepal, Assam, Burma, Malakka, Sumatra.
Wuchsform: Die Urform F. elastica wächst meist unverzweigt aufrecht und trägt langlanzettliche, hängende Blätter. Die meistverkaufte Kulturform 'Decora' hingegen wächst kompakter und weist wechselständig kräftige, dunkelgrünglänzende und breitlanzettliche Blätter auf, die seitlich schräg aufstehen. Im Handel sind auch panaschierte Sorten.
Pflanzenhöhe: 30 bis 150 cm und mehr.
Temperatur- und Lichtansprüche: Heller Standort bis volle Sonne. Im Sommer 18 bis 25 °C, im Winter werden 12 bis 15 °C ertragen.
Substrat/pH-Wert: Humoses Substrat mit Landerdezusatz, pH-Wert: 6.0 bis 6.8.
Besondere Pflegehinweise: Liebt gleichmässige Feuchtigkeit, weder trocken noch nass. Mässige Düngung, vor allem bei hellem Standort.
Vermehrungsart: Kopf- und Blattaugenstecklinge. Auch Aussaat ist möglich. Mikrovermehrung.
Zeitraum des Angebotes: 1 bis 12.
Pflanzenschutz: Anfällig für Schildläuse, Wolläuse, Spinnmilben und Thripse.

▲ Abb. 286
▼ Abb. 287

Ficus leprieurii

♄ ⌂W

Handelsname: Buchsblättriger Gummibaum, Kongofeige.
Synonym: F. buxifolia, F. triangularis.
Familie: Moraceae.
Heimat/Herkunft: Zaire.
Wuchsform: Strauchartig aufrecht bis ausladend mit etwas unregelmässigem Wuchs. Die wechselständigen, dunkelgrün glänzenden Blätter sind langoval bis keilförmig.
Pflanzenhöhe: Je nach Alter 50 bis 150 cm.
Temperatur- und Lichtansprüche: Heller Standort, im Sommerhalbjahr keine volle Sonne. 15 bis 20 °C, im Winter bei 12 bis 15 °C.
Substrat/pH-Wert: Humoses Substrat mit Landerdezusatz, pH-Wert: 6.0 bis 6.8.
Besondere Pflegehinweise: Gleichmässig feucht halten und mässig düngen. Bei kühlem Standort im Winter weniger giessen.
Vermehrungsart: Kopf- und Triebteilstecklinge.
Zeitraum des Angebotes: 1 bis 12.
Pflanzenschutz: Anfällig für Schildläuse, Wolläuse, Spinnmilben und Thripse.

Ficus lyrata

♄ ⌂W

Handelsname: Leierförmiger Gummibaum, Geigengummibaum.
Synonym: F. pandurata.
Familie: Moraceae.
Heimat/Herkunft: Tropisches Westafrika.
Wuchsform: Strauch mit sparrigem Wuchs. Im Jugendstadium straff aufrecht und unverzweigt, später auch ausladend. Die grossen, grün glänzenden Blätter sind geigenartig geformt und werden bis 50 cm lang und 25 bis 30 cm breit mit leicht gewelltem Blattrand. Im Alter bilden sich auch feigengrosse grüne Früchte.
Pflanzenhöhe: Je nach Alter 50 bis 150 cm und mehr.
Temperatur- und Lichtansprüche: F. lyrata liebt einen sehr hellen, aber im Sommer nicht vollsonnigen Standort bei 18 bis 20 °C. Im Winter werden auch 12 bis 15 °C ertragen.
Substrat/pH-Wert: Humoses Substrat mit Landerdezusatz, pH-Wert: 6.0 bis 6.8.
Besondere Pflegehinweise: Gleichmässig feucht, aber nie zu nass halten. Mässig düngen.
Vermehrungsart: Kopfstecklinge und Blattaugenstecklinge. Die grossen Blätter werden dabei mit Vorteil mit einem Gummiband eingerollt. Mikrovermehrung.
Zeitraum des Angebotes: 1 bis 12.
Pflanzenschutz: Anfällig für Schildläuse, Wolläuse, Spinnmilben und Thripse.

Ficus microcarpa

Handelsname: Kleinfrüchtiger Gummibaum.
Synonym: F. retusa.
Familie: Moraceae.
Heimat/Herkunft: Malakka bis Borneo.
Wuchsform: Im Wuchs ähnlich wie F. benjamina, nur wesentlich kompakter im Aufbau. Die wechselständigen lanzettlichen Blätter mit zum Teil gewellten Rändern stehen kurzinternodig an den Trieben.
Pflanzenhöhe: 80 bis 200 cm.
Temperatur- und Lichtansprüche: Heller Standort, volle Sonne meiden, im Sommerhalbjahr 15 bis 20 °C, im Winter 12 bis 15 °C.
Substrat/pH-Wert: Humoses Substrat mit Landerdezusatz, pH-Wert: 5.8 bis 6.5.
Besondere Pflegehinweise: Gleichmässig feucht halten und mässig düngen. Nässe meiden.
Vermehrungsart: Kopfstecklinge.
Zeitraum des Angebotes: 1 bis 12.
Pflanzenschutz: Anfällig für Wolläuse, Schildläuse, Spinnmilben und Thripse.

▲ Abb. 288
▼ Abb. 289

Ficus pumila

Handelsname: Kletterfeige, Hängender Gummibaum.
Synonym: F. stipulata, F. repens.
Familie: Moraceae.
Heimat/Herkunft: Japan, Riukiu-Inseln, Taiwan, China, Nordvietnam.
Wuchsform: Feintriebiger, verzweigter Wuchs mit zahlreichen Haftwurzeln unterhalb der Nodien. Die wechselständigen ovalen bis herzförmigen Blätter sind 2 bis 3 cm lang, meist grün glänzend, z.T. mit weissen Rändern versehen. Beliebte Hängepflanze, die auch kriecht und klettert.
Pflanzenhöhe: Je nach Alter 20 bis 100 cm und mehr.
Temperatur- und Lichtansprüche: Heller, nicht vollsonniger Standort, erträgt auch relativ viel Schatten. 15 bis 20 °C.
Substrat/pH-Wert: Humoses Substrat mit Landerdezusatz, pH-Wert: 6.0 bis 6.8.
Besondere Pflegehinweise: Gleichmässig feucht halten. Weder Nässe noch Trockenheit werden ertragen. Durch den Sommer mässig düngen.
Vermehrungsart: Kopf-, Triebteil- und Blattaugenstecklinge.
Zeitraum des Angebotes: 1 bis 12.
Pflanzenschutz: Bei zu trockenwarmer Luft anfällig für Spinnmilben, Thripse und Wolläuse.

▲ Abb. 290

Ficus sagittata

♄ (K)–(W) ⚸ ⇝

Handelsname: Kriechender Gummibaum, Kriechfeige.
Synonym: F. radicans.
Familie: Moraceae.
Heimat/Herkunft: Osthimalaja bis Philippinen.
Wuchsform: Kriechender bis hängender Gummibaum mit mässig-starkem Wuchs. Die lanzettlichen Blätter stehen flach wechselständig und sind frisch- bis dunkelgrün. Es gibt auch eine weissgefleckte Form.
Pflanzenhöhe: 30 bis 40 cm.
Temperatur- und Lichtansprüche: Heller, aber nicht sonniger Standort. Im Sommer bei 15 bis 20 °C, im Winter 12 bis 15 °C.
Substrat/pH-Wert: Humoses Substrat mit Landerdezusatz, pH-Wert: 5.8 bis 6.5.
Besondere Pflegehinweise: Gleichmässig feucht halten, Trockenheit meiden. Panaschierte Formen verlangen eine höhere Luftfeuchtigkeit. Mässig düngen.
Vermehrungsart: Kopf-, Triebteil- und Blattaugenstecklinge.
Zeitraum des Angebotes: 1 bis 12.
Pflanzenschutz: Anfällig für Blattläuse, Wolläuse, Schildläuse, Spinnmilben und Thripse.

▲ Abb. 291
▼ Abb. 292

Fittonia verschaffeltii 'Argyroneura'

♃ (W)

Handelsname: Weissgenervte Fittonie, Mosaikpflanze.
Synonym: F. verschaffeltii var. argyroneura, F. argyroneura.
Familie: Acanthaceae.
Heimat/Herkunft: Regenwald von Kolumbien bis Bolivien.
Wuchsform: Krautig, kriechender Wuchs mit flacher Verzweigung. Gegenständig ovale Blätter, dunkelgrün mit deutlich gezeichneten, silberweissen Nerven. Grössere Pflanzen bilden endständig weisse, aufstrebende Blütenähren.
Pflanzenhöhe: 10 bis 15 cm, im Durchmesser 15 bis 30 cm.
Temperatur- und Lichtansprüche: Schattenpflanze, ideal als Bodenbedecker im Blumenfenster. Volle Sonne erträgt sie nicht. 16 bis 25 °C.
Substrat/pH-Wert: Humoses grobfaseriges Substrat mit etwas Landerdezusatz, pH-Wert: 5.5 bis 6.5.
Besondere Pflegehinweise: Geeignet für schattigen Standort mit erhöhter Luftfeuchtigkeit. Gleichmässig feucht halten.
Vermehrungsart: Kopfstecklinge und Teilung.
Zeitraum des Angebotes: 1 bis 12.
Pflanzenschutz: Anfällig für Schneckenfrass.

Fittonia verschaffeltii 'Argyroneura Mini' ♃ (W)

Handelsname: Kleinblättrige Fittonie, Kleine Mosaikpflanze.
Synonym: F. verschaffeltii var. argyroneura mini, F. argyroneura mini.
Familie: Acanthaceae.
Heimat/Herkunft: Mutationsform aus F. verschaffeltii 'Argyroneura'.
Wuchsform: Krautig, sehr flachwachsend mit breiter Verzweigung, als Ampelpflanze hängend. Gegenständige, kleine ovale Blätter mit weisser Netzzeichnung auf dunkelgrünem Grunde. Wesentlich kleiner als die Art.
Pflanzenhöhe: 5 bis 10 cm, im Durchmesser 10 bis 25 cm.
Temperatur- und Lichtansprüche: Schattenpflanze, die keine Sonne und trockene Luft erträgt. Ideal in Blumenfenster und in flachen Schalen oder Zimmerbrunnen. 16 bis 20 °C.
Substrat/pH-Wert: Humoses Substrat mit etwas Landerdezusatz, pH-Wert: 5.5 bis 6.5.
Besondere Pflegehinweise: Für erhöhte Luftfeuchtigkeit sorgen und gleichmässig feucht halten.
Vermehrungsart: Kopf- und Triebteilstecklinge.
Zeitraum des Angebotes: 1 bis 12.
Pflanzenschutz: Anfällig für Schneckenfrass.

▲ Abb. 293
▼ Abb. 294

Fittonia verschaffeltii 'Pearcei' ♃ (W)

Handelsname: Grossblättrige Fittonie.
Synonym: F. argyroneura var. pearcei.
Familie: Acanthaceae.
Heimat/Herkunft: Kolumbien, Bolivien.
Wuchsform: Flach ausgebreiteter, krautiger Wuchs mit vierkantigen Sprossen mit gegenständigen, grossen, ovalen Blättern, matt dunkelgrün glänzend mit roter Nervenzeichnung. Endständig bilden sich aufstrebende Blütenähren in Weiss. Grösser und höher als die Art F. verschaffeltii.
Pflanzenhöhe: 10 bis 15 cm.
Temperatur- und Lichtansprüche: Halbschattig bis schattig bei erhöhter Luftfeuchtigkeit. 16 bis 25 °C.
Substrat-pH-Wert: Humoses Substrat mit etwas Landerdezusatz, pH-Wert: 5.5 bis 6.5.
Besondere Pflegehinweise: Volle Sonne und Trockenheit sowie trockene Luft meiden. Gleichmässig feucht halten.
Vermehrungsart: Kopfstecklinge.
Zeitraum des Angebotes: 1 bis 12.
Pflanzenschutz: Anfällig für Asseln und Schnecken.

▲ Abb. 295
▼ Abb. 296

Fuchsia fulgens

Handelsname: Korallenfuchsie.
Synonym: –.
Familie: Onagraceae.
Heimat/Herkunft: Mexiko.
Wuchsform: Aufstrebender Halbstrauch bis Strauch mit gegenständig angeordneten lanzettlichen, rotgrünen Blättern. Endständig bilden sich traubige Blütenstände mit korallenroten, langgeröhrten Blüten.
Pflanzenhöhe: 30 bis 40 cm.
Temperatur- und Lichtansprüche: Sonnig bis halbschattig, sehr gut geeignet im Freien für Gräber oder in Schalen mit Sommerblumen. Im Winter kühl bei 5 bis 8 °C.
Substrat/pH-Wert: Humoses Substrat mit Landerdezusatz, pH-Wert: 5.8 bis 6.5.
Besondere Pflegehinweise: Rückschnitt nach kühler und feuchter Überwinterung. Jedes Jahr umpflanzen, mässig düngen.
Vermehrungsart: Kopfstecklinge.
Zeitraum des Angebotes: 4 bis 6.
Pflanzenschutz: Anfällig für Blattläuse, Weisse Fliegen, Rost und Botrytispilze.

Fuchsia-Hybrien

Handelsname: Fuchsie.
Synonym: F. x hybrida.
Familie: Onagraceae.
Heimat/Herkunft: Zuchtformen, Wildformen aus Zentralamerika.
Wuchsform: Verholzender Strauch bis Halbstrauch mit je nach Sorte unterschiedlichem, verzweigtem Wuchs (aufrecht bis hängend). Die gegenständigen, breitlanzettlichen Blätter sind meist grün, z.T. auch panaschiert. Die hängenden Blüten in Weiss, Rosa, Rot bis Halbviolett sind einfach bis stark gefüllt. Grosse Sorten- und Formenvielfalt wie Ampeln, Pyramiden, Hochstämme.
Pflanzenhöhe: Je nach Alter und Form 30 bis 150 cm.
Temperatur- und Lichtansprüche: Halbschattig bis sonnig an windgeschützter Lage im Freien. Kühl und feucht überwintern bei 6 bis 8 °C.
Substrat/pH-Wert: Humoses Substrat mit Landerdezusatz, pH-Wert: 5.8 bis 6.5.
Besondere Pflegehinweise: Im Wachstum reichlich giessen und mässig düngen, formieren, verblühte Blüten ausputzen. Im Winter gleichmässig feucht halten, nie austrocknen lassen.
Vermehrungsart: Kopfstecklinge.
Zeitraum des Angebotes: 4 bis 9.
Pflanzenschutz: Anfällig für Blattläuse, Weisse Fliegen, Spinnmilben, Botrytis und Fuchsienrost.

Gardenia jasminoides ♄ (W) ✂ ⓃD

Handelsname: Duftgardenie.
Synonym: G. florida, G. radicans, G. grandiflora.
Familie: Rutaceae.
Heimat/Herkunft: Japan, China, Taiwan, Riukiu-Inseln.
Wuchsform: Immergrün, verholzend, breitbuschig mit gegenständigen, dunkelgrün glänzenden Blättern in Lanzettenform. Endständig aus den Blattachseln erscheinen einzelne, grosse und gefüllte Blumen in Weiss, die stark duften.
Pflanzenhöhe: 20 bis 30 cm.
Temperatur- und Lichtansprüche: Heller bis leicht sonniger Standort im Sommer vor voller Sonne schützen. 20 bis 22 °C, im Winter 16 bis 18 °C.
Substrat/pH-Wert: Humoses Substrat mit wenig Landerdeanteil, pH-Wert: 5.0 bis 5.5.
Besondere Pflegehinweise: Gelegentlich umpflanzen und etwas zurückschneiden. Gleichmässig feucht, nie trocken oder nass halten, im Sommer mässig düngen. Kalkarmes Wasser verwenden.
Vermehrungsart: Kopfstecklinge.
Zeitraum des Angebotes: 4 bis 10.
Pflanzenschutz: Anfällig für Wolläuse, Spinnmilben, Thripse und Chlorose bei zu grosser Nässe oder falschem pH-Wert.

▲ Abb. 297
▼ Abb. 298

Gasteria liliputana ♃ (K)

Handelsname: Zwerggasterie.
Synonym: –.
Familie: Liliaceae.
Heimat/Herkunft: Südafrika.
Wuchsform: Kleinste Gasterienart mit grundständigen, spiraligen Rosetten mit dicken, fleischigen, grünen Blättern und weissgrauer Fleckenzeichnung. Im Frühjahr erscheinen an schlanken Ähren blassrote Blüten. Zunehmend starke Seitentriebbildung, es bilden sich flache Polster.
Pflanzenhöhe: Ohne Blüten 5 cm, blühend 15 bis 20 cm.
Temperatur- und Lichtansprüche: Sonniger bis halbschattiger Standort. Im Sommer 15 bis 25 °C, im Winter 6 bis 12 °C.
Substrat/pH-Wert: Lehmig-humoses Substrat mit reichlich Sandzusatz, pH-Wert: 6.0 bis 7.0.
Besondere Pflegehinweise: Während des Sommerhalbjahres gleichmässig feucht, im Winter relativ trocken halten. Zu trockene Luft meiden.
Vermehrungsart: Teilung.
Zeitraum des Angebotes: 1 bis 12.
Pflanzenschutz. Bei ungeeigneter Pflege anfällig für Blattläuse, Schildläuse und Wolläuse.

▲ Abb. 299
▼ Abb. 300

Gerbera jamesonii

♃ ⌂K ✂

Handelsname: Gerbera.
Synonym: –.
Familie: Compositae.
Heimat/Herkunft: Südafrika.
Wuchsform: Grundständige Blattrosette mit kräftigen, grünen Blättern, die fiederspaltig bis grobgesägt sind. Aus den Blattachseln erscheinen auf runden, behaarten Schäften flache Tellerblüten in verschiedenen Farben.
Pflanzenhöhe: Topfsorten 30 bis 40 cm, Schnittsorten 60 bis 80 cm.
Temperatur- und Lichtansprüche: Als Topfpflanze heller bis leicht sonniger, luftiger Standort, im Sommer auch im Freien bei 18 bis 20 °C, im Winter kühl bei 10 bis 12 °C.
Substrat/pH-Wert: Humoses, durchlässiges Substrat mit Landerdezusatz, pH-Wert: 5.0 bis 5.5.
Besondere Pflegehinweise: Im Sommerhalbjahr reichlich giessen und düngen. Im Winter kühler und etwas trockener halten.
Vermehrungsart: Blattaugenstecklinge, Mikrovermehrung und Aussaat.
Zeitraum des Angebotes: 4 bis 10.
Pflanzenschutz: Anfällig für Blattläuse, Weisse Fliegen, Spinnmilben, Thripse und Minierfliegen.

Graptopetalum bellum

♃ ⌂K

Handelsname: Sternblütige Graptopetalum.
Synonym: Tacitus bellus.
Familie: Crassulaceae.
Heimat/Herkunft: Mexiko.
Wuchsform: Sehr flach ausgebildete Blattrosette mit festen, dachziegelartig ausgebildeten Blättern in Graugrün. Im April bis Mai erscheinen aus dem Rosettenzentrum an kurzen Schäften zahlreiche grosse, leuchtend rote und sternförmige Blüten.
Pflanzenhöhe: 10 cm, im Durchmesser 15 bis 20 cm.
Temperatur und Lichtansprüche: Heller bis vollsonniger Standort. Im Sommer 18 bis 25 °C, im Winter 3 bis 8 °C.
Substrat/pH-Wert: Lehmig-humoses Substrat mit Sandzusatz, pH-Wert: 6.5 bis 7.2.
Besondere Pflegehinweise: Durch das Sommerhalbjahr mässig giessen und wenig düngen, im Winter relativ trocken halten.
Vermehrungsart: Durch Blattstecklinge.
Zeitraum des Angebotes: 4 bis 5.
Pflanzenschutz: Bei ungünstigen Verhältnissen anfällig für Blattläuse, Wolläuse, Schildläuse und Echten Mehltau.

Grevillea robusta

♄ (K)

Handelsname: Australische Silbereiche.
Synonym: –.
Familie: Protaceae.
Heimat/Herkunft: Australien, Neusüdwales, Queensland, in Mittel- und Südamerika z. T. eingebürgert.
Wuchsform: Starkwachsender Strauch bis Baum mit aufrechtem Wuchs, anfangs unverzweigt, später kronenbildend. Die stark gefiederten grünen Blätter weisen eine silbrigweisse, glänzende Behaarung auf.
Pflanzenhöhe: 30 bis 150 cm und mehr.
Temperatur- und Lichtansprüche: Heller Standort, jedoch im Sommer keine volle Sonne. Grosse Pflanzen können im Sommerhalbjahr auch im Freien im Halbschatten gehalten werden. 15 bis 20 °C, im Winter 6 bis 10 °C,
Substrat/pH-Wert: Lehmig-humoses Substrat, pH-Wert: 5.8 bis 6.8.
Besondere Pflegehinweise: Zu grosse Pflanzen zurückschneiden. Im Winter kühl halten und sparsam giessen.
Vermehrungsart: Aussaat.
Zeitraum des Angebotes: 1 bis 12.
Pflanzenschutz: Bei zu warmem Standort anfällig für Weisse Fliegen und Blattläuse.

▲ Abb. 301
▼ Abb. 302

Guzmania-Hybriden

♃ (W)

Handelsname: Guzmanie.
Synonym: –.
Familie: Bromeliaceae.
Heimat/Herkunft: Zuchtform.
Wuchsform: Grundständige, kräftige Blattrosette mit langen linealen Blättern, die grün glänzen und in der Mitte einen Trichter bilden. Aus diesem erscheint auf einem kräftigen Schaft ein meist leuchtendroter Blütenstand mit grosser Hochblattrosette und weissen Blüten.
Pflanzenhöhe: 50 bis 70 cm.
Temperatur- und Lichtansprüche: Im Sommer halbschattig, im Winter hell bis vollsonnig. Bei 18 bis 22 °C.
Substrat/pH-Wert: Humoses, grobfaseriges Substrat, pH-Wert: 5.0 bis 5.5.
Besondere Pflegehinweise: Stets gleichmässig feucht halten. Nach der Blüte stirbt der Blütenstand ab, und es bilden sich zahlreiche Kindel. Liebt erhöhte Luftfeuchtigkeit.
Vermehrungsart: Durch Kindel.
Zeitraum des Angebotes: 1 bis 12.
Pflanzenschutz: Anfällig für Blattläuse im Blütenstand.

▲ Abb. 303
▼ Abb. 304

Guzmania lingulata var. lingulata ♃ (W)

Handelsname: Hohe Guzmanie.
Synonym: G. cardinalis, G. lingulata var. splendens.
Familie: Bromeliaceae.
Heimat/Herkunft: Mittelamerika, Kolumbien, Bolivien, Brasilien, Westindien.
Wuchsform: Grundständige Rosette mit langen, lanzettlichen bis linealen, grünglänzenden Blättern. Aus dem Zentrum entwickelt sich auf 30 cm langem Blütentrieb eine sternförmige, leuchtendrote Hochblattrosette mit weissen Blüten.
Pflanzenhöhe: 40 bis 60 cm.
Temperatur- und Lichtansprüche: Heller bis halbschattiger Standort, ideal für Blumenfenster. 18 bis 25 °C.
Substrat/pH-Wert: Grobes Torfsubstrat mit Landerdezusatz, pH-Wert: 5.0 bis 5.5.
Besondere Pflegehinweise: Stets gleichmässig feucht halten (Regenwasser). Auch die Trichter mit Wasser füllen. Für erhöhte Luftfeuchtigkeit sorgen.
Vermehrungsart: Durch Abnahme der Kindel und durch Aussaat.
Zeitraum des Angebotes. 1 bis 12.
Pflanzenschutz: Anfällig für Blattläuse im Blütenstand.

Guzmania lingulata var. minor ♃ (W)

Handelsname: Niedere Guzmanie.
Synonym: G. cardinalis, G. lingulata var. splendens, G. minor.
Familie: Bromeliaceae.
Heimat/Herkunft: Regenwald von Mexiko.
Wuchsform: Relativ kleine Blattrosette mit weichen, dunkelgrün glänzenden, linealischen Blättern, die im Zentrum einen Trichter bilden. Aus diesem erscheint eine sternförmige Hochblattrosette, die nur kurz über dem Laub steht. Hochblätter rot oder gelb, die Blüten sind weiss.
Pflanzenhöhe: 20 bis 30 cm.
Temperatur- und Lichtansprüche: Im Sommer halbschattig, im Winter hell bis sonnig bei 18 bis 22 °C.
Substrat/pH-Wert: Grobhumoses Substrat, pH-Wert: 5.0 bis 5.5.
Besondere Pflegehinweise: Gleichmässig feucht halten, auch Wasser in die Trichter giessen. Kalkarmes Wasser verwenden und mässig düngen.
Vermehrungsart: Kindel von abgeblühten Pflanzen.
Zeitraum des Angebotes: 1 bis 12.
Pflanzenschutz: Anfällig für Blattläuse im Blütenstand.

Gynura aurantiaca

♄ (W)

Handelsname: Klettergynure.
Synonym: –.
Familie: Compositae.
Heimat/Herkunft: Java, Celebes.
Wuchsform: Krautiger, meist kriechender Wuchs mit wechselständigen, länglichlanzettlichen Blättern, die deutlich gezähnt sind. Die Grundfarbe ist grün mit ausgeprägter flaumiger, violetter Behaarung. Endständig bilden sich orangefarbene Blütenkörbchen.
Pflanzenhöhe: 15 bis 25 cm.
Temperatur- und Lichtansprüche: Ihre schöne Färbung kommt nur voll zur Geltung, wenn sie einen möglichst hellen bis sonnigen Stand erhält. Im Sommer 15 bis 20 °C, im Winter genügen 12 bis 15 °C.
Substrat/pH-Wert: Humoses Substrat mit Landerdezusatz, pH-Wert: 5.8 bis 6.5.
Besondere Pflegehinweise: Mässig feucht halten. Nach Bedarf zurückschneiden.
Vermehrungsart: Kopf- und Triebteilstecklinge.
Zeitraum des Angebotes: 4 bis 10.
Pflanzenschutz: Anfällig für Blattläuse.

▲ Abb. 305
▼ Abb. 306

▼ Abb. 307

Haemanthus albiflos

♃ (K)

Handelsname: Elefantenohr.
Synonym: –.
Familie: Amaryllidaceae.
Heimat/Herkunft: Südafrika.
Wuchsform: Immergrüne Pflanzen mit breiten, fleischigen Blättern, die sich zweiseitig flach ausbreiten. Die Basis bildet eine zwiebelähnliche Verdickung. Auf kurzem Schaft bildet sich eine weisse, dichte Blütendolde mit langen Staubfäden.
Pflanzenhöhe: 20 bis 30 cm.
Temperatur- und Lichtansprüche: Im Sommer möglichst hell, auch vollsonnig, mit Vorteil im Freien. Im Winter bei 12 bis 15 °C mässig kühl halten.
Substrat/pH-Wert: Durchlässiges, lehmig-humoses Substrat mit Sandzusatz, pH-Wert: 6.0 bis 6.8.
Besondere Pflegehinweise: Jedes Jahr vor dem Austrieb neu umpflanzen und dann reichlich giessen und düngen. Im Winter Ruhezeit, doch sollen die Blätter nicht eintrocknen.
Vermehrungsart: Durch seitliche Brutpflanzen.
Zeitraum des Angebotes: 1 bis 12.
Pflanzenschutz: Bei Nässe Wurzelfäule.

▲ Abb. 308

Harpephyllum caffrum

Handelsname: Harpephyllum.
Synonym: –.
Familie: Anacardiaceae.
Heimat/Herkunft: Natal, Kapland.
Wuchsform: Straff aufrecht wachsender Strauch, der sich z. T. verzweigt. Die grossen Blätter sind dunkelgrün, einfach gefiedert mit sichelförmigen Fiederblättchen. Kleine Blüten in dichten Ähren, die Früchte sind olivenähnlich und essbar.
Pflanzenhöhe: Je nach Alter 30 bis 100 cm und mehr.
Temperatur- und Lichtansprüche: Heller bis halbschattiger Standort, im Sommer auch im Freien haltbar. Im Winter nicht zu warm, 12 bis 16 °C.
Substrat/pH-Wert: Lehmig-humoses Substrat mit Sandzusatz, pH-Wert: 5.5 bis 6.5.
Besondere Pflegehinweise: Im Sommer reichlich giessen und mässig düngen. Im Winter mässig feucht halten. Bei Trockenheit ist mit Blattfall zu rechnen.
Vermehrungsart: Aussaat.
Zeitraum des Angebotes: 1 bis 12.
Pflanzenschutz: Anfällig für Blattläuse und Schildläuse.

▲ Abb. 309
▼ Abb. 310

Hatiora gaertneri

Handelsname: Osterkaktus.
Synonym: Epiphyllum russellianum var. gaertneri, Schlumbergera gaertneri, Epiphyllopsis gaertneri, Rhipsalidopsis gaertneri, Rhipsalis gaertneri.
Familie: Cactaceae.
Heimat/Herkunft: Südbrasilien.
Wuchsform: Gliederkaktus mit starker Verzweigung und überhängendem Wuchs. Die einzelnen Glieder sind flach und langoval. An den Endgliedern erscheinen im April–Mai oft mehrere rosafarbene bis rote Blüten.
Pflanzenhöhe: Je nach Alter 15 bis 40 cm.
Temperatur- und Lichtansprüche: Heller bis schwachsonniger Standort durch den Sommer, kühl und relative Trockenphase im Winter bei 12 bis 15 °C.
Substrat/pH-Wert: Humoses Substrat mit Landerde- und Sandzusatz, pH-Wert: 5.0 bis 6.0.
Besondere Pflegehinweise: Durch den Sommer mässig giessen und düngen, zur Blütenbildung kühle Ruhephase mit wenig Wasser einhalten.
Vermehrungsart: Durch Blattgliederstecklinge, mehrere pro Topf.
Zeitraum des Angebotes. 3 bis 4.
Pflanzenschutz: Anfällig für Blattläuse, Schildläuse und bei zu grosser Nässe Wurzelfäule.

Haworthia fasciata ♃

Handelsname: Gebänderte Haworthie.
Synonym: –.
Familie: Liliaceae.
Heimat/Herkunft: Kapland.
Wuchsform: Grundständige Rosette mit dichtstehenden dicken, in Spitzen auslaufenden Blättern. Grundfarbe braungrün mit weissen Warzen, die in Querbändern miteinander verbunden sind. Blüten an dünnen Schäften traubig angeordnet rötlich.
Pflanzenhöhe: Unblühend 5 bis 10 cm, blühend 15 bis 20 cm.
Temperatur- und Lichtansprüche: Sehr heller bis sonniger Standort, im Sommer 15 bis 25 °C, im Winter kühl bei 10 bis 12 °C.
Substrat/pH-Wert: Lehmig-humoses Substrat mit Grobsand- oder Feinkieszusatz, pH-Wert: 6.0 bis 7.0.
Besondere Pflegehinweise: Im Sommer mässig giessen, volle Trockenheit meiden. Im Winter sparsam giessen.
Vermehrungsart: Durch Abnahme seitlicher Kindel. Auch Aussaat möglich.
Zeitraum des Angebotes: 1 bis 12.
Pflanzenschutz: Bei zu grosser Trockenheit dürre Blattspitzen.

▲ Abb. 311
▼ Abb. 312

Hebe-Andersonii-Hybriden ♄

Handelsname: Strauchveronika.
Synonym: H. x andersonii.
Familie: Scrophulariaceae.
Heimat/Herkunft: Neuseeland (Wildformen).
Wuchsform: Immergrüner Kleinstrauch mit kreuzweise gegenständigen ovalen Blättern, grüne und panaschierte Sorten. Die weissen bis lilafarbenen Blüten erscheinen aus den oberen Blattachseln in dichten Ähren.
Pflanzenhöhe: 20 bis 30 cm.
Temperatur- und Lichtansprüche: Standort so kühl und hell wie möglich, im Sommer auch im Freien halbschattig bis mässig sonnig bei 15 bis 18 °C, im Winter bei 5 bis 8 °C.
Substrat/pH-Wert: Humoses Substrat mit Landerdeanteil. pH-Wert 5.8 bis 6.5.
Besondere Pflegehinweise: Mässig feucht halten und düngen. Im Frühjahr Rückschnitt und umpflanzen.
Vermehrungsart: Kopfstecklinge im Frühjahr bis Sommer.
Zeitraum des Angebotes: 5 bis 9.
Pflanzenschutz: Anfällig für Blattläuse.

▲ Abb. 313
▼ Abb. 314

Hebe speciosa

♄ (K)

Handelsname: Strauchveronika.
Synonym: –.
Familie: Scrophulariaceae.
Heimat/Herkunft: Neuseeland.
Wuchsform: Verzweigter Kleinstrauch, aufwärtsstrebend mit kreuzweise gegenständigen, dunkelgrünen, ovalen Blättern. Aus den oberen Blattachseln entwickeln sich lilafarbene bis purpurrote Blütenähren.
Pflanzenhöhe: 30 bis 40 cm.
Temperatur- und Lichtansprüche: Heller bis vollsonniger Standort. Als eigentliche Freilandpflanze liebt sie einen luftigen und kühlen Standort bei 12 bis 16 °C.
Substrat/pH-Wert: Humoses Substrat mit Landerdezusatz, pH-Wert: 5.8 bis 6.5.
Besondere Pflegehinweise: Gleichmässig feucht halten und im Sommerhalbjahr mässig düngen.
Vermehrungsart: Kopfstecklinge nach dem Neuaustrieb.
Zeitraum des Angebotes: 6 bis 9.
Pflanzenschutz: Anfällig für Blattläuse.

Hedera helix ssp. canariensis

♄ (K) ⇕

Handelsname: Grossblättriger Efeu, kanarischer Efeu.
Synonym: H. canariensis, H. algeriensis.
Familie: Araliaceae.
Heimat/Herkunft: Azoren, Portugal, Südspanien, Kanarische Inseln, Nordwestafrika.
Wuchsform: Meist aufrechter bis kletternder Wuchs, wenig verzweigt. Triebe und Blattstiele sind dunkelrot. Die Blätter stehen wechselständig und sind relativ gross, dunkelgrün glänzend und je nach Sorten mit weisser, grauer bis hellgrüner Blattzeichnung.
Pflanzenhöhe: 30 bis 150 cm und mehr.
Temperatur- und Lichtansprüche: Heller bis halbschattiger Standort. Im Sommer 15 bis 20 °C, im Winter 12 bis 15 °C.
Substrat/pH-Wert: Durchlässiges, lehmig-humoses Substrat, pH-Wert: 5.5 bis 6.5.
Besondere Pflegehinweise: Nicht zu warm halten und trockene Luft meiden. Mässig giessen und düngen. Nässe meiden.
Vermehrungsart: Kopf-, Triebteil- und Blattaugenstecklinge.
Zeitraum des Angebotes: 1 bis 12.
Pflanzenschutz: Bei zu hoher Wärme und trockener Luft anfällig für Blattläuse, Schildläuse, Spinnmilben, Weichhautmilben und Thripse.

Hedera helix ssp. poetarum ♄ ⚘

Handelsname: Kleinblättriger Efeu.
Synonym: –.
Familie: Araliaceae.
Heimat/Herkunft: Griechenland, Türkei, Zypern, Vorderasien, Krim, Kaukasus.
Wuchsform: Unter diesem Namen werden alle kleinblättrigen Hedera helix-Sorten zusammengefasst. Wuchs: Dünntriebig, kletternd, flachwachsend bis hängend, wechselständige Blätter. Diese können je nach Sorte sehr unterschiedliche Formen und Zeichnungen aufweisen. Unterhalb des Knotens bilden sich Haftwurzeln.
Pflanzenhöhe: Je nach Alter 20 bis 200 cm.
Temperatur- und Lichtansprüche: Als Waldpflanze lieben Zimmerefeu einen halbschattigen bis schattigen, eher kühlen Standort von 12 bis 18 °C. Im Winter werden Temperaturen bis zur Nullgradgrenze ertragen.
Substrat/pH-Wert: Durchlässiges lehmig-humoses Substrat, pH-Wert: 5.5 bis 6.5.
Besondere Pflegehinweise: Trockenwarme Luft meiden, gleichmässig feucht halten und mässig düngen.
Vermehrungsart: Kopf-, Triebteil- und Blattaugenstecklinge.
Zeitraum des Angebotes: 1 bis 12.
Pflanzenschutz: Anfällig für Blattläuse, Schildläuse, Spinnmilben, Weichhautmilben und Thripse bei zu trockenwarmem Klima.

▲ Abb. 315
▼ Abb. 316

Hemionitis arifolia ♃ (W)

Handelsname: Hemionitis.
Synonym: Gymnogramma arifolia, H. cordata.
Familie: Hemionitidaceae.
Heimat/Herkunft: Indien, Ceylon, Malaysia, Philippinen
Wuchsform: Aus kurzem, kriechendem Grundspross entwickeln sich auf drahtigen Stielen grosse, flachliegende, langherzförmige, grüne Blätter. An der Blattbasis bilden sich vereinzelt Brutpflanzen.
Pflanzenhöhe: 10 bis 20 cm.
Temperatur- und Lichtansprüche: Als Farn halbschattig. Sonne meiden. 15 bis 20 °C.
Substrat/pH-Wert: Humoses Substrat auf vorwiegend Torfbasis, pH-Wert: 4.5 bis 5.5.
Besondere Pflegehinweise: Stets gleichmässig feucht halten, Trockenheit meiden.
Vermehrungsart: Aussaat durch Sporen→Prothallium→Befruchtung→junge Farnpflanzen und Brutpflanzen.
Zeitraum des Angebotes: 1 bis 12.
Pflanzenschutz: Anfällig für Schildläuse.

Hibiscus rosa-sinensis ♄ ⌂W

Handelsname: Chinesischer Roseneibisch.
Synonym: –.
Familie: Malvaceae.
Heimat/Herkunft: Tropisches Asien.
Wuchsform: Strauch mit aufrechtem Wuchs und bei grösseren Pflanzen guter Verzweigung. Wechselständige, eirunde bis breitlanzettliche, grünglänzende Blätter. Die grossen Blüten erscheinen aus den Blattachseln und sind in auffallenden Farben: Weiss, Gelb, Orange, Rosa und Rot, einfache und gefüllte Sorten. Dekorativ ist auch der über die Blüte herausragende Stempel.
Pflanzenhöhe: Je nach Alter 30 bis 150 cm.
Temperatur- und Lichtansprüche: Sehr heller bis vollsonniger Standort, im Sommer auch im Freien bei nicht zu grosser Wärme. Im Sommer 15 bis 18 °C, im Winter 12 bis 15 °C.
Substrat/pH-Wert: Humoses Substrat mit Landerdezusatz, pH-Wert: 5.8 bis 6.5.
Besondere Pflegehinweise: Im Frühjahr Rückschnitt und umpflanzen, im Sommer reichlich giessen und düngen, im Winter mässig feucht halten.
Vermehrungsart: Kopf- und Triebteilstecklinge.
Zeitraum des Angebotes: 4 bis 10.
Pflanzenschutz: Anfällig für Blattläuse, Weisse Fliegen und Spinnmilben.

▲ Abb. 317
▼ Abb. 318

Hippeastrum-Hybriden ♃ ⌂W

Handelsname: Amaryllis, Ritterstern.
Synonym: H. x hortorum, Amaryllis vittata, H. vittatum.
Familie: Amaryllidaceae.
Heimat/Herkunft: Zuchtform, Wildformen aus der Andenregion von Peru, Kolumbien und Brasilien.
Wuchsform: Zwiebelpflanze mit linealen bis riemenförmigen grünen Blättern von 40 bis 60 cm Länge. Nach ausgeprägter Ruhezeit im Herbst bis Winter erscheinen seitlich aus der Zwiebel 1 bis 3 hohle, runde Schäfte, die endständig je 2 bis 5 grosse Blütenglocken tragen. Farben: Weiss, Rosa, Orange, Rot und gestreift.
Pflanzenhöhe: 60 bis 100 cm.
Temperatur- und Lichtansprüche: Im Sommer sonniger bis halbschattiger Standort, auch im Freien möglich. Ab November Zwiebel trocken und kühl halten. Antreiben bei 17 bis 20 °C.
Substrat/pH-Wert: Humoses Substrat mit Landerdezusatz, pH-Wert: 5.5 bis 6.5.
Besondere Pflegehinweise: Pflanze mit deutlicher Ruhephase, sonst bleibt eine Blüte aus. Fleissig giessen und düngen während der Wachstumsphase.
Vermehrungsart: Durch seitliche Brutzwiebeln und Aussaat.
Zeitraum des Angebotes: 11 bis 7.
Pflanzenschutz: Anfällig für Blattläuse, Wolläuse, Thripse und Spinnmilben sowie Roten Brenner.

Howeia belmoreana ♄ K–W

Handelsname: Belmorea-Palme.
Synonym: Kentia belmoreana.
Familie: Palmae.
Heimat/Herkunft: Lord-Howe-Inseln.
Wuchsform: Aufrechter, relativ dünner Stamm. Auf kurzen Blattstielen entwickeln sich bis 2 Meter lange Blätter, gefiedert aufsteigend bis überneigend, dunkelgrün. Der Blattrand ist wollig behaart.
Pflanzenhöhe: Je nach Alter 60 bis 200 cm.
Temperatur- und Lichtansprüche: Heller, jedoch nicht vollsonniger Standort. Ein kühler Standort wird besser ertragen als zu trocken warme Luft. 14 bis 18 °C genügen.
Substrat/pH-Wert: Humoses Substrat mit Landerdezusatz, pH-Wert: 5.0 bis 6.2.
Besondere Pflegehinweise: Im Sommer gleichmässig feucht halten, ab und zu ein Wasserbad geben, mässig düngen.
Vermehrungsart: Aussaat.
Zeitraum des Angebotes: 1 bis 12.
Pflanzenschutz: Anfällig für Wolläuse, Schildläuse, Spinnmilben, Thripse.

▲ Abb. 319
▼ Abb. 320

Howeia forsteriana ♄ K–W

Handelsname: Kentiapalme.
Synonym: Kentia forsteriana.
Familie: Palmae.
Heimat/Herkunft: Lord-Howe-Inseln.
Wuchsform: Kurzer, starker Grundstamm mit aufstrebendem Wuchs. Auf langen Blattstielen sind die grossen, grünen Blätter tief gefiedert. Die Teilblätter sind lineal bis schwertförmig zugespitzt, locker überhängend.
Pflanzenhöhe: 50 bis 200 cm.
Temperatur- und Lichtansprüche: Sehr heller, aber nicht vollsonniger Standort, im Sommer 20 bis 25 °C, im Winter 14 bis 18 °C.
Substrat/pH-Wert: Durchlässiges, humoses Substrat mit Landerdeanteil, pH-Wert: 5.0 bis 6.2.
Besondere Pflegehinweise: Gleichmässig feucht, aber nie trocken halten, mässig düngen.
Vermehrungsart: Aussaat, in der Regel 3 bis 5 Pflanzen pro Topf.
Zeitraum des Angebotes: 1 bis 12.
Pflanzenschutz: Bei zu trockener Luft anfällig für Schildläuse, Wolläuse, Spinnmilben und Thripse oder dürre Blattspitzen.

Hoya bella

Handelsname: Zierliche Wachsblume.
Synonym: –.
Familie: Asclepiadaceae.
Heimat/Herkunft: Tenasserim – Burma.
Wuchsform: Elegante, schwachwüchsige Pflanze mit dünnen, ausladenden bis überhängenden Trieben, mit gegenständigen, dicken, lanzettlichen, grünen Blättchen von 2 bis 3 cm Länge. An den Triebenden aus den Blattachseln flachdoldige Blütenstände mit je 8 bis 12 sternförmigen, zartrosafarbenen Blüten.
Pflanzenhöhe: 20 bis 40 cm.
Temperatur- und Lichtansprüche: Heller Standort, im Sommer volle Sonne meiden. 18 bis 20 °C, auch im Winter.
Substrat/pH-Wert: Durchlässiges, humoses Substrat mit Landerdeanteil, pH-Wert: 5.8 bis 6.5.
Besondere Pflegehinweise: Gleichmässig feucht, aber nie trocken halten. Mässig düngen durch den Sommer.
Vermehrungsart: Kopf- und Triebteilstecklinge, 3 bis 5 pro Topf.
Zeitraum des Angebotes. 4 bis 9.
Pflanzenschutz: Anfällig für Wolläuse, Schildläuse, Spinnmilben und bei grosser Nässe für Wurzelfäule.

▲ Abb. 321
▼ Abb. 322

Hoya carnosa

Handelsname: Wachsblume.
Synonym: Asclepias carnosa.
Familie: Asclepiadaceae.
Heimat/Herkunft: Mittelchina bis Australien.
Wuchsform: Kletterpflanze mit relativ langen Internodien und gegenständigen, dickfleischigen, lanzettlichen Blättern. Grüne Grundfarbe mit rosa- bis silberfarbenen kleinen Flecken auf der Oberseite. Aus den Blattachseln flachdoldige Blütenstände mit hellrosafarbenen Wachsblumen. Es gibt auch panaschierte und gewelltblättrige Sorten.
Pflanzenhöhe: 20 bis 100 cm.
Temperatur- und Lichtansprüche: Möglichst heller Standort, jedoch vor greller Sonne schützen. Im Sommer 18 bis 20 °C, im Winter 10 bis 15 °C.
Substrat/pH-Wert: Durchlässiges, humoses Substrat mit Landerde- und Sandzusatz, pH-Wert: 5.8 bis 6.5.
Besondere Pflegehinweise: Im Sommer gleichmäsig feucht, aber nie nass halten. Im Winter sparsam giessen. Nässeempfindlich.
Vermehrungsart: Triebteilstecklinge.
Zeitraum des Angebotes. 1 bis 12.
Pflanzenschutz: Anfällig für Schildläuse, Wolläuse, Spinnmilben. Bei zu grosser Nässe Wurzelfäule.

Hoya multiflora

ħ (w) ≷

Handelsname: Vielblütige Wachsblume.
Synonym: –.
Familie: Asclepiadaceae.
Heimat/Herkunft: Malaiisches Archipel.
Wuchsform: Aufrechter Kleinstrauch mit lockerer Verzweigung und gegenständigen grünen, breitlanzettlichen Blättern. Die in dichten Dolden erscheinenden Blüten sind weiss und hängen aus den Blattachseln.
Pflanzenhöhe: 30 bis 40 cm.
Temperatur- und Lichtansprüche: Heller Standort bis leichte Sonne bei 16 bis 20 °C.
Substrat/pH-Wert: Durchlässiges und humoses Substrat mit Landerde- und Sandzusatz, pH-Wert: 5.8 bis 6.5.
Besondere Pflegehinweise: Gleichmässig feucht halten, unbedingt Nässe meiden, mässig düngen.
Vermehrungsart: Kopf- und Triebteilstecklinge.
Zeitraum des Angebotes. 1 bis 12.
Pflanzenschutz: Anfällig für Spinnmilben.

▲ Abb. 323

Hydrangea macrophylla ssp. macrophylla

ħ–ħ

Handelsname: Hortensie.
Synonym: H. macrophylla var. normalis, H. maritima, H. hortensia.
Familie: Saxifragaceae.
Heimat/Herkunft: Japan.
Wuchsform: Halbstrauch mit aufrechtem Wuchs und gegenständigen eiförmigen Blättern an runden Trieben. Endständig bilden sich grosse runde Scheindolden (Rispen). Weisse, rosa, rote und blaue Sorten, auch solche mit «Randblüten».
Pflanzenhöhe: 30 bis 40 cm.
Temperatur- und Lichtansprüche: Hortensien sind keine Zimmerpflanzen. Sie gehören nach der Blüte ab Mai ins Freie ausgepflanzt oder in Kübel. Halbschattig bei 15 bis 18 °C.
Substrat/pH-Wert: Weisse, rosa und rote Sorten humoses Substrat mit etwas Landerdezusatz, pH-Wert: 5.5 bis 6.5. Für blaue Sorten verwendet man reines Torfsubstrat, pH-Wert: 4.0 bis 4.5.
Besondere Pflegehinweise: Nach der Blüte starker Rückschnitt. Die Pflanzen bilden an den Endknospen Blüten aus. Ab Februar bis März antreiben. Stets feucht halten und mässig düngen.
Vermehrungsart: Kopfstecklinge.
Zeitraum des Angebotes: 4 bis 9.
Pflanzenschutz: Anfällig für Blattläuse, Spinnmilben und Botrytis (Überwinterung).

▲ Abb. 324
▼ Abb. 325

▲ Abb. 326
▼ Abb. 327

Hypocyrta glabra

Handelsname: Kussmäulchen.
Synonym: –.
Familie: Gesneriaceae.
Heimat/Herkunft: Brasilien.
Wuchsform: Aufrechter bis überhängender Wuchs. An den kurzinternodigen Trieben stehen die dickledigen, elliptischen, dunkelgrünglänzenden Blättern gegenständig. Aus den endständigen Blattachseln bilden sich gelborange, röhrige Blüten mit verengtem Schlund.
Pflanzenhöhe: 15 bis 25 cm.
Temperatur- und Lichtansprüche: Heller Standort, jedoch keine volle Sonne. Im Sommer 18 bis 20 °C, im Winter Ruhepause bei 12 bis 15 °C.
Substrat/pH-Wert: Durchlässiges, humoses Substrat mit Landerde- und Sandzusatz, pH-Wert: 5.0 bis 6.2.
Besondere Pflegehinweise: Im Sommer gleichmässig feucht halten und mässig düngen, im Winter feucht bis schwach trocken.
Vermehrungsart: Kopf- und Triebteilstecklinge, mehrere pro Topf.
Zeitraum des Angebotes: 4 bis 10.
Pflanzenschutz: Bei kaltem Giesswaser oder Wasserflecken bei Sonne kreisförmige Ringe auf den Blättern.

Hypoestes phyllostachya

Handelsname: Hypoestes, Punktblume.
Synonym: H. sanguinolenta.
Familie: Acanthaceae.
Heimat/Herkunft: Madagaskar.
Wuchsform: Krautig aufrecht bis breitverzweigt, vierkantiger Spross mit kreuzweise gegenständigen, eiförmigen bis breitlanzettlichen Blättern. Auf grünem Grunde weisse, rosa bis rote Fleckenzeichnung. Endständig erscheinen bei älteren Pflanzen rosafarbene Blütenähren.
Pflanzenhöhe: 10 bis 20 cm.
Temperatur- und Lichtansprüche: Heller, nicht vollsonniger Standort. Im Sommer 15 bis 18 °C, im Winter ideal bei 8 bis 12 °C.
Substrat/pH-Wert: Humoses Substrat mit Landerdezusatz, pH-Wert: 5.5 bis 6.5.
Besondere Pflegehinweise: Hypoestes lieben erhöhte Luftfeuchtigkeit. Gleichmässig feucht halten, im Winter sparsam giessen.
Vermehrungsart: Kopfstecklinge, je 3 bis 5 pro Topf.
Zeitraum des Angebotes: 4 bis 10.
Pflanzenschutz: Anfällig für Blattläuse.

Impatiens-Neu-Guinea-Hybriden ♃ (W)

Handelsname: Grossblütiges Fleissiges Lieschen.
Synonym: –.
Familie: Balsaminaceae.
Heimat/Herkunft: Kreuzung aus I. hawkeri x linearifolia.
Wuchsform: Krautig aufrechter bis breitverzweigter Wuchs mit wechselständigen, lanzettlichen, grün bis dunkelrotgrün glänzenden Blättern, die je nach Sorte teilweise auch gelbe Mittelzonen aufweisen. Die grossen, flachen Blüten erscheinen zahlreich aus den oberen Blattachseln. Grosse Pflanzen können auch in Ampeln verwendet werden.
Pflanzenhöhe: 20 bis 30 cm.
Temperatur- und Lichtansprüche: Halbschattiger bis leicht sonniger Standort bei nicht zu grosser Wärme, im Sommer auch im Freien geeignet bei 15 bis 18 °C.
Substrat/pH-Wert: Humoses Substrat mit Landerdezusatz, pH-Wert: 6.0 bis 6.8.
Besondere Pflegehinweise: Trockene Luft und Trockenheit meiden. Stets gleichmässig giessen und mässig düngen.
Vermehrungsart: Kopfstecklinge.
Zeitraum des Angebotes: 1 bis 9.
Pflanzenschutz: Anfällig für Blattläuse, Spinnmilben und Weichhautmilben.

▲ Abb. 328

Impatiens walleriana ⊙ ♃ (K)

Handelsname: Fleissiges Lieschen, Wassergeranium.
Synonym: I. holstii, I. sultani.
Familie: Balsaminaceae.
Heimat/Herkunft: Tropisches Ostafrika.
Wuchsform: Krautig, breitverzweigt, aufrecht bis kriechend mit wechselständigen, lanzettlichen, grünen Blättern. Aus den Blattachseln einfache und auch gefüllte Blüten in Weiss, Rosa, Lachs, Orangerot, Rot und Purpur, auch zweifarbig.
Pflanzenhöhe: 15 bis 25 cm.
Temperatur- und Lichtansprüche: Heller, aber nicht vollsonniger Standort im Freien, aber auch im Wohnraum eher kühl und luftig bei 12 bis 18 °C.
Substrat/pH-Wert: Humoses Substrat mit Landerdezusatz, pH-Wert: 5.5 bis 6.5.
Besondere Pflegehinweise: Trockenheit und volle Sonne meiden, also reichlich giessen und mässig düngen.
Vermehrungsart: Einfache Sorten durch Aussaat, gefüllte nur durch Kopfstecklinge.
Zeitraum des Angebotes: 4 bis 6.
Pflanzenschutz: Anfällig für Blattläuse, Spinnmilben und Weichhautmilben.

▲ Abb. 329
▼ Abb. 330

▲ Abb. 331
▼ Abb. 332

Iresine herbstii

Handelsname: Iresine.
Synonym: Aschyranthes verschaffeltii.
Familie: Amaranthaceae.
Heimat/Herkunft: Brasilien.
Wuchsform: Krautig aufrecht bis breitverzweigt wachsend. Die gegenständig angeordneten Blätter sind rund, am Ende eingeschnitten und dunkelrot oder gelbgrün gefärbt. Die Blüten in den oberen Blattachseln sind unscheinbar.
Pflanzenhöhe: 10 bis 20 cm.
Temperatur- und Lichtansprüche: Hell bis vollsonnig. Als eigentliche Freilandpflanze (Friedhof, Rabatten, Schalen) in der Wohnung eher kühl halten bei 15 bis 18 °C.
Substrat/pH-Wert: Humoses Substrat mit Landerdeanteil, pH-Wert: 6.0 bis 7.0.
Besondere Pflegehinweise: Anspruchslos. Gleichmässig feucht halten und mässig düngen. Gelegentlicher Rückschnitt, um buschige Pflanzen zu erhalten.
Vermehrungsart: Kopfstecklinge.
Zeitraum des Angebotes: 5 bis 7.
Pflanzenschutz: Anfällig für Blattläuse.

Ixora coccinea

Handelsname: Ixora.
Synonym: –.
Familie: Rubiaceae.
Heimat/Herkunft: Indien.
Wuchsform: Aufrecht wachsender Strauch mit breiter Verzweigung. Die gegenständig angeordneten, breitovalen Blätter sind dunkelgrün glänzend. Aus den oberen Blattachseln entwickeln sich grosse Blütendolden in Scharlachrot und Gelborange.
Pflanzenhöhe: Je nach Alter 20 bis 50 cm.
Temperatur- und Lichtansprüche: Heller bis halbschattiger Standort ohne volle Sonne, besonders durch den Sommer. 17 bis 20 °C.
Substrat/pH-Wert: Humoses Substrat mit etwas Landerdezusatz, pH-Wert: 5.5 bis 6.5.
Besondere Pflegehinweise: Gleichmässig feucht halten und mässig düngen. Nach der Blüte Rückschnitt vornehmen.
Vermehrungsart: Kopf- und Triebteilstecklinge.
Zeitraum des Angebotes. 1 bis 12.
Pflanzenschutz: Anfällig für Blattläuse, in der Folge Russtaupilze.

Jacaranda mimosifolia

Handelsname: Jacaranda, Palisanderbaum.
Synonym: J. ovalifolia.
Familie: Bignoniaceae.
Heimat/Herkunft: Argentinien.
Wuchsform: Im Jugendstadium straff aufrecht, unverzweigt, später verzweigt und grosse Sträucher und Bäume bildend (Palisanderholz). Gegenständige, doppelt gefiederte Blätter, grün von zierlichem Aussehen. Im Alter blaue Blüten.
Pflanzenhöhe: 30 bis 100 cm und mehr.
Temperatur- und Lichtansprüche: Heller Standort, jedoch volle Sonne meiden. Im Jugendstadium 15 bis 20 °C, ältere Pflanzen können im Winter kühler gehalten werden (Wintergarten).
Substrat/pH-Wert: Humoses Substrat mit Landerdezusatz, pH-Wert: 5.5 bis 6.5.
Besondere Pflegehinweise: Gleichmässig feucht halten und mässig düngen, nach Bedarf zurückschneiden.
Vermehrungsart: Aussaat.
Zeitraum des Angebotes: 1 bis 12.
Pflanzenschutz: Anfällig für Blattläuse.

▲ Abb. 333
▼ Abb. 334

Jacobinia carnea

Handelsname: Jakobinie.
Synonym: Justicia carnea, Cyrtanthera magnifica, Jacobinia magnifica, Jacobinia pohliana, Cyrtanthera pohliana.
Familie: Acanthaceae.
Heimat/Herkunft: Brasilien.
Wuchsform: Aufrecht, breitverzweigt mit etwas sparrigem Wuchs. Gegenständig angeordnete, eiförmige bis lanzettliche grüne, weiche Blätter. Endständig erscheinen in dichten Ähren rosafarbene, flaumig behaarte, nach aussen gebogene Röhrenblüten.
Pflanzenhöhe: 20 bis 50 cm.
Temperatur- und Lichtansprüche: Im Zimmer einen hellen, im Sommer vor praller Sonne geschützten Standort bei 18 bis 20 °C. Im Winter 12 bis 15 °C.
Substrat/pH-Wert: Humoses Substrat mit Landerdezusatz, pH-Wert: 5.8 bis 6.5.
Besondere Pflegehinweise: Nach der Blüte im August/September Rückschnitt und umpflanzen. Gleichmässig feucht halten und mässig düngen. Im Winter kühler und weniger giessen.
Vermehrungsart: Kopfstecklinge nach dem Neuaustrieb.
Zeitraum des Angebotes: 6 bis 9.
Pflanzenschutz: Anfällig für Blattläuse.

▲ Abb. 335
▼ Abb. 336

Jasminum officinale f. officinale

ħ (K) Ⓝ D

Handelsname: Echter Jasmin.
Synonym: –.
Familie: Oleaceae.
Heimat/Herkunft: Iran bis Westchina.
Wuchsform: Aufstrebender Wuchs mit lockerer Verzweigung und dünnen, straffen Trieben. Die gegenständig angeordneten Blätter sind einfach gefiedert und dunkelgrün. Die grossen, weissen, sternförmigen Blüten stehen an lockeren Rispen endständig. Sie duften stark.
Pflanzenhöhe: 30 bis 40 cm.
Temperatur- und Lichtansprüche: Heller bis vollsonniger Standort bei nicht zu hoher Wärme. 15 bis 18 °C genügen.
Substrat/pH-Wert: Humoses Substrat mit etwas Landerdezusatz, pH-Wert: 5.8 bis 6.5.
Besondere Pflegehinweise: Gleichmässig feucht halten und mässig düngen.Trockene Luft in Radiatorennähe meiden.
Vermehrungsart: Kopf- und Triebteilstecklinge.
Zeitraum des Angebotes: 7 bis 10.
Pflanzenschutz: Bei trockenwarmer Luft anfällig für Blattläuse.

Jasminum polyanthum

ħ (K) D

Handelsname: Jasmin.
Synonym: –.
Familie: Oleaceae.
Heimat/Herkunft: Westchina.
Wuchsform: Aufstrebender Wuchs mit dünnen, rankenden Trieben und lockerer Verzweigung. Die dunkelgrünen Blätter sind einfach gefiedert. Endständig bilden sich viele weisse, sternförmige Blüten an lockeren Rispen.
Pflanzenhöhe: 30 bis 40 cm
Temperatur- und Lichtansprüche: Heller bis vollsonniger Standort, ideal bei 15 bis 18 °C.
Substrat/pH-Wert: Humoses Substrat mit Landerdezusatz, pH-Wert: 5.8 bis 6.5.
Besondere Pflegehinweise: Gleichmässig feucht halten und düngen. Trockenheit meiden, nicht in Radiatorennähe aufstellen.
Vermehrungsart: Kopf- und Triebteilstecklinge.
Zeitraum des Angebotes: 12 bis 4.
Pflanzenschutz: Bei zu hoher Wärme anfällig für Blattläuse.

Jatropha podagrica

Handelsname: Jatrope, Flaschenpflanze.
Synonym: –.
Familie: Euphorbiaceae.
Heimat/Herkunft: Mittelamerika.
Wuchsform: Interessante Pflanze mit aufrechtem Wuchs und stark verdicktem Grundstamm und dicken Trieben, sparrig verzweigt. Die grossen grünen Blätter sind deutlich gelappt, im Herbst teilweise bis totaler Blattfall. Nach Ruhezeiten bilden sich endständig grosse, scheindoldige, rote Blütenstände, oft vor der Blattentwicklung (Bild).
Pflanzenhöhe: 30 bis 60 cm.
Temperatur- und Lichtansprüche: Heller bis vollsonniger Standort, bei 16 bis 20 °C.
Substrat/pH-Wert: Humoses Substrat mit Landerde- und Sandzusatz, pH-Wert: 6.2 bis 7.0.
Besondere Pflegehinweise: Nach dem Blattfall trockener halten, sonst aber mässig feucht halten und düngen.
Vermehrungsart: Kopfstecklinge.
Zeitraum des Angebotes: 1 bis 12.
Pflanzenschutz: Anfällig für Blattläuse.

▲ Abb. 337

Justicia brandegeana

Handelsname: Zimmerhopfen.
Synonym: Beloperone guttata.
Familie: Acanthaceae.
Heimat/Herkunft: Mexiko.
Wuchsform: Halbstrauch bis Strauch mit aufrechtem bis leicht überhängendem Wuchs. Die gegenständigen Blätter sind grün und lanzettlich. Aus den Triebspitzen erscheinen schlanke Ähren mit rotbraunen Hochblättern, aus denen weisse Röhrenblüten entspriessen.
Pflanzenhöhe: 20 bis 40 cm.
Temperatur- und Lichtansprüche: Heller Standort, jedoch im Sommer keine volle Sonne. Im Sommer bei 18 bis 25 °C, im Winter 12 bis 15 °C.
Substrat/pH-Wert: Humoses Substrat mit Landerdezusatz, pH-Wert: 5.8 bis 6.5.
Besondere Pflegehinweise: Im Frühjahr überwinterte Pflanzen zurückschneiden (formieren) und umpflanzen. Mässige Düngung von April bis Oktober.
Vermehrungsart: Kopfstecklinge oder durch Aussaat. 3 bis 4 pro Topf.
Zeitraum des Angebotes: 1 bis 10.
Pflanzenschutz: Anfällig für Spinnmilben und Weisse Fliegen.

▲ Abb. 338
▼ Abb. 339

▲ Abb. 340
▼ Abb. 341

Kalanchoe daigremontiana ♃ (K)

Handelsname: Brutblatt.
Synonym: Bryophyllum daigremontianum.
Familie: Crassulaceae.
Heimat/Herkunft: Madagaskar.
Wuchsform: Interessanter Sukkulent mit straff aufrechtem Wuchs und gegenständigen, verdickten, pfeilförmigen Blättern, die am Rande gezähnt sind. Aus jedem «Zahn» bildet sich eine junge Brutpflanze mit Wurzeln. Die Blüte erscheint im Februar/März endständig geröhrt in Orange bis Rosa.
Pflanzenhöhe: 10 bis 50 cm und mehr.
Temperatur- und Lichtansprüche: Sehr heller bis vollsonniger Standort, im Sommer 18 bis 25 °C, im Winter kühler bei 12 bis 25 °C.
Substrat/pH-Wert: Durchlässiges Substrat, humos mit Landerde- und Sandzusatz, pH-Wert: 6.0 bis 6.5.
Besondere Pflegehinweise: Nicht zu nass halten, wenig düngen.
Vermehrungsart: Kopfstecklinge und durch die Brutpflänzchen.
Zeitraum des Angebotes: 1 bis 12.
Pflanzenschutz: Anfällig für Blattläuse und Dickmaulrüsslerlarven (Wurzeln) und Echten Mehltau.

Kalanchoe-Hybriden ħ (W)

Handelsname: Flammendes Käthchen.
Synonym: K. blossfeldiana.
Familie: Crassulaceae.
Heimat/Herkunft: Wildformen aus Madagaskar, Zuchtformen im Handel.
Wuchsform: Neuere Zuchtformen sind aus K. blossfeldiana hervorgegangen. Aufrechter bis breitverzweigter Wuchs und grün glänzende, gegenständige Blätter. Aus den Triebspitzen bilden sich im Kurztag an verzweigten Schäften Trugdolden mit sternförmigen Blüten in Weiss, Gelb, Orange, Rot und Rosa.
Pflanzenhöhe: 15 bis 25 cm.
Temperatur- und Lichtansprüche: Unbedingt heller Standort, im Sommer volle Sonne meiden, 15 bis 20 °C.
Substrat/pH-Wert: Durchlässiges Substrat, humos mit Landerde- und Sandzusatz, pH-Wert: 6.0 bis 6.5.
Besondere Pflegehinweise: Gleichmässig feucht, aber nie nass halten, mässig düngen. Nach der Blüte Rückschnitt. Normale Blüte erscheint im Februar/März.
Vermehrungsart: Aussaat, die neuen Hybridesorten jedoch nur durch Kopfstecklinge.
Zeitraum des Angebotes: 1 bis 12.
Pflanzenschutz: Anfällig für Blattläuse, Raupenfrass, Dickmaulrüsslerlarven, Blütenthripse und Echten Mehltau.

Kalanchoe manginii

♃ (K) ⚘ ⇝

Handelsname: Hängendes Flammendes Käthchen.
Synonym: –.
Familie: Crassulaceae.
Heimat/Herkunft: Madagaskar.
Wuchsform: Lockerer, aufrechter bis überhängender Wuchs mit gegenständigen, gezähnten, lanzettlichen, fleischigen Blättern. Endständig bilden sich röhrige Glockenblüten in Lachsrosa bis Orange.
Pflanzenhöhe: 20 bis 30 cm.
Temperatur- und Lichtansprüche: Heller, leicht sonniger Standort bei 16 bis 20 °C.
Substrat/pH-Wert: Humoses, durchlässiges Substrat mit Landerdezusatz, pH-Wert: 6.0 bis 6.5.
Besondere Pflegehinweise: Nach der Blüte leichter Rückschnitt. Mässig giessen und düngen, Nässe meiden.
Vermehrungsart: Kopfstecklinge.
Zeitraum des Angebotes: 1 bis 12.
Pflanzenschutz: Anfällig für Blattläuse und Weichhautmilben.

▲ Abb. 342
▼ Abb. 343

Leea guinensis

♄ (W)

Handelsname: Purpurleea.
Synonym: –.
Familie: Leeaceae.
Heimat/Herkunft: Guinea-Westafrika.
Wuchsform: Strauchig aufrecht, wenig verzweigt mit dunkelgrünen bis purpurfarbenen, einfach gefiederten Blättern, die sich flach ausbreiten.
Pflanzenhöhe: 30 bis 60 cm.
Temperatur- und Lichtansprüche: Heller, jedoch nicht vollsonniger Standort bei 18 bis 22 °C.
Substrat/pH-Wert: Humoses Substrat mit Landerdezusatz, pH-Wert: 5.5 bis 6.8.
Besondere Pflegehinweise: Im Sommerhalbjahr gleichmässig feucht halten und mässig düngen. Im Winter etwas trockener halten = Ruhephase.
Vermehrungsart: Kopfstecklinge.
Zeitraum des Angebotes: 1 bis 12.
Pflanzenschutz: Anfällig für Blattläuse.

▲ Abb. 344
▼ Abb. 345

Leptospermum scoparium ♄–♄ ⌂K ✂

Handelsname: Südseemyrte.
Synonym: –.
Familie: Myrtaceae.
Heimat/Herkunft: Australien.
Wuchsform: Buschiger, dichter Strauch mit nadeligen, dunkelgrünen bis braunroten Blättchen. An den äusseren Triebspitzen erscheinen aus den Blattachseln zahlreiche abgeflachte Blüten in Weiss, Rosa oder Rot.
Pflanzenhöhe: 30 bis 50 cm, im Alter mehrere Meter hoch werden.
Temperatur- und Lichtansprüche: Heller bis vollsonniger Standort, im Sommer auch im Freien. Im Winter kühl halten bei 3 bis 5 °C.
Substrat/pH-Wert: Lehmig-humoses Substrat, pH-Wert: 6.0 bis 6.8.
Besondere Pflegehinweise: Gleichmässig feucht halten, mässig düngen. Im Winter vorsichtig giessen.
Vermehrungsart: Kopfstecklinge im August.
Zeitraum des Angebotes: 5 bis 8.
Pflanzenschutz: Problemlos.

Liriope muscari ♃ ⌂K

Handelsname: Liriope.
Synonym: Ophiopogon muscari.
Familie: Liliaceae.
Heimat/Herkunft: Ostasien.
Wuchsform: Grundständige Pflanze mit aufstrebenden bis überneigenden, schmallinealen Blättern mit deutlicher Aderung. Die Sorte 'Variegata' zeigt gelbe Längsstreifen. Die blauen oder weissen Blüten stehen in dichten Ähren.
Pflanzenhöhe: 25 bis 30 cm.
Temperatur- und Lichtansprüche: Heller bis halbschattiger Standort. Durch den Sommer 18 bis 20 °C, im Winter kühler bei 5 bis 10 °C.
Substrat/pH-Wert: Lehmig-humoses Substrat, pH-Wert: 6.0 bis 6.8.
Besondere Pflegehinweise: Gleichmässig feucht halten, im Winter kühl und relativ trocken halten.
Vermehrungsart: Teilung oder durch Aussaat.
Zeitraum des Angebotes: 4 bis 10.
Pflanzenschutz: Anfällig für Blattläuse.

Lithops ruschiorum var. nelii

♃ (K)

Handelsname: Lebende Steine.
Synonym: –.
Familie: Aizoaceae.
Heimat/Herkunft: Südafrika.
Wuchsform: Interessante Blattsukkulente mit vollkommener Täuschung. Die gegenständigen, dicken fleischigen Blätter sind in der Mitte durch einen tiefen Spalt getrennt, aus dem später neue Blätter nachwachsen. Die Farbe der Oberfläche passt sich der Umgebung an = Selbstschutz vor Tierfrass. Im Alter gelbe bis weisse Strahlenblüten.
Pflanzenhöhe: 3 bis 5 cm.
Temperatur- und Lichtansprüche: Vollsonniger Standort, im Sommer 18 bis 20 °C, im Winter bei 8 bis 12 °C.
Substrat/pH-Wert: Sehr durchlässiges Substrat aus Mineralteilen: Kies, Ziegelschrot, Grobsand, Perlite und Lauberde, pH-Wert: 5.0 bis 6.0.
Besondere Pflegehinweise: Unbedingt Nässe vermeiden, im Winter sehr wenig giessen. Am besten von unten bewässern, damit die Pflanzen nicht nass werden.
Vermehrungsart: Durch Aussaat, grössere Pflanzen durch Teilung.
Zeitraum des Angebotes: 4 bis 1.
Pflanzenschutz: Anfällig für Fäulnis bei zu grosser Nässe.

▲ Abb. 346
▼ Abb. 347

Livistonia rotundifolia

♄ (W)

Handelsname: Schirmpalme.
Synonym: –.
Familie: Palmae.
Heimat/Herkunft: Ostasiatische Regenwälder.
Wuchsform: Kurzer, aber dicker Stamm, aus dem sich an seitlich stark bedornten Stielen runde, breitgefächerte, grünglänzende Blätter ausbreiten.
Pflanzenhöhe: 30 bis 50 cm, in der Heimat bis 10 Meter hoch werdend.
Temperatur- und Lichtansprüche: Heller bis vollsonniger Standort, 18 bis 20 °C.
Substrat/pH-Wert: Humoses Substrat mit Landerdeanteil, pH-Wert: 5.0 bis 6.2.
Besondere Pflegehinweise: Immer gleichmässig feucht halten. Im Sommerhalbjahr mässig düngen.
Vermehrungsart: Aussaat.
Zeitraum des Angebotes: 1 bis 12.
Pflanzenschutz: Anfällig für Schildläuse, Spinnmilben und Thripse.

▼ Abb. 348

▲ Abb. 349

Ludisia discolor var. discolor ♃

Handelsname: Blutstengel, Ludisie.
Synonym: Goodyera discolor, Haemaria discolor.
Familie: Orchidaceae.
Heimat/Herkunft: Singapur bis Südchina.
Wuchsform: Kriechende Rhizomsprosse, aus denen sich prächtige Blattrosetten in Dunkelpurpur mit heller Nervenzeichnung emporheben. Die Form ist breitoval. Aus dem Zentrum erscheinen an aufrechten Ähren zahlreiche weisse Blüten.
Pflanzenhöhe: 20 bis 30 cm.
Temperatur- und Lichtansprüche: Halbschattiger Standort, volle Sonne meiden. Ideal bei 18 bis 22 °C.
Substrat/pH-Wert: Sehr humoses und durchlässiges Substrat aus Torf, Nadel- und Lauberde, pH-Wert: 4.8 bis 5.8.
Besondere Pflegehinweise: Ludisien sind pflegeleicht. Stets gleichmässig giessen und abgeschwächt düngen. Sie lieben erhöhte Luftfeuchtigkeit.
Vermehrungsart: Teilung und Kopfstecklinge.
Zeitraum des Angebotes: 1 bis 12.
Pflanzenschutz: Anfällig für Blattläuse.

▲ Abb. 350
▼ Abb. 351

Mammillaria zeilmanniana

Handelsname: Zeilmann's Mammillarie, Warzenkaktus.
Synonym: –.
Familie: Cactaceae.
Heimat/Herkunft: Mittleres Mexiko.
Wuchsform: Kurzzylindrige fleischige Sprosse, warzig mit dichter, weissgrauer Bedornung. An der Basis bilden sich Seitensprosse. Im Kreis um das Zentrum viele sternförmige Blüten in Weiss und Rosa. Blüte im April/Mai.
Pflanzenhöhe: 5 bis 15 cm.
Temperatur- und Lichtansprüche: Heller bis vollsonniger Standort, im Sommer auch regengeschützt im Freien. Im Winter kühl bei 4 bis 6 °C.
Substrat/pH-Wert: 50 % Mineralteile wie Grobsand, Feinkies, Ziegelschrot und 50 % Lauberde, pH-Wert: 6.0 bis 7.0.
Besondere Pflegehinweise: Durch den Sommer wöchentlich giessen (nicht über die Pflanzen!). Im Winter absolut trocken halten. Während der Vegetation mässig düngen.
Vermehrungsart: Aussaat und Abnahme von Seitensprossen.
Zeitraum des Angebotes: 1 bis 12.
Pflanzenschutz: Anfällig für Wolläuse und Wurzelläuse.

Maranta leuconeura 'Erythroneura'

♃ (w)

Handelsname: Dunkelgefleckte Marante.
Synonym: M. leuconeura var. erythroneura.
Familie: Marantaceae.
Heimat/Herkunft: Brasilien.
Wuchsform: Krautige Pflanze mit kriechendem, verzweigtem Wuchs. Die wechselständigen, streng ovalen Blätter weisen auf grünem Grunde dunkelgrüne Flecken und rote Streifen auf. Weisse Blüten in lockeren Ähren.
Pflanzenhöhe: 30 bis 50 cm.
Temperatur- und Lichtansprüche: Heller bis schwachschattiger Standort, volle Sonne meiden. Im Sommer 18 bis 22 °C, im Winter genügen auch 14 bis 16 °C.
Substrat/pH-Wert: Humoses Substrat mit etwas Landerdezusatz, pH-Wert: 5.0 bis 6.2.
Besondere Pflegehinweise: Gleichmässig feucht halten, im Sommer mässig düngen, im Winter weniger. Liebt erhöhte Luftfeuchtigkeit.
Vermehrungsart: Teilung, Kopf- und Triebteilstecklinge.
Zeitraum des Angebotes: 1 bis 12.
Pflanzenschutz: Anfällig für Blattläuse und Spinnmilben.

▲ Abb. 352
▼ Abb. 353

Maranta leuconeura 'Kerchoviana'

♃ (w)

Handelsname: Kerchov's Marante.
Synonym: M. leuconeura var. kerchoviana.
Familie: Marantaceae.
Heimat/Herkunft: Brasilien.
Wuchsform: Krautig, aufrecht bis breitverzweigt. An kurzen Stielen präsentieren sich die grossen, ovalen, grünen Blätter mit ihrer dunklen Fleckenzeichnung. Aus den Blattachseln erscheinen weisse Blüten in ährigen Blütenständen.
Pflanzenhöhe: 20 bis 30 cm.
Temperatur- und Lichtansprüche: Weder grelles Sonnenlicht noch zu viel Schatten werden ertragen. Im Sommer 18 bis 22 °C, im Winter 14 bis 16 °C.
Substrat/pH-Wert: Humoses Substrat mit etwas Landerdezusatz, pH-Wert: 5.0 bis 6.2.
Besondere Pflegehinweise: Ballentrockenheit meiden und erhöhte Luftfeuchtigkeit anstreben. Mässig giessen und düngen.
Vermehrungsart: Teilung, Kopf- und Triebteilstecklinge.
Zeitraum des Angebotes: 1 bis 12.
Pflanzenschutz: Anfällig für Blattläuse und Spinnmilben.

▲ Abb. 354
▼ Abb. 355

Medinilla magnifica

♄

Handelsname: Medinille.
Synonym: –.
Familie: Melastomataceae.
Heimat/Herkunft: Philippinen.
Wuchsform: Aufrechter Strauch mit breitverzweigtem, etwas sparrigem Wuchs und grossen, gegenständigen, ovalen, grünen Blättern, die bis 30 cm Länge erreichen können. Die rosafarbenen Blütenstände mit ausgeprägten Hochblättern erscheinen endständig und hängen stark.
Pflanzenhöhe: Je nach Alter 40 bis 150 cm und mehr.
Temperatur- und Lichtansprüche: Sehr heller Standort, im Sommer jedoch volle Sonne meiden. 18 bis 22 °C, im Winter nicht unter 15 °C.
Substrat/pH-Wert: Humoses Substrat mit etwas Landerdeanteil, pH-Wert: 5.0 bis 5.8.
Besondere Pflegehinweise: Mit dem Ansatz von Blütenknopsen wärmer stellen, feuchter halten und mässig düngen. Höhere Luftfeuchtigkeit wird bevorzugt.
Vermehrungsart: Kopf- und Triebteilstecklinge.
Zeitraum des Angebotes: 4 bis 10.
Pflanzenschutz: Anfällig für Blattläuse.

Microcoelum weddellianum

Handelsname: Kokospälmchen.
Synonym: Cocos weddelliana, Syagrus weddelliana, Glaziova martiana, Microcoelum martianum.
Familie: Palmae.
Heimat/Herkunft: Tropisches Brasilien.
Wuchsform: Aus kurzem, aufrechtem Grundspross aufstrebende, nach aussen neigende, feingefiederte Blattwedel, grün glänzend.
Pflanzenhöhe: 30 bis 100 cm.
Temperatur- und Lichtansprüche: Relativ hoher Wärmebedarf von mindestens 18 bis 22 °C. Heller, nicht vollsonniger Standort. Ideal für Blumenfenster.
Substrat/pH-Wert: Humoses Substrat mit Nadel- oder Lauberdezusatz, pH-Wert: 5.0 bis 6.0.
Besondere Pflegehinweise: Beim Umpflanzen Wurzeln nicht verletzen. Ideal, wenn die Töpfe stets etwas im Wasser (Unterteller) stehen. Trockenheit meiden. Mässig düngen.
Vermehrungsart: Aussaat, meist 3 bis 5 Pflanzen pro Topf.
Zeitraum des Angebotes: 1 bis 12.
Pflanzenschutz: Anfällig für Schildläuse, Spinnmilben und Thripse. Bei Trockenheit dürre Blattspitzen.

Mikania ternata

♃ (W) ⇅

Handelsname: Dunkelblättrige Mikanie.
Synonym: M. apiifolia.
Familie: Compositae.
Heimat/Herkunft: Brasilien.
Wuchsform: Dünne Blatttriebe, kriechend, kletternd bis hängend. Die wechselständigen Blätter sind handförmig geteilt, dunkelgrün bis violett und behaart.
Pflanzenhöhe: 30 bis 50 cm.
Temperatur- und Lichtansprüche: Durch den Sommer heller bis vollsonniger Standort, 15 bis 20 °C. Auch im Freien. Im Winter relativ kühl bei 12 °C.
Substrat/pH-Wert: Lehmig-humoses Substrat, pH-Wert: 6.0 bis 6.8.
Besondere Pflegehinweise: Gleichmässige Feuchtigkeit durch das ganze Jahr sowie mässige Nährstoffgaben.
Vermehrungsart: Kopf- und Triebteilstecklinge. Auch durch Aussaat.
Zeitraum des Angebotes: 1 bis 12.
Pflanzenschutz: Anfällig für Blattläuse.

▲ Abb. 356
▼ Abb. 357

Miltonia-Hybriden

♃ (K)

Handelsname: Miltonie, Veilchenorchidee.
Synonym: –.
Familie: Orchidaceae.
Heimat/Herkunft: Wildformen aus Brasilien, Zuchtformen sind aus Kreuzungen entstanden.
Wuchsform: An der Basis runde Pseudobulben. Die Blätter sind breitlineal, am Ende abgerundet und grün. An langen, zum Teil überhängenden Trauben bilden sich grosse, flache Blüten mit prächtiger Zeichnung, die an Veilchen erinnern. Farben: Weiss, Orange, Rosa, Rot und Dunkelpurpur.
Pflanzenhöhe: 30 bis 40 cm.
Temperatur- und Lichtansprüche: Miltonien lieben kühle Temperaturen, im Sommer im Zimmer an einem hellen, nicht sonnigen Standort bei 15 bis 18 °C, im Herbst 8 bis 10 °C.
Substrat/pH-Wert: Orchideensubstrat bestehend aus Farn- oder Buchenwurzeln, Sphagnum, grobem Torf und Föhrenrindestücken, pH-Wert: 5.0 bis 5.5.
Besondere Pflegehinweise: Temperaturverlauf: November bis März relativ warm bei 18 °C, Mai bis Juni kühl bei 12 bis 15 °C. Blüte meist im August/September. Mit Regenwasser giessen.
Vermehrungsart: Teilung.
Zeitraum des Angebotes: 7 bis 11, zum Teil 1 bis 12.
Pflanzenschutz: Anfällig für Thripse bei zu trockenwarmer Luft.

▲ Abb. 358
▼ Abb. 359

Mimosa pudica

Handelsname: Sinnpflanze, «Rühr mich nicht an», Schampflanze, Mimose.
Synonym: –.
Familie: Leguminosae.
Heimat/Herkunft: Brasilien.
Wuchsform: Halbstrauch mit locker verzweigtem, aufrechtem Wuchs, dornig. Die wechselständigen, handförmig geteilten und gefiederten, grünen Blätter falten sich bei Berührung zusammen. Aus den Blattachseln erscheinen rosafarbene, runde Blütenköpfchen.
Pflanzenhöhe: 15 bis 30 cm und mehr.
Temperatur- und Lichtansprüche: Möglichst im Blumenfenster oder in einer geschlossenen Vitrine, hell bei 18 bis 22 °C.
Substrat/pH-Wert: Humoses Substrat mit Landerdezusatz, pH-Wert: 5.5 bis 6.5.
Besondere Pflegehinweise: Stets gleichmässig feucht halten. Im Sommerhalbjahr mässig düngen. Sie lieben erhöhte Luftfeuchtigkeit.
Vermehrungsart: Aussaat, 3 pro Topf pflanzen.
Zeitraum des Angebotes: 4 bis 10.
Pflanzenschutz: Anfällig für Blattläuse.

Monstera adansonii

Handelsname: Löcheriges Fensterblatt.
Synonym: M. pertusa.
Familie: Araceae.
Heimat/Herkunft: Costa Rica.
Wuchsform: Kletter- bis Hängepflanze mit fingerdicken Trieben und wechselständigen, unsymmetrischen, mittelgrünen, ovalen Blättern, die dem Hauptnerv entlang unregelmässig grosse, runde bis ovale Löcher aufweisen.
Pflanzenhöhe: 30 bis 50 cm und mehr.
Temperatur- und Lichtansprüche: Heller, nicht vollsonniger Standort, erträgt auch relativ viel Schatten. 16 bis 20 °C.
Substrat/pH-Wert: Humoses Substrat mit Landerdezusatz, pH-Wert: 5.0 bis 6.0.
Besondere Pflegehinweise: Anspruchslose Pflanze mit mässigem Wasser- und Nährstoffbedarf. Nie austrocknen lassen.
Vermehrungsart: Triebteil- und Blattaugenstecklinge.
Zeitraum des Angebotes: 1 bis 12.
Pflanzenschutz: Anfällig für Blattläuse und Schildläuse.

Monstera deliciosa

Handelsname: Grosses Fensterblatt.
Synonym: Philodendron pertusum.
Familie: Araceae.
Heimat/Herkunft: Mexiko, Mittelamerika.
Wuchsform: Starker, kurzinternodiger Spross mit riesigen Blättern von 50 bis 100 cm Durchmesser auf langen Stielen. Das ovale Blatt ist dunkelgrün glänzend und mit tiefen Einschnitten und runden Löchern versehen. Bei älteren Pflanzen kolbige Blütenstände und weisse Hüllblätter. Fingerdicke Luftwurzeln.
Pflanzenhöhe: 50 bis 200 cm.
Temperatur- und Lichtansprüche: Heller, nicht vollsonniger Standort mit genügend Raum zur Entwicklung. 18 bis 22 °C.
Substrat/pH-Wert: Humoses Substrat mit Landerdezusatz, pH-Wert: 5.0 bis 6.5.
Besondere Pflegehinweise: Gleichmässig feucht halten und mässig düngen. Unten kahl gewordene Pflanzen durch Rückschnitt verjüngen.
Vermehrungsart: Kopf-, Blattaugenstecklinge und auch Stammschnittlinge.
Zeitraum des Angebotes: 1 bis 12.
Pflanzenschutz: Anfällig für Blattläuse, Schildläuse, Wolläuse.

▲ Abb. 360
▼ Abb. 361

▼ Abb. 362

Monstera deliciosa 'Borsigiana'

Handelsname: Kleines Fensterblatt.
Synonym: Philodendron pertusum, M. deliciosa var. borsigiana.
Familie: Araceae.
Heimat/Herkunft: Mexiko, Mittelamerika.
Wuchsform: Schlanker aufrechter Wuchs mit relativ dünnen Trieben. Die eirunden bis ovalen Blätter sind grünglänzend und mit tiefen Einschnitten und Löchern versehen. Wesentlich kleiner als die Art M. deliciosa. Eine Abart weist weisse Fleckenzeichnung auf. Aus den Blattachseln hellgrüne Kolben und Hüllblätter.
Pflanzenhöhe: 40 bis 200 cm.
Temperatur- und Lichtansprüche: Heller Standort, volle Sonne meiden. 18 bis 22 °C.
Substrat/pH-Wert: Humoses Substrat mit Landerdeanteil, pH-Wert: 5.0 bis 6.5.
Besondere Pflegehinweise: Gleichmässig feucht halten und mässig düngen. Pro Topf 2 bis 3 Pflanzen verwenden für buschige Töpfe.
Vermehrungsart: Kopf-, Blattaugenstecklinge und Stammschnittlinge.
Zeitraum des Angebotes: 1 bis 12.
Pflanzenschutz: Anfällig für Blattläuse, Wolläuse und Schildläuse.

▲ Abb. 363
▼ Abb. 364

Musa acuminata ♃ W Ⓝ

Handelsname: Zierbanane.
Synonym: M. cavendishii, M. malaccensis, M. zebrina.
Familie: Musaceae.
Heimat/Herkunft: Ostasien, Australien.
Wuchsform: Aus einem dicken, aufwärtsstrebenden Spross entwickeln sich breitausladende grosse, ovale Blätter. Die mattgrüne Grundfarbe ist durch purpurrote Flecken unregelmässig gezeichnet. Die Blüten sind von violetten Deckblättern überdeckt. Die Früchte sind essbar.
Pflanzenhöhe: 50 bis 80 cm und mehr.
Temperatur- und Lichtansprüche: Halbschattige bis helle, nicht vollsonnige Lage, grössere Pflanzen auch im Freien. Im Sommer 18 bis 20 °C, im Winter 14 bis 16 °C.
Substrat/pH-Wert: Humoses Substrat mit Landerdezusatz, pH-Wert: 6.0 bis 6.8.
Besondere Pflegehinweise: Im Sommer grösserer Wasser- und Nährstoffbedarf. Im Winter mässig feucht halten.
Vermehrungsart: Aussaat oder bei grösseren Pflanzen Abtrennen der Basiskindeltriebe.
Zeitraum des Angebotes: 1 bis 12.
Pflanzenschutz: Anfällig für Blattläuse.

Myrtus communis ♄ K D

Handelsname: Brautmyrte.
Synonym: –.
Familie: Myrtaceae.
Heimat/Herkunft: Mittelmeerländer.
Wuchsform: Immergrüner Strauch mit zierlichem Wuchs und lockerer Verzweigung. Die gegenständigen Blätter sind lanzettlich und dunkelgrün glänzend. Aus den Blattachseln erscheinen 2 cm grosse, weisse Blüten, die angenehm duften. Später bilden sich schwarze Beeren. Auch Pyramiden- und Hochstammformen.
Pflanzenhöhe: Je nach Alter 30 bis 100 cm und mehr.
Temperatur- und Lichtansprüche: Sonniger Standort in Räumen oder im Freien, erträgt auch Halbschatten. Im Winter kühl halten bei 4 bis 12 °C.
Substrat/pH-Wert: Humoses Substrat mit Landerdezusatz, pH-Wert: 5.0 bis 6.0.
Besondere Pflegehinweise: Gleichmässig feucht halten, mässig düngen. Nach der Blüte Formierungsschnitt.
Vermehrungsart: Kopfstecklinge.
Zeitraum des Angebotes: 1 bis 12.
Pflanzenschutz: Anfällig für Schildläuse und in der Folge Russtaupilze.

Nematanthus gregarius ♄

Handelsname: Nematanthus, Geflecktes Kussmäulchen.
Synonym: N. radicans, Hypocyrta radicans.
Familie: Gesneriaceae.
Heimat/Herkunft: Brasilien.
Wuchsform: Aufrecht bis überhängend, etwas sparrige Triebe mit gegenständigen, breitlanzettlichen, dickfleischigen Blättern in Grün und mit rotem Anflug. Aus den äusseren Blattachseln entwickeln sich röhrig gebauchte Blüten in Gelborange mit dunklen Flecken.
Pflanzenhöhe: 20 bis 35 cm.
Temperatur- und Lichtansprüche: Heller Standort, im Sommer keine volle Sonneneinstrahlung. 16 bis 20 °C, im Winter 10 bis 14 °C.
Substrat/pH-Wert: Humoses Substrat mit Landerdezusatz, pH-Wert: 5.0 bis 6.2.
Besondere Pflegehinweise: Nicht mit kaltem Wasser über die Blätter giessen (Blattringe). Gleichmässig feucht halten und mässig düngen.
Vermehrungsart: Kopf- und Triebteilstecklinge, mehrere pro Topf.
Zeitraum des Angebotes: 8 bis 4.
Pflanzenschutz: Anfällig für Blattläuse und Ringflecken auf den Blättern.

▲ Abb. 365
▼ Abb. 366

Neoregelia carolinae 'Tricolor' ♃

Handelsname: Neoregelie, Nestananas.
Synonym: Aregelia carolinae, Nidularium meyendorffii.
Familie: Bromeliaceae.
Heimat/Herkunft: Brasilien.
Wuchsform: Grundständige, abgeflachte Rosette mit linealen, aussen zugespitzten, am Rande leicht gezähnten Blättern. Grün mit weissem bis gelbem Mittelband. Im Zentrum blaue Blüten, die Rosette verfärbt sich im Zentrum leuchtendrot.
Pflanzenhöhe: 20 bis 30 cm, im Durchmesser 40 bis 60 cm.
Temperatur- und Lichtansprüche: Heller, nicht vollsonniger Standort, im Sommer 20 bis 25 °C, im Winter 15 bis 18 °C.
Substrat/pH-Wert: Grobes, lockeres, humoses Substrat, pH-Wert: 5.0 bis 5.5.
Besondere Pflegehinweise: Zum Giessen kalkarmes Wasser verwenden, regelmässig feucht halten, auch den Trichter mit Wasser füllen, mässig düngen.
Vermehrungsart: Durch Abnahme von seitlichen Kindeln.
Zeitraum des Angebotes: 1 bis 12.
Pflanzenschutz: Anfällig für Schildläuse und Thripse bei krassen Pflegefehlern.

▲ Abb. 367
▼ Abb. 368

Nepenthes-Hybriden

♄ (W) ⌇

Handelsname: Kannenpflanze.
Synonym: –.
Familie: Nepenthaceae.
Heimat/Herkunft: Ostasiatische Tropen, Zuchtform.
Wuchsform: Epiphytisch wachsende «fleischfressende» Pflanze (Insektivore) mit aufrechtem bis kletterndem Spross, aus dem sich seitlich ausladene, länglichlanzettliche, grüne Blätter entwickeln. Aus den Blattspitzen bilden sich lange, röhrige Kannen mit einem Deckel. Insekten werden angelockt und darin verdaut.
Pflanzenhöhe: 30 bis 50 cm.
Temperatur- und Lichtansprüche: Heller, nicht vollsonniger Standort. Im Sommer 20 bis 22 °C, im Winter 15 bis 18 °C.
Substrat/pH-Wert: Sehr durchlässiges Substrat aus Sphagnum, Buchenlaub halbverrottet, Torfbrocken und Föhrenrinde, pH-Wert: 4.5 bis 5.5.
Besondere Pflegehinweise: Im Zimmer oft befeuchten (Brause im Badezimmer), Wasserbad geben, kalkarmes Wasser verwenden und schwach düngen. Mit Insekten füttern.
Vermehrungsart: Blattaugenstecklinge werden durch das Abzugloch eines umgekehrten kleinen Topfes gesteckt. Der Topf ist innen mit Sphagnum zu füllen. Geschlossen bei 30 °C bewurzeln lassen.
Zeitraum des Angebotes: 1 bis 12.
Pflanzenschutz: Anfällig für Blattläuse.

Nephrolepis exaltata

♃ (W)

Handelsname: Schwertfarn.
Synonym: –.
Familie: Nephrolepidaceae.
Heimat/Herkunft: Fast in allen Tropen verbreitet.
Wuchsform: Aus kurzem Grundstamm erscheinen die bis 70 cm langen, einfach gefiederten Blattwedel in grüner Farbe. Einige Kulturformen besitzen auch doppelt gefiederte Blattwedel. Ältere Pflanzen bilden Ausläufertriebe.
Pflanzenhöhe: 30 bis 100 cm.
Temperatur- und Lichtansprüche: Halbschattiger bis heller Standort, keine direkte Sonneneinstrahlung. Ideal bei 16 bis 18 °C.
Substrat/pH-Wert: Humoses Substrat mit Lauberdeanteil, pH-Wert: 4.5 bis 5.5.
Besondere Pflegehinweise: Gleichmässig feucht halten, weder Trockenheit noch Nässe! Mässig düngen. Radiatorennähe meiden!
Vermehrungsart: Ausläufertriebe in Torferde pflanzen. Mikrovermehrung.
Zeitraum des Angebotes: 1 bis 12.
Pflanzenschutz: Anfällig für Blattläuse, Schildläuse und Thripse.

Nertera granadensis

♃ ⇝ ⚘

Handelsname: Korallenbeere.
Synonym: Gomozia granadensis, N. depressa.
Familie: Rubiaceae.
Heimat/Herkunft: Mittel- bis Südamerika, Neuseeland, Tasmanien.
Wuchsform: Dichtwachsende krautige Pflanzen mit langsamem, kriechendem Wuchs. Die dünnen, dicht verzweigten Triebe besitzen rundliche grüne Blättchen von 4 bis 8 mm Durchmesser. Aus den Blattachseln unscheinbare grüne Blütchen, in der Folge leuchtendorangerot glänzende Beeren in Erbsengrösse.
Pflanzenhöhe: 5 bis 10 cm.
Temperatur- und Lichtansprüche: Sehr heller und luftiger, nicht zu warmer Standort. Vor voller Sonne schützen. Im Winter kühl bei 10 bis 12 °C.
Substrat/pH-Wert: Humoses Substrat mit Landerdezusatz, pH-Wert: 4.8 bis 5.5.
Besondere Pflegehinweise: Pflanzen mit Vorteil von unten giessen (Untersatz), nicht in die Pflanzen selbst. Gleichmässig feucht halten und schwach düngen.
Vermehrungsart: Teilung oder Aussaat.
Zeitraum des Angebotes: 5 bis 9.
Pflanzenschutz: Anfällig für Blattläuse und Triebfäule.

▲ Abb. 369
▼ Abb. 370

Nidularium innocentii var. striatum

♃ ⌂W

Handelsname: Gestreifte Nestbromelie, Nidularium.
Synonym: N. striatum.
Familie: Bromeliaceae.
Heimat/Herkunft: Ostbrasilien (Kulturform).
Wuchsform: Grundständige, abgeflachte Rosette mit breitlinealen Blättern, die am Rande dornig gezähnt sind. Grundfarbe dunkelgrün mit unterschiedlich breiten, gelben Längsstreifen. Im Zentrum rote Hochblätter und im Schlund weisse Blüten.
Pflanzenhöhe: 20 bis 30 cm, 40 bis 60 cm im Durchmesser.
Temperatur- und Lichtansprüche: Heller, nicht vollsonniger Standort bei 20 bis 25 °C im Sommer, 15 bis 18 °C im Winter.
Substrat/pH-Wert: Humoses, grobfaseriges Substrat aus Torf, Sphagnum, Buchenlaub und Styroporflocken, pH-Wert: 5.0 bis 5.5.
Besondere Pflegehinweise: Im Sommer feucht halten und auch den Trichter mit Wasser füllen, mässig düngen, im Winter etwas sparsamer giessen.
Vermehrungsart: Durch seitliche Kindeltriebe.
Zeitraum des Angebotes: 1 bis 12.
Pflanzenschutz: Anfällig für Schildläuse und Thripse bei zu trockener Luft.

▲ Abb. 371
▼ Abb. 372

Oncidium–Hybriden

Handelsname: Oncidium, Schwielenorchidee.
Synonym: –.
Familie: Orchidaceae.
Heimat/Herkunft: Tropisches Amerika, Zuchtform.
Wuchsform: Sehr umfangreiche Gattung mit dicken, runden Pseudobulben über dem Boden. Die wechselständigen linealen und gefalteten grünen Blätter sind von unterschiedlicher Grösse. Die zahlreichen gelben bis orangebraunen Blüten stehen locker an langen dünnen Trauben oder Rispen.
Pflanzenhöhe: 40 bis 50 cm.
Temperatur- und Lichtansprüche: Warmhausoncidien verlangen im Winter 18 bis 20 °C. Nach der Blüte Temperatur absenken auf 12 bis 15 °C. Heller, aber nicht vollsonniger Standort.
Substrat/pH-Wert: Lockeres, grobfaseriges Substrat aus Sphagnum, Farn- oder Buchenwurzeln und Föhrenrinde, pH-Wert: 4.5 bis 5.5.
Besondere Pflegehinweise: Für erhöhte Luftfeuchtigkeit sorgen, kalkarmes Wasser verwenden, ab und zu ein Wasserbad mit 0,5‰ Düngerlösung tauchen.
Vermehrungsart: Teilung von älteren Pflanzen.
Zeitraum des Angebotes: 1 bis 12.
Pflanzenschutz: Anfällig für Schildläuse und Spinnmilben.

Ophiopogon jaburan 'Vittatus' ♃

Handelsname: Schlangenbart.
Synonym: –.
Familie: Liliaceae.
Heimat/Herkunft: Japan, Riukiu-Inseln.
Wuchsform: Grundständige Pflanze mit schmalen, linealischen Blättern, die an den Enden leicht überneigen. Die Farbe ist dunkelgrün, die Sorte 'Vittatus' ist weiss-grün gestreift. Die blauen oder weissen Blüten erscheinen im Sommer zahlreich an traubigen Blütenständen.
Pflanzenhöhe: 30 bis 40 cm.
Temperatur- und Lichtansprüche: Heller bis halbschattiger Standort. Die gestreifte Art verlangt mehr Licht. Im Sommer 15 bis 18 °C, im Winter bis auf 5 °C absenken.
Substrat/pH-Wert: Humoses Substrat mit Landerdezusatz, pH-Wert: 5.8 bis 6.5.
Besondere Pflegehinweise: Stets gleichmässig feucht halten und mässig düngen. Im Winter schwach feucht halten.
Vermehrungsart: Durch Teilung der Pflanzen.
Zeitraum des Angebotes: 1 bis 12.
Pflanzenschutz: Anfällig für Blattläuse und Spinnmilben.

Opuntia robusta ♄

Handelsname: Feigenkaktus.
Synonym: –.
Familie: Cactaceae.
Heimat/Herkunft: Mittleres Mexiko.
Wuchsform: Opuntie mit bis 30 cm grossen ovalen Gliedern von graugrüner Farbe mit langen, weissen bis gelben Stacheln. Die Blüte ist gelb und wird 5 bis 7 cm gross.
Pflanzenhöhe: Je nach Alter 30 bis 80 cm und mehr.
Temperatur- und Lichtansprüche: Volle Sonne, im Sommer mit Vorteil regengeschützt im Freien. Im Winter hell und kühl stellen.
Substrat/pH-Wert: 50 % Mineralteile wie Grobsand, Feinkies, Tonsplitt, Lehm und 50 % Lauberde, pH-Wert: 6.5 bis 7.2.
Besondere Pflegehinweise: Im Sommer mässig feucht halten und wenig düngen, im Winter trocken halten.
Vermehrungsart: Durch Abnahme von seitlichen Blattgliedern oder Aussaat.
Zeitraum des Angebotes: 1 bis 12.
Pflanzenschutz: Anfällig für Wolläuse, Wurzelläuse und Spinnmilben.

▲ Abb. 373

Oxalis deppei ♃

Handelsname: Glücksklee.
Synonym: O. esculenta.
Familie: Oxalidaceae.
Heimat/Herkunft: Mexiko.
Wuchsform: Haselnussgrosse Zwiebeln, aus denen sich an langen Stielen je handformig geteilte Blätter von grossem und symbolischem Zierwert entfalten. Die 4 Blättchen sind frischgrün und an der Basis rotbraun gefärbt. Die rosafarbenen Blüten stehen in Dolden über dem Laub.
Pflanzenhöhe: 10 bis 30 cm.
Temperatur- und Lichtansprüche: Heller, nicht vollsonniger Standort, so kühl wie möglich halten. Im Sommer ideal bei 12 bis 18 °C.
Substrat/pH-Wert: Humoses Substrat mit Landerdezusatz, pH-Wert: 5.8 bis 6.5.
Besondere Pflegehinweise: Mässig feucht halten und auch düngen. Im Spätherbst einziehen lassen, trocken halten und im Frühjahr in neues Substrat pflanzen und antreiben bei 12 bis 15 °C.
Vermehrungsart: Durch Brutzwiebeln.
Zeitraum des Angebotes: 12 bis 1, als Zwiebeln zum Einpflanzen 4 bis 6.
Pflanzenschutz: Anfällig für Blattläuse.

▲ Abb. 374
▼ Abb. 375

▲ Abb. 376
▼ Abb. 377

Oxalis triangularis

♃ (K)

Handelsname: Dreieckiger Glücksklee.
Synonym: –.
Familie: Oxalidaceae.
Heimat/Herkunft: Brasilien.
Wuchsform: Aus runden Zwiebelchen, die zu mehreren pro Topf gepflanzt werden, steigen lange Blatt- und Blütenstiele auf und bilden üppige Büsche. Das dunkelpurpurrote Blatt weist je drei dreieckige Blätter auf. Die weissen Blüten in Dolden stehen kurz über dem Laub.
Pflanzenhöhe: 15 bis 20 cm.
Temperatur- und Lichtansprüche: Heller Standort, volle Sonne meiden. Relativ kühl halten bei 12 bis 14 °C, sonst werden die Pflanzen zu lang.
Substrat/pH-Wert: Humoses Substrat mit Landerdeanteil, pH-Wert: 5.8 bis 6.5.
Besondere Pflegehinweise: Beim Antreiben wenig giessen, bei voller Entwicklung reichlich giessen und mässig düngen. Im Winter einziehen lassen.
Vermehrungsart: Brutzwiebeln.
Zeitraum des Angebotes: 1 bis 10.
Pflanzenschutz: Anfällig für Blattläuse.

Pachira aquatica

♄ (W)

Handelsname: Flaschenbaum.
Synonym: P. macrocarpa, Carolinea macrocarpa.
Familie: Araceae.
Heimat/Herkunft: Südmexiko, Ekuador, Peru, Nordbrasilien.
Wuchsform: In ihrer Heimat wachsen die Pachirabäume zu grotesken, dickbauchigen Stämmen heran. Die Zweige tragen relativ grosse, grüne und handförmig geteilte Blätter. Im Alter bilden sich auch grosse, hellrosafarbene Blüten mit langen Staubfäden.
Pflanzenhöhe: Im Handel 60 bis 100 cm.
Temperatur- und Lichtansprüche: Heller bis leicht sonniger Standort bei nicht zu grosser Wärme. 16 bis 20 °C.
Substrat/pH-Wert: Lehmig-humoses Substrat, pH-Wert: 5.0 bis 6.5.
Besondere Pflegehinweise: Flaschenbäume müssen stets reichlich gegossen werden. Der Stamm kann viel Wasser speichern, um im Alter Trockenphasen zu überstehen.
Vermehrungsart: Aussaat, Triebstecklinge.
Zeitraum des Angebotes: 1 bis 12.
Pflanzenschutz: Unproblematisch.

Pachypodium lamieri

♄ (W)

Handelsname: Madagaskarpalme.
Synonym: –.
Familie: Apocynaceae.
Heimat/Herkunft: Madagaskar.
Wuchsform: Dicker, säulenartiger Stamm mit starker Dornenbildung = Sukkulent. Im oberen Bereich länglichlanzettliche, dunkelgrün glänzende Blätter mit heller Mittelrippe.
Pflanzenhöhe: 20 bis 40 cm.
Temperatur- und Lichtansprüche: Heller bis vollsonniger Standort im Bereich von 15 bis 25 °C.
Substrat/pH-Wert: Humoses Substrat mit Landerde- und Sandzusatz, im oberen Bereich mit Vorteil Kies, pH-Wert: 6.5. bis 7.0.
Besondere Pflegehinweise: Mässig giessen und wenig düngen. Nässe meiden. Ein Blattfall ist normal.
Vermehrungsart: Aussaat.
Zeitraum des Angebotes: 1 bis 12.
Pflanzenschutz: Bei zu grosser Nässe Wurzelfäule.

▲ Abb. 378
▼ Abb. 379

Pachystachys lutea

♃ (W)

Handelsname: Pachystachys, Dichtähre.
Synonym: –.
Familie: Acanthaceae.
Heimat/Herkunft: Peru.
Wuchsform: Strauchartiger, aufrechter Wuchs, verzweigt. Die gegenständigen Blätter sind dunkelgrün und langlanzettlich. Endständig bilden sich kräftige ährige Blütenstände mit gelben Hochblättern und weissen, röhrigen Blüten.
Pflanzenhöhe: 30 bis 50 cm.
Temperatur- und Lichtansprüche: Heller, aber nicht vollsonniger Standort, relativ warm bei 18 bis 22 °C.
Substrat/pH-Wert: Humoses Substrat mit Landerdezusatz, pH-Wert: 5.0 bis 6.0.
Besondere Pflegehinweise: Gleichmäsig giessen und mässig düngen. Gelegentlich etwas zurückschneiden, dann blühen sie immer wieder nach.
Vermehrungsart: Kopfstecklinge, je 3 bis 4 pro Topf.
Zeitraum des Angebotes: 3 bis 9.
Pflanzenschutz: Anfällig für Blattläuse, Schildläuse, Weisse Fliegen und Spinnmilben.

Pandanus veitchii ♄

Handelsname: Schraubenbaum.
Synonym: –.
Familie: Pandanaceae.
Heimat/Herkunft: Polynesien.
Wuchsform: Kurzgedrungener, aufrechter Spross mit spiralig angeordneten, aufstrebenden, schmalen, grünglänzenden Blättern, die am Rande stachlig gezähnt und mit einem weissen Band versehen sind. Bei grösseren Pflanzen bilden sich starke Stützwurzeln und aus der Basis Seitentriebe.
Pflanzenhöhe: Je nach Alter 50 bis 150 cm.
Temperatur- und Lichtansprüche: Heller, aber nicht vollsonniger Standort bei 18 bis 25 °C.
Substrat/pH-Wert: Humoses Substrat mit Landerdezusatz, pH-Wert: 5.5 bis 6.5.
Besondere Pflegehinweise: Gleichmässig giessen und mässig düngen. Infolge des starken Wuchses öfters umpflanzen in nahrhafte Erde.
Vermehrungsart: Kindel-Seitentriebe als Kopfstecklinge bei 25 bis 30 °C Bodenwärme bewurzeln lassen.
Zeitraum des Angebotes: 1 bis 12.
Pflanzenschutz: Bei zu grosser Trockenheit oder Nässe dürre Blattspitzen.

▲ Abb. 380
▼ Abb. 381

Paphiopedilum-Hybriden ♃ ✂

Handelsname: Venusschuh, Frauenschuhorchidee.
Synonym: Cypripedium hybrida.
Familie: Orchidaceae.
Heimat/Herkunft: Zuchtformen, Wildformen aus tropisch Ostasien.
Wuchsform: Krautige, immergrüne Pflanze mit grundständigen, zweiseitig aufstrebenden, langlanzettlichen Blättern in Grün oder mit bräunlichen Flecken bedeckt. Aus dem Triebzentrum zirka 30 cm lange, behaarte Schäfte, die je eine grosse, venusschuhähnliche edle Blüte tragen. Farben: Weiss, Gelb, Grün, Braun.
Pflanzenhöhe: 25 bis 40 cm.
Temperatur- und Lichtansprüche: Heller, jedoch nicht vollsonniger Standort, mit Vorteil im Blumenfenster. 18 bis 25 °C.
Substrat/pH-Wert: Vorwiegend Sphagnummoos mit etwas Torfbrocken und Buchen- oder Farnwurzeln, pH-Wert: 4.0 bis 5.5.
Besondere Pflegehinweise: Gleichmässig mit kalkarmem Wasser giessen und abgeschwächt düngen. Sorten mit nur grünen Blättern im Winter etwas kühler halten bei 14 bis 15 °C und weniger giessen.
Vermehrungsart: Teilung von grösseren Pflanzen nach der Blüte. Mikrovermehrung.
Zeitraum des Angebotes: 10 bis 12.
Pflanzenschutz: Anfällig für Schildläuse, Wolläuse, Spinnmilben, Thripse.

Passiflora caerulea

Handelsname: Passionsblume.
Synonym: –.
Familie: Passifloraceae.
Heimat/Herkunft: Südbrasilien.
Wuchsform: Kletternder Halbstrauch bis Strauch mit starkem Wachstum. Wechselständig fingerförmig geteilte Blätter und aus den Blattachseln gewundene Ranken. Die aus den Blattachseln erscheinenden Einzelblüten sind eine besondere Zierde mit einem prächtigen Strahlenkranz, Blütenfarbe vorwiegend blau. Mit biblischem Symbolgehalt.
Pflanzenhöhe: An Drahtringen aufgebunden 30 bis 40 cm, als Kletterpflanze erreicht sie 3 bis 4 Meter.
Temperatur- und Lichtansprüche: Sehr heller bis vollsonniger Standort bei 15 bis 25 °C, im Sommer auch im Freien oder im Wintergarten. Im Winter kühl bei 3 bis 6 °C.
Substrat/pH-Wert: Lehmig-humoses Substrat, pH-Wert: 5.8 bis 6.8.
Besondere Pflegehinweise: Im März auf 4 bis 6 Augen zurückschneiden und antreiben. In nahrhafte Erde umpflanzen und reichlich giessen und düngen bis im Oktober. Im Winter mässig feucht halten.
Vermehrungsart: Aussaat und Blattaugenstecklinge: (Pflanzen aus Aussaat sind nicht so blühwillig.)
Zeitraum des Angebotes: 2 bis 9.
Pflanzenschutz: Anfällig für Blattläuse, Wolläuse und Spinnmilben.

▲ Abb. 382
▼ Abb. 383

Pelargonium-Grandiflorum-Hybriden

Handelsname: Edelpelargonie, Englische oder Glockengeranie.
Synonym: P. x domesticum, P. grandiflorum.
Familie: Geraniaceae.
Heimat/Herkunft: Südafrika.
Wuchsform: Strauch bis Halbstrauch, aufrecht verzweigt mit wechselständigen, runden, am Rande gezähnten grünen Blättern. Aus den Blattachseln auf relativ kurzen Schäften doldige Blütenstände mit grossen, meist zweifarbigen Blüten in Weiss, Rosa, Rot und Lila.
Pflanzenhöhe: 20 bis 35 cm.
Temperatur- und Lichtansprüche: Heller Standort, jedoch volle Sonne meiden. Mit Vorteil im Sommer im Schatten oder Halbschatten im Freien bei 15 bis 20 °C. Im Winter kühl halten bei 8 bis 12 °C.
Substrat/pH-Wert: Durchlässiges, humoses Substrat mit Landerdezusatz, pH-Wert: 6.0 bis 7.2.
Besondere Pflegehinweise: Nässeempfindliche Pflanze, gleichmässig giessen und mässig düngen. Ein Kühlhalten unter 12° C im Frühjahr fördert den Blütenansatz.
Vermehrungsart: Kopfstecklinge.
Zeitraum des Angebotes: 2 bis 6.
Pflanzenschutz: Anfällig für weisse Fliegen, Blattläuse und Botrytis.

▲ Abb. 384
▼ Abb. 385

▲ Abb. 386
▼ Abb. 387

Pelargonium-Peltatum-Hybriden

Handelsname: Efeugeranium, Hängegeranium.
Synonym: P. peltatum.
Familie: Geraniaceae.
Heimat/Herkunft: Wildformen aus Südafrika, Zuchtformen im Handel.
Wuchsform: Krautig bis leicht verholzend, Halbstrauch mit anfänglich aufrechtem, später überhängendem Wuchs. Die Triebe sind relativ dünn, die Blätter sind wechselständig, rund bis teils gelappt. An langen Schäften stehen je 8 bis 15 Blüten zu einer Dolde vereint. Gefüllte und einfache Sorten in Rosa, Lachs, Weiss, Rot, Purpur und Violett, teilweise zweifarbig.
Pflanzenhöhe: Je nach Sorte 25 bis 80 cm.
Temperatur- und Lichtansprüche: Einfache Sorten ertragen volle Sonne und auch mehr Wärme, gefüllte Sorten sind dankbar für einer mehr halbschattigen Standort bei nicht zu trockener Luft.
Substrat/pH-Wert: Humoses Substrat mit mindestens 30 % Landerdeanteil, pH-Wert: 6.0 bis 7.2.
Besondere Pflegehinweise: Stets gleichmässig feucht halten und mässig düngen. Trockene Luft wird bei gut feuchten Ballen gut ertragen.
Vermehrungsart: Kopfstecklinge im Sommer/Herbst oder Mikrovermehrung. Auch Aussaat möglich.
Zeitraum des Angebotes: 4 bis 6.
Pflanzenschutz: Anfällig für Bakteriose, Blattläuse, Spinnmilben und im Sommer Raupenfrass.

Pelargonium-Zonale-Hybriden D

Handelsname: Zonalpelargonien, aufrechtes Geranium.
Synonym: Pelargonium x hortorum, P. zonale.
Familie: Geraniaceae.
Heimat/Herkunft: Wildformen aus Südafrika, die heutigen Sorten sind Zuchtformen.
Wuchsform: Halbstrauch bis Strauch mit aufrechtem und verzweigtem Wuchs. Die Blätter sind je nach Sorten unterschiedlich gross und gezeichnet, rundlich. Aus den Blattachseln erscheinen kugelige Doldenblütenstände auf straffen Schäften. Einfache und gefüllte Sorten in Weiss, Rosa, Lachs, Rot, Karmin und Purpur.
Pflanzenhöhe: Je nach Sorte, Alter und Kulturform (Hochstämme) 25 bis 150 cm.
Temperatur- und Lichtansprüche: Sonnig bis halbschattig, über den Sommer im Freien als Fenster- und Balkonschmuck, in Rabatten, Schalen und auf Gräbern. Im Winter kühl bei 6 bis 10 °C.
Substrat/pH-Wert: Mittelschweres Substrat mit 30 bis 50 % Landerdeanteil, pH-Wert: 6.0 bis 7.2.
Besondere Pflegehinweise: Kühl und relativ trocken überwintern. Rückschnitt im März.
Vermehrungsart: Kopfstecklinge im Sommer/Herbst oder Mikrovermehrung. Einige Sorten Aussaat.
Zeitraum des Angebotes: 4 bis 6.
Pflanzenschutz: Anfällig für Geranienrost, Bakteriose, Blattläuse und Raupenfrass. Gefüllte Sorten nicht dem Regen aussetzen → Fäulnisgefahr!

Pellaea rotundifolia

♃ (K)

Handelsname: Pellefarn.
Synonym: –.
Familie: Sinopteridaceae.
Heimat/Herkunft: Neuseeland, Norfolkinseln.
Wuchsform: Aus gestauchtem Grundspross ausschweifend Blattwedel mit wechselständig angeordneten runden bis ovalen, dunkelgrün glänzenden Blättchen. Sporensori auf der Blattunterseite.
Pflanzenhöhe: Je nach Alter 5 bis 20 cm, Durchmesser 15 bis 40 cm.
Temperatur- und Lichtansprüche: Mässig heller bis schattiger Standort, im Sommer 15 bis 18 °C, im Winter 12 bis 15 °C.
Substrat/pH-Wert: Torfiges Substrat, pH-Wert: 4.5 bis 5.5.
Besondere Pflegehinweise: Stets gleichmässig feucht halten und mässig düngen. Trockene Luft wird bei feuchtem Ballen gut ertragen.
Vermehrungsart: Durch Sporenaussaat→Prothallium→Befruchtung→junge Farnpflanzen.
Zeitraum des Angebotes: 1 bis 12.
Pflanzenschutz: Anfällig für Schildläuse.

▲ Abb. 388
▼ Abb. 389

Pellionia pulchra

♃ (W) ⇝ ⌇

Handelsname: Pellionie.
Synonym: Elatostema pulchrum.
Familie: Urticaceae.
Heimat/Herkunft: Südvietnam.
Wuchsform: Kriechender bis hängender flacher Wuchs, krautig, verzweigt. Die roten Triebe sind dicht mit wechselständigen, ovalen bis unsymmetrisch-herzförmigen Blättchen besetzt. Grundfarbe dunkelgrün mit helleren, graugrünen Flecken gezeichnet. Ältere Pflanzen blühen unscheinbar grünlich.
Pflanzenhöhe: Hängend 20 bis 50 cm.
Temperatur- und Lichtansprüche: Heller bis halbschattiger, jedoch nicht sonniger Standort bei 15 bis 20 °C.
Substrat/pH-Wert: Humoses Substrat mit Landerdezusatz, pH-Wert: 6.0 bis 6.8.
Besondere Pflegehinweise: Gleichmässig feucht halten.
Vermehrungsart: Kopf- und Triebteilstecklinge. Oft sind die kriechenden Triebe bereits bewurzelt.
Zeitraum des Angebotes: 1 bis 12.
Pflanzenschutz: Anfällig für Blattläuse und Botrytis.

▲ Abb. 390
▼ Abb. 391

Pellionia repens

Handelsname: Kriechende Pellionie.
Synonym: Elatostema repens, P. daveauana.
Familie: Urticaceae.
Heimat/Herkunft: Südvietnam, Burma, Malakka.
Wuchsform: Krautig, kriechender bis hängender Wuchs mit roten Trieben mit wechselseitig angeordneten, langovalen bis unsymmetrisch-herzförmigen Blättchen mit leichter Wellung der Blattränder. Grundfarbe dunkelbraun bis grün mit silbriger Mittelzone.
Pflanzenhöhe: Hängend 20 bis 50 cm.
Temperatur- und Lichtansprüche: Heller bis halbschattiger Standort, volle Sonne meiden. 15 bis 20 °C.
Substrat/pH-Wert: Humoses Substrat mit Landerdezusatz, pH-Wert: 6.0 bis 6.8.
Besondere Pflegehinweise: Gleichmässig feucht halten.
Vermehrungsart: Kopf- und Triebteilstecklinge. Die kriechenden Triebe sind oft schon bewurzelt.
Zeitraum des Angebotes: 1 bis 12.
Pflanzenschutz: Anfällig für Blattläuse und Botrytispilze.

Pentas lanceolata

Handelsname: Krappgewächs, Pentas.
Synonym: P. carnea.
Familie: Rubiaceae.
Heimat/Herkunft: Tropisches Afrika, Arabien.
Wuchsform: Halbstrauch mit aufrechtem, verzweigtem Wuchs und gegenständig angeordneten, lanzettlichen grünen Blättern. Endständig bilden sich an kugeligen Scheindolden zahlreiche sternförmige Blütchen in Weiss, Rosa oder Rot.
Pflanzenhöhe: Je nach Alter 20 bis 40 cm.
Temperatur- und Lichtansprüche: Heller und warmer Standort, im Sommer volle Sonne meiden. Temperatur 15 bis 20 °C, im Herbst bei Blütebeginn kühler bei 12 bis 15 °C.
Substrat/pH-Wert: Humoses Substrat mit Landerdezusatz, pH-Wert: 5.5 bis 6.5.
Besondere Pflegehinweise: Nicht zu nass halten. Nach der Blüte im Herbst/Winter vorsichtig giessen. Rückschnitt.
Vermehrungsart: Kopfstecklinge je 3 bis 4 pro Topf im April/Mai.
Zeitraum des Angebotes: 4 bis 9.
Pflanzenschutz: Anfällig für Blattläuse.

Peperomia argyreia ♃ W

Handelsname: Gestreiftes Pfeffergesicht.
Synonym: P. arifolia var. argyreia, P. sandersii.
Familie: Piperaceae.
Heimat/Herkunft: Südbrasilien.
Wuchsform: Krautige Pflanze mit kurzem, aufrechtem Spross und langen, roten Blattstielen, die runde bis eiförmige Blätter tragen. Auf dunkelgrün glänzendem Grund wirken die silbergrauen Bänder sehr dekorativ. Ältere Pflanzen bilden langgeschwänzte, kolbige, grüne Blütenstände.
Pflanzenhöhe: 15 bis 25 cm.
Temperatur- und Lichtansprüche: Heller bis halbschattiger Standort, volle Sonne meiden. Im Sommer 18 bis 22 °C, im Winter 15 bis 18 °C.
Substrat/pH-Wert: Humoses Substrat mit Landerdezusatz, pH-Wert: 5.5 bis 6.5.
Besondere Pflegehinweise: Stets gleichmässig feucht halten und mässig düngen. Im Winter nicht zu nass halten.
Vermehrungsart: Blatt- und Blatteilstecklinge.
Zeitraum des Angebotes: 1 bis 12.
Pflanzenschutz: Anfällig für Blattläuse, Schildläuse, Spinnmilben und Schneckenfrass.

▲ Abb. 392
▼ Abb. 393

Peperomia arifolia ♃ W

Handelsname: Arumblättriges Pfeffergesicht.
Synonym: –.
Familie: Piperaceae.
Heimat/Herkunft: Tropen Amerikas.
Wuchsform: Straff aufrechter Wuchs mit fingerdikken, verzweigten Trieben. Das herz- bis schildförmige Blatt ist fleischig, dunkelgrün glänzend und läuft in eine Spitze aus. An verästelten Trieben bilden sich zierliche, reinweisse Blütenkölbchen.
Pflanzenhöhe: 20 bis 35 cm.
Temperatur- und Lichtansprüche: Heller, jedoch nicht vollsonniger Standort bei 18 bis 22 °C. Im Winter etwas kühler bei 14 bis 16 °C.
Substrat/pH-Wert: Humoses Substrat mit Landerdezusatz, pH-Wert: 5.5 bis 6.5.
Besondere Pflegehinweise: Durch den Sommer mässig giessen und düngen, im Winter eher sparsam feucht halten. Nach der Blüte leichter Rückschnitt.
Vermehrungsart: Blatt- und Blatteilstecklinge.
Zeitraum des Angebotes: 1 bis 12.
Pflanzenschutz: Anfällig für Schildläuse.

▲ Abb. 394

Peperomia caperata

♃ (W)

Handelsname: Zwergpfeffergesicht.
Synonym: –.
Familie: Piperaceae.
Heimat/Herkunft: Mittelamerika, Bolivien, Argentinien.
Wuchsform: Auf kurzem Grundspross entwickelt sich eine Fülle von ei- bis herzförmigen, stark gerunzelten Blättern in dunkel- bis schwarzgrüner Farbe. Verschiedene Sorten.
Pflanzenhöhe: 15 bis 30 cm.
Temperatur- und Lichtansprüche: Heller Standort, keine volle Sonne. Im Sommer 18 bis 20 °C, im Winter 14 bis 16 °C.
Substrat/pH-Wert: Humoses Substrat mit Landerdezusatz, pH-Wert: 5.5 bis 6.5.
Besondere Pflegehinweise: Peperomien ertragen trockene Luft. Mässig feucht halten und düngen, im Winter Nässe meiden.
Vermehrungsart: Blattstecklinge.
Zeitraum des Angebotes: 1 bis 12.
Pflanzenschutz: Anfällig für Blattläuse, Schildläuse, Spinnmilben und Schneckenfrass.

▲ Abb. 395
▼ Abb. 396

Peperomia fraseri

♃ (W)

Handelsname: Resedablütiges Pfeffergesicht.
Synonym: P. resediflora.
Familie: Piperaceae.
Heimat/Herkunft: Ekuador.
Wuchsform: Aus kurzen, aufrechten und krautigen Sprossen bilden sich vorerst dichte Blattrosetten mit langgestielten, grünen, herzförmigen Blättern. Aus der Rosettenmitte entwickeln sich später lange, zum Teil verzweigte Blütentriebe mit dekorativen, weissen Blütenähren.
Pflanzenhöhe: 15 bis 30 cm.
Temperatur- und Lichtansprüche: Heller bis halbschattiger Standort, im Sommer volle Sonne meiden. 15 bis 20 °C.
Substrat/pH-Wert: Humoses Substrat mit Landerdezusatz, pH-Wert: 5.5 bis 6.5.
Besondere Pflegehinweise: Gleichmässig feucht halten, mässig düngen, nach der Blüte Rückschnitt vornehmen.
Vermehrungsart: Blattstecklinge.
Zeitraum des Angebotes: 1 bis 12.
Pflanzenschutz: Anfällig für Blattläuse, Spinnmilben und Schnecken.

Peperomia glabella

♃ (W)

Handelsname: Hängepfeffergesicht, Hängeperomia.
Synonym: –.
Familie: Piperaceae.
Heimat/Herkunft: Mittelamerika.
Wuchsform: Kriechende bis hängende, fleischige Triebe, die wechselständig breitovale, dickfleischige Blätter tragen. Es gibt grüne, gestreifte und panaschierte Formen. Endständig bilden sich gelbgrüne Blütenkolben.
Pflanzenhöhe: 15 bis 25 cm.
Temperatur- und Lichtansprüche: Heller bis halbschattiger Standort, volle Sonne meiden. 18 bis 22 °C.
Substrat/pH-Wert: Humoses Substrat mit Landerdezusatz, pH-Wert: 5.5 bis 6.5.
Besondere Pflegehinweise: Gleichmässig feucht halten und mässig düngen. Anspruchslos.
Vermehrungsart: Kopf- und Triebteilstecklinge, je 3 bis 4 pro Topf.
Zeitraum des Angebotes: 1 bis 12.
Pflanzenschutz: Anfällig für Blattläuse, Schildläuse, Spinnmilben und Schneckenfrass.

▲ Abb. 397
▼ Abb. 398

Peperomia griseoargentea

♃ (W)

Handelsname: Graublättriges Pfeffergesicht.
Synonym: P. hederifolia, P. pulchella.
Familie: Piperaceae.
Heimat/Herkunft: Tropisches Südamerika.
Wuchsform: Aus aufstrebenden, kurzen Sprossen entwickelt sich eine Fülle von breitherzförmigen Blättern in grausilbriger Farbe mit vertieften, dunkleren Nerven. Aufstrebende, graugrüne, schmalkolbige Blütenstände.
Pflanzenhöhe: 15 bis 20 cm.
Temperatur- und Lichtansprüche: Heller bis halbschattiger Standort, im Sommer volle Sonne meiden. 15 bis 20 °C.
Substrat/pH-Wert: Humoses Substrat mit Landerdezusatz, pH-Wert: 5.5 bis 6.5.
Besondere Pflegehinweise: Gleichmässig feucht halten und mässig düngen.
Vermehrungsart: Blattstecklinge.
Zeitraum des Angebotes: 1 bis 12.
Pflanzenschutz: Anfällig für Blattläuse.

▲ Abb. 399
▼ Abb. 400

Peperomia incana

♃ (W)

Handelsname: Wollblättriges Pfeffergesicht.
Synonym: –.
Familie: Piperaceae.
Heimat/Herkunft: Südostbrasilien.
Wuchsform: Krautiger, aufrechter, später auch kriechender Wuchs mit dicken, fleischigen Trieben. Wechselständig runde bis breitherzförmige, fleischige Blätter, hellgrün mit weisslichem Flaum überzogen. Endständig dünne, kolbige Blütenstände.
Pflanzenhöhe: 15 bis 20 cm.
Temperatur- und Lichtansprüche: Heller bis halbschattiger Standort, im Winter auch volle Sonne. Bei zu viel Schatten werden sie grün. 15 bis 20 °C.
Substrat/pH-Wert: Humoses Substrat mit Landerdezusatz, pH-Wert: 5.5 bis 6.5.
Besondere Pflegehinweise: Gelegentliche Trockenheit wird ertragen. Nach Bedarf Rückschnitt.
Vermehrungsart: Kopf-, Triebteil-, Blattaugen- und Blattstecklinge.
Zeitraum des Angebotes: 1 bis 12.
Pflanzenschutz: Anfällig für Blattläuse an jungen Blättern.

Peperomia obtusifolia

♃ (W)

Handelsname: Magnolienblättriges Pfeffergesicht.
Synonym: P. magnoliifolia, P. tithymaloides.
Familie: Piperaceae.
Heimat/Herkunft: Tropisches Südamerika.
Wuchsform: Aufrechter Wuchs mit fingerdicken Trieben und wechselständig angeordneten ovalen bis eirunden, verdickten Blättern. Die Grundform ist dunkelgrün glänzend, meist ist die panaschierte Form im Handel mit gelbgrüner Fleckenzeichnung.
Pflanzenhöhe: 10 bis 30 cm.
Temperatur- und Lichtansprüche: Heller, aber nicht vollsonniger Standort, im Sommer 18 bis 22 °C, im Winter kühler bei 14 bis 16 °C. Die grüne Form erträgt auch relativ wenig Licht.
Substrat/pH-Wert: Humoses Substrat mit Landerdezusatz, pH-Wert: 5.5 bis 6.5.
Besondere Pflegehinweise: Peperomien ertragen gut auch trockene Luft. Gleichmässig feucht halten und mässig düngen. Im Winter nicht zu nass halten.
Vermehrungsart: Grüne Form aus Kopf- und Blattstecklingen, die panaschierte Zierform nur aus Kopf- und Blattaugenstecklingen.
Zeitraum des Angebotes: 1 bis 12.
Pflanzenschutz: Anfällig für Blattläuse, Schildläuse, Spinnmilben und Schnecken.

Peperomia scandens

♃ (w) w→ ≷

Handelsname: Kletterpfeffergesicht.
Synonym: P. serpens.
Familie: Piperaceae.
Heimat/Herkunft: Tropen Panama bis Brasilien und Peru.
Wuchsform: Die Pflanze ist kräftig wachsend mit bleistiftdicken Trieben, die wechselständig frischgrün glänzende, breitlanzettliche Blätter tragen, die auch panaschiert sein können. Der Wuchs ist verzweigt, hängend, kriechend bis kletternd. Endständig bilden sie einzelne grüne Blütenkölbchen.
Pflanzenhöhe: 30 bis 40 cm.
Temperatur- und Lichtansprüche: Heller Standort, volle Sonne meiden. Im Sommer 18 bis 22 °C, im Winter 15 bis 18 °C.
Substrat/pH-Wert: Humoses Substrat mit Landerdezusatz, pH-Wert: 5.5 bis 6.5.
Besondere Pflegehinweise: Im Sommer mässig giessen und düngen, im Winter etwas sparsamer feucht halten.
Vermehrungsart: Kopf-, Triebteil- und Blattaugenstecklinge.
Zeitraum des Angebotes: 1 bis 12.
Pflanzenschutz: Anfällig für Schildläuse.

▲ Abb. 401
▼ Abb. 402

Peperomia verticillata

♃ (w)

Handelsname: Quirlständiges Pfeffergesicht.
Synonym: –.
Familie: Piperaceae.
Heimat/Herkunft: Kuba, Jamaika.
Wuchsform: Aufstrebender Wuchs, später leicht überhängend und verzweigt. Die verkehrt eiförmigen Blätter sitzen quirlständig je 4 bis 6 um die Knoten, grün mit helleren Nerven. Endständig dünne Blütenkolben in Grün.
Pflanzenhöhe: 20 bis 30 cm.
Temperatur- und Lichtansprüche: Heller bis halbschattiger Standort, keine volle Sonne, 16 bis 20 °C.
Substrat/pH-Wert: Humoses Substrat mit Landerdezusatz, pH-Wert: 5.5 bis 6.5.
Besondere Pflegehinweise: Gleichmässig feucht halten und mässig düngen. Im Winter nicht zu nass halten.
Vermehrungsart: Kopf-, Triebteilstecklinge, je 3 bis 4 pro Topf.
Zeitraum des Angebotes: 1 bis 12.
Pflanzenschutz: Anfällig für Blattläuse, Schildläuse, Spinnmilben, Schneckenfrass.

▲ Abb. 403
▼ Abb. 404

Perilepta dyeriana

Handelsname: Perilepte.
Synonym: Stobilanthes dyerianus.
Familie: Acanthaceae.
Heimat/Herkunft: Burma.
Wuchsform: Krautig aufrechter Wuchs mit teils ausschweifenden Trieben. Die breitlanzettlichen Blätter sind gegenständig angeordnet und dunkelgrün bis blauviolett gefärbt. Die lilafarbigen Blüten stehen in endständigen Ähren.
Pflanzenhöhe: 30 bis 40 cm.
Temperatur- und Lichtansprüche: Heller bis mässiger schattiger Standort bei 15 bis 20 °C. Bei zu viel Schatten vergrünen die Pflanzen.
Substrat/pH-Wert: Humoses Substrat mit Landerdezusatz, pH-Wert: 5.5 bis 6.5.
Besondere Pflegehinweise: Gleichmässig feucht halten. Gelegentlich zurückschneiden.
Vermehrungsart: Kopf-, Triebteilstecklinge.
Zeitraum des Angebotes: 1 bis 12.
Pflanzenschutz: Anfällig für Blattläuse.

Pernettya mucronata

Handelsname: Topfmyrte, Pernettye.
Synonym: –.
Familie: Ericaceae.
Heimat/Herkunft: Südchile bis Feuerland.
Wuchsform: Strauchiger Wuchs mit aufrechtstrebenden bis breitverzweigten Trieben, verholzend. Die Blätter sind eirund, glänzend dunkelgrün und wechselständig. Im Herbst bilden sich nach vorausgegangener Blüte grosse zierliche Beeren in Weiss, Rosa oder Rot.
Pflanzenhöhe: 20 bis 30 cm.
Temperatur- und Lichtansprüche: Im Sommer mit Vorteil im Freien im Halbschatten, im Herbst beliebte Grabschmuckpflanze. Durch den Winter kühl, aber frostfrei bei 3 bis 10 °C.
Substrat/pH-Wert: Humoses Substrat mit wenig Landerdezusatz, pH-Wert: 5.0 bis 5.8.
Besondere Pflegehinweise: Stets gleichmässig feucht halten. Zur Bildung von Früchten sind auch männliche Pflanzen notwendig. Zweihäusige Pflanze.
Vermehrungsart: Kopfstecklinge oder Aussaat.
Zeitraum des Angebotes: 8 bis 12.
Pflanzenschutz: Gelegentlich Ohrläppchenkrankheit.

Phalaenopsis-Hybriden ♃ ⌂ ✂

Handelsname: Malaienblume, Phalaenopsis.
Synonym: –.
Familie: Orchidaceae.
Heimat/Herkunft: Tropisches Ostasien, Zuchtformen.
Wuchsform: Kurzer Grundspross mit zweiseitig angeordneten, dunkelgrünen, verdickten, ovalen Blättern, die bis 30 cm lang werden. Aus der Basis lange, traubige Blütentriebe mit auffallenden, schmetterlingartigen Blüten in Weiss, Gelb, Lila und Rosa.
Pflanzenhöhe: Blühend 40 bis 80 cm.
Temperatur- und Lichtansprüche: Im Sommer hell ohne Sonne, im Winter auch sonnig. 16 bis 25°C.
Substrat/pH-Wert: Sehr durchlässiges Substrat aus Sphagnum, Rindenstücken, Torfbrocken und Buchenwurzeln, pH-Wert: 4.0 bis 5.5.
Besondere Pflegehinweise: Gleichmässig mit Regenwasser feucht halten und schwach düngen. Zur Blütenförderung 4 Wochen bei 16°C kühler und etwas trockener halten. Höhere Luftfeuchtigkeit schaffen.
Vermehrungsart: Aussaat in Spezialbetrieben, Mikrovermehrung.
Zeitraum des Angebotes: 1 bis 12.
Pflanzenschutz: Anfällig für Blattläuse, Schildläuse, Spinnmilben, Thripse, Asseln und Schnecken.

▲ Abb. 405

Philodendron angustisectum ♄ ⌂

Handelsname: Gefiederter Baumfreund.
Synonym: P. elegans.
Familie: Araceae.
Heimat/Herkunft: Tropisches Südamerika.
Wuchsform: Aufstrebender Wuchs mit daumendickem Spross und quirligen, oft langen Luftwurzeln. An langen Stielen grosse, grün glänzende Blätter, Grundform herzförmig mit fiederigen, tiefen Einschnitten. Elegante Pflanze mit grossem Platzbedarf.
Pflanzenhöhe: 50 bis 150 cm.
Temperatur- und Lichtansprüche: Heller bis halbschattiger Standort, im Sommer keine volle Sonne. 18 bis 20°C.
Substrat/pH-Wert: Humoses Substrat mit etwas Landerdezusatz, pH-Wert: 5.0 bis 6.5.
Besondere Pflegehinweise: Gleichmässig feucht halten und mässig düngen. Liebt erhöhte Luftfeuchtigkeit.
Vermehrungsart: Kopf- und Blattaugenstecklinge sowie Stammschnittlinge.
Zeitraum des Angebotes: 1 bis 12.
Pflanzenschutz: Anfällig für Blattläuse, Schildläuse und Spinnmilben.

▲ Abb. 406
▼ Abb. 407

▲ Abb. 408
▼ Abb. 409

Philodendron bipennifolium

Handelsname: Geigenförmiger Baumfreund.
Synonym: P. panduriforme.
Familie: Araceae.
Heimat/Herkunft: Südbrasilien.
Wuchsform: Aufrechter, kletternder Wuchs mit daumendickem Spross und dünnen, langen Luftwurzeln. Die wechselständigen Blätter sitzen an langen Stielen, sie sind grün glänzend und geigenförmig. Bei älteren Pflanzen erscheinen aus den Blattachseln vereinzelt grünweisse Blütenhüllblätter mit einem Kolben.
Pflanzenhöhe: Je nach Alter 30 bis 150 cm und mehr.
Temperatur und Lichtansprüche: Heller bis halbschattiger Standort, im Sommer Sonne meiden. 18 bis 20 °C.
Substrat/pH-Wert: Humoses Substrat mit etwas Landerdezusatz, pH-Wert: 5.0 bis 6.5.
Besondere Pflegehinweise: Gleichmässig feucht halten und mässig düngen. 2 bis 3 Pflanzen pro Topf wirken dekorativer.
Vermehrungsart: Kopf- und Blattaugenstecklinge, auch Stammschnittlinge.
Zeitraum des Angebotes: 1 bis 12.
Pflanzenschutz: Anfällig für Blattläuse, Schildläuse und Spinnmilben.

Philodendron erubescens

Handelsname: Rotgestielter Baumfreund.
Synonym: –.
Familie: Araceae.
Heimat/Herkunft: Kolumbien.
Wuchsform: Aufwärtsstrebende Kletterpflanze mit fingerdickem, grünlichrotem Spross, purpurroten Hüllblättern und langherzförmigen, dunkelgrün glänzenden, bis 30 cm langen Blättern, die unterseits meist purpurrot gefärbt sind. Bildet Luftwurzeln. Blüte bei älteren Pflanzen: Dunkelrotes Hüllblatt mit weissem Kolben.
Pflanzenhöhe: Je nach Alter 30 bis 150 cm und mehr.
Temperatur und Lichtansprüche: Sehr heller, aber nicht vollsonniger Standort. Erträgt aber auch mässig belichtete Verhältnisse. Im Sommer 18 bis 20 °C. Im Winter kühler bei 15 bis 18 °C.
Substrat/pH-Wert: Grobhumoses Substrat mit etwas Landerdezusatz, pH-Wert: 5.0 bis 6.5.
Besondere Pflegehinweise: Gleichmässig feucht halten. Nie zu grosse Töpfe wählen. 2 bis 3 Pflanzen pro Topf wirken dekorativer.
Vermehrungsart: Kopf- und Blattaugenstecklinge.
Zeitraum des Angebotes: 1 bis 12.
Pflanzenschutz: Anfällig für Blattläuse, Schildläuse und Spinnmilben.

Philodendron melanochrysum ♄ Ⓦ ≷ N

Handelsname: Dunkelblättriger Baumfreund.
Synonym: P. andreanum.
Familie: Araceae.
Heimat/Herkunft: Kolumbien.
Wuchsform: Aufstrebender, kletternder Wuchs. An runden Trieben stehen wechselständig langherzförmige Blätter von dunkelbraungrüner Farbe mit gelblicher, heller Nervatur. Es bilden sich auch Luftwurzeln.
Pflanzenhöhe: Je nach Alter 30 bis 60 cm und mehr.
Temperatur und Lichtansprüche: Halbschattiger bis schattiger Standort bei 18 bis 22 °C.
Substrat/pH-Wert: Humoses Substrat mit etwas Landerdezusatz, pH-Wert: 5.0 bis 6.5.
Besondere Pflegehinweise: Volle Sonne meiden und erhöhte Luftfeuchtigkeit fördern. Nicht zu grosse Töpfe verwenden. Gleichmässig feucht halten und mässig düngen.
Vermehrungsart: Kopf- und Blattaugenstecklinge. Von alten Pflanzen auch Stammschnittlinge.
Zeitraum des Angebotes: 1 bis 12.
Pflanzenschutz: Anfällig für Blattläuse.

▲ Abb. 410
▼ Abb. 411

Philodendron pedatum ♄ Ⓦ ≷

Handelsname: Gelappter Baumfreund.
Synonym: P. laciniatum, P. laciniosum.
Familie: Araceae.
Heimat/Herkunft: Guyana, Venezuela, Brasilien.
Wuchsform: Aufrechter Kletterer mit runden Trieben und wechselständig angeordneten Blättern. Das Blatt ist frischgrün und mattglänzend, in der Form lanzettlich mit tiefen Seiteneinbuchtungen. Am Knoten bilden sich quirlig zahlreiche Luftwurzeln.
Pflanzenhöhe: Je nach Alter 30 bis 80 cm.
Temperatur und Lichtansprüche: Heller bis halbschattiger Standort bei 18 bis 20 °C.
Substrat/pH-Wert: Humoses Substrat mit Landerdezusatz, pH-Wert: 5.0 bis 6.5.
Besondere Pflegehinweise: Gleichmässig feucht halten und mässig düngen. Nicht zu grosses Töpfe verwenden.
Vermehrungsart: Kopf- und Blattaugenstecklinge.
Zeitraum des Angebotes: 1 bis 12.
Pflanzenschutz: Anfällig für Blattläuse und Schildläuse.

▲ Abb. 412
▼ Abb. 413

Philodendron scandens ssp. oxycardium

Handelsname: Kletterphilodendron, Kletterbaumfreund.
Synonym: P. cordatum, P. oxycardium.
Familie: Araceae.
Heimat/Herkunft: Ostmexiko.
Wuchsform: Dünntriebige Kletter- bis Hängepflanze mit wechselständigen, langherzförmigen, dunkelgrünen Blättern. An einem geeigneten Standort kann sie sehr gross werden.
Pflanzenhöhe: 20 bis 100 cm und mehr.
Temperatur und Lichtansprüche: Heller bis relativ schattiger Standort, keine volle Sonne. 16 bis 20 °C.
Substrat/pH-Wert: Humoses Substrat mit etwas Landerdezusatz, pH-Wert: 5.0 bis 6.5.
Besondere Pflegehinweise: Nie in zu grosse Töpfe pflanzen, gleichmässig feucht halten und mässig düngen. Wenig anspruchsvoll.
Vermehrungsart: Kopf-, Triebteil- und Blattaugenstecklinge.
Zeitraum des Angebotes: 1 bis 12.
Pflanzenschutz: Im Extremfall anfällig für Blatt- und Schildläuse, sonst anspruchslos.

Philodendron squamiferum

Handelsname: Schuppentragender Baumfreund.
Synonym: –.
Familie: Araceae.
Heimat/Herkunft: Östliches tropisches Südamerika.
Wuchsform: Aufstrebender Wuchs mit rundem, mit Schuppen bedecktem Spross und Stielen. Die wechselständigen, grossen Blätter sind dunkelgrün, oval und seitlich tief eingeschnitten. Junge Blätter sind von rötlichen Hüllblättern umgeben, die später abfallen.
Pflanzenhöhe: 30 bis 50 cm.
Temperatur- und Lichtansprüche: Heller bis halbschattiger Standort ohne Sonneneinstrahlung im Sommer. 20 bis 25 °C.
Substrat/pHWert: Humoses Substrat mit Landerdezusatz, pH-Wert: 5.0 bis 6.5.
Besondere Pflegehinweise: Gleichmässig feucht halten und mässig düngen. Diese Pflanze braucht viel Platz in der Breite.
Vermehrungsart: Kopf- und Blattaugenstecklinge.
Zeitraum des Angebotes: 1 bis 12.
Pflanzenschutz: Anfällig für Blattläuse und Schildläuse.

Phoenix canariensis

Handelsname: Phönixpalme.
Synonym: –.
Familie: Palmae.
Heimat/Herkunft: Kanarische Inseln.
Wuchsform: Kurzer Grundstamm in der Jugendform, später aufstrebender runder Stamm. Als Zimmerpflanze bis 100 cm lange, einfach gefiederte Blätter, die später nach aussen ausschweifen. Grössere Pflanzen als Kübelpflanzen verwenden.
Pflanzenhöhe: Je nach Alter 50 bis 150 cm und mehr.
Temperatur- und Lichtansprüche: Sowohl im Zimmer wie später als Kübelpflanze sehr heller bis vollsonniger Standort. Im Sommer 18 bis 25 °C, grössere Pflanzen kühl überwintern bei 4 bis 8 °C.
Substrat/pH-Wert: Humoses Substrat mit grossem Landerdeanteil, pH-Wert: 6.0 bis 6.8.
Besondere Pflegehinweise: Im Sommer gleichmässig feucht halten und düngen, im Winter Trockenheit meiden.
Vermehrungsart: Aussaat.
Zeitraum des Angebotes: 1 bis 12.
Pflanzenschutz: Anfällig für Schildläuse, Spinnmilben und Thripse.

▲ Abb. 414
▼ Abb. 415

Phoenix roebelenii

Handelsname: Phönixpalme.
Synonym: –.
Familie: Palmae.
Heimat/Herkunft: Laos.
Wuchsform: Aus kurzem Grundstamm aufstrebende bis ausladende, einfach gefiederte, dunkelgrüne Blätter, die am Rande helle Fäden aufweisen.
Pflanzenhöhe: Je nach Alter 60 bis 100 cm und mehr.
Temperatur- und Lichtansprüche: Heller Standort im geheizten Zimmer 16 bis 22 °C. Volle Sonne meiden.
Substrat/pH-Wert: Humoses Substrat mit reichlich Landerdezusatz, pH-Wert: 6.0 bis 6.8.
Besondere Pflegehinweise: Durch das Sommerhalbjahr reichlich giessen und düngen, im Winterhalbjahr auf gleichmässige Feuchtigkeit achten.
Vermehrungsart: Aussaat.
Zeitraum des Angebotes: 1 bis 12.
Pflanzenschutz: Anfällig für Schildläuse, bei Trockenheit dürre Blattspitzen.

▲ Abb. 416 / Phyllitis scolopendrium
▼ Abb. 417 / Phyllitis scolopendrium 'Crispa'

▼ Abb. 418

Phyllitis scolopendrium ♃ K

Handelsname: Hirschzunge.
Synonym: Scolopendrium vulgare, S. officinarum, S. officinale, Asplenium scolopendrium.
Familie: Aspleniaceae.
Heimat/Herkunft: Europa, Vorderasien, Nordafrika, Japan, Nordamerika, Kaukasus, Kanarische Inseln.
Wuchsform: Staude mit kurzem Spross und rosettenartiger, grundständiger Blattrosette, zungen- bis breitschwertförmig und frischgrün. Die Abart 'Crispa' weist stark gewellte Blattränder auf.
Pflanzenhöhe: 20 bis 40 cm.
Temperatur- und Lichtansprüche: Heller bis halbschattiger Standort, Sonne meiden. Kühl bei 12 bis 18 °C. Kann auch im Freien ausgepflanzt werden, frosthart.
Substrat/pH-Wert: Humoses Substrat mit etwas Landerdezusatz, pH-Wert: 5.6 bis 6.5.
Besondere Pflegehinweise: Stets gleichmässig feucht halten, trockenwarme Luft meiden, mässig düngen.
Vermehrungsart: Die reine Art P. scolopendrium durch Sporenaussaat, die Sorte 'Crispa' durch Teilung oder durch Blattaugenstecklinge.
Zeitraum des Angebotes: 1 bis 12.
Pflanzenschutz: Bei zu trockenwarmer Luft anfällig für Thripse.

Pilea cadierei ♃ K–W

Handelsname: Kanonierblume, Aluminiumpflanze.
Synonym: –.
Familie: Urticaceae.
Heimat/Herkunft: Nordvietnam.
Wuchsform: Krautige Pflanze mit aufrechtem bis breitverzweigtem Wuchs. Am rötlichen Spross entwickeln sich gegenständig angeordnete, elliptische Blätter, die auf grünem Grunde unregelmässig mit silberweissen Flecken gezeichnet sind. Die weissen Blüten in den Blattachseln sind unauffällig.
Pflanzenhöhe: 20 bis 40 cm.
Temperatur- und Lichtansprüche: Heller aber nicht vollsonniger Standort bei 15 bis 18 °C.
Substrat/pHWert: Humoses Substrat mit Landerdezusatz, pH-Wert: 5.5 bis 6.5.
Besondere Pflegehinweise: Ältere Pflanzen durch Rückschnitt verjüngen.
Vermehrungsart: Kopfstecklinge, meist zu 3 bis 5 pro Topf, und Triebteilstecklinge.
Zeitraum des Angebotes: 1 bis 12.
Pflanzenschutz: Anfällig für Blattläuse, Spinnmilben und Weichhautmilben.

Pilea crassifolia 'Moon Valley' ♃ (W)

Handelsname: Grossblättrige Kanonierblume.
Synonym: P. 'Moon Valley'.
Familie: Urticaceae.
Heimat/Herkunft: Jamaika.
Wuchsform: Krautiger, aufrechter bis breitausladender Wuchs mit mässiger Verzweigung. Die breitlanzettlichen, kreuzweise gegenständigen Blätter weisen eine höckerig ausgebildete Oberfläche mit tiefen Nervenfurchen auf. Die Farbe ist smaragdgrün bis braun.
Pflanzenhöhe: 10 bis 20 cm.
Temperatur- und Lichtansprüche: Heller Standort, jedoch keine volle Sonne. Relativ warm bei 18 bis 22 °C.
Substrat/pH-Wert: Humoses Substrat mit Landerdezusatz, pH-Wert: 5.5 bis 6.5.
Besondere Pflegehinweise: Gleichmässig feucht halten, mässig düngen. Liebt erhöhte Luftfeuchtigkeit (Blumenfenster, Luftbefeuchter).
Vermehrungsart: Kopf- und Triebteilstecklinge, je 3 pro Topf.
Zeitraum des Angebotes: 1 bis 12.
Pflanzenschutz: Anfällig für Blattläuse, Spinnmilben und Weichhautmilben.

▲ Abb. 419
▼ Abb. 420

Pilea microphylla ♃ (K)–(W)

Handelsname: Moosartige Kanonierblume, kleinblättrige Pilea.
Synonym: P. muscosa, P. callitrichoides.
Familie: Urticaceae.
Heimat/Herkunft: Tropisches Amerika.
Wuchsform: Krautig, aufrecht bis breitausladend verzweigt, mit dichtstehenden, kleinen, runden, grünen Blättchen. Die grünlichen Blüten in den Blattachseln sind unscheinbar. Im Sommer auch auf dem Balkon, in Rabatten und auf Gräbern.
Pflanzenhöhe: 10 bis 20 cm.
Temperatur- und Lichtansprüche: Sonnig bis halbschattig bei 12 bis 18 °C.
Substrat/pH-Wert: Humos mit Landerdezusatz, pH-Wert: 5.5 bis 6.5.
Besondere Pflegehinweise: Trockenheit meiden, nach Bedarf zurückschneiden, erträgt auch starken Rückschnitt.
Vermehrungsart: Kopf- und Triebteilstecklinge.
Zeitraum des Angebotes: 4 bis 8.
Pflanzenschutz: Anfällig für Blattläuse.

▲ Abb. 421
▼ Abb. 422

Pilea spruceana

♃ (W)

Handelsname: Spruce's Kanonierblume.
Synonym: –.
Familie: Urticaceae.
Heimat/Herkunft: Peru, Bolivien.
Wuchsform: Krautig, aufrechter bis kriechender Wuchs. Die kreuzweise gegenständigen Blätter sind oval, am Rande scharf gesägt. Zwischen den Blattnerven sind die Blätter blasenartig erhöht und silbergrau gezeichnet, die Nervenzonen sind braungrün.
Pflanzenhöhe: 10 bis 20 cm.
Temperatur- und Lichtansprüche: Heller, aber nicht sonniger Standort bei 17 bis 20 °C.
Substrat/pH-Wert: Humoses Substrat mit etwas Landerdeanteil, pH-Wert: 5.5 bis 6.5.
Besondere Pflegehinweise: Bei zu wenig Licht verblasst die Blattzeichnung. Gleichmässig feucht halten und mässig düngen. Erhöhte Luftfeuchtigkeit im Winter.
Vermehrungsart: Kopfstecklinge, mehrere pro Topf, und Triebteilstecklinge.
Zeitraum des Angebotes: 1 bis 12.
Pflanzenschutz: Anfällig für Blattläuse und Spinnmilben.

Piper crocatum

♄ (W) ⸾

Handelsname: Rosafarbener Zierpfeffer.
Synonym: –.
Familie: Piperaceae.
Heimat/Herkunft: Peru.
Wuchsform: Kletterpflanze mit länglich eiförmigen bis lanzettlichen Blättern. Grundfarbe dunkelgrün mit weissen Adern und rosafarbenen Flecken. Die Blattunterseite ist violett.
Pflanzenhöhe: 50 bis 80 cm und mehr.
Temperatur- und Lichtansprüche: Heller, aber nicht vollsonniger Standort bei 15 bis 20 °C.
Substrat/pH-Wert: Humoses Substrat mit Kompost- oder etwas Landerdezusatz, pH-Wert: 5.0 bis 6.0.
Besondere Pflegehinweise: Gleichmässig feucht halten und mässig düngen. Liebt etwas erhöhte Luftfeuchtigkeit.
Vermehrungsart: Triebteil- und Blattaugenstecklinge, Bodenwärme 22 bis 24 °C.
Zeitraum des Angebotes: 1 bis 12.
Pflanzenschutz: Anfällig für Blattläuse.

Pisonia umbellifera 'Variegata' ♄–♄

Handelsname: Pisonie.
Synonym: P. brunoniana, Heimerliodendron brunonianum.
Familie: Nyctaginaceae.
Heimat/Herkunft: Australien, Neuseeland.
Wuchsform: Strauch mit aufrechtem, breitverzweigtem Wuchs und grossen, bis 30 cm langen, ovalen Blättern, die fast lederig wirken. Die bunte Blattzeichnung ist sehr dekorativ, unregelmässige Fleckenbildung in Grün, Weiss und Gelb.
Pflanzenhöhe: 40 bis 80 cm und mehr.
Temperatur- und Lichtansprüche: Sehr heller, aber nicht vollsonniger Standort bei 12 bis 20 °C, sehr temperaturtolerant.
Substrat/pH-Wert: Humoses Substrat mit Landerdeanteil, pH-Wert: 5.5 bis 6.5.
Besondere Pflegehinweise: Bei schattigem Standort verliert sie die schöne Zeichnung. Gleichmässig feucht halten und mässig düngen. Im Winter für erhöhte Luftfeuchtigkeit sorgen.
Vermehrungsart: Kopf- und Blattaugenstecklinge.
Zeitraum des Angebotes: 1 bis 12.
Pflanzenschutz: Anfällig für Blattläuse und Schildläuse.

▲ Abb. 423
▼ Abb. 424

Platycerium bifurcatum var. bifurcatum ♃

Handelsname: Geweihfarn.
Synonym: P. alcicorne, P. bifurcatum var. normale.
Familie: Polypodiaceae.
Heimat/Herkunft: Australien: Queensland, Neu-Guinea.
Wuchsform: Eigenwillige Wuchsform mit zwei verschiedenen Blattarten und -formen. Als Epiphyt ausgebildet entwickeln sich an der Basis flachliegende Schuppenblätter, die später eintrocknen und die Wurzeln schützen. Aufstrebend aus Basisknospen bilden sich geweihartig geteilte, graugrün beflaumte Blätter.
Pflanzenhöhe: 20 bis 50 cm.
Temperatur- und Lichtansprüche: Heller Standort bei 20 °C, volle Sonne meiden.
Substrat/pH-Wert: Grobhumoses Substrat mit etwas Nadelerdezusatz, pH-Wert: 4.5 bis 5.5.
Besondere Pflegehinweise: Wöchentlich 1 bis 2 Wasserbäder in verdünnter Nährsalzlösung von ½ ‰. Nie austrocknen lassen. Blätter nicht abwaschen!
Vermehrungsart: Aussaat der Sporen→Prothallium →Befruchtung→Junge Farnpflanzen.
Zeitraum des Angebotes: 1 bis 12.
Pflanzenschutz: Anfällig für Schildläuse.

▲ Abb. 425
▼ Abb. 426

Platycerium grande ♃ (W)

Handelsname: Grosser Geweihfarn.
Synonym: –.
Familie: Polypodiaceae.
Heimat/Herkunft: Philippinen.
Wuchsform: Geweihfarne entwickeln zwei verschiedene Blattarten: An der Basis flache Schuppenblätter und daraus aufsteigend starke, geweihförmig gelappte aufrechte Blätter, die unterseits zum Teil mit hellbraunen Sporen besetzt sind. Die Blätter sind wollig beflaumt und erscheinen uns daher als graugrün. Diese Art weist stark geteilte Blätter auf und auch grössere Schuppenblätter.
Pflanzenhöhe: Je nach Alter 30 bis 50 cm.
Temperatur- und Lichtansprüche: Als Epiphyt der Tropen verlangen Platycerium einen hellen, nicht vollsonnigen Standort bei 18 bis 22 °C.
Substrat/pH-Wert: Grobhumoses Substrat aus Torf, Sphagnum und Lauberde, pH-Wert: 4.5 bis 6.0.
Besondere Pflegehinweise: Infolge der Wollschicht auf den Blättern auch in der Wohnung gut haltbar. Wöchentlich ein- bis zweimal eintauchen in kalkarmes Wasser oder in schwache Nährsalzlösung. Blätter nicht putzen, sonst verlieren sie den typischen Flaum.
Vermehrungsart: Aussaat der Sporen→Prothallium →Befruchtung→Junge Farnpflanzen.
Zeitraum des Angebotes: 1 bis 12.
Pflanzenschutz: Anfällig für Schildläuse.

Platycodon grandiflorus ♃

Handelsname: Grossblumige Glockenblume, Breitglocke.
Synonym: Campanula grandiflora, Wahlenbergia grandiflora.
Familie: Campanulaceae.
Heimat/Herkunft: Japan, China, Mandschurei.
Wuchsform: Staude mit aufrechtem Wuchs und breitlanzettlichen, am Rande gekerbten, grünen Blättern mit silbrigweissem Film auf der Blattoberseite. Die weissen bis blauen Glockenblüten stehen locker an den dünnen Blütenschäften.
Pflanzenhöhe: Als Topfpflanze 10 bis 20 cm, als Freilandstaude 30 bis 50 cm.
Temperatur- und Lichtansprüche: Als winterharte Freilandpflanze verlangt sie in der Wohnung einen kühlen und hellen, luftigen Standort. Im Winter in der Wohnung 3 bis 5 °C.
Substrat/pH-Wert: Lehmig-humoses Substrat, pH-Wert: 6.0 bis 7.0.
Besondere Pflegehinweise: Nach der Blüte Rückschnitt und halbschattig in den Garten pflanzen.
Vermehrungsart: Teilung, Aussaat.
Zeitraum des Angebotes: 6 bis 10.
Pflanzenschutz: Anfällig für Blattläuse und Ascochyta-Blattflecken.

Plectranthus coleoides 'Marginatus' ♃

Handelsname: Hängender Harfenstrauch.
Synonym: –.
Familie: Labiatae.
Heimat/Herkunft: Grüne Wildform aus Südostindien.
Wuchsform: Krautig, anfänglich aufrechter, verzweigter Wuchs, später bilden sich lange, hängende Triebe. Die gegenständig angeordneten, runden bis ovalen Blätter sind am Rande leicht gezähnt, in der Farbe frischgrün mit einem weissen Rand. Weihrauchähnlicher Duft.
Pflanzenhöhe: Aufrecht 20 bis 30 cm, hängend bis 100 cm.
Temperatur- und Lichtansprüche: Sonniger, jedenfalls heller Standort bei 12 bis 20 °C.
Substrat/pH-Wert: Humoses Substrat mit genügend Landerdeanteil, pH-Wert: 6.2 bis 6.8.
Besondere Pflegehinweise: Für ein gutes Wachstum ausreichend düngen. Im Winter hell und kühl halten, im Sommer auch im Freien.
Vermehrungsart: Kopf- und Triebteilstecklinge.
Zeitraum des Angebotes: 4 bis 8.
Pflanzenschutz: Anfällig für Blattläuse.

▲ Abb. 427
▼ Abb. 428

Plectranthus fruticosus ♄

Handelsname: Mottenkönig.
Synonym: –.
Familie: Labiatae.
Heimat/Herkunft: Südafrika.
Wuchsform: Krautig bis verholzend, aufrecht, verzweigt mit etwas sparrigem Wuchs. Aus vierkantigen Trieben entspringen kreuzweise gegenständig angeordnete, grosse, frischgrüne, breitlanzettliche bis herzförmige Blätter. Endständig blaue Blütenähren. Der starke Duft hält Insekten von der Wohnung fern.
Pflanzenhöhe: Je nach Alter 30 bis 80 cm.
Temperatur- und Lichtansprüche: Volle Sonne bis leichter Schatten. Ideal kühler Standort bei 12 bis 15 °C.
Substrat/pH-Wert: Lehmiges Substrat mit Humuszusatz, pH-Wert: 6.2 bis 6.8.
Besondere Pflegehinweise: Ausreichend giessen und düngen im Sommerhalbjahr, nach Bedarf starker Rückschnitt. Im Winter mit Vorteil kühler halten und mässig feucht halten.
Vermehrungsart: Kopf- und Triebteilstecklinge, kleinere Seitentriebe verwenden.
Zeitraum des Angebotes: 1 bis 12.
Pflanzenschutz: Problemlos.

▲ Abb. 429
▼ Abb. 430

Plumbago auriculata

♄ (K) ⇕

Handelsname: Kletterbleiwurz.
Synonym: P. capensis.
Familie: Plumbaginaceae.
Heimat/Herkunft: Südafrika.
Wuchsform: Halbstrauch bis Strauch mit kletterndem Habitus. Aus der Basis bilden sich oft raschwachsende Triebe, die wie auch die Seitentriebe endständig zartblaue oder weisse, ährige Blütenstände hervorbringen. Die Blätter sind grün und oval.
Pflanzenhöhe: 50 bis 150 cm.
Temperatur- und Lichtansprüche: Im Sommer mit Vorliebe im Halbschatten bis sonnig im Freien oder im Wintergarten bei 18 bis 25 °C, im Winter kühl bei 7 bis 12 °C.
Substrat/pH-Wert: Humoses Substrat mit Landerdeanteil, pH-Wert: 5.8 bis 6.8.
Besondere Pflegehinweise: Im Sommer reichlich giessen und düngen. Im Winter kühl und mässig feucht halten. Rückschnitt im Frühjahr vor dem Austrieb.
Vermehrungsart: Ausgereifte Kopf- und Triebteilstecklinge.
Zeitraum des Angebotes: 3 bis 7.
Pflanzenschutz: Anfällig für Blattläuse und Wurzelgallenälchen.

Plumbago indica

♄ (W) ⇕

Handelsname: Rotblühender Bleiwurz.
Synonym: P. rosea, P. coccinea.
Familie: Plumbaginaceae.
Heimat/Herkunft: Indien, Südasien.
Wuchsform: Aufrechter, leicht verzweigter Wuchs mit langovalen, frischgrünen Blättern. Die hellroten Blüten sitzen an langen, zum Teil verzweigten Ähren.
Pflanzenhöhe: 30 bis 40 cm.
Temperatur- und Lichtansprüche: Heller bis leicht sonniger Standort bei 15 bis 20 °C, im Winter kühl bei 7 bis 12 °C.
Substrat/pH-Wert: Humoses Substrat mit Landerdeanteil, pH-Wert: 5.8 bis 6.8.
Besondere Pflegehinweise: Trockenheit meiden, mässig düngen. Nach der Blüte starker Rückschnitt.
Vermehrungsart: Kopf- und Triebteilstecklinge, je 3 pro Topf, Mikrovermehrung.
Zeitraum des Angebotes: 1 bis 12.
Pflanzenschutz: Anfällig für Blattläuse.

Polyscias scutellaria 'Pennockii' ♄ (W)

Handelsname: Polyscias.
Synonym: Aralia balfouriana, P. balfouriana.
Familie: Araliaceae.
Heimat/Herkunft: Neukaledonien.
Wuchsform: Verholzter, aufrechter Stamm, der unten oft kahl ist. Durch Rückschnitt Seitentriebbildung mit runden bis dreilappigen Blättern, die am Rande gezähnt bis gekerbt sind. Dekorativ wirkt der weisse Rand.
Pflanzenhöhe: 30 bis 60 cm.
Temperatur- und Lichtansprüche: Heller bis halbschattiger Standort. Im Sommer volle Sonne meiden. 15 bis 20 °C.
Substrat/pH-Wert: Humoses Substrat mit Landerdezusatz, pH-Wert: 5.8 bis 6.5.
Besondere Pflegehinweise: Gleichmässig feucht halten und mässig düngen. Nach Bedarf zurückschneiden.
Vermehrungsart: Kopfstecklinge und Stammschnittlinge.
Zeitraum des Angebotes: 1 bis 12.
Pflanzenschutz: Anfällig für Blattläuse, Schildläuse und Spinnmilben.

▲ Abb. 431
▼ Abb. 432

Polystichum tsus-simense ♃ (K)

Handelsname: Schildfarn.
Synonym: –.
Familie: Aspidiaceae.
Heimat/Herkunft: Japan, Korea, Taiwan.
Wuchsform: Aus kriechenden Rhizomen steigen dünne, schwarze Blattstiele auf, die doppelt gefiederte, dunkelgrün glänzende Blättchen tragen. Die Wedel sind zugespitzt und flach, bisweilen hängend.
Pflanzenhöhe: 15 bis 25 cm.
Temperatur- und Lichtansprüche: Hell bis halbschattig, volle Sonne meiden. Im Sommer 16 bis 20 °C, im Winter 10 bis 15 °C.
Substrat/pH-Wert: Humoses Substrat mit etwas Kompostanteil, pH-Wert: 5.0 bis 6.5.
Besondere Pflegehinweise: Nie austrocknen lassen, jedoch im Winter weniger giessen. Schwach düngen mit 0,5 ‰ Nährsalzlösung.
Vermehrungsart: Teilung, Aussaat der Sporen → Prothallium → Befruchtung → Junge Farnpflanzen.
Zeitraum des Angebotes: 1 bis 12.
Pflanzenschutz: Anfällig für Blattläuse und Schildläuse.

▲ Abb. 433
▼ Abb. 434

Primula denticulata ♃

Handelsname: Kugelprimel.
Synonym: P. cachemiriana, P. denticulata var. cachemiriana.
Familie: Primulaceae.
Heimat/Herkunft: Afghanistan bis Himalaja.
Wuchsform: Auf kurzem Grundstamm krautige Blattrosette mit langovalen Blättern. Aus dem Zentrum erscheinen im Frühjahr lange Blütenschäfte mit kugeligen Dolden in Weiss, Blau und Rot.
Pflanzenhöhe: 15 bis 20 cm.
Temperatur- und Lichtansprüche: Im Zimmer heller Standort, im Winter auch sonnig bei kühlen Temperaturen von 10 bis 15 °C.
Substrat/pH-Wert: Humoses Substrat mit Landerdezusatz, pH-Wert: 6.0 bis 7.0.
Besondere Pflegehinweise: Stets gleichmässig giessen. Nach dem Verblühen in den Garten halbschattig auspflanzen.
Vermehrungsart: Aussaat.
Zeitraum des Angebotes: 1 bis 5.
Pflanzenschutz: Anfällig für Blattläuse, Botrytis- und Ramulariapilze.

Primula-Elatior-Hybriden ♃

Handelsname: Doldenprimel.
Synonym: P. x polyantha.
Familie: Primulaceae.
Heimat/Herkunft: Wildformen aus dem Kaukasus, Armenien.
Wuchsformen: Grundständige Blattrosette mit langovalen, weichen, grünen Blättern. Im Frühjahr entsteigt aus dem Zentrum ein starker Schaft, der endständig grosse Blüten in eine breiten Dolde trägt. Später folgen kleinere Blütenschäfte nach. Farben: Weiss, Gelb, Orange, Rot und Blau.
Pflanzenhöhe: 15 bis 25 cm.
Temperatur- und Lichtansprüche: Als Freilandpflanze im Zimmer sehr hell, aber nicht zu warm bei 12 bis 15 °C.
Substrat/pH-Wert: Humoses Substrat mit Landerdeanteil, pH-Wert: 6.0 bis 6.8.
Besondere Pflegehinweise: Gleichmässig feucht halten und zur Blütenentfaltung mässig nachdüngen. Nach der Blüte halbschattig ins Freiland pflanzen.
Vermehrungsart: Aussaat.
Zeitraum des Angebotes: 11 bis 4.
Pflanzenschutz: Anfällig für Blattläuse und Ramularia-Blattfleckenkrankheit.

Primula x kewensis ♃

Handelsname: Gelbe Topfprimel.
Synonym: –.
Familie: Primulaceae.
Heimat/Herkunft: Kreuzung aus P. floribunda x P. verticillata.
Wuchsform: Auf kurzem, gestauchtem Grundspross entwickelt sich eine flach ausgebreitete Blattrosette. Langovale Blätter in einem hellen Mattgrün, oft mehlig bepudert. Aus dem Zentrum erscheinen mehretagige, doldige Blütenstände mit goldgelben Blüten.
Pflanzenhöhe: 15 bis 20 cm.
Temperatur- und Lichansprüche: Heller bis im Winter auch sonniger Standort bei eher kühlen Temperaturen von 10 bis 15 °C.
Substrat/pH-Wert: Humoses Substrat mit Landerdeanteil, pH-Wert: 6.0 bis 6.8.
Besondere Pflegehinweise: Gleichmässig feucht halten, Wärme meiden, dann blühen sie länger.
Vermehrungsart: Aussaat.
Zeitraum des Angebotes: 12 bis 4.
Pflanzenschutz: Anfällig für Blattläuse und Botrytispilze.

▲ Abb. 435
▼ Abb. 436

Primula malacoides ⊙

Handelsname: Fliederprimel, Brautprimel.
Synonym: –.
Familie: Primulaceae.
Heimat/Herkunft: Jünnan-China.
Wuchsform: Krautige Pflanze mit aufstrebender, grundständiger Blattrosette. Die weichen, grünen Blätter sind oval, am Rand leicht gesägt. Aus dem Zentrum erscheinen im Frühjahr mehrere Blütenschäfte mit vielen Blüten in kugeligen Dolden. Farben: Weiss, Rosa, Rot.
Pflanzenhöhe: 15 bis 25 cm.
Temperatur- und Lichtansprüche: Primeln verblassen rasch bei zu hoher Wärme, daher hell und kühl halten. Ideal bei 10 bis 15 °C.
Substrat/pH-Wert: Humoses Substrat mit Landerdezusatz und nicht zu hohem Nährstoffvorrat, pH-Wert: 6.0 bis 6.8.
Besondere Pflegehinweise: Gleichmässig giessen und düngen. Einjährige Pflanze.
Vermehrungsart: Aussaat.
Zeitraum des Angebotes: 2 bis 5.
Pflanzenschutz: Anfällig für Blattläuse und Ramularia-Blattflecken.

▲ Abb. 437
▼ Abb. 438

Primula obconica

♃ (K)

Handelsname: Becherprimel.
Synonym: –.
Familie: Primulaceae.
Heimat/Herkunft: China.
Wuchsform: Krautige Pflanze mit grundständiger grosser, dichter Blattrosette. Die Blätter sind weich, frischgrün, eiförmig und mit Drüsenhaaren versehen, die zum Teil Hautausschläge durch Primin verursachen. Auf kräftigen Schäften doldige Blütenstände in Weiss, Lachs, Rosa, Rot und Blau.
Pflanzenhöhe: 25 bis 30 cm.
Temperatur- und Lichtansprüche: Mässig warmer Standort mit viel Licht, im Sommer jedoch volle Sonne meiden. 12 bis 18 °C.
Substrat/pH-Wert: Humoses Substrat mit Landerdeanteil und geringem Nährstoffvorrat, pH-Wert: 6.0 bis 6.8.
Besondere Pflegehinweise: Sehr langlebige und reichblühende Pflanze. Gleichmässig giessen und nachdüngen. Keine hohen Düngerdosierungen. Verblühte Blütenstände ausbrechen.
Vermehrungsart: Aussaat.
Zeitraum des Angebotes: 1 bis 12.
Pflanzenschutz: Anfällig für Blattläuse. Bei Überdüngung braune Blattränder.

Primula vulgaris ssp. vulgaris

♃ (K)

Handelsname: Kissenprimel.
Synonym: P. acaulis.
Familie: Primulaceae.
Heimat/Herkunft: Europa, Kleinasien, Nordafrika.
Wuchsform: Krautige, grundständige Pflanze mit weichen, grünen und langovalen Blättern, die eine grosse Rosette bilden. Nach einer Kühlphase im Winter erscheinen die zahlreichen Blüten aus dem Zentrum und bilden ein dichtes Kissen. Farben: Weiss, Gelb, Orange, Rosa, Rot und Blau, z. T. auch zweifarbig.
Pflanzenhöhe: 10 cm, im Durchmesser 20 cm.
Temperatur- und Lichtansprüche: Als Freilandpflanze wird im Zimmer ein kühler und heller Standort bei 10 bis 15 °C bevorzugt.
Substrat/pH-Wert: Humoses Substrat mit etwas Landerdeanteil, pH-Wert: 6.0 bis 6.8.
Besondere Pflegehinweise: Gleichmässig giessen und nachdüngen, bis alle Knospen aufgeblüht sind. Dann in den Garten an halbschattige Stelle pflanzen.
Vermehrungsart: Aussaat.
Zeitraum des Angebotes: 11 bis 4.
Pflanzenschutz: Anfällig für Blattläuse und Ramularia-Blattfleckenkrankheit.

Pseuderanthemum atropurpureum

♄ (W)

Handelsname: Pseuderanthemum.
Synonym: Eranthemum atropurpureum.
Familie: Acanthaceae.
Heimat/Herkunft: Polynesien.
Wuchsform: Krautig aufrecht mit gedrungenem Wuchs. Die gegenständigen Blätter sind breitlanzettlich. Die schöne Blattfärbung in Bräunlichpurpurrot verleiht ihr ein dekoratives Aussehen. Die Blüten erscheinen endständig in Ähren und sind weiss bis rosa.
Pflanzenhöhe: 30 bis 50 cm.
Temperatur- und Lichtansprüche: 18 bis 22 °C bei hellem, aber nicht vollsonnigem Standort. Liebt erhöhte Luftfeuchtigkeit.
Substrat/pH-Wert: Humoses Substrat mit Landerdezusatz, pH-Wert: 5.5 bis 6.5.
Besondere Pflegehinweise: Trockene Zimmerluft meiden. Gleichmässig feucht halten und mässig düngen.
Vermehrungsart: Kopfstecklinge bei 20 bis 25 °C.
Zeitraum des Angebotes: 1 bis 12.
Pflanzenschutz: Anfällig für Blattläuse.

▲ Abb. 439
▼ Abb. 440 / Pteris cretica

Pteris cretica

♃ (K)

Handelsname: Saumfarn.
Synonym: –.
Familie: Acrostichaceae.
Heimat/Herkunft: Tropen bis Subtropen von Asien, Afrika und Südeuropa.
Wuchsform: Grundständiger Bodenbewohner der Urwälder mit feinen Wurzeln und aufstrebenden, dünnen und drahtigen Blattstielen. Das Blatt ist je nach Sorte oder Kulturform einfach gefiedert bis aussen mehrfach geteilt. Braune Sporen am Blattrand auf der Unterseite.
Pflanzenhöhe: Je nach Alter 20 bis 40 cm.
Temperatur- und Lichtansprüche: Mässig hell bis sehr hell, nie aber volle Sonne. Ideal bei 12 bis 15 °C.
Substrat/pH-Wert: Torfig-humoses Substrat, pH-Wert: 4.5 bis 5.5.
Besondere Pflegehinweise: Nie trocken halten. Im Winter Radiatorennähe (trockene Luftzirkulation) meiden. Mässig düngen.
Vermehrungsart: Aussaat der Sporen→Prothallium →Befruchtung→Junge Farnpflanzen.
Zeitraum des Angebotes: 1 bis 12.
Pflanzenschutz: Anfällig für Schildläuse und Blattälchen.

▲ Abb. 441 / Pteris cretica 'Röweri'
▼ Abb. 444

▲ Abb. 442 / Pteris cretica 'Wimsettiii'
▼ Abb. 443 / Pteris cretica 'Albolineata'

Pteris ensiformis

♃ Ⓚ

Handelsname: Schmalblättriger Saumfarn.
Synonym: P. crenata.
Familie: Acrostichaceae.
Heimat/Herkunft: Tropisches Asien, Australien, Polynesien.
Wuchsform: Grundständige Pflanze mit feinem Wurzelballen. Das aufstrebende, ein- bis zweifach gefiederte Blatt ist relativ schmal und weist neben einem grünen Rand eine ausgeprägt silbrigweisse Mittelzone auf. Braune Sporen am Rande der Unterseite.
Pflanzenhöhe: 10 bis 20 cm.
Temperatur- und Lichtansprüche: Hell bis halbschattig bei 16 bis 18 °C.
Substrat/pH-Wert: Torfig-humoses Substrat, pH-Wert: 4.5 bis 5.5.
Besondere Pflegehinweise: Ballentrockenheit und trockene Luft meiden. Salzempfindlich, also nur abgeschwächt düngen.
Vermehrungsart: Aussaat der Sporen→Prothallium →Befruchtung→Junge Farnpflanzen.
Zeitraum des Angebotes: 1 bis 12.
Pflanzenschutz: Anfällig für Blattläuse, Blattälchen und Schildläuse bei groben Pflegefehlern.

Pteris quadriaurita 'Argyrea' ♃

Handelsname: Weissgestreifter Saumfarn.
Synonym: P. tricolor.
Familie: Acrostichaceae.
Heimat/Herkunft: Südindien, Ceylon.
Wuchsform: Gestauchter Grundspross mit aufrechten bis ausladenden, gefiederten Blattwedeln auf drahtigen, gelben Stielen. Grundfarbe grün mit ausgeprägter weisssilbriger breiter Mittelzone.
Pflanzenhöhe: 20 bis 40 cm.
Temperatur- und Lichtansprüche: Heller bis halbschattiger Standort, volle Sonne meiden. 15 bis 20 °C.
Substrat/pH-Wert: Grobfaseriges Torfsubstrat, pH-Wert: 4.5 bis 5.5.
Besondere Pflegehinweise: Stets gleichmässig feucht halten und mässig düngen, unbedingt Trockenheit meiden.
Vermehrungsart: Aussaat der Sporen→Prothallium →Befruchtung→Junge Farnpflanzen.
Zeitraum des Angebotes: 1 bis 12.
Pflanzenschutz: Anfällig für Schildläuse und Blattälchen.

▲ Abb. 445
▼ Abb. 446

Punica granatum 'Nana' N

Handelsname: Zwerggranatapfelbaum.
Synonym: Punica granatum var. nana.
Familie: Punicaceae.
Heimat/Herkunft: Vorderasien, im Mittelmeergebiet eingebürgert.
Wuchsform: Zierlicher Strauch mit dichter Verzweigung und aufrechtem Wuchs, sommergrün. Die wechselständig angeordneten Blättchen sind langoval und frischgrün glänzend. Endständig erscheinen die roten, hängenden Einzelblüten mit bauchigem Fruchtknoten, aus dem sich die Granatäpfel bilden. Im Sommer im Freien halten.
Pflanzenhöhe: 30 bis 50 cm und mehr.
Temperatur- und Lichtansprüche: Als Kübelpflanze oder Freilandpflanze des Südens sehr heller bis sonniger Standort, 15 bis 25 °C, im Winter 2 bis 8 °C.
Substrat/pH-Wert: Humoses Substrat mit ausreichend Landerdeanteil, pH-Wert: 5.8 bis 6.5.
Besondere Pflegehinweise: Im Sommer gleichmässig feucht halten und mässig düngen. Im Winter nicht austrocknen lassen. Formierungsschnitt.
Vermehrungsart: Kopf- und Triebteilstecklinge von ausgereiften Trieben.
Zeitraum des Angebotes: 4 bis 8.
Pflanzenschutz: Anfällig für Blattläuse, Wolläuse und Weisse Fliegen und in der Folge Russtaupilze.

▲ Abb. 447
▼ Abb. 448

Radermachera sinica

♄ ⌂W

Handelsname: Zimmeresche.
Synonym: Stereospermum sinicum.
Familie: Bignoniaceae.
Heimat/Herkunft: Südostchina.
Wuchsform: Aufwärtsstrebender Wuchs mit straffem, verholzendem Spross und breitausladenden, doppelt gefiederten Blättern, hell- bis dunkelgrün, glänzend.
Pflanzenhöhe: Je nach Alter 30 bis 60 cm und mehr.
Temperatur- und Lichtansprüche: Heller bis halbschattiger Standort, im Sommer volle Sonne meiden. Ideal bei 16 bis 20 °C.
Substrat/pH-Wert: Humoses Substrat mit Landerdeanteil, pH-Wert: 6.0 bis 6.8.
Besondere Pflegehinweise: Gleichmässig feucht halten und mässig düngen.
Vermehrungsart: Aussaat.
Zeitraum des Angebotes: 1 bis 12.
Pflanzenschutz: Anfällig für Blattläuse.

Rhipsalis baccifera

♄ ⌂W ⚕

Handelsname: Korallenkaktus.
Synonym: R. cassutha, R. cassytha.
Familie: Cactaceae.
Heimat/Herkunft: Pantropisch verbreitet.
Wuchsform: Ein ausgesprochener Epiphyt unter den Kakteen mit anfänglich aufrechtem, stark verzweigtem kurzem Wuchs, mit zunehmendem Alter werden die meist rundlichen, gegliederten Triebe länger und überhängend. Im Februar erscheinen kleine weisse Blüten. Daraus entwickeln sich milchweisse, erbsengrosse Beeren.
Pflanzenhöhe: Jugendstadium 15 bis 25 cm, Altersform bis 100 cm lang.
Temperatur- und Lichtansprüche: Heller Standort, jedoch keine volle Sonne. Im Sommer können sie auch im Freien im Halbschatten aufgehängt werden. Im Winter bei 12 bis 18 °C.
Substrat/pH-Wert: Humoses Substrat mit etwas Landerde- und Sandanteil, pH-Wert: 6.0 bis 7.0.
Besondere Pflegehinweise: Gleichmässig feucht halten und im Sommer mässig düngen. Im Winter trockener halten.
Vermehrungsart: Durch Kopf- und Triebteilstecklinge.
Zeitraum des Angebotes: 1 bis 12.
Pflanzenschutz: Anfällig für Wolläuse, Schildläuse und Spinnmilben.

Rhododendron-Catawbiense-Hybriden ♄–♄ ☠

Handelsname: Grossblumige Rhododendron.
Synonym: R. catawbiense.
Familie: Ericaceae.
Heimat/Herkunft: USA: Virginia, Georgia, Alabama, Zuchtformen.
Wuchsform: Aufrechter, sparriger Wuchs, mit breiter Verzweigung. Immergrün mit lederigen, dunkelgrünen, länglich-elliptischen Blättern und im Herbst/Winter runden und dicken Blütenknospen. Endständig bilden sich grosse kugelige Blütenstände in Weiss, Rosa, Rot und Violett.
Pflanzenhöhe: Je nach Sorte und Alter ab 40 cm bis 100 cm und mehr.
Temperatur- und Lichtansprüche: Moorbeetpflanze für mässig sonnigen bis halbschattigen Standort. Frosthart.
Substrat/pH-Wert: Moorbeet mit Torf, Lauberde und guter Drainage, pH-Wert: 4.5 bis 6.0.
Besondere Pflegehinweise: Nie austrocknen lassen, ballentrockene Pflanzen ins Wasserbad stellen. Zugekaufte Pflanzen im Topf bald auspflanzen. Rhododendrondünger verabreichen.
Vermehrungsart: Kopfstecklinge.
Zeitraum des Angebotes: Angetriebene Pflanzen 4 bis 5, sonst 1 bis 12, unblühend.
Pflanzenschutz: Im Moorbeet anfällig für Dickmaulrüsslerlarven.

▲ Abb. 449
▼ Abb. 450

Rhododendron molle ♄

Handelsname: Mollis-Azalee.
Synonym: Azalea mollis, A. sinensis, R. sinense.
Familie: Ericaceae.
Heimat/Herkunft: China.
Wuchsform: Aufstrebender Strauch mit lockerer Verzweigung. Im Winter kahl, die länglich-elliptischen Blätter erscheinen frischgrün im März-April. Aus vorgebildeten Blütenknospen erscheinen im Mai-Juni jeweils 5 bis 10 Blüten in meist leuchtenden Farben wie Gelb, Orange, Rot und Weiss.
Pflanzenhöhe: Je nach Alter 50 bis 150 cm.
Temperatur- und Lichtansprüche: Freilandpflanze für das Moorbeet, das halbschattig angelegt wird. Winterharte Art.
Substrat/pH-Wert: Moorbeet mit Torf, Laub und guter Drainage, pH-Wert: 4.5 bis 6.0.
Besondere Pflegehinweise: Moorbeetpflanzen müssen immer feucht stehen. Zugekaufte Pflanzen im Topf nach der Blüte auspflanzen und Samenstände entfernen. Düngen mit Rhododendrondünger.
Vermehrungsart: Kopfstecklinge.
Zeitraum des Angebotes: Angetrieben 4 bis 5, unblühend 1 bis 12.
Pflanzenschutz: Anfällig für Blattläuse und Ohrläppchenkrankheit. Im Moorbeet Dickmaulrüsslerlarven.

▲ Abb. 451
▼ Abb. 452

Rhododendron x obtusum ♄

Handelsname: Japanische Azalee.
Synonym: Azalee obtusa.
Familie: Ericaceae.
Heimat/Herkunft: Zuchtform R. kaempferi x R. kiusianum, Wildformen aus Japan.
Wuchsform: Zierstrauch mit aufrechtem bis breitverzweigtem Wuchs, halbimmergrün mit elliptischen, dunkelgrünen, relativ kleinen Blättern. Endständig bilden sich im Herbst runde Knospen, die je 2 bis 5 Blüten hervorbringen. Blüte im Mai bis Juni, angetrieben ab März in Rosa, Rot, Violett und Weiss.
Pflanzenhöhe: Je nach Alter und Sorte 30 bis 100 cm.
Temperatur- und Lichtansprüche: Freilandpflanze für das Moorbeet. Zugekaufte Pflanzen in Töpfen müssen ins Freie gepflanzt werden in Halbschatten. Frostharte Art.
Substrat/pH-Wert: Moorbeet mit Torf, Lauberde und unten guter Drainage, pH-Wert: 4.5 bis 6.0.
Besondere Pflegehinweise: Azaleen nie austrocknen lassen, trockene Wurzelballen in Wasserbad stellen. Vorübergehend in der Wohnung kühl stellen.
Vermehrungsart: Kopfstecklinge.
Zeitraum des Angebotes: 3 bis 6, unblühend 1 bis 12.
Pflanzenschutz: Anfällig für Blattläuse und Ohrläppchenkrankheit. Im Moorbeet Dickmaulrüsslerlarven.

Rhododendron-Simsii-Hybriden ♄ K

Handelsname: Indische Topfazalee.
Synonym: –.
Familie: Ericaceae.
Heimat/Herkunft: China, Taiwan.
Wuchsform: Strauchiger, breitverzweigter Wuchs, immergrün. Die verholzten Triebe tragen langovale, dunkelgrüne Blätter in dichter Folge. Endständig bilden sich im Herbst runde, dicke Knospen, die grosse Blüten in Weiss, Rosa, Rot und Violett hervorbringen.
Pflanzenhöhe: Je nach Alter 10 bis 50 cm und mehr (Hochstämme).
Temperatur- und Lichtansprüche: Als blühende Pflanze hell bei 15 bis 18 °C, Überwinterung vor dem Antreiben kühl bei 5 bis 8 °C. Im Sommer im Freien im Halbschatten.
Substrat/pH-Wert: Grobfaseriges Torfsubstrat mit Kiefernadelnbeimischung, pH-Wert: 4.0 bis 5.0.
Besondere Pflegehinweise: Im Zimmer stets gut feucht halten. Trockene Pflanzenballen ½ Stunden ins Wasserbad stellen. Anzucht stets feucht und mässig düngen. Regenwasser verwenden.
Vermehrungsart: Kopfstecklinge und Veredlungen.
Zeitraum des Angebotes: 8 bis 5.
Pflanzenschutz: Anfällig für Blattläuse, Dickmaulrüsslerlarven, Ohrläppchenkrankheit und Septoria-Blattflecken.

Rhoicissus capensis

ℏ (K) ≹

Handelsname: Kaplandklimme.
Synonym: Cissus capensis.
Familie: Vitaceae.
Heimat/Herkunft: Natal.
Wuchsform: Kletterpflanze mit starkem Wuchs und wechselständig angeordneten grossen, breitherzförmigen, behaarten Blättern.
Pflanzenhöhe: 50 bis 150 cm.
Temperatur- und Lichtansprüche: Vorliebe für hellen, aber nicht vollsonnigen, eher kühlen Standort von 15 bis 18 °C.
Substrat/pH-Wert: Humoses Substrat mit Landerdeanteil, pH-Wert: 5.0 bis 6.0.
Besondere Pflegehinweise: Liebt erhöhte Luftfeuchtigkeit. Im Sommer reichlich giessen und mässig düngen, im Winter weniger.
Vermehrungsart: Blattaugenstecklinge bei 18 °C Bodenwärme.
Zeitraum des Angebotes: 1 bis 12.
Pflanzenschutz: Bei zuviel oder zuwenig Wasser kann es braune Blattflecken geben.

▲ Abb. 453
▼ Abb. 454

Rhoicissus digitata

ℏ (W) ≹ ≹

Handelsname: Fingerblättrige Zierrebe.
Synonym: –
Familie: Vitaceae.
Heimat/Herkunft: Ostkapland bis tropisches Afrika.
Wuchsform: Aufrecht kletternd bis hängend mit verholzenden Trieben und spiraligen Klimmorganen. Die wechselständigen Blätter sind dreiteilig, dunkelgrün, matt glänzend, die Einzelblättchen sind oval.
Pflanzenhöhe: 30 bis 60 cm.
Temperatur- und Lichtansprüche: Heller bis schattiger Standort, im Sommer keine volle Sonne. Ideal bei 15 bis 20 °C.
Substrat/pH-Wert: Humoses Substrat mit Landerdeanteil, pH-Wert: 5.0 bis 6.0.
Besondere Pflegehinweise: Gleichmässig feucht halten und mässig düngen, nach Bedarf aufbinden oder zurückschneiden.
Vermehrungsart: Triebteil- und Blattaugenstecklinge.
Zeitraum des Angebotes: 1 bis 12.
Pflanzenschutz: Anfällig für Blattläuse, Spinnmilben und Weichhautmilben.

▲ Abb. 455
▼ Abb. 456

Rosa-Hybriden

ħ–ħ

Handelsname: Topfrose.
Synonym: –.
Familie: Rosaceae.
Heimat/Herkunft: Zuchtform aus verschiedenen Arten.
Wuchsform: Halbstrauch bis Strauch mit aufrechtem, leicht verzweigtem Wuchs und Bestachelung an den Trieben und Blattstielen. Die wechselständig angeordneten Blätter sind unpaarig gefiedert mit ovalen Teilblättchen. Endständig bilden sich halbgefüllte bis gefüllte Rosenblüten von Weiss, Gelb, Rosa, Orange bis Rot.
Pflanzenhöhe: 15 bis 80 cm (Hochstämmchen).
Temperatur- und Lichtansprüche: Heller, leicht sonniger Standort bei viel frischer Luft und nicht zu grosser Wärme von 12 bis 15 °C.
Substrat/pH-Wert: Humoses Substrat mit reichlich Landerdeanteil, pH-Wert: 6.0 bis 7.5.
Besondere Pflegehinweise: Gleichmässig feucht halten und mässig düngen. Trockenwarme Luft meiden. Nach der Blüte Rückschnitt vornehmen oder in den Garten pflanzen.
Vermehrungsart: Triebteil- oder Blattaugenstecklinge. Ältere Sorten werden auch okuliert.
Zeitraum des Angebotes: 1 bis 12.
Pflanzenschutz: Anfällig für Blattläuse, Spinnmilben, Echten Mehltau und Rosenrost. Vorbeugend Fungizide spritzen!

Rossioglossum grande

♃

Handelsname: Odontoglossum, Grossblütige Rossioglossum.
Synonym: Odontoglossum grande.
Familie: Orchidaceae.
Heimat/Herkunft: Mexiko, Guatemala.
Wuchsform: Orchidee mit grundständigen Pseudobulben, aus der Basis erscheinen langlineale, derbgrüne Blätter. Die traubigen Blütentriebe entspriessen aus der Basis und tragen grosse, gelbbraun gefleckte Einzelblüten von 10 bis 15 cm Grösse.
Pflanzenhöhe: 30 bis 40 cm.
Temperatur- und Lichtansprüche: Warmer und heller, aber im Sommer nicht vollsonniger Standort. 18 bis 22 °C, im Winter 15 °C.
Substrat/pH-Wert: Substrat aus Farn- oder Buchenwurzeln, Ziegelschrot oder Kiefernrinde, pH-Wert: 4.8 bis 5.8.
Besondere Pflegehinweise: Regelmässig mit kalkarmem Wasser giessen. Schwache Nährstoffgaben vom Frühjahr bis im Herbst. Im Winter Ruhezeit einhalten, nur wenig giessen.
Vermehrungsart: Teilung, Mikrovermehrung.
Zeitraum des Angebotes: 4 bis 10.
Pflanzenschutz: Anfällig für Spinnmilben, Thripse, Schildläuse und Wolläuse.

Saintpaulia–Ionantha-Hybriden ♃ W

Handelsname: Usambaraveilchen.
Synonym: –.
Familie: Gesneriaceae.
Heimat/Herkunft: Wildformen aus Tansania, Zuchtformen.
Wuchsform: Krautige, grundständige Pflanze mit kurzem Spross und flacher Blattrosette. Die weichen, dunkelgrünen und behaarten Blätter sind herzförmig bis oval. Aus den Blattachseln erscheinen die Blütenschäfte mit je 3 bis 5 Blüten in Weiss, Rosa, Purpurrot, Hell- und Dunkelblau, einfach bis gefülltblühend sowie auch zweifarbig.
Pflanzenhöhe: 5 bis 10 cm, Durchmesser 10 bis 25 cm.
Temperatur- und Lichtansprüche: Heller Standort ohne volle Sonne, 18 bis 20 °C.
Substrat/ph-Wert: Humoses Substrat mit etwas Landerdeanteil, pH-Wert: 5.5 bis 6.8.
Besondere Pflegehinweise: Gleichmässig feucht halten und mässig düngen. Beim Giessen Blätter nicht benetzen und kein kaltes Wasser verwenden.
Vermehrungsart: Blattstecklinge, Aussaat und durch Mikrovermehrung.
Zeitraum des Angebotes: 1 bis 12.
Pflanzenschutz: Anfällig für Blattläuse, Blütenthrips, Weichhautmilben, Blattälchen und Echten Mehltau sowie Ringflecken bei unvorsichtigem Giessen.

Sanchezia nobilis ♄ W

Handelsname: Sanchezie.
Synonym: –.
Familie: Acanthaceae.
Heimat/Herkunft: Ekuador.
Wuchsform: Aufrechter bis ausladender Wuchs mit kräftigen Trieben und grossen, breitlanzettlichen Blättern in gegenständiger Anordnung. Farbe: Frischgrün mit ausgeprägter gelber Nervatur.
Pflanzenhöhe: 30 bis 40 cm
Temperatur- und Lichtansprüche: Heller Standort, im Sommer nicht vollsonnig. 18 bis 25°C.
Substrat/pH-Wert: Humos mit Landerdeanteil, pH-Wert: 6.0 bis 6.8.
Besondere Pflegehinweise: Gelegentlicher Rückschnitt fördert die Verzweigung.
Vermehrungsart: Kopfstecklinge bei 20 bis 25 °C Bodenwärme.
Zeitraum des Angebotes: 1 bis 12.
Pflanzenschutz: Anfällig für Blattläuse.

▲ Abb. 457
▼ Abb. 458

▼ Abb. 459

▲ Abb. 460
▼ Abb. 461

Sansevieria trifasciata 'Golden Hahnii' ♃ ⌂W

Handelsname: Hahn's gelbgestreifter Bogenhanf.
Synonym: S. guineensis, S. hahnii.
Familie: Agavaceae.
Heimat/Herkunft: Mutation aus S. trifasciata 'Hahnii', Wildformen: Tropisches Westafrika.
Wuchsform: Kurzer Grundstamm mit seitlicher Rhizombildung. Die Blattrosetten sind kurzgestaucht und bilden einen offenen Trichter. Die festen, lederigen Blätter sind breitlanzettlich und durch breite gelbe Ränder gezeichnet.
Pflanzenhöhe: 10 bis 15 cm.
Temperatur- und Lichtansprüche: Sehr heller bis schwachsonniger Standort, vorübergehend auch schattig. 18 bis 25°C.
Substrat/pH-Wert: Humoses Substrat mit Landerde- und Sandzusatz, pH-Wert: 6.0 bis 7.0.
Besondere Pflegehinweise: Trockenwarme Luft wird gut, Nässe und zu kühler Standort werden schlecht ertragen. Mässig düngen.
Vermehrungsart: Panaschierte Formen nur durch Teilung.
Zeitraum des Angebotes: 1 bis 12.
Pflanzenschutz: Anfällig für Schildläuse. Bei zu kühlem Standort Stamm- und Wurzelfäule.

Sansevieria trifasciata 'Hahnii' ♃ ⌂W

Handelsname: Hahn's Bogenhanf.
Synonym: S. guineensis, S. hahnii.
Familie: Agavaceae.
Heimat/Herkunft: Mutationsform von S. trifasciata, Wildformen: Tropisches Westafrika.
Wuchsform: Kurzer Grundstamm mit breitlanzettlichen Blättern, die einen offenen Trichter bilden. Auf dem graugrünen Grunde finden wir dunkelgrüne Querbänder. Rhizombildung aus der Basis.
Pflanzenhöhe: 15 bis 20 cm.
Temperatur- und Lichtansprüche: Heller bis leicht sonniger Standort, vorübergehend wird auch Schatten ertragen. 18 bis 25 °C.
Substrat/pH-Wert: Humoses Substrat mit Landerde- und Sandzusatz, pH-Wert: 6.0 bis 7.0.
Besondere Pflegehinweise: Trockenwarme Luft wird gut, Nässe und zu kühler Standort werden schlecht ertragen. Mässig giessen und düngen.
Vermehrungsart: Teilung, Blatt- und Blatteilstecklinge.
Zeitraum des Angebotes: 1 bis 12.
Pflanzenschutz: Anfällig für Schildläuse. Wurzel- und Stammfäule bei zu kühlem Standort.

Sansevieria trifasciata 'Laurentii'

♃ (W) N

Handelsname: Bogenhanf, Schwiegermutterzunge.
Synonym: S. guineensis, S. laurentii.
Familie: Agavaceae.
Heimat/Herkunft: Mutation aus der grünen Form S. trifasciata, die in Nigeria, Westafrika beheimatet ist.
Wuchsform: Kurzer Grundspross mit seitlicher Rhizombildung. Aus der Basis steigen lange, stengellose, dickledrige langlanzettliche bis schwertförmige Blätter auf. Der Mittelteil ist graugrün gebändert, die seitlichen Bänder sind gelb. Aus der Basis steigen traubige bis rispige Blütenstände mit weissen Blüten auf.
Pflanzenhöhe: 30 bis 80 cm und mehr.
Temperatur- und Lichtansprüche: Sehr heller bis leicht sonniger Standort bei 18 bis 25 °C. Nie unter 15 °C halten!
Substrat/pH-Wert: Humoses Substrat mit Landerde- und Sandzusatz, pH-Wert: 6.0 bis 7.0.
Besondere Pflegehinweise: Ideale Pflanze für Räume mit trockenwarmer Luft. Mässig giessen und düngen.
Vermehrungsart: Nur durch Teilung, Blattstecklinge ergeben die grüne Wildform.
Zeitraum des Angebotes: 1 bis 12.
Pflanzenschutz: Anfällig für Schildläuse sowie Wurzel- und Stammfäule bei zu tiefen Temperaturen.

▲ Abb. 462
▼ Abb. 463

Saxifraga stolonifera

♃ (K)

Handelsname: Judenbart.
Synonym: S. sarmentosa.
Familie: Saxifragaceae.
Heimat/Herkunft: Japan, China.
Wuchsform: Krautige Pflanze mit grundständiger, flacher Blattrosette. Das Blatt ist nierenförmig und sitzt an relativ langen Stielen. Die Farbe ist dunkelgrün mit heller Nervenzeichnung. An dünnen Trieben bilden sich zahlreiche Ausläuferpflanzen. Ältere Pflanzen bilden vom Mai bis August an hohen rispigen Blütenständen weisse Blüten.
Pflanzenhöhe: Unblühend 10 bis 20 cm, blühend 30 bis 50 cm hoch.
Temperatur- und Lichtansprüche: Die grüne Form erträgt kühle Temperaturen und einen hellen Standort bei 10 bis 15 °C.
Substrat/pH-Wert: Humos mit Landerdezusatz, pH-Wert: 6.0 bis 6.8.
Besondere Pflegehinweise: Nässe und Trockenheit meiden.
Vermehrungsart: Abnahme der Ausläuferpflänzchen.
Zeitraum des Angebotes: 1 bis 12.
Pflanzenschutz: Bei zu warmem Standort anfällig für Blattläuse und Spinnmilben.

▲ Abb. 464
▼ Abb. 465

Saxifraga stolonifera 'Tricolor' ♃ (K)

Handelsname: Dreifarbiger Judenbart.
Synonym: S. sarmentosa 'Tricolor'.
Familie: Saxifragaceae.
Heimat/Herkunft: Japan, China, Mutationsform der grünen Art.
Wuchsform: Grundständige Blattrosette mit relativ schwachem Wuchs. Die nierenförmigen Blätter sind bunt gezeichnet: dunkelgrün, weiss und rötlich. An dünnen Trieben bilden sich junge Ausläuferpflänzchen. Aus der Mitte weisse, rispige Blütenstände.
Pflanzenhöhe: Unblühend 5 bis 15 cm, blühend 15 bis 30 cm hoch.
Temperatur- und Lichtansprüche: Heller, aber keinesfalls sonniger Standort, wärmer als die grüne Art, 15 bis 20 °C.
Substrat/pH-Wert: Humos mit Landerdezusatz, pH-Wert: 6.0 bis 6.8.
Besondere Pflegehinweise: Gleichmässig feucht halten. Trockenheit meiden.
Vermehrungsart: Abnahme der Ausläuferpflänzchen.
Zeitraum des Angebotes: 1 bis 12.
Pflanzenschutz: Bei zu trockenwarmer Luft anfällig für Blattläuse und Spinnmilben.

Scadoxus multiflorus ssp. katherinae ♃ (K)

Handelsname: Blutblume, Rote Haemanthus.
Synonym: Haemanthus katherinae, Haemanthus multiflorus.
Familie: Amaryllidaceae.
Heimat/Herkunft: Namibia.
Wuchsform: Aus einer rundlichen, dicken Zwiebel erscheinen an kurzen Stielen langlanzettliche, grüne und weiche Blätter, die einen dichten Blattschopf bilden. Die roten Blüten sitzen als dichte Dolde auf einem langen Schaft.
Pflanzenhöhe: 40 bis 50 cm.
Temperatur- und Lichtansprüche: Im Sommer hell bis fast vollsonnig. Im Winter hell bei 13 bis 15 °C.
Substrat/pH-Wert: Humos mit Landerdeanteil, pH-Wert: 5.5 bis 6.5.
Besondere Pflegehinweise: Diese Art muss im Winter etwas wärmer gehalten werden als Haemanthus albiflos. Sie dürfen trotz relativem Trockenhalten die Blätter nicht ganz verlieren.
Vermehrungsart: Durch Brutzwiebeln oder Teilung von älteren Pflanzen.
Zeitraum des Angebotes: 5 bis 9.
Pflanzenschutz: Anfällig für Blattläuse.

Schefflera actinophylla

♄ (W)

Handelsname: Fingeraralie, Schefflera.
Synonym: Brassaia actinophylla.
Familie: Araliaceae.
Heimat/Herkunft: Nordost-Australien, Neuguinea.
Wuchsform: Straff aufrechter Stamm. An langen Blattstielen bilden sich grosse, handförmig geteilte Blätter mit je 5 bis 9 langovalen Einzelblättern, die bei grösseren Pflanzen leicht überhängen.
Pflanzenhöhe: Je nach Alter 30 bis 200 cm.
Temperatur- und Lichtansprüche: Schefflera lieben keine zu hohe Wärme. Im Sommer genügen 16 bis 20 °C, im Winter 12 bis 15 °C. Hell bis halbschattig, im Sommer keine volle Sommer.
Substrat/pH-Wert: Humoses, durchlässiges Substrat mit Landerdeanteil, pH-Wert: 5.5 bis 6.5.
Besondere Pflegehinweise: Nässeempfindliche Wurzeln, daher Nässe meiden. Mässig düngen. Zu grosse Pflanzen ertragen einen Rückschnitt.
Vermehrungsart: Aussaat bei 20 bis 25 °C. Nur frisches Saatgut verwenden.
Zeitraum des Angebotes: 1 bis 12.
Pflanzenschutz: Anfällig für Schildläuse.

▲ Abb. 466
▼ Abb. 467

Schefflera arboricola

♄ (W)

Handelsname: Strahlenaralie, Kleinblättrige Schefflera.
Synonym: Heptapleurum arboricola.
Familie: Araliaceae.
Heimat/Herkunft: Taiwan.
Wuchsform: Strauchig aufrecht, wenig verzweigt, wechselständig, an langen Stielen handförmig geteilte Blätter von dunkelgrüner Farbe. Es gibt auch verschiedene panaschierte Mutationsformen.
Pflanzenhöhe: Ja nach Alter 30 bis 150 cm.
Temperatur- und Lichtansprüche: Hell bis halbschattig, im Sommer keine volle Sonne. 15 bis 20 °C.
Substrat/pH-Wert: Humoses, durchlässiges Substrat mit Landerdeanteil, pH-Wert: 5.8 bis 6.5.
Besondere Pflegehinweise: Gleichmässig feucht halten, unbedingt Nässe meiden. Mässig düngen, im Winter reduzierte Wasser- und Nährstoffgaben.
Vermehrungsart: Kopf- und Blattaugenstecklinge, abmoosen.
Zeitraum des Angebotes: 1 bis 12.
Pflanzenschutz: Bei zu trockenwarmer Luft anfällig für Schildläuse, Spinnmilben, Weichhautmilben und Thripse. Bei grosser Nässe Wurzelfäule.

▲ Abb. 468 / Schefflera arboricola 'Gold Capella'

▲ Abb. 469 / Schefflera arboricola 'Carolien'

▼ Abb. 470

Schefflera elegantissima

Handelsname: Schmalblättrige Fingeraralie.
Synonym: Aralia elegantissima, Dizygotheca elegantissima.
Familie: Araliaceae.
Heimat/Herkunft: Neukaledonien.
Wuchsform: Verholzter, aufrechter Spross, der wechselständig von handförmig geteilten Blättern besetzt ist. Der Blattrand ist stark gezähnt, die schmalen Blattflächen mit dem glänzenden Dunkelgrün heben sich deutlich vom hellen Mittelsaum ab.
Pflanzenhöhe: Ja nach Alter 20 bis 80 cm.
Temperatur- und Lichtansprüche: Mässig hell bis halbschattig, im Sommer 18 bis 25 °C, im Winter kühler bei 15 bis 20 °C.
Substrat/pH-Wert: Humoses Substrat mit Landerdeanteil, durchlässig, pH-Wert: 5.5 bis 6.5.
Besondere Pflegehinweise: Nässe, Trockenheit und Zugluft meiden, dankbar für erhöhte Luftfeuchtigkeit.
Vermehrungsart: 1) Aussaat, speziell für Schalenpflanzen, 2) Okulation = lockerer Aufbau.
Zeitraum des Angebotes: 1 bis 12.
Pflanzenschutz: Anfällig für Blattläuse, Wolläuse, Schildläuse, Spinnmilben, Weichhautmilben.

Schefflera elegantissima 'Castor'

Handelsname: Dichtblättrige Fingeraralie.
Synonym: Aralia elegantissima, Dizygotheca elegantissima.
Familie: Araliaceae.
Heimat/Herkunft: Neukaledonien.
Wuchsform: Straffaufstrebender Wuchs, verholzter Spross mit kurzen Internodien. Die fingerförmig geteilten Blätter sind kurzgestielt und breiter als die Art Sch. elegantissima. Die Farbe ist dunkelgrün.
Pflanzenhöhe: Je nach Alter 15 bis 30 cm und mehr.
Temperatur- und Lichtansprüche: Heller Standort, jedoch keine volle Sonne im Sommer. Warmer Standort bei 18 bis 20 °C.
Substrat/pH-Wert: Humoses Substrat mit Landerdeanteil, pH-Wert: 5.8 bis 6.5.
Besondere Pflegehinweise: Nässe und Trockenheit meiden. Gleichmässig feucht halten, mässig düngen.
Vermehrungsart: Aussaat und durch Kopfstecklinge.
Zeitraum des Angebotes: 1 bis 12.
Pflanzenschutz: Anfällig für Blattläuse, Spinnmilben und Schildläuse. Bei grosser Nässe Wurzelfäule.

Schefflera veitchii

Handelsname: Breitblättrige Fingeraralie.
Synonym: Aralia veitchii, Dizygotheca veitchii.
Familie: Araliaceae.
Heimat/Herkunft: Neukaledonien.
Wuchsform: Aufrechter Stamm, der an 10 bis 15 cm langen Stielen handförmig geteilte, bis 15 cm lange, grün glänzende Blätter trägt. Die Einzelblättchen sind relativ breit und am Rande gewellt, der Mittelnerv ist deutlich heller.
Pflanzenhöhe: 40 bis 80 cm und mehr.
Temperatur- und Lichtansprüche: Heller Standort, jedoch ohne grelle Mittagssonne. Im Sommer 18 bis 20 °C, im Winter nicht unter 15 °C.
Substrat/pH-Wert: Humoses Substrat mit Landerdezusatz, pH-Wert: 5.8 bis 6.5.
Besondere Pflegehinweise: Staunässe meiden, sonst gibt es Wurzelfäule. Mässig düngen.
Vermehrungsart: Aussaat.
Zeitraum des Angebotes: 1 bis 12.
Pflanzenschutz: Anfällig für Schildläuse, Spinnmilben, Weichhautmilben.

▲ Abb. 471
▼ Abb. 472

▲ Abb. 473
▼ Abb. 474

▼ Abb. 475

Schlumbergera-Hybriden

Handelsname: Echter Weihnachtskaktus, Gliederkaktus.
Synonym: S. x buckleyi, Haetoria gaertneri.
Familie: Cactaceae.
Heimat/Herkunft: Brasilien, Zuchtformen Kreuzung aus S. russelliana x S. truncata
Wuchsform: Gliederkaktus mit anfänglich aufrechtem, später überhängendem Wuchs, gut verzweigt. Die flachen Einzelglieder sind 2 cm breit und bis 6 cm lang. Endständig erscheinen vor Weihnachten prächtige Blüten in Rosa und Rot. Kurztagespflanze.
Pflanzenhöhe: 15 bis 30 cm.
Temperatur- und Lichtansprüche: Im Winter heller bis leicht sonniger Standort, im Sommer im Halbschatten auch im Freien. 15 bis 18 °C.
Substrat/pH-Wert: Humoses Substrat mit Landerde- und Sandzusatz, pH-Wert: 5.0 bis 6.0.
Besondere Pflegehinweise: Nach der Blüte etwas trockener halten, im Frühjahr umpflanzen. Im Sommer gleichmässig feucht halten. Nach dem Knospenansatz im Zimmer kein Standortwechsel vornehmen (Knospenfall).
Vermehrungsart: Blattgliederstecklinge, je 3 bis 4 pro Topf.
Zeitraum des Angebotes: 9 bis 12 durch gestaffelte, gesteuerte Kulturen (Kurztagspflanze).
Pflanzenschutz: Anfällig für Schnecken und Wurzelfäule.

Scindapsus pictus

Handelsname: Gefleckte Efeutute, Scindapsus.
Synonym: Pothos argyraeus.
Familie: Araceae.
Heimat/Herkunft: Malaysia.
Wuchsform: Kriechender, kletternder bis hängender Wuchs. An meist unverzweigten Trieben stehen die grossen, herzförmigen Blätter wechselständig. Auf silbergrauer Grundfarbe finden wir unregelmässige grüne Flecken.
Pflanzenhöhe: 30 bis 50 cm.
Temperatur- und Lichtansprüche: Heller, aber nicht vollsonniger Standort bei 18 bis 25 °C.
Substrat/pH-Wert: Humoses Substrat mit etwas Landerdeanteil, pH-Wert: 5.0 bis 6.5.
Besondere Pflegehinweise: Liebt erhöhte Luftfeuchtigkeit (Blumenfenster, Vitrinen, Hydrokultur). Gleichmässig feucht halten, im Sommer mässig düngen.
Vermehrungsart: Blattaugen- oder Kopfstecklinge, Triebteilstecklinge, mehrere pro Topf.
Zeitraum des Angebotes: 1 bis 12.
Pflanzenschutz: Bei zu trockener Luft anfällig für Spinnmilben.

Scindapsus pictus 'Argyraeus' ♃

Handelsname: Silbriggefleckte Efeututе, Scindapsus.
Synonym: S. pictus var. argyraeus, Pothos argyraeus.
Familie: Araceae.
Heimat/Herkunft: Malaysia.
Wuchsform: Kriechender bis hängender Wuchs, dünne Triebe mit wechselständig angeordneten, langherzförmigen Blättern von samaragdgrüner Grundfarbe mit schöner Silberfleckenzeichnung.
Pflanzenhöhe: 20 bis 50 cm.
Temperatur- und Lichtansprüche: Heller, nicht vollsonniger Standort bei 18 bis 25 °C.
Substrat/pH-Wert: Humoses Substrat mit etwas Landerdeanteil, pH-Wert: 5.0 bis 6.5.
Besondere Pflegehinweise: Verlangt eine erhöhte Luftfeuchtigkeit (Blumenfenster, Vitrinen, Hydrokultur). Gleichmässig feucht halten, im Winter sparsamer giessen.
Vermehrungsart: Blattaugen- oder Kopfstecklinge, Triebteilstecklinge, mehrere pro Topf.
Zeitraum des Angebotes: 1 bis 12.
Pflanzenschutz: Bei trockener Luft anfällig für Spinnmilben.

▲ Abb. 476
▼ Abb. 477

Scirpus cernuus ♃

Handelsname: Frauenhaargras, zierliche Simse.
Synonym: Isolepis cernua, I. gracilis, S. gracilis, Ficinia poiretii.
Familie: Cyperaceae.
Heimat/Herkunft: Südafrika, Madagaskar, Europa, Australien, Neuseeland.
Wuchsform: Krautige, grasartige Staude mit überhängenden, fadendünnen Trieben mit borstigen Blättchen und endständig bräunlichen, kurzen Blütenähren.
Pflanzenhöhe: 20 cm.
Temperatur und Lichtansprüche: Heller Standort, jedoch keine volle Sonne. 16 bis 20 °C.
Substrat/ph-Wert: Humoses Substrat mit Landerdeanteil, pH-Wert: 6.0 bis 7.0.
Besondere Pflegehinweise: Als eigentliche Sumpfpflanzen müssen Scirpus stets feucht gehalten werden. Mit Vorteil stets Wasser im Untersatz nachfüllen.
Vermehrungsart: Teilung der Pflanzen.
Zeitraum des Angebotes: 1 bis 12.
Pflanzenschutz: Bei zu grosser Trockenheit dürre Blattspitzen.

▲ Abb. 478
▼ Abb. 479

Sedum lineare 'Variegatum' ♃ (K) w→ ⚡

Handelsname: Sedum, Fetthenne.
Synonym: –.
Familie: Crassulaceae.
Heimat/Herkunft: Japan, Riukiu-Inseln.
Wuchsform: Anfänglich aufrechter bis ausladender Wuchs, später locker überhängend mit zierlicher Verzweigung. Die fleischigen, abgeflachten Blättchen stehen gegenständig relativ dicht, sie sind in der Farbe hellgraugrün und weisen weisse Ränder auf.
Pflanzenhöhe: Je nach Alter 20 bis 50 cm und mehr.
Temperatur- und Lichtansprüche: Heller bis halbschattiger Standort, im Winter wird auch Sonne ertragen. Ideal bei 15 bis 18 °C im Sommer und 5 bis 12 °C im Winter. Im Sommer auch im Freien.
Substrat/pH-Wert: Humoses Substrat mit Landerde- und Sandanteil, pH-Wert: 6.5 bis 7.3.
Besondere Pflegehinweise: Gleichmässig feucht halten. Gelegentlich durch Rückschnitt verjüngen.
Vermehrungsart: Kopf- und Triebteilstecklinge, mehrere pro Topf.
Zeitraum des Angebotes: 1 bis 12.
Pflanzenschutz: Anfällig für Blattläuse.

Sedum morganianum ♃ (K) w→ ⚡

Handelsname: Affenschaukel, Fetthenne.
Synonym: –.
Familie: Crassulaceae.
Heimat/Herkunft: Mexiko.
Wuchsform: Anfänglich aufrechter bis kriechender Wuchs, später ausgeprägt hängend mit dünnen Trieben. Die gegenständigen, hellgraugrünen Blättchen sind flaschenförmig verdickt und stehen dicht übereinander. Ältere Pflanzen blühen endständig in Rosa.
Pflanzenhöhe: Je nach Alter 20 bis 100 cm lang.
Temperatur- und Lichtansprüche: Heller bis leicht sonniger Standort, im Winter wird volle Sonne ertragen. Ideal bei 15 bis 18 °C im Sommer und 5 bis 12 °C im Winter.
Substrat/pH-Wert: Humoses Substrat mit Landerde- und Sandanteil. pH-Wert: 6.5 bis 7.3.
Besondere Pflegehinweise: Kurze Trockenheit wird gut ertragen, allgemein jedoch gleichmässig feucht halten.
Vermehrungsart: Kopf-, Triebteil- und Blattstecklinge.
Zeitraum des Angebotes: 1 bis 12.
Pflanzenschutz: In der Regel problemlos.

Sedum sieboldii

♃ (K)

Handelsname: Oktoberli, Fetthenne.
Synonym: –.
Familie: Crassulaceae.
Heimat/Herkunft: Japan.
Wuchsform: Staude mit gedrungenem Wurzelstock und zahlreichen Basistrieben, die anfänglich aufrecht wachsen und später überhängen, geeignet für Ampelpflanzen. Die rundlichen, verdickten Blätter stehen zu dritt, sind also quirlig angeordnet. Endständig bilden sich im Herbst (September, Oktober, daher der Name Oktoberli) rosafarbene, doldenrispige Blütenstände. Es gibt auch eine panaschierte Form.
Pflanzenhöhe: 20 bis 30 cm.
Temperatur- und Lichtansprüche: Im Sommer im Freien sonnig bis halbschattig, im Winter kühl und sehr hell bei 8 bis 12 °C.
Substrat/pH-Wert: Humoses Substrat mit Landerdezusatz und Sand, pH-Wert: 6.5 bis 7.2.
Besondere Pflegehinweise: Im Frühjahr Rückschnitt und umpflanzen. Im Herbst mässig giessen und düngen, im Winter wenig giessen.
Vermehrungsart: Teilung, Triebteilstecklinge.
Zeitraum des Angebotes: 1 bis 12.
Pflanzenschutz: Bei zu feuchter Luft gelegentlich Blattfäule.

▲ Abb. 480
▼ Abb. 481

▼ Abb. 482

Selaginella apoda

♃ (K) w→

Handelsname: Mooskraut, Moosfarn.
Synonym: S. apus, S. apus var. minor.
Familie: Selaginellaceae.
Heimat/Herkunft: Nordamerika: Maine, Quebec bis Wisconsin, Missouri bis Florida, Texas.
Wuchsform: Krautig, feinverzweigt, moosartig kompakt wachsend. Bildet rundliche «Bubiköpfe». Die schuppenartig gegliederten Blättchen sind hellgrün. Am Stamm bilden sich dünne Stelzenwurzeln.
Pflanzenhöhe: 5 bis 10 cm.
Temperatur- und Lichtansprüche: Relativ heller, aber nicht sonniger Standort bei 15 bis 18 °C.
Substrat/pH-Wert: Grobes Torfsubstrat mit guter Durchlässigkeit, pH-Wert 5.0 bis 6.0.
Besondere Pflegehinweise: Nie trocken halten. Ideal für Vitrinen oder Flaschengärten.
Vermehrungsart: Teilung, Kopfstecklinge.
Zeitraum des Angebotes: 1 bis 12.
Pflanzenschutz: Anfällig für Schnecken.

▲ Abb. 483
▼ Abb. 484

Selaginella lepidophylla ♃ (W)

Handelsname: Rose von Jericho, Auferstehungspflanze.
Synonym: –.
Familie: Selaginellaceae.
Heimat/Herkunft: Texas bis Arizona, El Salvador.
Wuchsform: Kurzer Grundspross mit flachen Triebrosetten. Die fein verästelten Triebe sind spiralig angeordnet, die Blättchen sind schuppig, mattgrün, im Alter oft rötlich. Bei Trockenheit rollen die Triebe zu einem Ball zusammen. Werden sie, auch vertrocknet, ins Wasser gestellt, entrollen sie sich wieder, daher der Name Auferstehungspflanze.
Pflanzenhöhe: 5 bis 10 cm.
Temperatur- und Lichtansprüche: Lebende Pflanzen hell bis halbschattig, jedoch nicht sonnig halten. 10 bis 15 °C.
Substrat/pH-Wert: Humoses Substrat mit etwas Landerdeanteil, pH-Wert: 5.0 bis 6.0.
Besondere Pflegehinweise: Hohe Luftfeuchtigkeit ist erwünscht. Stets gleichmässig feucht halten.
Vermehrungsart: Triebteilstecklinge in torfiges Substrat stecken.
Zeitraum des Angebotes: 11 bis 3.
Pflanzenschutz: Bei lebenden Pflanzen Schnecken fernhalten.

Selaginella martensii ♃ (K)–(W)

Handelsname: Martens Mooskraut, Moosfarn.
Synonym: –.
Familie: Selaginellaceae.
Heimat/Herkunft: Mexiko.
Wuchsform: Krautiger, aufstrebender und breitverzweigter Wuchs. Die Triebe sind abgeflacht und neigen oben zur Seite. Die frischgrünen Schuppenblättchen stehen dicht und sind frischgrün, bei der Sorte 'Watsoniana' sind die Triebspitzen weiss bis gelblich gefärbt. Bei feuchtem Standort bilden sich viele Luftwurzeln.
Pflanzenhöhe: 10 bis 25 cm.
Temperatur- und Lichtansprüche: Schattiger bis halbschattiger Standort, keine direkte Sonne. Ideal relativ kühl bei 10 bis 18 °C.
Substrat/pH-Wert: Humoses, durchlässiges Substrat, pH-Wert: 5.0 bis 6.0.
Besondere Pflegehinweise: Stets gleichmässig feucht halten. Trockenheit und trockene Luft meiden.
Vermehrungsart: Teilung von grösseren Pflanzen oder durch Kopf- und Triebteilstecklinge.
Zeitraum des Angebotes: 1 bis 12.
Pflanzenschutz: Anfällig für Blattläuse.

Selenicereus grandiflorus

ħ (K) ≷

Handelsname: Königin der Nacht.
Synonym: Cereus grandiflorus.
Familie: Cactaceae.
Heimat/Herkunft: Jamaika, Kuba, Haiti, Ostmexiko.
Wuchsform: Sehr wüchsige Kaktusart mit 2 bis 3 cm dicken, kantigen Trieben, die mehrere Meter lang werden können. Die Blüten erblühen in der Nacht, und nur eine Nacht, daher der Name, sie werden bis 30 cm gross und sind aussen bräunlich und innen weiss.
Pflanzenhöhe: Aufgebunden 50 bis 100 cm.
Temperatur- und Lichtansprüche: Sehr heller bis vollsonniger Standort, im Winter nicht zu hohe Wärme bei 8 bis 10 °C, im Sommer mit Vorteil im Freien.
Substrat/pH-Wert: Humoses Substrat mit Landerde- und Grobsandanteil, pH-Wert: 6.0 bis 7.0.
Besondere Pflegehinweise: Im Sommer mässig giessen und düngen, im Winter trockener halten.
Vermehrungsart: Aussaat, Triebteilstecklinge.
Zeitraum des Angebotes: 5 bis 10.
Pflanzenschutz: Problemlos.

▲ Abb. 485
▼ Abb. 486

▼ Abb. 487

Sempervivum tectorum ssp. tectorum

♃

Handelsname: Roter Hauswurz.
Synonym: Aeonium spathalatum, A. strepsicladum.
Familie: Crassulaceae.
Heimat/Herkunft: West-, Mittel- und Südeuropa, Gebirgspflanze.
Wuchsform: Mittelgrosse Rosette mit aussen breiteren Blättern als im Zentrum, am Rande bewimpert, braunrot glänzend. Der Blütenstand ist stark verästelt, die blass rosafarbenen Blüten sind sehr zahlreich.
Pflanzenhöhe: Unblühend 5 bis 10 cm, 10 bis 15 cm Durchmesser. Blühend bis 60 cm hoch.
Temperatur- und Lichtansprüche: Volle Sonne und ein nicht zu warmer Standort, mit Vorteil im Freien. Erträgt Fröste.
Substrat/pH-Wert: Durchlässiges lehmig-humoses Substrat mit Sandzusatz, pH-Wert: 6.2 bis 7.2.
Besondere Pflegehinweise: Nässe meiden. Sempervivum ertragen relativ grosse Trockenheit.
Vermehrungsart: Aussaat, Abnahme von Seitenrosetten.
Zeitraum des Angebotes: 4 bis 10.
Pflanzenschutz: Wurzelfäule bei grosser Nässe.

▲ Abb. 488
▼ Abb. 489

Senecio rowleyanus

Handelsname: Zitronenförmiges Kreuzkraut.
Synonym: Kleinia pusilla.
Familie: Compositae.
Heimat/Herkunft: Kapland, Südafrika.
Wuchsform: Kriechende bis hängende dünne Triebe, die wechselständig dichtstehend von ovalrunden, kugeligen Blättern besetzt sind. Die Farbe ist mattgrün. Ältere Pflanzen blühen in weissen Körbchen.
Pflanzenhöhe: Je nach Alter 20 bis 100 cm lang.
Temperatur- und Lichtansprüche: Heller bis halbschattiger Standort. 16 bis 20 °C.
Substrat/pH-Wert: Humoses Substrat mit Landerde- und Sandanteil, pH-Wert: 5.8 bis 6.8.
Besondere Pflegehinweise: Gleichmässig feucht halten, mässig düngen. Nässe meiden.
Vermehrungsart: Durch Kopf- und Triebteilstecklinge, 5 bis 8 pro Topf, um buschige Pflanzen zu erhalten.
Zeitraum des Angebotes: 1 bis 12.
Pflanzenschutz: Bei zu grosser Nässe anfällig für Stammfäule.

Senecio-Cruentus-Hybriden

Handelsname: Kreuzkraut, Gartencinerarie.
Synonym: Cineraria hybrida, S. x hybridus.
Familie: Compositae.
Heimat/Herkunft: Zuchtformen, Wildformen von den Kanarischen Inseln.
Wuchsform: Anfänglich grundständige Blattrosette mit herzförmigen, weichen, grünen Blättern. In der generativen Phase streckt sich der Mitteltrieb, und es bildet sich ein flach pyramidaler rispiger Blütenstand mit zahlreichen Körbchenblüten in Weiss, Rosa, Rot, Blau und Violett, auch zweifarbig.
Pflanzenhöhe: 20 bis 40 cm.
Temperatur- und Lichtansprüche: Heller Standort ohne volle Sonne, möglichst kühler Standort bei 12 bis 18 °C.
Substrat/pH-Wert: Humoses Substrat mit Landerdeanteil, durchlässig, pH-Wert: 6.0 bis 7.0.
Besondere Pflegehinweise: Gleichmässig feucht halten und mässig düngen. Nässe und trockenwarmen Standort meiden.
Vermehrungsart: Aussaat, einjährige Pflanze bei uns.
Zeitraum des Angebotes: 12 bis 4.
Pflanzenschutz: Besonders anfällig für Blattläuse, aber auch Thripse, Spinnmilben, Raupen, Schnecken, Rost und den Echten Mehltau.

Senecio herreanus

♃ (K) ⇝ ⇣

Handelsname: Hängendes Kreuzkraut.
Synonym: Kleinia gomphophylla, K. herreana.
Familie: Compositae.
Heimat/Herkunft: Südwestafrika.
Wuchsform: Dünne, lange Triebe, hängend, die wechselständig mit verdickten, länglichen Blättern besetzt sind. Die Farbe ist graugrün mit teilweise roten Linien gezeichnet. Ältere Pflanzen blühen im Sommer vereinzelt orange.
Pflanzenhöhe: 20 bis 50 cm und mehr.
Temperatur- und Lichtansprüche: Im Sommer sehr hell bis sonnig, im Winter sehr hell nahe Fenster bei 15 bis 18 °C.
Substrat/pH-Wert: Humoses Substrat mit Landerde- und Sandanteil, pH-Wert: 5.8 bis 6.5.
Besondere Pflegehinweise: Im Sommer gleichmässig giessen und mässig düngen, im Winter schwach feucht halten, Nässe meiden.
Vermehrungsart: Durch Triebteilstecklinge, 5 bis 8 pro Topf.
Zeitraum des Angebotes: 1 bis 12.
Pflanzenschutz: Problemlos.

▲ Abb. 490
▼ Abb. 491

Siderasis fuscata

♃ (W)

Handelsname: Siderasis.
Synonym: Tradescantia fuscata, Pyrrheima loddigesii.
Familie: Commelinaceae.
Heimat/Herkunft: Brasilien.
Wuchsform: Aus kurzem Grundstamm bilden sich breitausladende Blattrosetten. Die grossen, ovalen Blätter sind dick, allseitig behaart, braungrün mit breitem, hellem Mittelstreifen. Aus der Basis erscheinen kurzgestielte hellblaue Blüten.
Pflanzenhöhe: 20 bis 30 cm, Durchmesser bis 60 cm.
Temperatur- und Lichtansprüche: Heller, aber nicht vollsonniger Standort bei 16 bis 20 °C.
Substrat/pH-Wert: Humoses Substrat mit Landerdeanteil, pH-Wert: 5.5 bis 6.5.
Besondere Pflegehinweise: Gleichmässig giessen und mässig düngen. Liebt erhöhte Luftfeuchtigkeit. Nur abgeschwächte Nährstoffgaben in feuchte Erde, sonst Blattrandverbrennungen.
Vermehrungsart: Teilung von grösseren Pflanzen.
Zeitraum des Angebotes: 1 bis 12.
Pflanzenschutz: Anfällig für Blattläuse.

▲ Abb. 492
▼ Abb. 493

Sinningia cardinalis ♃ (W)

Handelsname: Rechsteineria.
Synonym: Gesneria cardinalis, G. macrantha, Rechsteineria cardinalis.
Familie: Gesneriaceae.
Heimat/Herkunft: Brasilien.
Wuchsform: Aus einer runden Knolle aufrechter, behaarter Spross mit grossen, weichen, samtgrünen, herzförmigen Blättern in gegenständiger Anordnung. Endständig kardinalrote, waagrecht abstehende Röhrenblüten.
Pflanzenhöhe: 20 bis 30 cm.
Temperatur- und Lichtansprüche: Heller, nicht sonniger Standort im warmen Zimmer bei 18 bis 22 °C.
Substrat/pH-Wert: Humoses Substrat mit etwas Landerdeanteil, pH-Wert: 5.5 bis 6.5.
Besondere Pflegehinweise: Gleichmässig feucht halten und im Sommer mässig düngen. Nicht über die Blätter giessen! Nach der Blüte einziehen lassen und Knollen im Frühjahr wieder antreiben.
Vermehrungsart: Aussaat.
Zeitraum des Angebotes: 5 bis 9.
Pflanzenschutz: Anfällig für Ringflecken bei unvorsichtigem Giessen sowie Thrips, Spinnmilben und Blattälchen.

Sinningia-Hybriden ♃ (W)

Handelsname: Gloxinie.
Synonym: –.
Familie: Gesneriaceae.
Heimat/Herkunft: Brasilien.
Wuchsform: Krautige Pflanze mit runder Knolle und gedrungenem Spross und flacher, grosser Blattrosette. Die langherzförmigen Blätter sind grün und weich. Im Zentrum grosse Glockenblüten aufrecht bis seitlich abstehend in Weiss, Rosa, Rot und Blau, einfache und gefüllte Sorten.
Pflanzenhöhe: 20 bis 30 cm.
Temperatur- und Lichtansprüche: Heller, nicht sonniger Standort im warmen Zimmer bei 18 bis 22 °C.
Substrat/pH-Wert: Humoses Substrat mit wenig Landerdeanteil, pH-Wert: 5.5 bis 6.8.
Besondere Pflegehinweise: Zugluft und Sonne meiden. Gleichmässig feucht halten und mässig düngen. Nicht in die Knospen und über die Blätter giessen.
Vermehrungsart: Einfache Sorten durch Aussaat, gefüllte auch durch Kopfstecklinge und Mikrovermehrung.
Zeitraum des Angebotes: 3 bis 9.
Pflanzenschutz: Anfällig für Blattläuse, Spinnmilben, Thripse, Blattälchen und Weichhautmilben sowie für Blattringe bei unvorsichtigem Giessen.

Skimmia japonica

♄ D ♧

Handelsname: Japanische Skimmie.
Synonym: S. oblata, S. fragrans, S. x foremanii.
Familie: Rutaceae.
Heimat/Herkunft: Japan, Taiwan, Riukiu-Inseln.
Wuchsform: Kleinstrauch, locker verzweigt mit ovalen, frischgrünen Blättern, immergrün. Aus den Triebenden bilden sich im Herbst rispige Blütenstände mit kleinen, weissen Blüten. Später bilden sich grüne, in der Folge rote Beeren.
Pflanzenhöhe: 30 bis 40 cm.
Temperatur- und Lichtansprüche: Hell bis schattig, jedoch keine pralle Sonne. Kühler Standort in der Wohnung, auf dem Balkon, auf Gräbern oder im Moorbeet. Frosthart.
Substrat/pH-Wert: Humoses, grobfaseriges Substrat, pH-Wert: 4.5 bis 5.5.
Besondere Pflegehinweise: Stets feucht halten, Trockenheit und grosse Wärme meiden.
Vermehrungsart: Kopfstecklinge im Winter, 5 bis 10 °C genügen, auch Aussaat möglich.
Zeitraum des Angebotes: 9 bis 12.
Pflanzenschutz: Problemlos.

▲ Abb. 494
▼ Abb. 495

Skimmia reevesiana

♄ ♧

Handelsname: Skimmie.
Synonym: S. fortunei.
Familie: Rutaceae.
Heimat/Herkunft: China, Taiwan, Philippinen.
Wuchsform: Strauch mit immergrünen, dunkelgrün glänzenden elliptischen Blättern. Aus den Triebenden längliche, rispige Blütenstände in Weiss. Die roten Früchte sind erbsengross und bleiben lange an den Pflanzen.
Pflanzenhöhe: Handelsgrösse 30 bis 50 cm.
Temperatur- und Lichtansprüche: Heller bis halbschattiger Standort in eher kühlen Räumen oder auf dem Balkon. Im Winter werden auch Fröste ertragen. Moorbeetpflanze.
Substrat/pH-Wert: Humoses, grobfaseriges Substrat, pH-Wert: 4.5 bis 5.5.
Besondere Pflegehinweise: Immer gut feucht halten. Trockenheit und volle Sonne meiden.
Vermehrungsart: Kopfstecklinge im Winter bei 5 bis 10 °C. Auch durch Aussaat möglich.
Zeitraum des Angebotes: 9 bis 12.
Pflanzenschutz: Problemlos.

▲ Abb. 496
▼ Abb. 497

Smithiantha-Hybriden ♃ (W)

Handelsname: Nägelie, Smithiantha, Tempelglocke.
Synonym: S. x hybrida.
Familie: Gesneriaceae.
Heimat/Herkunft: Mexiko. Kreuzung aus S. multiflora x S. zebrina.
Wuchsform: Krautige Pflanze, knollenbildend mit aufrechtem Wuchs und herzförmigen, weichen, grünen Blättern. Endständig als traubiger Blütenstand hängende Glockenblüten in Rot bis Orange.
Pflanzenhöhe: 25 bis 40 cm.
Temperatur- und Lichtansprüche: Heller, nicht sonniger Standort bei 18 bis 22 °C.
Substrat/pH-Wert: Humoses Substrat mit etwas Landerdeanteil, pH-Wert: 5.5 bis 6.8.
Besondere Pflegehinweise: Gleichmässig feucht halten und mässig düngen. Sonneneinstrahlung und Zugluft meiden. Nach der Blüte einziehen lassen und im Frühjahr antreiben. Nicht über die Blätter giessen.
Vermehrungsart: Durch Aussaat.
Zeitraum des Angebotes: 5 bis 9.
Pflanzenschutz: Anfällig für Blattläuse, Spinnmilben, Thripse, Blattälchen und Ringflecken bei unsachgemässem Giessen.

Solanum pseudocapsicum ♄ (K)

Handelsname: Korallenstrauch, Judenkirsche.
Synonym: –.
Familie: Solanaceae.
Heimat/Herkunft: Madagaskar.
Wuchsform: Strauch bis Halbstrauch mit aufrechtem bis breitverzweigtem Wuchs und lanzettlichen Blättern, weisse Blüten aus den Blattachseln. Nach der Befruchtung grosse runde, zuerst grüne, dann leuchtendrote, glänzende Beeren.
Pflanzenhöhe: 20 bis 30 cm.
Temperatur- und Lichtansprüche: Heller Standort bei 15 bis 18 °C. Grosse Wärme meiden.
Substrat/pH-Wert: Humoses Substrat mit etwas Landerdeanteil, pH-Wert: 5.8 bis 6.5.
Besondere Pflegehinweise: Vor Ballentrockenheit schützen. Gleichmässig feucht halten und mässig düngen.
Vermehrungsart: Aussaat.
Zeitraum des Angebotes: 5 bis 12.
Pflanzenschutz: Anfällig für Blattläuse, Weisse Fliegen, Thripse, Spinnmilben und Russtaupilze.

Soleirolia soleirolii

♃ (K)–(W) ⇝

Handelsname: Bubiköpfchen.
Synonym: Helxine soleirolii.
Familie: Urticaceae.
Heimat/Herkunft: Korsika, Sardinien, West- bis Südeuropa, Mallorca.
Wuchsform: Krautig, kriechend mit sehr dünnen, sich leicht verzweigenden Trieben und kleinen, nierenförmigen grünen Blättchen, die mit der Zeit grössere Flächen bilden. Je nach Sorte unterschiedliche Farbtöne in Gelbgrün, Graugrün und Frischgrün.
Pflanzenhöhe: 10 bis 30 cm.
Temperatur- und Lichtansprüche: Relativ hell bis mässig schattig bei nicht zu grosser Wärme. 15°C im Sommer und 10 bis 12°C im Winter genügen.
Substrat/pH-Wert: Humoses Substrat mit Landerdezusatz, pH-Wert: 4.8 bis 5.5.
Besondere Pflegehinweise: Nie Ballen trocken halten. Gleichmässig feucht halten und mässig düngen.
Vermehrungsart: Teilung und Stecklinge, in geschlossenen Klimakammern bewurzeln sie leicht.
Zeitraum des Angebotes: 1 bis 12.
Pflanzenschutz: Bei unvorsichtigem Giessen Trieb- und Blattfäule.

▲ Abb. 498
▼ Abb. 499

Sparmannia africana

♄ (K)

Handelsname: Zimmerlinde.
Synonym: –.
Familie: Tiliaceae
Heimat/Herkunft: Südafrika.
Wuchsform: Strauch bis Baum mit aufstrebendem Wuchs und mässiger Verzweigung. Wechselständig grosse, weiche, herzförmige bis leicht gelappte grüne Blätter. Die Blüten erscheinen in Dolden endständig in Weiss mit auffallenden bräunlichen Staubgefässen, die bei Berührung auseinanderstreben.
Pflanzenhöhe: Je nach Alter 30 bis 150 cm.
Temperatur- und Lichtansprüche: Im Sommer auch im Freien gut haltbar. Hell bis halbschattig. Im Winter kühl bei 6 bis 12°C.
Substrat/pH-Wert: Humoses Substrat mit reichlich Landerdeanteil, pH-Wert: 6.2 bis 7.0.
Besondere Pflegehinweise: Infolge des grossen Blattwerkes im Sommer reichlich giessen und düngen. Im Winter bei kühlem Standort mässig feucht halten.
Vermehrungsart: Kopf- und Triebteilstecklinge.
Zeitraum des Angebotes: 4 bis 10.
Pflanzenschutz: Anfällig für Blattläuse, Wolläuse, Schildläuse, Spinnmilben und Thripse sowie Weisse Fliegen.

▲ Abb. 500
▼ Abb. 501

Spathiphyllum floribundum ♃ (W)

Handelsname: Grosse Blattfahne, Einblatt, Grosse Spathenblume.
Synonym: –.
Familie: Araceae.
Heimat/Herkunft: Kolumbien.
Wuchsform: Krautige, grundständige Pflanze mit aufstrebenden langlanzettlichen, dunkelgrün glänzenden Blättern an langen Stielen. Aus den Blattscheiden entwickeln sich grosse, kolbige Blütenstände in Cremeweiss mit einem grossen runden und weissen Hochblatt.
Pflanzenhöhe: 30 bis 50 cm.
Temperatur- und Lichtansprüche: Warmer Standort bei 18 bis 22 °C, halbschattig bis schattig. Geeignet für Hydrokultur.
Substrat/pH-Wert: Humoses Substrat mit etwas Landerdeanteil, pH-Wert: 5.0 bis 6.0.
Besondere Pflegehinweise: Kälte und Nässe meiden. Gleichmässig feucht halten und mässig düngen.
Vermehrungsart: Teilung, Abnahme von jungen Seitentrieben, Mikrovermehrung.
Zeitraum des Angebotes: 1 bis 12.
Pflanzenschutz: Anfällig für Spinnmilben.

Spathiphyllum wallisii ♃ (W)

Handelsname: Kleine Blattfahne, Einblatt, Spathenblume.
Synonym: –.
Familie: Araceae.
Heimat/Herkunft: Kolumbien, Venezuela.
Wuchsform: Krautige, grundständige Pflanze mit aufstrebenden bis ausladenden, langlanzettlichen, dunkelgrün glänzenden Blättern. Aus den Blattscheiden erscheinen kolbige Blütenstände, die von einem breitlanzettlichen weissen Hochblatt umhüllt sind.
Pflanzenhöhe: 25 bis 30 cm.
Temperatur- und Lichtansprüche: Nicht vollsonniger Standort, erträgt auch schattige Lagen recht gut. Warm bei 18 bis 22 °C.
Substrat/pH-Wert: Humoses Substrat mit etwas Landerdeanteil, pH-Wert: 5.0 bis 6.0.
Besondere Pflegehinweise: Reichlich giessen und mässig düngen. Trockenheit meiden. Gut geeignet für Hydrokultur.
Vermehrungsart: Teilung von älteren Pflanzen oder Abnahme von jungen Seitentrieben, die sich an der Basis bilden. Mikrovermehrung.
Zeitraum des Angebotes: 1 bis 12.
Pflanzenschutz: Anfällig für Spinnmilben bei zu trockener Luft.

Stapelia grandiflora ♃ K

Handelsname: Grossblütige Aasblume.
Synonym: –.
Familie: Asclepiadaceae.
Heimat/Herkunft: Südostafrika, Kapland, Transvaal.
Wuchsform: Sehr dicker sukkulenter Spross, aufstrebend, kriechend und später überhängend. Die sternförmige Blüte ist fleischfarbig und wird bis zu 25 cm gross. Sie duftet nach verwesendem Fleisch und wird daher von Aasfliegen besucht, die auf ihr Eier ablegen.
Pflanzenhöhe: 30 bis 40 cm.
Temperatur- und Lichtansprüche: Als Sukkulente unbedingt heller bis vollsonniger Standort bei 18 bis 30 °C. Im Sommer und im Winter kühler bei 12 bis 15 °C.
Substrat/pH-Wert: Lehmighumoses Substrat mit Sand- oder Perlitezusatz, pH-Wert: 6.0 bis 7.2.
Besondere Pflegehinweise: Nicht zu nass halten. Die Anlage von Blütenknospen wird durch gelegentliche Trockenphasen gefördert.
Vermehrungsart: Kopf- und Triebteilstecklinge.
Zeitraum des Angebotes: 1 bis 12.
Pflanzenschutz: Problemlos.

▲ Abb. 502 / ▼ Abb. 503 / Riesenblüte mit Aasfliegen und deren Eigelege

▼ Abb. 504

Stephanotis floribunda ♄ W D

Handelsname: Kranzschlinge, Stephanotis.
Synonym: –.
Familie: Asclepiadaceae.
Heimat/Herkunft: Madagaskar.
Wuchsform: Kletterstrauch mit gegenständigen ovalen und immergrünen Blättern, wenig verzweigt. Aus den Blattachseln entwickeln sich in doldigen Blütenständen sternförmige weisse, starkduftende Blüten.
Pflanzenhöhe: Aufgebunden 40 cm, freiwachsend 2 m und mehr.
Temperatur- und Lichtansprüche: Heller Standort, im Sommer volle Sonne meiden. 15 bis 20 °C.
Substrat/pH-Wert: Humoses Substrat mit Landerdeanteil, pH-Wert: 5.5 bis 6.5.
Besondere Pflegehinweise: Liebt erhöhte Luftfeuchtigkeit. Möglichst kein Standortwechsel (Knospenfall). Im Herbst/Winter kühler halten und weniger giessen, sonst gleichmässig feucht halten und mässig düngen.
Vermehrungsart: Triebteilstecklinge bei 20 bis 25 °C Bodenwärme.
Zeitraum des Angebotes: 2 bis 5, 9 bis 11.
Pflanzenschutz: Anfällig für Schild- und Wolläuse sowie Spinnmilben.

▲ Abb. 505
▼ Abb. 506

Streptocarpus-Hybriden ♃ (W)

Handelsname: Drehfrucht, Streptokarpus.
Synonym: S. x hybridus.
Familie: Gesneriaceae.
Heimat/Herkunft: Zuchtformen. Wildformen aus Afrika.
Wuchsform: Krautige, grundständige Pflanze mit unregelmässigen Blattrosetten. Die langovalen, grünen Blätter sind ungestielt, matt glänzend und behaart mit starker Mittelrippe. Aus der Basis steigen behaarte Blütenschäfte empor, die je 2 bis 5 grosse, trichterförmige Blüten tragen. Farben: Weiss, Rosa, Rot, Purpur und Blau.
Pflanzenhöhe: 20 bis 30 cm.
Temperatur- und Lichtansprüche: Heller, aber nicht vollsonniger Standort, im Sommer 17 bis 20 °C. Im Winter kühler bei 12 bis 15 °C.
Substrat/pH-Wert: Humoses Substrat mit etwas Landerdeanteil, pH-Wert: 5.0 bis 6.0.
Besondere Pflegehinweise: Im Sommer gleichmässig giessen und düngen. Im Winter etwas sparsamer giessen. Nicht über die Blätter giessen!
Vermehrungsart: Durch Blattstreifen-, Blatteilstecklinge und auch durch Mikrovermehrung.
Zeitraum des Angebotes: 3 bis 9.
Pflanzenschutz: Anfällig für Blattläuse, Wolläuse, Thripse, Spinnmilben und Raupenfrass. Bei unvorsichtigem Giessen Blattflecken.

Stromanthe amabilis ♃ (W)

Handelsname: Stromanthe.
Synonym: Maranta amabilis.
Familie: Marantaceae.
Heimat/Herkunft: Brasilien.
Wuchsform: Aufrechte Pflanze mit mässiger Verzweigung. An langen Stielen strengovale Blätter mit auffallender Zeichnung: Dunkelgrüne Querbänder auf grauem Grunde.
Pflanzenhöhe: 30 bis 60 cm.
Temperatur- und Lichtansprüche: Heller, aber nicht vollsonniger Standort, 18 bis 22 °C.
Substrat/pH-Wert: Humoses Substrat mit etwas Landerdeanteil, pH-Wert: 5.0 bis 6.0.
Besondere Pflegehinweise: Stromanthe lieben eine erhöhte Luftfeuchtigkeit (Blumenfenster). Stets gleichmässig feucht halten und im Sommer mässig düngen.
Vermehrungsart: Teilung von grösseren Pflanzen und Kopfstecklinge.
Zeitraum des Angebotes: 1 bis 12.
Pflanzenschutz: Problemlos.

Syngonium auritum

Handelsname: Syngonium.
Synonym: –.
Familie: Araceae.
Heimat/Herkunft: Jamaika, Honduras.
Wuchsform: Aufrechter, später ausladender bis hängender Wuchs. Fingerdicke runde Sprosse mit wechselständigen, dunkelgrünen, dreiteilig gelappten Blättern.
Pflanzenhöhe: 30 bis 80 cm.
Temperatur- und Lichtansprüche: Heller bis schattiger Standort, volle Sonne meiden. Ideal bei 15 bis 18 °C.
Substrat/pH-Wert: Humoses Substrat mit etwas Landerdeanteil, pH-Wert: 5.0 bis 6.0.
Besondere Pflegehinweise: Gleichmässig feucht halten und mässig düngen. Nach Bedarf aufbinden oder als Ampelpflanze verwenden.
Vermehrungsart: Kopf-, Triebteil- und Blattaugenstecklinge, je 2 bis 3 pro Topf.
Zeitraum des Angebotes: 1 bis 12.
Pflanzenschutz: Anfällig für Blatt- und Schildläuse.

▲ Abb. 507
▼ Abb. 508

Syngonium podophyllum

Handelsname: Purpurtute, Pfeilblättriges Syngonium.
Synonym: –.
Familie: Araceae.
Heimat/Herkunft: Mexiko, Guatemala, El Salvador, Costa Rica.
Wuchsform: Kletternde bis überhängende Pflanze mit rundem Spross mit Milchsaft und Luftwurzeln. Wechselständige, in der Jugendform pfeilförmige Blätter, von grüner Grundfarbe und weissgrüner Zeichnung. Die Altersform weist 5- bis 7fach fussförmig-geteilte Blätter auf.
Pflanzenhöhe: 30 bis 100 cm und mehr.
Temperatur- und Lichtansprüche: Syngonium lieben einen hellen Standort, kommen aber noch gut mit relativ wenig Licht aus. 15 bis 20 °C.
Substrat/pH-Wert: Humoses Substrat mit etwas Landerdeanteil, pH-Wert: 5.0 bis 6.0.
Besondere Pflegehinweise: Gleichmässig feucht halten. Für ein gutes Wachstum mässig düngen.
Vermehrungsart: Kopf-, Triebteil- und Blattaugenstecklinge, je 3 bis 5 pro Topf.
Zeitraum des Angebotes: 1 bis 12.
Pflanzenschutz: Bei Zugluft anfällig für Woll- und Schildläuse.

▲ Abb. 509
▼ Abb. 510

Tetrastigma voinierianum

♄ (W) ≹

Handelsname: Kastanienrebe, Kastanienwein.
Synonym: Vitis voinieriana, Cissus voinieriana.
Familie: Vitaceae.
Heimat/Herkunft: China.
Wuchsform: Starkwachsende Kletterpflanze mit grossen, wechselständigen, handförmig geteilten grünen Blättern mit leichtem Glanz. Aus den Blattachseln bilden sich auch lange, dünne Klimmorgane.
Pflanzenhöhe: Je nach Alter 80 bis 200 cm und mehr.
Temperatur- und Lichtansprüche: Heller Standort, im Sommer volle Sonne meiden. Temperaturtolerant, 12 bis 18 °C.
Substrat/pH-Wert: Lehmig-humoses Substrat, pH-Wert: 6.0 bis 7.0.
Besondere Pflegehinweise: Im Sommer reichlich giessen und düngen, im Winter etwas weniger, vor allem bei kühlem Standort.
Vermehrungsart: Blattaugen- und Triebteilstecklinge bei 25 °C Bodenwärme.
Zeitraum des Angebotes: 1 bis 12.
Pflanzenschutz: Problemlos. Die Blätter entwickeln auf der Unterseite harte Wachskügelchen. Bitte beachten, dass diese beim Waschen mit Schwamm die Blätter zerkratzen können und keine Schädlinge sind!

Thunbergia alata

⊙–♃ ≹

Handelsname: Schwarzäugige Susanne.
Synonym: –.
Familie: Acanthaceae.
Heimat/Herkunft: Südostafrika.
Wuchsform: Einjährige Kletterpflanze mit dünnen Trieben und gegenständigen, eirunden bis lang-herzförmigen Blättern. Aus den Blattachseln abgeflachte Blüten in Weiss, Gelb und Orange mit meist schwarzem Schlund.
Pflanzenhöhe: 40 bis 100 cm.
Temperatur- und Lichtansprüche: Heller bis vollsonniger Standort, in der Wohnung nahe Fenster oder im Sommer auch im Freien. 12 bis 20 °C.
Substrat/pH-Wert: Humoses Substrat mit Landerdezusatz, pH-Wert: 6.0 bis 6.8.
Besondere Pflegehinweise: Während des Sommers reichlich giessen und düngen. Zu trockenwarme Luft meiden.
Vermehrungsart: Aussaat im März.
Zeitraum des Angebotes: 4 bis 6.
Pflanzenschutz: Anfällig für Blattläuse, Spinnmilben und Weisse Fliegen.

Tillandsia cyanea

♃ (W)

Handelsname: Blaue Tillandsie.
Synonym: T. lindenii, T. morreniana, T. coerulea, T. lindenii var. vera.
Familie: Bromeliaceae.
Heimat/Herkunft: Equador.
Wuchsform: Epiphyt, grundständige Rosette mit sehr schmalen, aussen zugespitzten Blättern, dunkelgrün, mattglänzend. Auf kurzem Blütenschaft sitzt eine grosse, abgeflachte Ähre. Aus rosafarbenen Deckblättern erscheinen grosse blaue Blüten.
Pflanzenhöhe: 20 bis 40 cm.
Temperatur- und Lichtansprüche: Heller bis leicht sonniger Standort bei 18 bis 20 °C.
Substrat/pH-Wert: Substratgemisch aus Torf, Sphagnum, Buchenlaub und Buchenwurzeln, pH-Wert: 5.0 bis 5.5.
Besondere Pflegehinweise: Gleichmässig mit kalkfreiem Wasser feucht halten. Während des Sommers mit Blattdüngern und Wasser übersprühen.
Vermehrungsart: Teilung von grösseren Pflanzen, Abnahme von Kindeln, zum Teil auch durch Aussaat. Mikrovermehrung.
Zeitraum des Angebotes: 1 bis 12.
Pflanzenschutz: In der Regel problemlos.

▲ Abb. 511
▼ Abb. 512

Tillandsia flabellata

♃ (W)

Handelsname: Fächerartige Tillandsie.
Synonym: –.
Familie: Bromeliaceae.
Heimat/Herkunft: Mexiko, Guatemala, El Salvador.
Wuchsform: Grundständige Blattrosette mit relativ schmalen, nach aussen zugespitzten grünen bis rötlichen Blättern. Der Blütenstand ist in verschiedene lange Ähren aufgeteilt. Rote Hochblätter mit blauen Blüten.
Pflanzenhöhe: 20 bis 30 cm.
Temperatur- und Lichtansprüche: Heller Standort, jedoch volle Sonne meiden, 18 bis 22 °C.
Substrat/pH-Wert: Humoses Substrat, bestehend aus grobfaserigem Torf, Lauberde und Styromullflocken, pH-Wert: 4.5. bis 5.5.
Besondere Pflegehinweise: Regelmässig mit kalkarmen Wasser giessen, Trockenheit vermeiden. Im Sommer auch die Trichter mit Wasser füllen.
Vermehrungsart: Kindel von den Mutterpflanzen abtrennen und zur Bewurzelung bringen. Mikrovermehrung.
Zeitraum des Angebotes: 1 bis 12.
Pflanzenschutz: Problemlos.

▲ Abb. 513
▼ Abb. 514

Tillandsia ionantha

♃ (W)

Handelsname: Tillandsie.
Synonym: –.
Familie: Bromeliaceae.
Heimat/Herkunft: Mexiko, Guatemala, Nicaragua.
Wuchsform: Epiphytische Tillandsie, praktisch ohne Wurzeln, die auf Rindenstücke oder Rebenwurzeln gebunden wird. Dichte grundständige Rosette, mit weissgrünen, nach aussen zugespitzten Blättern. Aus dem Zentrum erscheinen langgeröhrte blaue Blüten.
Pflanzenhöhe: 10 bis 15 cm.
Temperatur- und Lichtansprüche: Heller Standort bei 18 bis 22 °C.
Substrat/pH-Wert: Zum Festbinden auf Holz wird mit Vorteil etwas Sphagnum mitverwendet, pH-Wert: 4.0 bis 4.5.
Besondere Pflegehinweise: Hohe Luftfeuchtigkeit ist für ein gutes Gedeihen notwendig. Zusätzlich wöchentlich mehrmals mit kalkarmem Wasser überbrausen.
Vermehrungsart: Kindel abnehmen, Teilung. Mikrovermehrung.
Zeitraum des Angebotes: 1 bis 12.
Pflanzenschutz: Problemlos.

Tillandsia usneoides

♃ (W) ⚘

Handelsname: Louisianamoos.
Synonym: –.
Familie: Bromeliaceae.
Heimat/Herkunft: USA: Virginia bis Florida und Texas, Mexiko, Mittel- und Südamerika bis Argentinien und Chile.
Wuchsform: Völlig epiphytisch lebende Pflanze, die nur von der Luftfeuchtigkeit lebt. Wurzellose, bartflechtenähnliche, hängende, dünne Triebe mit graubeschuppten schmalen Blättchen. Die Blüte ist unscheinbar klein und grünlich-gelb.
Pflanzenhöhe: 50 bis 100 cm.
Temperatur- und Lichtansprüche: Heller, nicht vollsonniger Standort, im Sommer 18 bis 22 °C, im Winter 12 bis 15 °C.
Substrat/pH-Wert: Die Pflanzen werden nur aufgehängt und benötigen kein Substrat.
Besondere Pflegehinweise: Unbedingt für feuchte Luft sorgen (Blumenfenster, Vitrinen, Gewächshaus). Öfters überbrausen mit kalkarmem Wasser.
Vermehrungsart: Teilung der Pflanzen.
Zeitraum des Angebotes: 1 bis 12.
Pflanzenschutz: Problemlos.

Tolmiea menziesii f. menziesii ♃

Handelsname: Henne mit Kücken.
Synonym: –.
Familie: Saxifragaceae.
Heimat/Herkunft: Nordamerika: Alaska bis Kalifornien.
Wuchsform: Gestauchter Grundspross, die weichen, herzförmigen, grünen Blätter bilden eine dichte, rundliche Rosette. Es gibt auch eine gelbgefleckte Abart. Typisch sind die jungen Brutpflanzen auf der Blattbasis. Die grünlichbraunen Blüten sitzen traubig. Auch als Ampelpflanzen geeignet.
Pflanzenhöhe: 20 bis 30 cm.
Temperatur- und Lichtansprüche: Heller Standort, im Sommer jedoch keine volle Sonne. Temperaturtolerant: im Sommer bis 22 °C, im Winter genügen 12 bis 15 °C.
Substrat/pH-Wert: Humoses Substrat mit Landerdeanteil, pH-Wert: 5.8 bis 6.5.
Besondere Pflegehinweise: Grosse Pflanzen reichlich giessen und mässig düngen. Im Winter mässig feucht halten und wenig düngen.
Vermehrungsart: Durch Abnahme der Brutpflanzen, Blattstecklinge.
Zeitraum des Angebotes: 1 bis 12.
Pflanzenschutz: Anfällig für Blattläuse und Spinnmilben.

▲ Abb. 515
▼ Abb. 516

▼ Abb. 517

Tradescantia cerinthoides ♃

Handelsname: Blossfelds Tradeskantie.
Synonym: T. blossfeldiana.
Familie: Commelinaceae.
Heimat/Herkunft: Argentinien.
Wuchsform: Kriechender bis hängender Wuchs mit behaarten Trieben. Die Blätter sind fleischig, oval zugespitzt, oberseits grün, unterseits violett und behaart. Die Blüten sind rosa mit weissem Grund. Auch als Ampelpflanze beliebt.
Pflanzenhöhe: 30 bis 40 cm.
Temperatur- und Lichtansprüche: Als Halbsukkulenten ertragen T. cerinthoides viel Licht bis volle Sonne. 12 bis 18 °C.
Substrat/pH-Wert: Lehmig-humoses Substrat, pH-Wert: 5.5 bis 6.5.
Besondere Pflegehinweise: Mässig giessen und düngen. Gelegentlich zurückschneiden oder durch Stecklinge verjüngen.
Vermehrungsart: Kopf- und Triebteilstecklinge, mehrere pro Topf.
Zeitraum des Angebotes: 1 bis 12.
Pflanzenschutz: Anfällig für Blattläuse.

▲ Abb. 518
▼ Abb. 519

Tradescantia fluminensis ♃ K–W

Handelsname: Tradeskantie.
Synonym: T. albiflora, T. myrtifolia.
Familie: Commelinaceae.
Heimat/Herkunft: Tropisches Südamerika, Südeuropa.
Wuchsform: Kriechende bis hängende Triebe mit relativ gedrungenem Wuchs und wechselständigen, lanzettlichen Blättern. Je nach Sorte grüne bis weissgestreifte Blätter. Die weissen Blüten erscheinen endständig.
Pflanzenhöhe: 30 bis 40 cm.
Temperatur- und Lichtansprüche: Grüne Formen ertragen weniger Licht, panaschierte Formen verlangen einen hellen, aber nicht vollsonnigen Standort bei 12 bis 20 °C.
Substrat/pH-Wert: Humoses Substrat mit Landerdeanteil, pH-Wert: 5.5 bis 6.5.
Besondere Pflegehinweise: Gleichmässig giessen und mässig düngen. Gelegentlich durch Stecklinge verjüngen.
Vermehrungsart: Kopf- und Triebteilstecklinge, je 8 bis 12 pro Topf stecken.
Zeitraum des Angebotes: 1 bis 12.
Pflanzenschutz: Anfällig für Blattläuse.

Tradescantia pallida ♃ W

Handelsname: Rotblatt.
Synonym: Setcreasia pallida, S. purpurea.
Familie: Commelinaceae.
Heimat/Herkunft: Mexiko.
Wuchsform: Die Triebe sind kräftig aufstrebend bis später überhängend mit grossen, lanzettlichen, violettroten Blättern, die am Rande langbehaart sind. In den Triebspitzen sitzen blasspurpurfarbene Blüten.
Pflanzenhöhe: 20 bis 30 cm.
Temperatur- und Lichtansprüche: Sonniger Standort auch im Sommer, um die schöne Blattfarbe zu erhalten. 12 bis 18 °C.
Substrat/pH-Wert: Humoses Substrat mit Landerdeanteil und etwas Sand, pH-Wert: 6.0 bis 6.8.
Besondere Pflegehinweise: Zu lang gewordene Pflanzen durch Stecklinge verjüngen. Mässig giessen und düngen.
Vermehrungsart: Kopf- und Triebteilstecklinge, die sich leicht bewurzeln.
Zeitraum des Angebotes: 4 bis 10.
Pflanzenschutz: Problemlos.

Tradescantia spathacea

♃ (W)

Handelsname: Rhoeo, Bootspflanze, Moses im Körbchen.
Synonym: Rhoeo discolor, R. spathacea.
Familie: Commelinaceae.
Heimat/Herkunft: Mittelamerika.
Wuchsform: Aufrechter Wuchs, gedrungene Sprossachse. Die langen, breitlanzettlichen Blätter erscheinen in Rosetten in lockerer Folge. Auf dunkelgrünem Grund unregelmässig breite gelbe Streifen. Zwischen den Blättern weisse Blüten in kelchförmigen Hochblättern eingeschlossen, diese sehen wie Boote aus, daher der Name Bootspflanze.
Pflanzenhöhe: 30 bis 40 cm.
Temperatur- und Lichtansprüche: Sehr heller Standort, jedoch vor voller Sommersonne schützen. 15 bis 20 °C.
Substrat/pH-Wert: Humoses Substrat mit Landerdeanteil, pH-Wert: 5.8 bis 6.5.
Besondere Pflegehinweise: Gleichmässig feucht halten und mässig düngen. Dankbar für erhöhte Luftfeuchtigkeit.
Vermehrungsart: Kopf- und Seitentriebstecklinge. Um genügend Seitentriebe zu erhalten, sind die Pflanzen zu pinzieren.
Zeitraum des Angebotes: 1 bis 12.
Pflanzenschutz: Anfällig für Spinnmilben und Thripse bei zu trockener Luft.

▲ Abb. 520

Tradescantia zebrina

♃ (W)

Handelsname: Zebrine, Zebrapflanze.
Synonym: Zebrina pendula.
Familie: Commelinaceae.
Heimat/Herkunft: Mexiko.
Wuchsform: Krautige Pflanze mit aufrechten, später deutlich überhängenden Trieben. Die kurzgestielten, breitlanzettlichen Blätter sitzen wechselständig am runden Spross, der überall leicht Wurzeln treibt. Das Blatt ist grün mit grauweissen bis rosafarbenen Längsbändern. Die Unterseite ist violett. Die rosafarbenen Blüten sitzen endständig. Auch als Ampelpflanze geeignet.
Pflanzenhöhe: 20 bis 50 cm.
Temperatur- und Lichtansprüche: Heller bis leicht sonniger Standort ergibt die schönsten Blattausfärbungen. 12 bis 18 °C.
Substrat/pH-Wert: Humoses Substrat mit Landerdeanteil, pH-Wert: 5.5 bis 6.5.
Besondere Pflegehinweise: Gelegentlich die Pflanzen durch Rückschnitt verjüngen.
Vermehrungsart: Durch Kopf- und Triebteilstecklinge, mehrere pro Topf.
Zeitraum des Angebotes: 1 bis 12.
Pflanzenschutz: Anfällig für Blattläuse.

▲ Abb. 521
▼ Abb. 522

▲ Abb. 523
▼ Abb. 524

Triplochlamys multiflora ♄ (W)

Handelsname: Pavonie.
Synonym: Pavonia multiflora.
Familie: Malvaceae.
Heimat/Herkunft: Brasilien.
Wuchsform: Straff aufrecht wachsender Strauch mit geringer Verzweigung und wechselständigen, lanzettlichen, grünen Blättern. Aus den oberen Blattachseln erscheinen interessante Blüten, bestehend aus schmalen, rosafarbenen Hüllkelchblättern und dunkelpurpurnen Blüten.
Pflanzenhöhe: Je nach Alter 30 bis 60 cm und mehr.
Temperatur- und Lichtansprüche: Heller Standort, jedoch vor voller Sommersonne schützen. Im Sommer 18 bis 22 °C, im Winter kühler bei 15 bis 18 °C.
Substrat/pH-Wert: Humoses Substrat mit etwas Landerdeanteil, pH-Wert: 5.8 bis 6.5.
Besondere Pflegehinweise: Liebt erhöhte Luftfeuchtigkeit, daher mit Vorteil im Blumenfenster. Gleichmässig giessen und mässig düngen.
Vermehrungsart: Kopfstecklinge bei 30 bis 35 °C Bodenwärme.
Zeitraum des Angebotes: 4 bis 12.
Pflanzenschutz: Anfällig für Blattläuse und Echten Mehltau.

Vanda-Hybriden ♃ (W)

Handelsname: Vanda-Orchidee.
Synonym: –.
Familie: Orchidaceae.
Heimat/Herkunft: Assam, Burma, Thailand, Zuchtform.
Wuchsform: In den Tropen epiphytische Orchidee mit meist nur einem aufrechten, fingerdicken Spross und zweiseitig angeordneten, langovalen, grünen Blättern und zahlreichen dicken Luftwurzeln. Die zahlreichen Blüten an den seitlich aufsteigenden Trauben erinnern an kleine Schmetterlinge. Farben: Weiss, Rosa, Orange, Rot und Blau.
Pflanzenhöhe: 30 bis 50 cm.
Temperatur- und Lichtansprüche: Heller, aber nicht vollsonniger Standort. Im Sommer 18 bis 25 °C, im Winter nicht unter 12 °C.
Substrat/pH-Wert: Grobhumoses Substrat aus Buchenwurzeln, Rindenstücken, Sphagnum und/oder grobfaserigem Torf, pH-Wert: 4.5 bis 5.0.
Besondere Pflegehinweise: Vanda lieben eine erhöhte Luftfeuchtigkeit, daher öfters überbrausen. Dazu kalkarmes Wasser und schwache Nährstoffgaben verwenden.
Vermehrungsart: Wenn die Seitentriebe an grösseren Pflanzen Luftwurzeln gebildet haben, abtrennen und eintopfen oder in Körbe setzen. Mikrovermehrung.
Zeitraum des Angebotes: 1 bis 12.
Pflanzenschutz: Anfällig für Blattläuse.

Vriesea carinata

♃ (W)

Handelsname: Gekielte Vriesea.
Synonym: –.
Familie: Bromeliaceae.
Heimat/Herkunft: Südostbrasilien.
Wuchsform: Grundständige Trichterrosette aus zungenförmigen, linealischen, breiten Blättern, beidseitig grün, glatter Rand. Der Blütenstand ist abgeflacht mit rotgelben Deckblättern und gelben Blüten.
Pflanzenhöhe: 20 bis 30 cm.
Temperatur- und Lichtansprüche: Heller, nicht vollsonniger Standort. Warm bei 18 bis 22 °C.
Substrat/pH-Wert: Humoses Substrat, bestehend aus Torf, Lauberde und Styromull, pH-Wert: 5.0 bis 5.5.
Besondere Pflegehinweise: Im Sommerhalbjahr gleichmässig feucht halten und mässig düngen. Im Winter etwas weniger giessen, jedoch nicht austrocknen lassen. Auch die Rosetten mit Wasser füllen und periodisch entleeren.
Vermehrungsart: Durch Abnahme der Kindeltriebe nach der Blüte oder durch Aussaat. Mikrovermehrung.
Zeitraum des Angebotes: 1 bis 12.
Pflanzenschutz: Anfällig für Blattläuse im Blütenbereich.

▲ Abb. 525
▼ Abb. 526

Vriesea-Hybriden

♃ (W)

Handelsname: Vriesea.
Synonym: –.
Familie: Bromeliaceae.
Heimat/Herkunft: Zuchtformen aus verschiedenen Kreuzungen.
Wuchsform: Grundständige Trichterrosette aus grün glänzenden, breitlinealen Blättern. Verschiedene neuere Züchtungen mit grossen, abgeflachten, zum Teil geteilten Ähren in Gelb und in Rot.
Pflanzenhöhe: 30 bis 40 cm.
Temperatur- und Lichtansprüche: Heller, jedoch nicht vollsonniger Standort, warm bei 18 bis 22 °C.
Substrat/pH-Wert: Humoses Substrat, bestehend aus Torf, Lauberde und Styromull, pH-Wert: 5.0 bis 5.5.
Besondere Pflegehinweise: Im Sommer gleichmässig feucht halten und mässig düngen. Im Winter etwas weniger giessen, jedoch nie austrocknen lassen. Auch die Rosetten mit Wasser füllen und periodisch entleeren.
Vermehrungsart: Durch die seitlichen Kindeltriebe, die nach der Blüte gebildet werden. Mikrovermehrung.
Zeitraum des Angebotes: 1 bis 12.
Pflanzenschutz: Anfällig für Blattläuse im Blütenbereich.

▲ Abb. 527
▼ Abb. 528

Vriesea splendens var. splendens ♃ (W)

Handelsname: Schwertbromelie, Flammendes Schwert.
Synonym: –.
Familie: Bromeliaceae.
Heimat/Herkunft: Surinam, Venezuela.
Wuchsform: Grundständige Pflanze mit runder, trichterförmiger Blattrosette. Die Blätter sind anglineal, am Ende abgerundet und relativ weich. Auf grünem Grunde schwarzviolette Querbänder. Auf einem langen Schaft bildet sich eine lange, abgeflachte Ähre mit roten Deckblättern und gelben Blüten.
Pflanzenhöhe: 30 bis 40 cm.
Temperatur- und Lichtansprüche: Heller Standort, im Sommer volle Sonne vermeiden. 16 bis 22 °C.
Substrat/pH-Wert: Brockiger Torf, Sphagnum, Lauberde und etwas Kompost, pH-Wert: 5.0 bis 5.5.
Besondere Pflegehinweise: Im Sommer gleichmässig feucht halten und mässig düngen. Auch die Trichter mit Wasser füllen. Im Winter Gaben etwas reduzieren.
Vermehrungsart: Durch Abnahme der Kindel, die sich nach der Blüte bilden, durch Aussaat oder Mikrovermehrung.
Zeitraum des Angebotes: 1 bis 12.
Pflanzenschutz: Anfällig für Blattläuse im Blütenstand.

x Vuylstekeara-Hybriden 'Cambria' ♃ (W)

Handelsname: Cambria-Orchidee.
Synonym: –.
Familie: Orchidaceae.
Heimat/Herkunft: Zuchtform aus Cochlioda x Miltonia x Odontoglossum.
Wuchsform: Rundliche Pseudobulben über dem Boden. Die gefalteten Blätter sind weich, grün und länglichlineal. An langen, dünnen Trieben stehen die relativ grossen, oft schön gemusterten Blüten in lockeren Trauben.
Pflanzenhöhe: 40 bis 60 cm.
Temperatur- und Lichtansprüche: Hell, jedoch nicht vollsonnig. Im Sommerhalbjahr 18 bis 22 °C, im Winter auf 15 bis 18 °C absenken, dies fördert die Blütenbildung.
Substrat/pH-Wert: Humoses, lockeres Substrat aus Grobtorf, Sphagnum, Buchenwurzeln und Styroporflocken, pH-Wert: 4.0 bis 4.5.
Besondere Pflegehinweise: Kalkarmes Wasser verwenden. Im Sommer reichlich giessen und abgeschwächt düngen, im Winter wenig giessen.
Vermehrungsart: Teilung von älteren Pflanzen. Mikrovermehrung.
Zeitraum des Angebotes: 1 bis 12.
Pflanzenschutz: Anfällig für Blattläuse.

Whitfieldia elongata

♃ (W)

Handelsname: Whitfieldie.
Synonym: –.
Familie: Acanthaceae.
Heimat/Herkunft: Tropisches Westafrika.
Wuchsform: Aufrechter Wuchs, leicht ausladend mit gegenständigen, langovalen, dunkelgrünen Blättern und mässiger Verzweigung. Endständig bilden sich an langen, lockeren Ähren weisse Blüten.
Pflanzenhöhe: 30 bis 40 cm.
Temperatur- und Lichtansprüche: Heller, im Sommer jedoch nicht vollsonniger Standort bei 15 bis 18 °C.
Substrat/pH-Wert: Humoses Substrat mit Landerdeanteil, pH-Wert: 6.0 bis 6.8.
Besondere Pflegehinweise: Nach der Blüte Rückschnitt vornehmen. Liebt einen luftigen Standort. Mässige Nährstoffgaben.
Vermehrungsart: Kopf- und Triebteilstecklinge.
Zeitraum des Angebotes: 5 bis 9.
Pflanzenschutz: Anfällig für Blattläuse.

▲ Abb. 529
▼ Abb. 530 / Yucca aloifolia 'Marginata'

Yucca aloifolia

♄ (K)

Handelsname: Schmalblättrige Palmlilie.
Synonym: –.
Familie: Agavaceae.
Heimat/Herkunft: USA: Nordcarolina bis Louisiana, Mexiko, Westindien.
Wuchsform: Straff aufrechter Stamm mit dichtem Blattschopf, langlanzettlichen, lederigen, grünen Blättern. Die Sorte 'Marginata' weist weisse Seitenbänder auf.
Pflanzenhöhe: 50 bis 150 cm.
Temperatur- und Lichtansprüche: Im Sommer mit Vorteil vollsonnig im Freien. Im Winter heller, aber kühler Standort bei mindestens 5 °C.
Substrat/pH-Wert: Lehmig-humos, auf keinen Fall zu torfig, pH-Wert: 6.0 bis 7.0.
Besondere Pflegehinweise: Im Sommer reichlich giessen und düngen. Im Winter mässig feucht halten. Die scharfen Blattspitzen sind für Kleinkinder oft gefährlich.
Vermehrungsart: Kopfstecklinge und Stammschnittlinge, wenn die Pflanzen zu gross geworden sind.
Zeitraum des Angebotes: 1 bis 12.
Pflanzenschutz: Problemlos.

Yucca elephantipes

♄ (K)

Handelsname: Riesenpalmlilie.
Synonym: Y. gigantea, Y. guatemalensis.
Familie: Agavaceae.
Heimat/Herkunft: Mexiko, Guatemala.
Wuchsform: Dicker, verholzter, aufrechter Stamm, bis armdick. Die schwertförmigen, dunkelgrünen und relativ weichen Blätter bilden einen dichten Schopf, die unteren Blätter sind überhängend. Ältere Pflanzen als Hochstammformen.
Pflanzenhöhe: Je nach Alter 50 bis 150 cm, ein- und mehrtriebig.
Temperatur- und Lichtansprüche: Heller Standort bis schwach sonnig. Im Sommer 15 bis 20 °C, im Winter mit Vorteil kühl bei 8 bis 12 °C. Im Sommer auch im Freien.
Substrat/pH-Wert: Humoses Substrat mit genügend Landerdeanteil, durchlässig, pH-Wert: 6.0 bis 7.0.
Besondere Pflegehinweise: Mässig feucht halten und düngen, Nässe vermeiden. Im Winter nicht austrocknen lassen.
Vermehrungsart: Kopfstecklinge und Stammschnittlinge bei 22 bis 25 °C und hoher Luftfeuchtigkeit.
Zeitraum des Angebotes: 1 bis 12.
Pflanzenschutz: In der Regel problemlos.

▲ Abb. 531
▼ Abb. 532

Zantedeschia aethiopica

♃ (K) ✂

Handelsname: Zimmerkalla, Kalla, Zantedeschie.
Synonym: Calla aethiopica, Richardia africana.
Familie: Araceae.
Heimat/Herkunft: Kapland, Natal, Südafrika.
Wuchsform: Von Natur aus eine Sumpfpflanze mit knolligem Grundstamm. Auf langen Stielen stehen lanzettliche bis pfeilförmige grüne, weiche Blätter. Aus den Blattscheiden entwickeln sich lange, runde Schäfte mit gelben Blütenkolben und grossen, weissen Hüllblättern.
Pflanzenhöhe: 40 bis 80 cm.
Temperatur- und Lichtansprüche: Heller bis mässig sonniger Standort, im Sommerhalbjahr 16 bis 20 °C. Im Winter kühl halten bei 8 bis 12 °C.
Substrat/pH-Wert: Humoses, nährstoffreiches Substrat mit Landerdeanteil, pH-Wert: 5.8 bis 6.5.
Besondere Pflegehinweise: Ab Frühjahr antreiben und reichlich giessen und düngen, im Winter kühl und relativ trocken halten, einziehen lassen. Nach dem Antreiben jeweils in nahrhafte Erde umpflanzen.
Vermehrungsart: Durch Brutpflanzen an der Basis der Pflanzen oder durch Teilung.
Zeitraum des Angebotes: 1 bis 12.
Pflanzenschutz: Anfällig für Blattläuse, Spinnmilben, Thripse, Weisse Fliegen.

Zantedeschia elliottiana

Handelsname: Gelbe Zimmerkalla, Gelbe Zantedeschie.
Synonym: Calla elliottiana, Richardia elliottiana.
Familie: Araceae.
Heimat/Herkunft: Südostafrikanisches Hochland.
Wuchsform: Aus knolligem Grundspross entwickeln sich auf langen, aufstrebenden Stielen breitovale bis herzförmige, grüne Blätter, die mit gelbweissen Flecken durchsetzt sind. Aus den Blattscheiden entwickeln sich auf langen Schäften gelbe Kolben, die von Hochblättern umhüllt werden.
Pflanzenhöhe: 40 bis 80 cm.
Temperatur- und Lichtansprüche: Heller bis mässig sonniger Standort, durch den Sommer 16 bis 20 °C, im Winter Temperatur auf 8 bis 12 °C absenken.
Substrat/pH-Wert: Humoses, nahrhaftes Substrat mit Landerdeanteil, pH-Wert: 5.8 bis 6.5.
Besondere Pflegehinweise: Nach dem Antreiben im Frühjahr reichlich giessen und düngen, im Winter kühl und relativ trocken halten, einziehen lassen. Nach dem Antreiben jeweils umpflanzen.
Vermehrungsart: Durch Abnahme von seitlichen Brutknollen oder Teilung.
Zeitraum des Angebotes: 1 bis 12.
Pflanzenschutz: Anfällig für Blattläuse, Spinnmilben, Thripse und Weisse Fliegen.

▲ Abb. 533
▼ Abb. 534

Zantedeschia rehmannii

Handelsname: Schmalblättrige Zimmerkalla, Zantedeschie.
Synonym: Richardia rehmannii.
Familie: Araceae.
Heimat/Herkunft: Natal, Südafrika.
Wuchsform: Aus knolligem Grundspross entwickeln sich aufstrebende, schmallanzettliche, grüne Blätter und mittelgrosse, kolbige Blütenstände mit Hochblättern in Weiss, Braun, Lila bis Violett.
Pflanzenhöhe: 30 bis 50 cm.
Temperatur- und Lichtansprüche: Heller bis mässig sonniger Standort bei 16 bis 20 °C im Sommer und 8 bis 12 °C durch den Winter.
Substrat/pH-Wert: Humoses, nahrhaftes Substrat mit Landerdeanteil, pH-Wert: 5.8 bis 6.5.
Besondere Pflegehinweise: Ab Frühjahr nach dem Antreiben und Umpflanzen fleissig giessen und düngen. Durch den Winter kühl und trockener halten, einziehen lassen.
Vermehrungsart: Durch Abnahme von seitlichen Brutknollen oder durch Teilung.
Zeitraum des Angebotes: 1–12.
Pflanzenschutz: Anfällig für Blattläuse, Spinnmilben, Thripse und Weisse Fliegen.

▲ Abb. 535
▼ Abb. 536

▼ Abb. 537

Agapanthus africanus ♃

Handelsname: Agapanthus, Schmucklilie.
Synonym: A. umbellatus.
Familie: Liliaceae.
Heimat/Herkunft: Kapland, Südafrika.
Wuchsform: Kurzer, krautiger Grundstamm mit dicken, fleischigen Wurzeln. Die grundständigen Blätter sind langlineal. Die Blüten bilden eine Dolde und stehen auf einem langen Schaft, Farbe Blau oder Weiss.
Pflanzenhöhe: Blühend 80 bis 100 cm.
Temperatur- und Lichtansprüche: Im Sommer heller bis vollsonniger Standort im Freien (Kübelpflanze). Im Winter kühl und relativ trocken halten bei 5 bis 6 °C.
Substrat/pH-Wert: Humoses Substrat mit reichlich Landerdeanteil, pH-Wert: 6.0 bis 7.0.
Besondere Pflegehinweise: Ab April wärmer stellen, reichlich giessen und düngen. Die Kühlhaltung im Winter fördert den Blütenansatz.
Vermehrungsart: Im Herbst oder Frühjahr durch Teilung oder durch Kindel.
Zeitraum des Angebotes: 4 bis 9.
Pflanzenschutz: Im Freien anfällig für Schnecken und Asseln.

Agave americana ♃ N

Handelsname: Agave, Hundertjährige Aloe.
Synonym: –.
Familie: Agavaceae.
Heimat/Herkunft: Mexiko, im Mittelmeerraum eingebürgert.
Wuchsform: Aus kurzem Grundspross entwickeln sich lange, lanzettliche, blaugrüne Blätter, die seitlich und an der Spitze bedornt sind. An der Basis bilden sich Kindel. Bei sehr grossen Pflanzen bildet sich ein oft 10 bis 12 Meter langer Schaft mit zahlreichen gelben Blüten auf flachen «Tellern». In der Folge sterben die Pflanzen ab. Blühende Pflanze S. 18.
Pflanzenhöhe: Unblühend bis 2 Meter hoch.
Temperatur- und Lichtansprüche: Sehr heller bis vollsonniger Standort. Im Sommer im Freien werden 30 bis 40 °C gut ertragen. Kühle Überwinterung bei 4 bis 6 °C (Kübelpflanze).
Substrat/pH-Wert: Lehmig-sandiges Substrat, pH-Wert: 6.0 bis 7.0.
Besondere Pflegehinweise: Als Blattsukkulente sehr anspruchslos. Im Sommer mässig giessen und düngen. Während der Überwinterung relativ trocken halten. Vorsicht (Kinder): Die Blattspitzen sind sehr hart!
Vermehrungsart: In der Regel aus Kindeln. Auch Aussaat ist möglich, wenn Samen erhältlich ist.
Zeitraum des Angebotes: 1 bis 12.
Pflanzenschutz: Problemlos.

Agave americana 'Marginata' ♃ (K) (N)

Handelsname: Gestreifte Agave.
Synonym: –.
Familie: Agavaceae.
Heimat/Herkunft: Mexiko, Kulturform.
Wuchsform: Kurzer Grundspross mit dickfleischigen grundständigen Blättern mit dornigem Rand. Grüner Mittelstreifen mit weissen Seitenbändchen. Im Alter aufstrebender, dicker Schaft mit hohem, rispigem, gelbem Blütenstand, danach absterbend.
Pflanzenhöhe: Nichtblühend 60 bis 100 cm, blühend 4 bis 6 Meter.
Temperatur- und Lichtansprüche: Heller bis vollsonniger Standort im Freien durch den Sommer 15 bis 25 °C, kühle Überwinterung bei 4 bis 6 °C (Kübelpflanze).
Substrat/pH-Wert: Lehmig-sandiges Substrat, pH-Wert: 6.0 bis 7.0.
Besondere Pflegehinweise: Relativ anspruchslos, im Sommer mässig feucht halten und düngen, im Winter eher trocken halten.
Vermehrungsart: Durch Kindel, nur vegetativ bei panaschierten Formen.
Zeitraum des Angebotes: 1 bis 12.
Pflanzenschutz: Problemlos.

▲ Abb. 538
▼ Abb. 539

Agave americana 'Mediopicta' ♃ (K) (N)

Handelsname: Panaschierte Agave.
Synonym: –.
Familie: Agavaceae.
Heimat/Herkunft: Mexiko, Kulturform.
Wuchsform: Kurzer Grundspross mit dickfleischigen Blättern mit dornigem Rand. Graugrüne Seitenbänder mit auffallend breitem, weissem Mittelband. Im Alter dicker Schaft mit gelben Blüten, danach absterbend.
Pflanzenhöhe: Nichtblühend 60 bis 100cm, blühend 3 bis 5 Meter.
Temperatur- und Lichtansprüche: Helle bis vollsonnige Lage im Freien durch den Sommer. Im Winter kühl bei 4 bis 6 °C halten (Kübelpflanze).
Substrat/pH-Wert: Lehmig-sandiges Substrat, pH-Wert: 6.0 bis 7.0.
Besondere Pflegehinweise: Relativ anspruchslos, im Sommer mässig feucht halten und düngen, im Winter wenig giessen.
Vermehrungsart: Durch Abnahme von Kindeln, die sich an der Basis bilden.
Zeitraum des Angebotes: 1 bis 12.
Pflanzenschutz: Problemlos.

▲ Abb. 540

Anisodontea capensis

Handelsname: Fleissiges Lieschen, kleinblütige Malve.
Synonym: Malva capensis, Malvastrum capense.
Familie: Malvaceae.
Heimat/Herkunft: Südafrika.
Wuchsform: Straff aufrechter Wuchs mit lockerer, seitlicher Verzweigung. Die kleinen grünen Blättchen sind dreilappig und am Rande gekerbt. Aus den Blattachseln erscheinen 3 cm grosse, rosafarbene becherförmige Blüten.
Pflanzenhöhe: Je nach Alter 30 bis 100 cm und mehr bei Hochstämmen.
Temperatur- und Lichtansprüche: Erträgt auch im Sommer volle Sonne. Geeignet für Freilandschalen oder Wintergärten. Bei 6 bis 10 °C kühl, aber feucht überwintern.
Substrat/pH-Wert: Lehmhaltiges Substrat mit Humusanteil, pH-Wert: 6.0 bis 7.0.
Besondere Pflegehinweise: Stets gut düngen im Sommer und luftig halten, sonst gibt es Probleme mit den Weissen Fliegen. Rückschnitt zum Formieren.
Vermehrungsart: Kopf- oder Triebteilstecklinge bei 18 °C.
Zeitraum des Angebotes: 4 bis 8.
Pflanzenschutz: Anfällig für Weisse Fliegen, Blattläuse, Russtaupilze.

▲ Abb. 541
▼ Abb. 542

Aucuba japonica

Handelsname: Aukube.
Synonym: –.
Familie: Cornaceae.
Heimat/Herkunft: Himalaja bis China, Korea, Japan.
Wuchsform: Immergrüner, kompakter Strauch, aufstrebend, im Alter breitausladend und verzweigt. die gegenständigen Blätter sind lanzettlich, leicht gezähnt und grün glänzend mit unregelmässigen gelben Flecken. Die roten Blüten sind unscheinbar, die grossen Beerenfrüchte sind grün bis schwarz. Verschiedene Sorten.
Pflanzenhöhe: 30 bis 150 cm.
Temperatur- und Lichtansprüche: Ideale Pflanze für kühle und schattige Hallen, im Sommer auch im Freien im Halbschatten. Kühle, helle bis dunkle Überwinterung bei 4 bis 6 °C.
Substrat/pH-Wert: Lehmiges Substrat, pH-Wert: 6.0 bis 7.0.
Besondere Pflegehinweise: Anspruchslos, wenn sie nicht zu warm stehen. Im Sommer reichlich giessen und mässig düngen. Im Winter mässig feucht halten.
Vermehrungsart: Kopfstecklinge während der Ruhezeit bei 20 °C.
Zeitraum des Angebotes: 1 bis 12.
Pflanzenschutz: Anfällig für Blattläuse bei zu hoher Wärme.

Cassia corymbosa

♄ (K)

Handelsname: Kassie, Gewürzrinde.
Synonym: Senna corymbosa.
Familie: Leguminosae.
Heimat/Herkunft: Argentinien, Uruguay, Südbrasilien.
Wuchsform: Strauch mit aufrechtem, stark verzweigtem Wuchs. Die unpaarig gefiederten Blätter hängen locker am Strauch, die gelben Blüten erscheinen locker und zahlreich an endständigen Rispen.
Pflanzenhöhe: 80 bis 200 cm.
Temperatur- und Lichtansprüche: Im Sommer vollsonnig mit warmer Lage im Freien! Im Winter im mässig geheizten Wintergarten oder im Keller bei 6 bis 10 °C.
Substrat/pH-Wert: Lehmig-humoses Substrat, pH-Wert: 6.0 bis 7.0.
Besondere Pflegehinweise: Im Sommer reichlich giessen und düngen. Trockenphasen meiden. Im Winter stets feucht halten.
Vermehrungsart: Aussaat oder durch gut ausgereifte Kopfstecklinge.
Zeitraum des Angebotes: 5 bis 9.
Pflanzenschutz: Anfällig für Blattläuse an Jungtrieben und Weisse Fliegen bei Ballentrockenheit.

▲ Abb. 543
▼ Abb. 544

Cassia didymobotrya

♄ (K)

Handelsname: Gewürzrinde, Kassie, Kerzenstrauch.
Synonym: C. nairobensis, Senna didymobotrya.
Familie: Leguminosae.
Heimat/Herkunft: Tropisches Afrika.
Wuchsform: Strauch mit etwas sparrigem, aufrechtem Wuchs und flach aufstrebenden gefiederten Blättern. An den Triebenden bilden sich senkrecht stehende grosse, gelbe Blütenkerzen, die sehr lange nachblühen.
Pflanzenhöhe: 80 bis 200 cm.
Temperatur- und Lichtansprüche: Sonnigwarme Lage im Freien oder im hellen Wintergarten. Im Winter kühler, aber nicht unter 10 °C halten.
Substrat/pH-Wert: Lehmig-humoses Substrat, pH-Wert: 6.0 bis 7.0.
Besondere Pflegehinweise: Im Sommer reichlich giessen und düngen, nie austrocknen lassen. Ab September zur besseren Triebausreife mässig giessen.
Vermehrungsart: Aussaat oder durch gut ausgereifte Kopfstecklinge.
Zeitraum des Angebotes: 5 bis 9.
Pflanzenschutz: Anfällig für Blattläuse an Jungtrieben und Weisse Fliegen bei Ballentrockenheit.

▲ Abb. 545
▼ Abb. 546

Chamaerops humilis

ħ (K) N

Handelsname: Zwergpalme.
Synonym: –.
Familie: Palmae.
Heimat/Herkunft: Westliche Mittelmeerländer, Südportugal.
Wuchsform: Kurzgedrungener Stamm, an der Basis oft verzweigt. Die Blätter sind tief geschlitzt und grossfächerig ausgebildet, Durchmesser oft bis 60 cm.
Pflanzenhöhe: 50 bis 100 cm.
Temperatur- und Lichtansprüche: Zwergpalmen ertragen sowohl volle Sonne als auch Schatten. Im Winter relativ kühl bei 2 bis 6 °C. Im Sommer im Freien.
Substrat/pH-Wert: Lehmig-humoses Substrat, pH-Wert: 6.0 bis 7.0.
Besondere Pflegehinweise: Durch den Sommer reichlich giessen und mässig düngen. Im Herbst schaden schwache Fröste nichts. Nie austrocknen lassen. Nicht ins «Herz» giessen.
Vermehrungsart: Aussaat oder Teilung.
Zeitraum des Angebotes: 5 bis 9.
Pflanzenschutz: Anfällig für Blatt- und Schildläuse, bei zu trockenem Standort Spinnmilben.

Citrus sinensis

ħ (K) N ✿

Handelsname: Orangenbaum.
Synonym: C. aurantium var. sinensis, C. aurantium ssp. sinensis.
Familie: Rutaceae.
Heimat/Herkunft: China.
Wuchsform: Aufwärtsstrebender Strauch bis Baum mit dichter, breiter Verzweigung und leichter Bedornung. Die dunkelgrünglänzenden Blätter sind eiförmig bis langoval. Die grossen, weissen Blüten duften angenehm. Es bilden sich vorerst grüne, später orangefarbene Früchte (Orangen).
Pflanzenhöhe: Je nach Alter 50 bis 100 cm und mehr.
Temperatur- und Lichtansprüche: Die Citruspflanzen lieben keine zu grosse Wärme und ertragen trockene Zimmerluft schlecht, daher ideal für den luftigen Wintergarten oder über den Sommer im Freien im Halbschatten. Sommer 15 bis 20 °C, Winter 4 bis 6 °C.
Substrat/pH-Wert: Humoses Substrat mit reichlich Landerdeanteil, pH-Wert: 6.0 bis 7.5.
Besondere Pflegehinweise: Im Sommer reichlich giessen und düngen, sonst gibt es gelbe Blätter.
Vermehrungsart: Aussaat, Stecklinge, Veredlungen.
Zeitraum des Angebotes: 1 bis 12.
Pflanzenschutz: Anfällig für Schild- und Wolläuse, Spinnmilben, Thripse.

Cordyline indivisa

Handelsname: Keulenlilie.
Synonym: Dracaena indivisa.
Familie: Agavaceae.
Heimat/Herkunft: Neuseeland.
Wuchsform: Straff aufrecht wachsend, ungeteilter Stamm mit dicht angeordneten, schmal-schwertförmigen, lederigen, dunkelgrünen Blättern.
Pflanzenhöhe: 50 bis 100 cm.
Temperatur- und Lichtansprüche: Erträgt volle Sonne und einen relativ kühlen und luftigen Standort, im Sommer auch für Rabatten im Freien geeignet. Im Winter bis 6 bis 8 °C.
Substrat/pH-Wert: Lehmig-humos, pH-Wert: 5.8 bis 6.5.
Besondere Pflegehinweise: Nie austrocknen lassen. Erträgt einen Rückschnitt, dann bilden sich mehrere Triebe.
Vermehrungsart: Aussaat, Kopfstecklinge oder Stammschnittlinge.
Zeitraum des Angebotes: 1 bis 12.
Pflanzenschutz: Anfällig für Blattläuse, Spinnmilben. Dürre Blattspitzen bei Ballentrockenheit.

▲ Abb. 547
▼ Abb. 548

Cycas revoluta

Handelsname: Palmfarn.
Synonym: –.
Familie: Cycadaceae.
Heimat/Herkunft: Südostasien bis Japan.
Wuchsform: Kurzer, aber dicker Stamm mit Blattstielansätzen, die noch jahrelang bestehen bleiben. Im Alter junge Kindelpflanzen aus der Basis. Die breitgefiederten, flachen Blätter erscheinen schubweise jedes Jahr neu, oder es bilden sich im Zentrum goldgelbe Blüten- und Fruchtstände. Die harten Samen sind orangerot und keimen sehr langsam.
Pflanzenhöhe: 30 bis 80 cm.
Temperatur- und Lichtansprüche: Cycas verlangen im Sommer Sonne und Wärme im Freien. Im Winter nicht unter 12 °C, ideal bei 15 bis 18 °C.
Substrat/pH-Wert: Lehmig-humoses Substrat mit Sandzusatz, pH-Wert: 5.8 bis 6.5.
Besondere Pflegehinweise: Mässig giessen und dungen im Sommer, ab und zu leicht austrocknen lassen. Im Winter wenig giessen, in gut belüftbarem Raum überwintern.
Vermehrungsart: Aussaat bei hohen Temperaturen von 25 bis 30 °C. Bei älteren Pflanzen können Basistriebe mit Wurzeln sorgfältig abgetrennt werden.
Zeitraum des Angebotes: 1 bis 12.
Pflanzenschutz: Anfällig für Schild- und Wolläuse.

▲ Abb. 549
▼ Abb. 550

Datura x candida ♄ (K) ✂ D

Handelsname: Engelstrompete.
Synonym: Brugmansia x candida.
Familie: Solanaceae.
Heimat/Herkunft: Kreuzung aus D. aurea x D. versicolor.
Wuchsform: Strauch mit aufrecht-verzweigtem Wuchs. Die Blätter sind lanzettlich, grün, weich und bis zu 30 cm lang. Die langen, trompetenförmigen Blüten weisen lange, dünne Zipfel auf. Einfache und gefüllte Sorten in Weiss und Gelb.
Pflanzenhöhe: Je nach Alter 50 bis 150 cm und mehr.
Temperatur- und Lichtansprüche: Sonnig bis halbschattig an windgeschützter, warmer Lage im Sommer im Freien. Im Winter hell bis dunkel bei 4 bis 12 °C.
Substrat/pH-Wert: Lehmig-humoses Substrat reich an Nährstoffvorräten, pH-Wert: 6.5 bis 7.2.
Besondere Pflegehinweise: Im Frühjahr relativ starker Rückschnitt und umpflanzen in nährstoffreiches Substrat. Im Sommer reichlich giessen und düngen! Im Winter wenig giessen.
Vermehrungsart: Durch Kopf- und Triebteilstecklinge.
Zeitraum des Angebotes: 5 bis 9.
Pflanzenschutz: Anfällig für Blattläuse, Blattwanzen, Weisse Fliegen, Spinnmilben, Dickmaulrüsslerlarven (Wurzelfrass).

Datura sanguinea ♄ (K) ✂

Handelsname: Roter Stechapfel, Engelstrompete.
Synonym: Brugmansia sanguinea, D. rosei.
Familie: Solanaceae.
Heimat/Herkunft: Kolumbien bis Chile.
Wuchsform: Dickstämmiger Strauch mit aufrechtem, verzweigtem Wuchs. Die Blätter sind langlanzettlich, bisweilen etwas gelappt und wollig behaart. Aus den Blattachseln entwickeln sich lange, schmale, röhrige Blütenglocken in Orange und Rot. Kübelpflanze.
Pflanzenhöhe: Je nach Alter 40 bis 100 cm.
Temperatur- und Lichtansprüche: Mit Vorliebe hell bis vollsonnig und eine warme Lage im Freien. Im Winter kühl bei 4 bis 12 °C.
Substrat/pH-Wert: Lehmig-humoses Substrat gut mit Nährstoffen versorgt, pH-Wert: 6.5 bis 7.2.
Besondere Pflegehinweise: Im Sommer reichlich giessen und düngen. Im Winter eher trocken halten und Rückschnitt im Frühjahr.
Vermehrungsart: Kopf- und Triebteilstecklinge.
Zeitraum des Angebotes: 5 bis 9.
Pflanzenschutz: Anfällig für Blattläuse, Blattwanzen, Weisse Fliegen, Dickmaulrüsslerlarven (Wurzelfrass).

Datura suaveolens

ħ (K) ☠ D

Handelsname: Grossblütiger Stechapfel, Engelstrompete.
Synonym: Brugmansia suaveolens.
Familie: Solanaceae.
Heimat/Herkunft: Südostbrasilien.
Wuchsform: Dickstämmiger, aufrechtstrebender Strauch mit sparriger Verzweigung. Die weichen, grünen Blätter sind gross, bis 30 cm lang, lanzettlich. Aus den Blattachseln bilden sich grosse Glockenblüten in verschiendenen zarten Farben in Gelb, Orange, Rosa und Weiss.
Pflanzenhöhe: Je nach Alter 60 bis 100 cm.
Temperatur- und Lichtansprüche: Mit Vorliebe vollsonnig bis halbschattig im Freien. Im Winter kühl halten, Ruhezeit bei 4 bis 12 °C. Rückschnitt im Frühjahr und umpflanzen.
Substrat/pH-Wert: Lehmig-humoses Substrat, das gut mit Nährstoffen versorgt ist, pH- Wert: 6.5 bis 7.2.
Besondere Pflegehinweise: Im Sommer reichlich giessen und düngen. Im Winter kühl , eher etwas trockener halten. Starker Rückschnitt vor dem Austrieb.
Vermehrungsart: Kopf- und Triebteilstecklinge.
Zeitraum des Angebotes: 5 bis 9.
Pflanzenschutz: Anfällig für Blattläuse, Blattwanzen, Weisse Fliegen, Spinnmilben, Dickmaulrüsslerlarven (Wurzelfrass).

▲ Abb. 551
▼ Abb. 552

Erythrina crista-galli

ħ (K)

Handelsname: Korallenstrauch.
Synonym: –.
Familie: Leguminosae.
Heimat/Herkunft: Bolivien bis Paragray, Brasilien, Argentinien.
Wuchsform: Strauch mit schräg aufstrebenden, dornigen Zweigen. Die dreigeteilten Blätter sind im Einzelnen oval bis lanzettlich, grün. Die leuchtendroten Blüten sitzen endständig in dichten Trauben.
Pflanzenhöhe: 40 bis 100 cm.
Temperatur- und Lichtansprüche: Mit Vorliebe sonnig-heisse Lage im Freien. Im Herbst werden leichte Fröste ertragen. Überwinterung bei 5 bis 10°C.
Substrat/pH-Wert: Lehmig-humoses Substrat mit Sandzusatz, pH-Wert: 6.0 bis 7.0.
Besondere Pflegehinweise: Im Sommer reichlich giessen und düngen, jedoch Nässe meiden. Im Winter schwach feucht halten.
Vermehrungsart: Durch Kopfstecklinge nach dem Austrieb. Aussaatpflanzen blühen erst nach Jahren.
Zeitraum des Angebotes: 5 bis 9.
Pflanzenschutz: Anfällig für Weisse Fliegen und Spinnmilben.

▲ Abb. 553 / Gewöhnliche Feige
▼ Abb. 554 / Zwergfeige

Ficus carica

ħ (K) N

Handelsname: Echter Feigenbaum.
Synonym: –.
Familie: Moraceae.
Heimat/Herkunft: Nordwestindien, in Griechenland, Italien, Vorderasien und Nordafrika eingebürgert.
Wuchsform: Breitverzweigter Strauch mit stark gebuchteten, grossen, grünen Blättern. Aus den Blattachseln erscheinen die essbaren Feigenfrüchte praktisch durch das ganze Jahr.
Pflanzenhöhe: Als Kübelpflanze 2 bis 3 Meter hoch werdend, in guten Weinlagen im Freien ausgepflanzt auch höher. Zwergform 1 bis 2 Meter.
Temperatur- und Lichtansprüche: Feigen lieben einen sonnig-warmen Standort im Freien. Im Winter frostfrei und kühl überwintern.
Substrat/pH-Wert: Mittelschweres, lehmhaltiges Substrat, pH-Wert: 6.0 bis 6.8.
Besondere Pflegehinweise: Feigen verlangen durch den Sommer reichliche Nährstoffgaben und Wasser.
Vermehrungsart: Von gut fruchtenden Pflanzen Kopf- und Triebteilstecklinge im Frühjahr kurz nach dem Austrieb.
Zeitraum des Angebotes: 4 bis 9.
Pflanzenschutz: Anfällig für Wolläuse, Schildläuse, Spinnmilben und Thrips.

▼ Abb. 555

Fuchsia-Hybriden

h–ħ (K)

Handelsname: Gartenfuchsie.
Synonym: F. x hybrida, F. speciosa.
Familie: Onagraceae.
Heimat/Herkunft: Wildform aus Amerika, Zuchtform.
Wuchsform: Halbstrauch bis Strauch, je nach Sorte aufrecht, breitbuschig bis hängend, verzweigt. Die lanzettlichen, gegenständigen Blätter sind grün, neuere Sorten auch weiss gefleckt. Aus den äusseren Triebspitzen erscheinen achselständig meist zweifarbige Blüten (Sepalen und Petalen), einfach bis gefüllt in Weiss, Rosa, Rot und Violettblau.
Pflanzenhöhe: Als Kübelpflanze 80 bis 150 cm. Auch Pyramiden- und Hochstammformen. Hängende und aufrecht wachsende Sorten.
Temperatur- und Lichtansprüche: Halbschattig bis mässig sonnig, jedoch keine heissen Lagen im Freien. Im Sommer 16 bis 25 °C, im Winter kühl bis 5 bis 8 °C, nicht austrocknen lassen.
Substrat/pH-Wert: Humoses Substrat mit reichlich Landerdezusatz für grosse Kübelpflanzen, pH-Wert: 5.8 bis 6.5. Gute Nährstoffversorgung.
Besondere Pflegehinweise: Formierungsschnitt nach kühler Überwinterung. Jedes Jahr umpflanzen und im Sommer mässig düngen.
Vermehrungsart: Kopfstecklinge.
Zeitraum des Angebotes: 4 bis 6.
Pflanzenschutz: Anfällig für Blattläuse, Weisse Fliegen, Rost und Botrytispilze.

Lantana-Camara-Hybriden

Handelsname: Wandelröschen.
Synonym: L. x hybrida.
Heimat/Herkunft: Wildformen aus tropisch Amerika, Zuchtform.
Wuchsform: Strauchiger, breitverzweigter Wuchs. Die Zweige sind leicht bedornt, die gegenständigen eirunden, grünen Blätter sind runzelig genervt. Aus den Blattachseln entwickeln sich an runden Köpfchen die zahlreichen Blüten in Weiss, Gelb, Rosa, Orange und Rot. Die Farben verändern sich teilweise während des Blühens.
Pflanzenhöhe: Je nach Alter 30 bis 200 cm (Hochstämme).
Temperatur- und Lichtansprüche: Volle Sonne und ein warmer Standort im Freien sagen ihnen im Sommer am besten zu. Im Winter kühl halten bei 6 bis 10 °C.
Substrat/pH-Wert: Humoses Substrat mit Landerdezusatz, pH-Wert: 6.0 bis 7.0.
Besondere Pflegehinweise: Im Sommer fleissig giessen und düngen. Vor dem Antreiben im Frühling einen Formierungsrückschnitt vornehmen. Im Winter mässig feucht halten.
Vermehrungsart: Kopfstecklinge.
Zeitraum des Angebotes: 5 bis 9.
Pflanzenschutz: Anfällig für Blattläuse, Weisse Fliegen und Spinnmilben.

▲ Abb. 556

▼ Abb. 557 / Lantana-Hochstämme im Queen-Elisabeth-Park Vancouver/Kanada.

▲ Abb. 558
▼ Abb. 559

Laurus nobilis

♄ Ⓚ N

Handelsname: Lorbeerbaum.
Synonym: –.
Familie: Lauraceae.
Heimat/Herkunft: Mittelmeerländer.
Wuchsform: Strauch bis Baum mit straff aufrechtem, pyramidalem Wuchs und starker Verzweigung. Die derblederigen, dunkelgrünen Blätter sind lanzettlich, der Rand ist oft leicht gewellt. Die cremeweissen Blüten erscheinen im April bis Mai aus den Blattachseln. Die Blätter können als Gewürz verwendet werden.
Pflanzenhöhe: Je nach Alter 80 bis 200 cm. Pyramiden- und Hochstammformen, je nach Schnitt.
Temperatur- und Lichtansprüche: Sonnig bis halbschattig, im Sommer im Freien oder in hellen, luftigen Räumen. Im Winter kühl bei 0 bis 6 °C.
Substrat/pH-Wert: Lehmig-humoses Substrat, pH-Wert: 6.0 bis 7.0.
Besondere Pflegehinweise: Zur Erzielung gleichmässiger Pyramiden- oder Kugelnformen muss im März formiert werden. Mässig giessen und düngen, im Winter nicht austrocknen lassen!
Vermehrungsart: Kopf- und Triebteilstecklinge im August bis September.
Zeitraum des Angebotes: 1 bis 12.
Pflanzenschutz: Anfällig für Schildläuse und in der Folge für Russtaupilze.

Myrtus communis

♄ Ⓚ D

Handelsname: Brautmyrte.
Synonym: –.
Familie: Myrtaceae.
Heimat/Herkunft: Mittelmeerländer.
Wuchsform: Immergrüner Strauch mit zierlichem Wuchs und lockerer Verzweigung. Die gegenständigen Blätter sind lanzettlich und dunkelgrün glänzend. Aus den Blattachseln erscheinen 2 cm grosse, weisse Blüten, die angenehm duften. Später bilden sich schwarze Beeren.
Pflanzenhöhe: Je nach Alter 30 bis 100 cm und mehr. Hochstammformen.
Temperatur- und Lichtansprüche: Sonniger Standort in Räumen oder im Freien, erträgt auch Halbschatten. Im Winter kühl halten bei 4 bis 12 °C.
Substrat/pH-Wert: Humoses Substrat mit Landerdezusatz, pH-Wert: 5.0 bis 6.0.
Besondere Pflegehinweise: Gleichmässig feucht halten, mässig düngen. Nach der Blüte Formierungsschnitt.
Vermehrungsart: Kopfstecklinge
Zeitraum des Angebotes: 1 bis 12.
Pflanzenschutz: Anfällig für Schildläuse und in der Folge Russtaupilze.

Nerium oleander

ħ (K) ☠

Handelsname: Oleander.
Synonym: N. indicum, N. odorum.
Familie: Apocynaceae.
Heimat/Herkunft: Mittelmeerländer bis vorderer Orient und Ostasien.
Wuchsform: Immergrüner Strauch mit aufstrebendem, z. T. breitverzweigtem Wuchs, weiche Triebe. Die langlanzettlichen, grünen Blätter stehen quirlständig um die Knoten. Endständig in lockeren Rispen bilden sich im Sommer einfache bis gefüllte Blüten in Weiss, Rosa, Lachs und Rot.
Pflanzenhöhe: Je nach Alter 40 bis 200 cm.
Temperatur- und Lichtansprüche: Als Kübelpflanze im Freien, mit Vorliebe an sonnigwarmer Lage. Im Winter kühl bei 5 bis 8 °C.
Substrat/pH-Wert: Lehmig-humoses Substrat, pH-Wert: 6.0 bis 7.0.
Besondere Pflegehinweise: Im Sommer fleissig giessen und düngen. Nach Bedarf Formierungsschnitt. Im Winter mässig feucht halten.
Vermehrungsart: Kopfstecklinge, die sich in Wasser gestellt leicht bewurzeln.
Zeitraum des Angebotes: 5 bis 9.
Pflanzenschutz: Anfällig für Schildläuse und Wolläuse.

▲ Abb. 560
▼ Abb. 561

Olea europaea ssp. europaea

ħ (K) N

Handelsname: Olivenbaum.
Synonym: S. sativa.
Familie: Oleaceae.
Heimat/Herkunft: Nur in Kultur bekannt.
Wuchsform: Verholzender Strauch bis Baum mit aufstrebendem Wuchs und lockerer Verzweigung. Die langlanzettlichen Blätter sind oberseits dunkelblaugrün glänzend, unterseits weiss. Als Kübelpflanze wird sie kaum Oliven tragen.
Pflanzenhöhe: Je nach Alter 50 bis 150 cm und mehr.
Temperatur- und Lichtansprüche: Oliven ertragen im Sommer volle Sonne und lieben einen warmen Standort im Freien. Im Winter werden auch leichte Fröste ertragen. Bei 0 bis 6 °C überwintern.
Substrat/pH-Wert: Lehmig-humoses Substrat mit gutem Nährstoffvorrat, pH-Wert: 6.0 bis 7.0.
Besondere Pflegehinweise: Im Sommer reichlich giessen und düngen, im Winter etwas trockener halten. Dunkle Überwinterung ist möglich.
Vermehrungsart: Aussaat oder durch Kopfstecklinge.
Zeitraum des Angebotes: 4 bis 9.
Pflanzenschutz: Problemlos.

▲ Abb. 562
▼ Abb. 563

Phoenix canariensis

Handelsname: Phönixpalme.
Synonym: –.
Familie: Palmae.
Heimat/Herkunft: Kanarische Inseln.
Wuchsform: In der Jugendform grundständig mit aufstrebenden, einfachgefiederten, grün glänzenden Blättern, die oben nach aussen neigen. Im Alter stammbildend mit langen, überhängenden Blattwedeln.
Pflanzenhöhe: Je nach Alter 60 bis 200 cm.
Temperatur- und Lichtansprüche: Als Kübelpflanze im Sommer im Freien sonnig bis halbschattig, aber auch in grossen hellen Wohnräumen, wenn sie gut belüftet werden können. Im Winter kühl bis 4 bis 8 °C.
Substrat/pHWert: Lehmig-humoses Substrat, pH-Wert: 6.0 bis 6.8.
Besondere Pflegehinweise: Durch den Sommer fleissig giessen und düngen, im Winter nicht austrocknen lassen, sonst sind eingetrocknete Blattspitzen die Folge.
Vermehrungsart: Aussaat.
Zeitraum des Angebotes: 1 bis 12.
Pflanzenschutz: Anfällig für Schildläuse bei zu warmer Überwinterung.

Plumbago auriculata

Handelsname: Bleiwurz.
Synonym: P. capensis.
Familie: Plumbaginaceae.
Heimat/Herkunft: Südafrika.
Wuchsform: Halbstrauch bis Strauch mit langen, dünnen Sprossranken und lockerer Verzweigung. Die ovalen Blätter sind grün und weich. An den Triebenden doldenähnliche, traubige Blütenstände in Hellblau oder Weiss.
Pflanzenhöhe: Je nach Alter 40 bis 100 cm und mehr.
Temperatur- und Lichtansprüche: Als grosse Kübelpflanze in Busch- oder Hochstammform im Sommer sonnig und warm. Im Winter kühl halten bei 6 bis 10 °C.
Substrat/pH-Wert: Lehmig-humoses Substrat, pH-Wert: 5.8 bis 6.8.
Besondere Pflegehinweise: Im Sommerhalbjahr reichlich giessen und düngen. Nach der Überwinterung starker Rückschnitt und in nahrhafte Erde umpflanzen. Im Winter mässig feucht halten, nicht austrocknen lassen.
Vermehrungsart: Triebteilstecklinge.
Zeitraum des Angebotes: 5 bis 9.
Pflanzenschutz: Anfällig für Blattläuse und Wurzelälchen.

Punica granatum

Handelsname: Granatapfelbaum.
Synonym: –.
Familie: Punicaceae.
Heimat/Herkunft: Vorderes Asien, im Mittelmeerraum eingebürgert.
Wuchsform: Lockerer Strauch bis Baum mit sommergrünen, länglichovalen Blättern. Aus den Enden der Seitentriebe orangerote, hängende Blüten, aus denen sich eine lederige Frucht (Beere, essbar) entwickelt. Die Zwergform 'Nana' ist schwachwüchsiger und zierlicher als die Wildform.
Pflanzenhöhe: Je nach Alter 30 bis 100 cm und mehr.
Temperatur- und Lichtansprüche: Im Freien an sonnig-warmer Lage. Im Winter kühl halten bei 2 bis 8 °C.
Substrat/pH-Wert: Lehmig-humoses Substrat, pH-Wert: 5.8 bis 6.8.
Besondere Pflegehinweise: Im Sommer mässig giessen und düngen. Im Winter nicht austrocknen lassen! Formierungsschnitt im März.
Vermehrungsart: Kopf- und Triebteilstecklinge von ausgereiften Zweigen. Auch Aussaat ist möglich.
Zeitraum des Angebotes: 5 bis 9.
Pflanzenschutz: Anfällig für Blattläuse, Weisse Fliegen, in der Folge Russtaupilze.

▲ Abb. 564
▼ Abb. 565

Solanum rantonnetii

Handelsname: Blauer Kartoffelbaum.
Synonym: Lycianthes rantonnei.
Familie: Solanaceae.
Heimat/Herkunft: Paraguay, Argentinien.
Wuchsform: Lockerer Strauch bis Kletterer mit guter Verzweigung und einzelnen langen Sprossranken. Das lanzettliche Blatt ist dunkelgrün. Endständig entwickeln sich zahlreiche blauviolette Blüten mit gelber Mitte.
Pflanzenhöhe: Je nach Alter 60 bis 200 cm. Hochstammformen und lockere Büsche.
Temperatur- und Lichtansprüche: Durch den Sommer im Freien als Kübelpflanze sonnig bis halbschattig. Ideal auch für den Wintergarten. Überwinterung bei 4 bis 8 °C.
Substrat/pH-Wert: Lehmig-humoses Substrat, pH-Wert: 6.0 bis 7.0.
Besondere Pflegehinweise: Im Sommer reichlich giessen und düngen. Im Winter auf die Hälfte zurückschneiden und feucht halten.
Vermehrungsart: Durch ausgereifte Kopf- und Triebteilstecklinge.
Zeitraum des Angebotes: 5 bis 9.
Pflanzenschutz: Anfällig für Blattläuse, Weisse Fliegen und Spinnmilben.

▲ Abb. 566
▼ Abb. 567

Tibouchina urvilleana

Handelsname: Tibouchine.
Synonym: T. semidecandra.
Familie: Melastomataceae.
Heimat/Herkunft: Brasilien.
Wuchsform: Strauch mit aufrechtem Wuchs und mässiger Verzweigung. Die grossen, länglichovalen Blätter sind gegenständig angeordnet und samtiggrün. Aus den Triebenden entwickeln sich zahlreiche blauviolette Blüten von besonderer Schönheit. Leider fallen sie nach ein bis zwei Tagen bereits ab.
Pflanzenhöhe: Je nach Alter 50 bis 200 cm. Hochstammformen und breite Büsche.
Temperatur- und Lichtansprüche: Als Kübelpflanze sonnigwarme, windgeschützte Lage im Freien. Im Winter hell und kühl halten bei 5 bis 10 °C.
Substrat/pH-Wert: Lehmig-humoses Substrat, pH-Wert: 6.0 bis 7.0.
Besondere Pflegehinweise: Nach Bedarf Rückschnitt im zeitigen Frühjahr, sonst verkahlt die Pflanze von unten her, zugleich umpflanzen. Im Sommer reichlich giessen und düngen, im Winter nicht austrocknen lassen.
Vermehrungsart: Ausgereifte Kopfstecklinge im Frühjahr.
Zeitraum des Angebotes: 5 bis 9.
Pflanzenschutz: Bei Nässe Wurzelfäule.

Trachycarpus fortunei

N

Handelsname: Hanfpalme.
Synonym: Chamaerops excelsa, C. fortunei.
Familie: Palmae.
Heimat/Herkunft: Burma, China, Japan.
Wuchsform: Dicker, aufrechter Stamm, der dicht mit graubraunen Fasern bedeckt ist. Die grossen, breitgefächerten Blätter sind nur an der Basis verwachsen und stehen auf langen, seitlich bedornten Stielen. Ältere Pflanzen bilden an der Basis junge Sprosse aus und oben grosse, gelbe Blütenstände. Die eichelförmigen Früchte hängen an langen Rispen.
Pflanzenhöhe: Je nach Alter 1 bis 3 Meter und mehr.
Temperatur- und Lichtansprüche: Über den Sommer sonnig bis halbschattig im Freien bei 15 bis 25 °C, im Winter kühl bei 4 bis 8 °C. Leichte Fröste werden ertragen.
Substrat/pH-Wert: Lehmig-humoses Substrat mit gutem Nährstoffvorrat, pH-Wert: 6.0 bis 7.0.
Besondere Pflegehinweise: Im Sommer reichlich giessen und düngen, im Winter nie austrocknen lassen. Untere vergilbende Blätter wegschneiden.
Vermehrungsart: Aussaat oder durch Abtrennen der seitlichen Basispflanzen.
Zeitraum des Angebotes: 5 bis 9.
Pflanzenschutz: Anfällig für Schildläuse.

Yucca aloifolia

♄ (K)

Handelsname: Schmalblättrige Palmlilie.
Synonym: –.
Familie: Agavaceae.
Heimat/Herkunft: USA: Nordcarolina bis Louisiana, Mexiko, Westindien.
Wuchsform: Straff aufrechter Stamm mit dichtem Blattschopf, langlanzettlichen, lederigen, grünen Blättern. Die Sorte 'Marginata' weist weisse Seitenbänder auf.
Pflanzenhöhe: 50 bis 150 cm.
Temperatur- und Lichtansprüche: Im Sommer mit Vorteil vollsonnig im Freien. Im Winter heller, aber kühler Standort bei mindestens 5 °C.
Substrat/pH-Wert: Lehmig-humos, auf keinen Fall zu torfig, pH-Wert: 6.0 bis 7.0.
Besondere Pflegehinweise: Im Sommer reichlich giessen und düngen. Im Winter mässig feucht halten. Achtung: Die scharfen Blattspitzen sind gefährlich!
Vermehrungsart: Kopfstecklinge und Stammschnittlinge, wenn die Pflanzen zu gross geworden sind.
Zeitraum des Angebotes: 1 bis 12.
Pflanzenschutz: Problemlos.

▲ Abb. 568 / Yucca aloifolia 'Marginata'
▼ Abb. 569 / Schloss Versailles mit Kübelpflanzen und Orangerie

Lichtverhältnisse in der Wohnung

In jeder Wohnung sollten Pflanzen gut gedeihen können! Das ist der Wunschtraum der Pflanzenliebhaber(innen). Aber, wie sieht es in der Praxis aus? Aus einem Büchlein über Blumenfenster entnehme ich die folgenden, bemerkenswerten Sätze:
«Eigentlich stecken wir in der Blumenpflege noch in den Kinderschuhen. Man sehe sich nur einmal in den Wohnungen um. Wieviel Mühe und Sorgfalt wird vergeblich aufgewandt, weil die Voraussetzungen zum guten Gedeihen der grünen Geschöpfe fehlen. Eine Legion gemarterter und gequälter Pflanzen blickt uns an, trotz fachmännischer Betreuung und guter Beratung des Käufers und der Käuferin.»
Sicher sieht es nicht in allen Wohnungen so krass aus. Doch, in vielen ist Licht Mangelware! Kleine Fenster, davor stehen vielleicht noch dichtbelaubte Bäume, innerhalb der Glasscheiben hängen Gardinen. In der Wohnung dunkle Möbel, Teppiche und Parkettböden, die alle vom spärlich eindringenden Licht noch wesentliche Anteile absorbieren. Was bleibt da noch für die Zimmerpflanzen übrig?
Anders verhält es sich in einer hellen Wohnung mit grossen Fenstern mit freiem Lichtzutritt, hellen Teppichen, Möbeln und Tapeten. Einfallendes Licht wird von den Pflanzen assimiliert, es bilden sich Baustoffe, die für das Wachstum dringend notwendig sind. Trifft das Licht auf helle Gegenstände, wird es im gleichen Winkel weiterreflektiert, so auch zu den Pflanzen. Man sieht es den Pflanzen an, das Wachstum ist gut! Zusammen mit guter Pflege durch sachbezogenes Giessen und Düngen fühlen sich die Pflanzen wohl und belohnen uns durch gutes Gedeihen und durch ein Minimum an Problemen. Dieses Wunschbild sollte schon beim Bau eines Wohnhauses angestrebt werden!

▼ Abb. 570 / Aglaonemen kommen mit relativ wenig Licht aus.

Was ist Licht?

Das Licht wird als elektromagnetische Wellenstrahlen im Bereich von 400 bis 700 Nanometer Wellenlänge von der Sonne, bei bedecktem Himmel diffus durch die Wolken, zu uns geworfen. Die Lichtstrahlen machen keine Biegungen, sie werden auf hellen Flächen höchstens im gleichen Winkel, wie das Licht darauf fällt, weiter reflektiert. Da das Licht nicht «um die Ecke» fällt, ist es möglich, dass gerade neben einem Fenster in einer Wohnungsecke der dunkelste Standort sein kann. Die nachfolgende Skizze (Seite 270) will dies verdeutlichen.
Licht und mit ihm zusammen die Temperatur bestimmen das Pflanzenwachstum weitgehend. Zu viel einfallendes Licht kann im Sommer durch Lamellenstoren, Gardinen oder auch durch einen veränderten Standort reduziert werden. Zu wenig Licht hingegen fehlt uns einfach! Es kann höchstens durch eingebaute Pflanzenleuchten teilweise ersetzt werden. **Das billigste Licht ist jedoch das natürlich einfallende Sonnenlicht.** Dieses sollte in jeder Wohnung soweit Zutritt haben, dass im Durchschnitt an den dunkleren Stellen noch mindestens 1 000 Lux gewährleistet sind. Wie wir aus den nachfolgenden Pflanzentabellen ersehen, gibt es zwar einige Pflanzenarten, die zu einem minimalen Wachstum mit noch geringeren Luxwerten auskommen. Diese Pflanzen sollten jedoch nur für wirklich schlecht belichtete Standorte Verwendung finden, im allgemeinen aber sollte Licht nicht nur im Minimum, sondern im Optimum vorhanden sein, und da liegen die Luxwerte wesentlich höher. Saintpaulien zum Beispiel verlangen zu einem guten Blütenansatz auch im Winter mindestens 5 000 Lux!
Die Temperatur kann man messen, das ist selbstverständlich. Die Luftfeuchtigkeit kann man ebenfalls messen, das ist nahezu selbstverständlich. Warum messen wir dann nicht auch das Licht? Wer in seiner Wohnung viele Pflanzen hegen und pflegen will, sollte sich die Anschaffung eines Luxmeters wirklich leisten. Er gibt uns wertvolle Hinweise über mögliches «Sein» oder «Nichtsein» unserer Pflanzen.
Es gibt aber auch in einer gut belichteten Wohnung mit grossen Fenstern noch Standorte mit geringerem Lichtzulass. Die Tabellen geben uns Auskunft darüber, was möglicherweise hier noch empfohlen werden kann. Für praktisch jeden Standort finden wir noch eine geeignete Pflanze, wenn die Luxwerte bei mindestens 300 bis 500 Lux liegen. Darunter jedoch hört jedes Pflanzenwachstum auf, und wir müssen uns daran gewöhnen, wie eine Pflanze an einem für sie ungünstigen Standort jeden Tag einen gequälteren Eindruck hinterlässt. Kleine Blätter, «geile», dünne Triebe, blasse Blüten, die vorzeitig abfallen, Schädlinge und Krankheiten und andere Symptome mehr! Wenn die Pflanzen nur reden könnten!

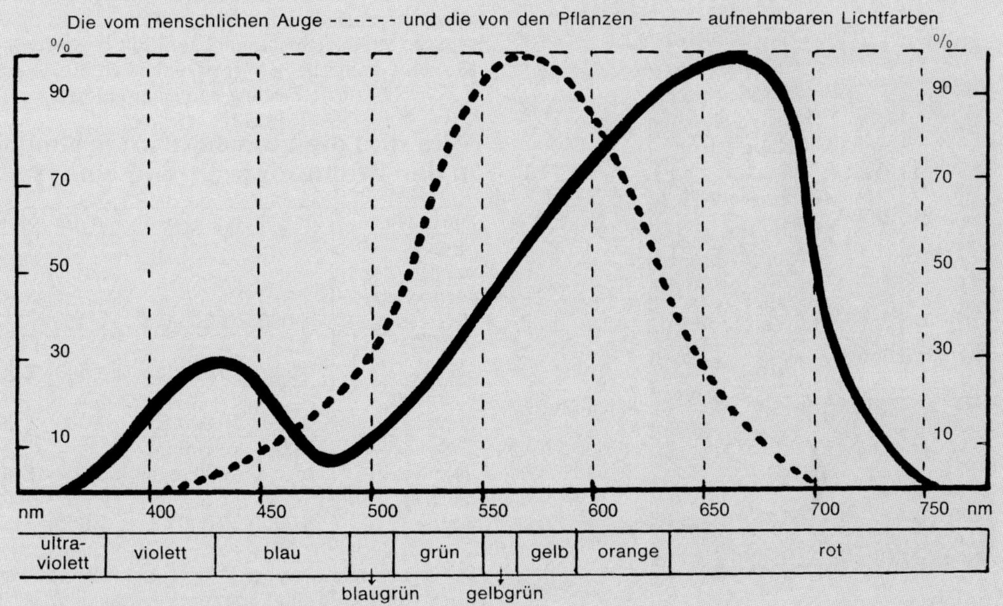

Die Wellenlängen und Farben des Lichtes

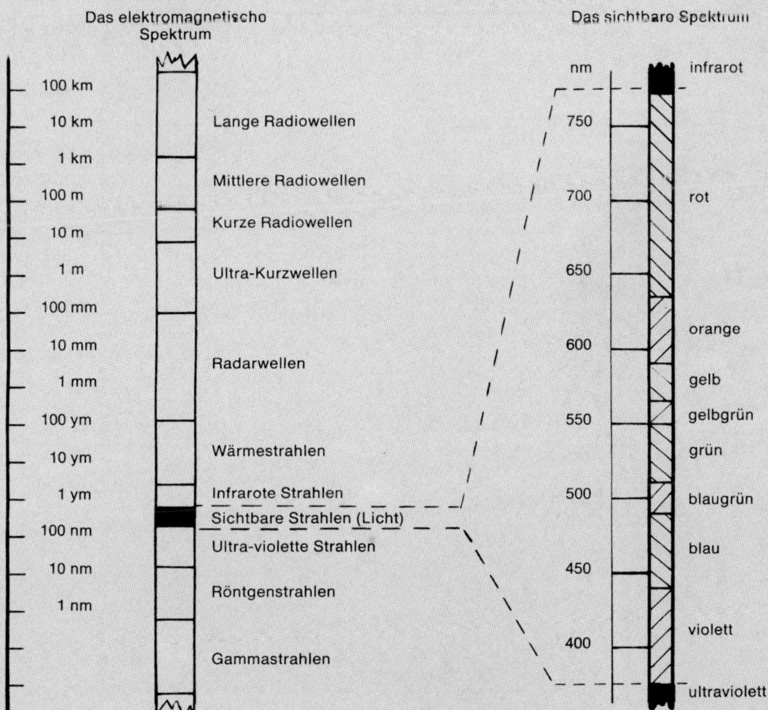

▲ Abb. 571 / Einfaches Luxmeter

Was ist ein Lux?

Ein Lux ist die Lichtintensität von einer gewöhnlichen Wachskerze auf einen Meter Distanz gemessen. Ein grosser Weihnachtstannenbaum mit beispielsweise 50 Kerzen erzeugt bei völliger Dunkelheit 50 Lux auf eine durchschnittliche Distanz von einem Meter.

Wie sind die Luxwerte im Freien und in der Wohnung während eines Jahres?

Jahreszeit	Im Freien	In der Wohnung
Winter, neblige, regnerische Witterung	1 000 – 3 000 Lux	100 – 500 Lux
Winter, Sonne	10 000 – 15 000 Lux	1 000 – 2 000 Lux
Frühling, Sonne	20 000 – 30 000 Lux	2 000 – 5 000 Lux
Sommer, Sonne	30 000 – 50 000 Lux und mehr	3 000 – 8 000 Lux
Herbst, Sonne	20000 – 30 000 Lux	2 000 – 5 000 Lux

Bei regnerischer, trüber Witterung sind es in der Regel noch 10 bis 20 % eines Sonnentages, dies gilt auch für die Lichtverhältnisse in der Wohnung.
Siehe Skizze unten!

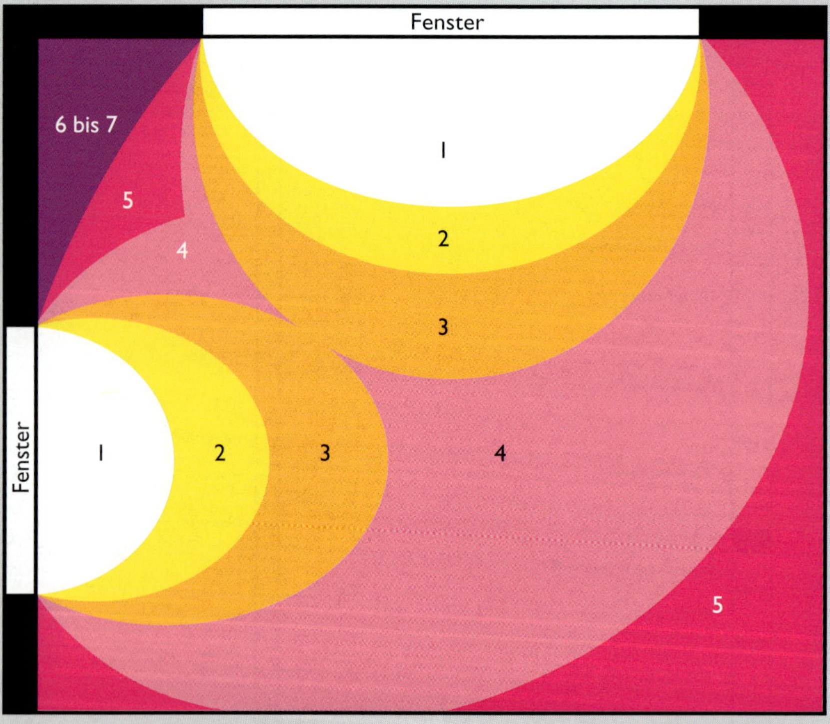

Abnahme der Lichtintensität in einem Wohnraum

Schematische Darstellung nach wirklichkeitsnahen Messungen:

1 = 90%
2 = 70 bis 85%
3 = 50 bis 65%
4 = 30 bis 45%
5 = 20 bis 25%
6 = 10 bis 15%
7 = unter 10%

Die Temperatur

Der Wachstumsfaktor Wärme verläuft in der Natur ungefähr parallel zum Lichtangebot: Lichtarme Winter bei relativ tiefen Temperaturen, hohe Lichtwerte im Sommer bei oft hohen Temperaturen. Für die Zimmerpflanzen ist dieser Vergleich nur teilweise benützbar, weil viele unserer Zimmerpflanzen aus den warmen Tropen stammen und daher auch im Winter ein erhöhtes Wärmeangebot beanspruchen. Trotzdem, bei trüber Witterung und tiefen Luxwerten können und sollen auch die Temperaturen etwas reduziert werden nach der Regel: **Weniger Licht = geringerer Wärmebedarf.** Tropenpflanzen dürfen jedoch selten unter 15 bis 18 °C abgesenkt werden. Im Sommer bei hohem Lichtangebot sind tagsüber Temperaturen von 30 bis 35 °C ohne weiteres ertragbar.

Pflanzen aus den Subtropen und noch ausgeprägter aus der gemässigten Zone können im Winter oft zwecks Einhaltung einer für sie notwendigen Ruhephase relativ kühl gehalten werden. Kakteen zum Beispiel überwintern bei geringen Wassergaben monatelang bei 5 bis 8 °C ausgezeichnet, im Sommer müssen sie an sonnigheissen Standorten oft 30 bis 40 °C und mehr über sich ergehen lassen, ohne Schaden zu nehmen. Es kann hier keine allgemeinrichtige Regel fixiert werden. Wer aber die Steckbriefe bei den Pflanzenbeschreibungen genau liest, wird feststellen, dass im Winter auch tiefere Temperaturen als in der Wohnung mit 18 bis 20 °C erwünscht sind. Bei den Zimmerefeu-Arten und -Sorten ist dies besonders augenfällig. Bei uns in Mitteleuropa wachsen sie als Freilandpflanzen meist in den Wäldern, wo sie im Winter auch mehrere Grade unter der Nullgradgrenze ertragen müssen. Im Zimmer werden sie meist zu warm bei 15 bis 22 °C gehalten. Spinnmilben, Thripse, Schildläuse und Blattläuse sind dann die Folgen. Bei verschiedenen Frühjahrsblühern werden die Blüten in der (zu) warmen Wohnung rasch blass, klein und fallen in der Regel früh ab, und das Laub vergilbt. Primeln, Cyclamen und Calceolarien sind hier gute Beispiele dafür.

Was geschieht bei zu hohen Temperaturen?

- Die Pflanzen verdunsten viel Wasser, darum ist ein vermehrtes Giessen und auch Düngen nötig!
- Bei hohen Temperaturen und schlechten Lichtverhältnissen «geiler» Wuchs mit langen Internodien und kleinen Blättern und Blüten.
- Hohe Temperaturen und viel Sonnenlicht verursachen oft Blattverbrennungen.

Was geschieht bei zu tiefen Temperaturen?

- Im Winter nie Fenster längere Zeit öffnen, sonst können Unterkühlung und Frostschäden entstehen.
- Bei zu grosser Nässe oft Wurzelfäule, weil die Wurzelatmung oft gehemmt bis blockiert ist, darum weniger giessen, nur nach Bedarf, wenn die Erde oberflächlich antrocknet.
- Bei zu tiefen Temperaturen steigt die Luftfeuchtigkeit, darum sind die Pflanzen anfälliger für Grauschimmelpilze (Botrytis).
- Vorsichtig in den Topf giessen, nicht Blätter und Triebe benetzen, sonst gibt es gerne Fäulnis.

Im Winter kühlere Temperaturen

Pflanzen mit ausgeprägten Ruhezeiten verlangen durch den Winter auch kühlere Temperaturen, um aus Reservestoffen Blütenanlagen zu entwickeln (Blüteninduktion). Dazu gehören: Amaryllis, Azaleen, Hortensien, Kakteen, Kamelien, Klivien und andere.

▼ Abb. 572

Die Luftfeuchtigkeit

In den Tropen, im Regenwald also, herrscht in der Regel eine hohe Luftfeuchtigkeit von 80 bis 90 %. In den mit Radiatoren (Warmwasserheizung) versehenen Wohnungen hingegen ist die Luft während des Winters sehr trocken, zu trocken für die Pflanzen, 30 bis 40 %! Das ist ein krasser Unterschied zu der Heimat! Auch der Mensch leidet oft darunter. Mit Luftbefeuchtern versuchen wir, die Luftfeuchtigkeit auf ein auch für den Menschen erträglicheres Mass von 50 bis 70 % zu erhöhen. Wer viele Pflanzen in seiner Wohnung stehen hat, erfährt durch die natürliche Wasserverdunstung durch die Spaltöffnungen eine angemessene Erhöhung. Decken- und Bodenheizungen andererseits trocknen die Zimmerluft zusätzlich aus, sie sind für eine gute Pflanzenhaltung weniger geeignet.
Es gibt eine Reihe von Zimmerpflanzen, die auch in Räumen mit relativ trockener Luft noch gut gedeihen. Es sind dies Pflanzen, die auch in der Natur unter etwas extremen Verhältnissen leben. Dazu gehören die Sukkulenten mit ihren verdickten, wasserspeichernden Organen und lederiger oder behaarter Oberfläche, wie Aloe, Echeverien, Kalanchoe, Sansevierien, Yucca und andere. Die Auswahl ist beschränkt. Feinblättrige Pflanzenarten hingegen, wie etwa Farne als typische Waldpflanzen, aber auch Calathea, Fittonia, Maranta, Philodendronarten, Selaginella und Syngoniumarten verlangen eine erhöhte Luftfeuchtigkeit für ihr Wohlbefinden. Es gilt also auch hier, die richtige Pflanzen für einen bestimmten Standort auszuwählen! Man beachte die entsprechende Tabelle mit Pflanzenarten, die für erhöhte Luftfeuchtigkeit dankbar sind. (vgl. Seite 304).

▼ Abb. 573 / Leca-Kugeln im Untersatz für erhöhte Luftfeuchtigkeit

Wie kann die Luftfeuchtigkeit erhöht werden?

- Empfindliche Pflanzen nicht in Radiatorennähe stellen.
- Die Pflanzen auf grosse, flache Untersätze stellen, die mit Leca-Blähtonkugeln, kleinen Kieselsteinen oder mit Torf flach aufgefüllt sind. Die vergrösserte Oberfläche verdunstet vermehrt Wasser, wenn dieses im Untersatz stets auf ½ bis 1 cm Höhe gehalten wird. Damit die Wurzeln nicht zu nass bekommen, sollten die Töpfe auf etwa 1 cm dicke Stäbchen gestellt werden.
- Eine grössere Gruppe von feuchtigkeitsliebenden Pflanzen können wir zusammen in eine grosse flache Schale stellen. Die Zwischenräume füllen wir mit feuchtem Torf, der seinerseits Wasser verdunstet.
- Es ist auch möglich, ein grösseres flaches Gefäss innen mit einem Rost zu versehen. Im Gefäss ist immer ein Wasserstand von 1 bis 2 cm. Die Pflanzen werden auf den Rost gestellt.
- Durch die Verwendung von Hydrokulturgefässen, die einen konstanten, kontrollierbaren Wasserstand aufweisen und durch die Tonkugeln eine erhöhte Oberfläche besitzen.
- Durch den Einbau eines Blumenfensters oder einer geschlossenen Pflanzenvitrine, wo mittels Sprühpumpe eine örtlich erhöhte Luftfeuchtigkeit geschaffen werden kann.
- Einsatz von elektrisch betriebenen Luftbefeuchtern, die besonders während des Winters bei Boden- und Deckenheizung betrieben werden.
- Auch die eigentlichen Zimmerbrunnen mit eingebauten Pumpen, die das Wasser ununterbrochen umwälzen und es wirkungsvoll über, mit geeigneten Pflanzen gestalteten Tuffsteinen, Lavabrocken oder anderen farbintensiv gezeichneten Gesteinsarten plätschern lassen, erhöhen die Luftfeuchtigkeit.

Das Substrat

In der freien Natur wachsen die Pflanzen im natürlich entstandenen Boden. Die Wurzeln können dabei tief eindringen und ihren Wasser- und Nährstoffbedarf selbst heranholen. Nicht so die Zimmerpflanzen: Ihr Wurzelraum ist beschränkt auf einen mehr oder weniger grossen Topf, eine Schale und zu vielen Pflanzen zusammen in einer Blumenfensterwanne oder in einem Hydrokulturgefäss. Der Wurzelraum ist und bleibt im Wachstum eingeengt.

Daher ist es wichtig, dass für die Pflanzen, die während Monaten und Jahren in diesen Gefässen stehen, das bestmögliche Substrat verabreicht wird, wenn man die erworbenen Pflanzen später umpflanzen muss. Nicht jede «Super-Zimmerpflanzenerde» gemäss Etikette hält, was sie verspricht! Die Enttäuschungen sind oft vorprogrammiert.

Was ist ein gutes Erdsubstrat?

Vorerst eine Begriffserklärung: Man spricht von Erden und Substraten. Wo liegt der Unterschied?

Erden sind Einheiten, wie sie in der freien Natur vorkommen, wie Landerde (oberste Kulturschicht der Landwirtschaft und des Gemüsebaus), Torferde (von Mooren), Komposterde u. a.

Substrate werden aus obigen Materialien zu einem Gemisch nach den Ansprüchen der Pflanzen zusammengesetzt. Dabei kommen auch Fremdstoffe, wie Leca-Tonkügelchen, Perlite, Styromull, Vermiculit oder auch Steinwollflocken zum Einsatz = bessere Durchlässigkeit. In der Regel werden für unsere Zimmerpflanzen Substrate verwendet, die hohen Ansprüchen entsprechen sollen. Es sind dies **physikalische** und **chemische Eigenschaften** sowie eine **gute Speicherfähigkeit für Wasser und Nährstoffe**. Dabei darf der Nährstoffvorrat in der Erde nie zu hoch sein, sonst ist vor allem während vorübergehenden Trockenphasen des Wurzelballens mit Versalzungen und daraus entstehende Wurzelverbrennungen zu rechnen. Ein gutes Substrat soll also der Pflanze Halt geben, es soll die Wasser- und Nährstoffaufnahme durch eine angemessene Speicher- oder Vorratshaltung gewährleisten, andererseits für die Wurzelatmung luftführend sein. Was durch das normale Wachstum dem Substrat entzogen wird, muss durch fortwährendes Giessen und Düngen laufend ersetzt werden. Die physikalische Struktur und die chemischen Eigenschaften eines Substrates sollten hingegen möglichst konstant bleiben. Grosse Ansprüche also, die an ein Substrat gestellt werden!

Eigenschaften der Erdsubstrate	
physikalische	chemische
Struktur des Gemisches	Vorrat an Nährstoffen
Porenvolumen (Luftführung)	Festhalten der Nährstoffe
Luft- und Wasserhaushalt	pH-Wert
Erwärmung	Pufferungskraft

Entsprechen die im Handel angebotenen Substrate diesen Anforderungen?

Es gibt kein Super-Erdsubstrat! In der Regel sind die Substrate aus transport- und finanziellen Gründen meist aus verschiedenen Torfarten zusammengesetzt. Torferden sind jedoch für viele unserer Zimmerpflanzenarten zu sauer, der pH-Wert liegt zu tief! Obwohl neutralisierender Kalk zugesetzt wird, um den pH-Wert zu erhöhen, wird die Pufferung jedoch vernachlässigt und auch die Speichermöglichkeit für Wasser und Nährstoffe.

Wenn Torferden einmal richtig austrocknen, sind sie schwerlich wieder feucht zu bringen. Damit steigt auch die Versalzungsgefahr für die Wurzeln. Eine gute Pufferung des Substrates ist für die Pflanzen von entscheidender Bedeutung. Die Pufferkraft in einem guten Substrat setzt «Stössen» von aussen Widerstand entgegen.

Was können dies für «Stösse» (Veränderungen) sein?

- **Rasche Veränderung des pH-Wertes,** wenn zum Beispiel mit kalkhaltigem Leitungswasser oder mit kalkhaltigen Düngern gearbeitet wird. (Der pH-Wert steigt an).
- **Starkes Austrocknen des Substrates,** weil keine oder zu wenig der wasserspeichernden Tonteilchen vorhanden sind.
- **Starke Schwankungen im Nährstoffvorrat.** Auch hier wirken kolloidreiche Tonanteile einer starken Ausschwemmung hemmend entgegen.

Es wird im Zweifelsfalle empfohlen, die Erdsubstrate auf Grund des für die Pflanzen optimalen pH-Wertes selbst herzustellen. Dabei können die im Handel angebotenen (Torf-)Substrate als Ausgangsbasis dienen. Ein zu tiefer pH-Wert eines Substrates sollte weniger mit Kalk nach oben korrigiert werden, sondern besser mit **entsprechenden Anteilen mit guter Landerde.** Landerde besitzt in der Regel einen natürlichen pH-Wert von 6.2 bis 7.2. Torfsubstrate einen solchen von 5.0 bis 6.0, sie sind also relativ sauer. Für viele Pflanzenarten, besonders wenn sie als ältere Pflanzen in relativ grossen Gefässen stehen, dazu gehören auch Kübelpflanzen, sollten eher mit stabilen Erdsubstraten mit genügend Tonanteil (Landerdezusatz) versehen sein. Sie trocknen auch im Sommer weniger aus und halten nach dem Giessen und Düngen die Feuchtigkeit besser und länger. Gegebene Nährstoffe werden in den Tonplättchen besser gespeichert. Man tut deshalb gut daran, diese käuflichen Zimmerpflanzenerden, die in der Regel zu torfig, also zu leicht sind, noch mit einem angemessenen Anteil von guter Landerde zu versetzen.

Wieviel Landerde darf zugesetzt werden?

Der für die jeweilige Pflanzenart oder -gruppe optimale pH-Wert ist entscheidend. Er ist bei jeder Pflanzenbeschreibung angegeben und auch in der nachfolgenden pH-Wert-Tabelle (Seite 275).

Empfehlung:
Für Pflanzenarten, die einen relativ tiefen pH-Wert verlangen (4.5 bis 5.5), genügt das angebotene torfhaltige Erdsubstrat. Bitte Packungsangaben lesen! Bei Pflanzenarten mit pH-Werten im Bereich von 5.5 bis 6.0 ist eine Zugabe von 30 bis 50% Landerde* angemessen. Bei Werten über 6.0 bis 7.0 beträgt der zusätzliche Landerdeanteil 50 bis 80 %. Das Substrat muss sehr gut durchgemischt werden.

**Anmerkung*
In Deutschland versteht man unter Landerde: gewöhnliche Ackererde mit Tonanteil mit einem pH-Wert von 6.0 bis 7.0.

▲▼ Tonplättchen mit eingelagerten Nährstoffen und Wasser

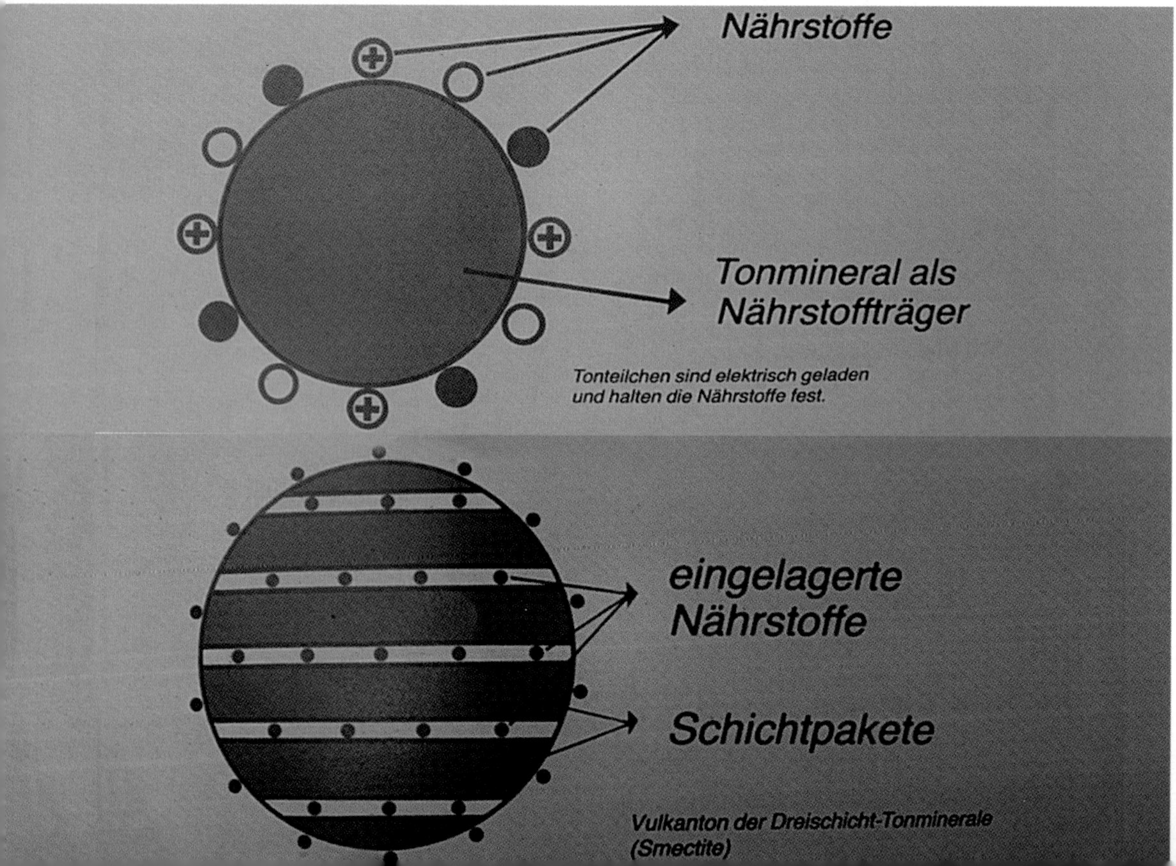

Der pH-Wert

Die pH-Wertzahl ist für viele etwas abstraktes. Was kann man sich darunter vorstellen? **Kurz gesagt, je tiefer die pH-Wertzahl liegt, desto saurer ist die Erde.** Die Werte gärtnerischer Kultursubstrate liegen zwischen pH 3.5 bis 8.0, wobei pH 7 neutral ist, das heisst, es hat gleichviel Säuren wie Basen im Boden. Liegt der Wert höher, ist der Boden oder das Substrat basisch oder alkalisch. Die Benennung pH-Wert hat ihren Ursprung in der wissenschaftlichen Bezeichnung **p**ondus = Gehalt, Gewicht und **H**ydroniumionen = Wasserstoffionen, also der Gehalt an Wasserstoffionen in einem Liter Flüssigkeit (meist Wasser), oder in einem Wort **Wasserstoffionen-Konzentration.**

Diese Wertzahlen bedeuten in der Praxis:

unter 3.5	sehr stark sauer
3.5 bis 4.0	stark sauer
4.1 bis 4.5	sehr sauer
4.6 bis 5.3	sauer (kalkarm)
5.4 bis 6.3	schwach sauer (mässiger Kalkgehalt)
6.4 bis 7.3	neutral (kalkgesättigt)
7.4 bis 8.0	schwach alkalisch (kalkhaltig)
über 8.0	alkalisch

Die Zahlen pH 3.0 bis 8.0 lassen sich erklären aus der Menge an vorhandenen Wasserstoffionen (Säure) in 1 Liter Wasser und an der Stelle hinter dem Komma:

pH 3	=	0,001	g
pH 4	=	0,0001	g
pH 5	=	0,00001	g
pH 6	=	0,000001	g
pH 7	=	0,0000001	g
pH 8	=	0,00000001	g

Da es sich um Potenzzahlen handelt, ist jede Wertveränderung um einen Grad 10mal stärker oder schwächer als die vorhergehende. Zum Beispiel weist pH 4 10mal mehr Säure auf als pH 5 und demzufolge auch 10mal weniger Kalk.

▼ Abb. 574 / Einfache pH-Messmethoden

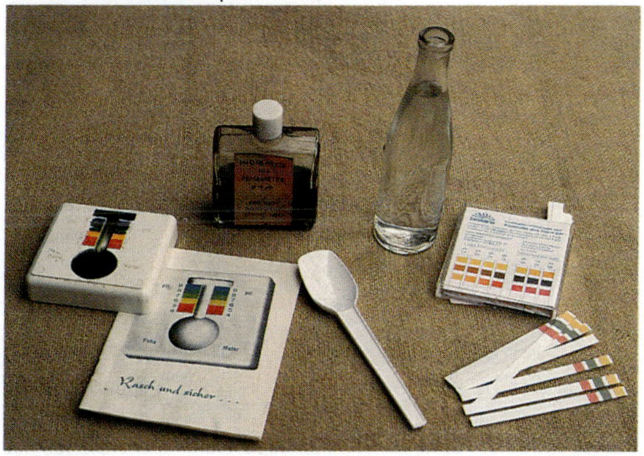

pH-Wert Tabelle

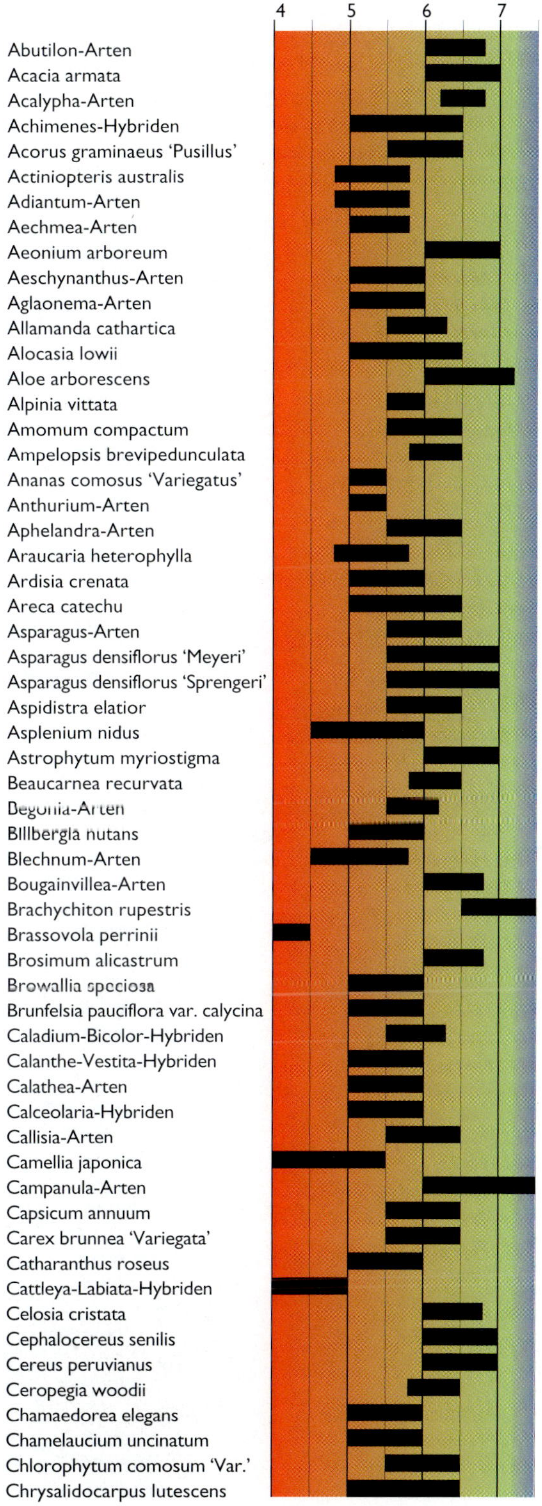

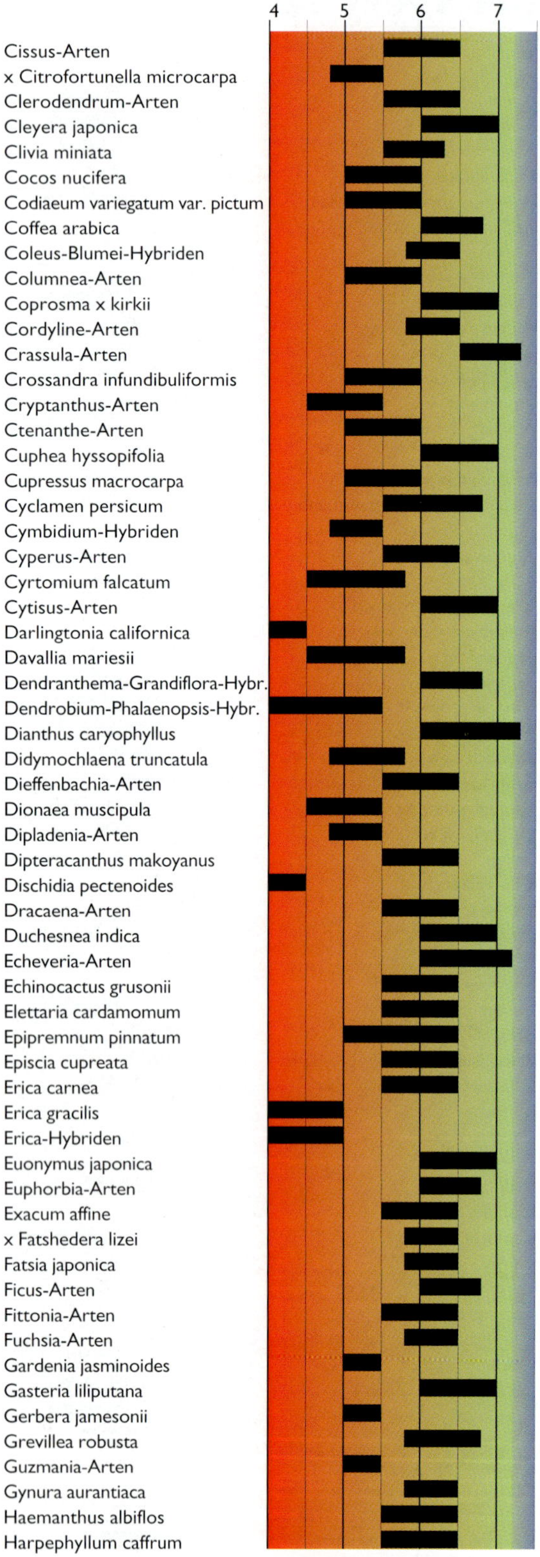
4
5
6
7
Cissus-Arten
x Citrofortunella microcarpa
Clerodendrum-Arten
Cleyera japonica
Clivia miniata
Cocos nucifera
Codiaeum variegatum var. pictum
Coffea arabica
Coleus-Blumei-Hybriden
Columnea-Arten
Coprosma x kirkii
Cordyline-Arten
Crassula-Arten
Crossandra infundibuliformis
Cryptanthus-Arten
Ctenanthe-Arten
Cuphea hyssopifolia
Cupressus macrocarpa
Cyclamen persicum
Cymbidium-Hybriden
Cyperus-Arten
Cyrtomium falcatum
Cytisus-Arten
Darlingtonia californica
Davallia mariesii
Dendranthema-Grandiflora-Hybr.
Dendrobium-Phalaenopsis-Hybr.
Dianthus caryophyllus
Didymochlaena truncatula
Dieffenbachia-Arten
Dionaea muscipula
Dipladenia-Arten
Dipteracanthus makoyanus
Dischidia pectenoides
Dracaena-Arten
Duchesnea indica
Echeveria-Arten
Echinocactus grusonii
Elettaria cardamomum
Epipremnum pinnatum
Episcia cupreata
Erica carnea
Erica gracilis
Erica-Hybriden
Euonymus japonica
Euphorbia-Arten
Exacum affine
x Fatshedera lizei
Fatsia japonica
Ficus-Arten
Fittonia-Arten
Fuchsia-Arten
Gardenia jasminoides
Gasteria liliputana
Gerbera jamesonii
Grevillea robusta
Guzmania-Arten
Gynura aurantiaca
Haemanthus albiflos
Harpephyllum caffrum

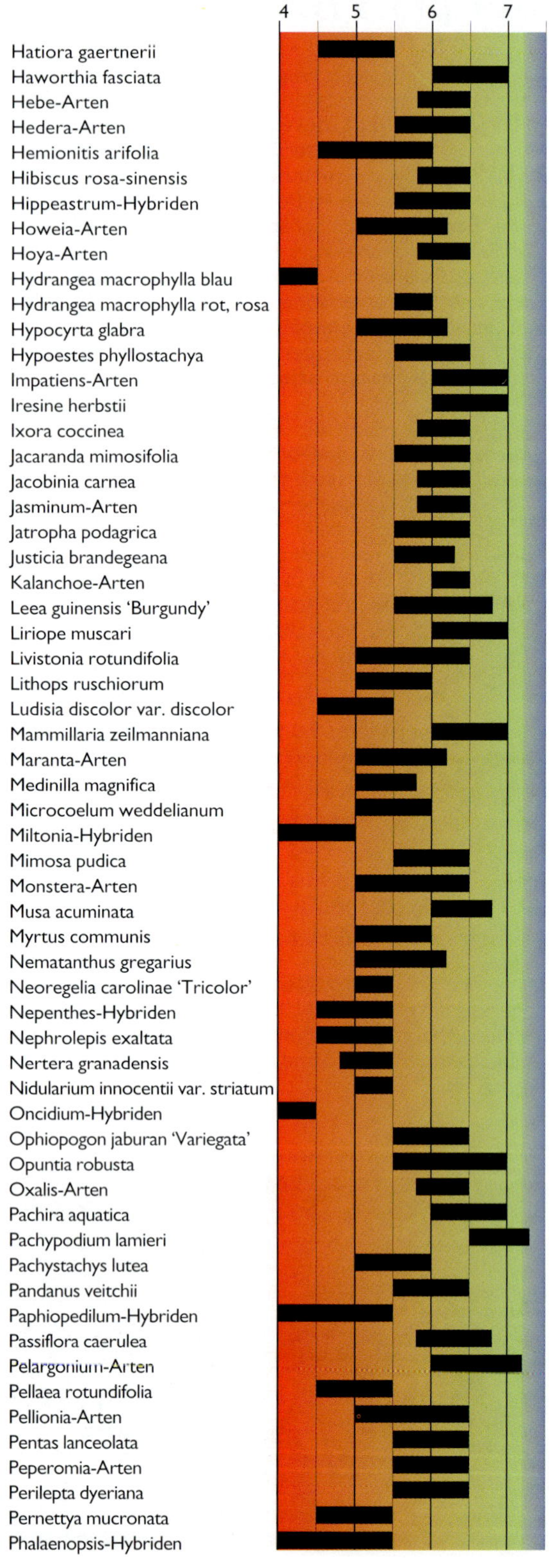
4
5
6
7
Hatiora gaertnerii
Haworthia fasciata
Hebe-Arten
Hedera-Arten
Hemionitis arifolia
Hibiscus rosa-sinensis
Hippeastrum-Hybriden
Howeia-Arten
Hoya-Arten
Hydrangea macrophylla blau
Hydrangea macrophylla rot, rosa
Hypocyrta glabra
Hypoestes phyllostachya
Impatiens-Arten
Iresine herbstii
Ixora coccinea
Jacaranda mimosifolia
Jacobinia carnea
Jasminum-Arten
Jatropha podagrica
Justicia brandegeana
Kalanchoe-Arten
Leea guinensis 'Burgundy'
Liriope muscari
Livistonia rotundifolia
Lithops ruschiorum
Ludisia discolor var. discolor
Mammillaria zeilmanniana
Maranta-Arten
Medinilla magnifica
Microcoelum weddelianum
Miltonia-Hybriden
Mimosa pudica
Monstera-Arten
Musa acuminata
Myrtus communis
Nematanthus gregarius
Neoregelia carolinae 'Tricolor'
Nepenthes-Hybriden
Nephrolepis exaltata
Nertera granadensis
Nidularium innocentii var. striatum
Oncidium-Hybriden
Ophiopogon jaburan 'Variegata'
Opuntia robusta
Oxalis-Arten
Pachira aquatica
Pachypodium lamieri
Pachystachys lutea
Pandanus veitchii
Paphiopedilum-Hybriden
Passiflora caerulea
Pelargonium-Arten
Pellaea rotundifolia
Pellionia-Arten
Pentas lanceolata
Peperomia-Arten
Perilepta dyeriana
Pernettya mucronata
Phalaenopsis-Hybriden

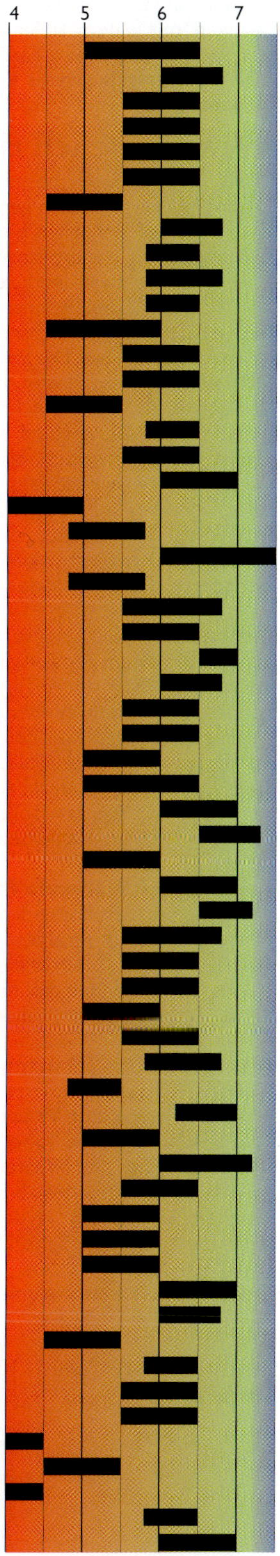

Philodendron-Arten
Phoenix-Arten
Phyllitis scolopendrium
Pilea-Arten
Piper crocatum
Pisonia umbellifera
Platycerium-Arten
Platycodon grandiflorus
Plectranthus-Arten
Plumbago-Arten
Polyscias scutellaria 'Pennockii'
Polystichum tsus-simense
Primula-Arten
Pseuderanthemum atrop.
Pteris-Arten
Punica granatum 'Nana'
Radermachera sinica
Rhipsalis baccifera
Rhododendron-Arten
Rhoicissus-Arten
Rosa-Hybriden
Rossioglossum grande
Saintpaulia-Ionantha-Hybriden
Sanchezia nobilis
Sansevieria-Arten
Saxifraga-Arten
Scadoxus multiflorus ssp. kathe.
Schefflera-Arten
Schlumbergera-Hybriden
Scindapsus-Arten
Scirpus cernuus
Sedum-Arten
Selaginella-Arten
Selenicereus grandiflorus
Sempervivum tectorum
Senecio-Arten
Siderasis fuscata
Sinningia-Arten
Skimmia-Arten
Smithiantha-Hybriden
Solanum pseudocapsicum
Soleirolia soleirolii
Sparmannia africana
Spathiphyllum-Arten
Stapelia grandiflora
Stephanotis floribunda
Streptocarpus-Hybriden
Stromanthe amabilis
Syngonium-Arten
Tetrastigma voinierianum
Thunbergia alata
Tillandsia-Arten
Tolmiea menziesii
Tradescantia-Arten
Triplochlamys multiflora
Vanda-Hybriden
Vriesea-Arten
x Vuylstekeara-Hybriden 'Cam.'
Whitfieldia elongata
Yucca-Arten

Zantedeschia-Arten

Kübelpflanzen

Agapanthus africanus
Agave-Arten
Anisodontea capensis
Aucuba japonica
Cassia-Arten
Chamaerops humilis
Citrus sinensis
Cycas revoluta
Datura-Arten
Erythrina crista-galli
Ficus carica
Fuchsia-Hybriden
Lantana-Camara-Hybriden
Laurus nobilis
Myrtus communis
Nerium oleander
Olea europaea ssp. europaea
Phoenix canariensis
Plumbago auriculata
Punica granatum
Solanum rantonnetii
Tibouchina urvilleana
Trachycarpus fortunei
Yucca aloifolia

Giessen

Mit dem Kauf einer Zimmerpflanze hat man keine Garantie, dass sich diese freudig weiter entwickeln wird. Neben den Wachstumsfaktoren **Licht** und **Wärme** sind vor allem auch die Faktoren **Wasser** und **Nährstoffe** sehr bedeutend. Gerade das richtige Giessen und vernünftige Düngen entscheidet oft über das Schicksal der Pflanzen. Den sogenannten «grünen Daumen» sollte man haben! Er entscheidet nach Gefühl, nach Beobachtung über das «Wieviel» und «Wie oft». In den meisten Fällen wird in der Praxis zuviel gegossen.
Resultat: Die Wurzeln stehen zu lange im Wasser, dadurch wird die Luft im Topfraum verdrängt (Untersatz oder Übertopf). Die Wurzeln können nicht mehr atmen, sie beginnen zu faulen.
Folge: Die Pflanzen welken und zeigen Blattfall. Oft wird falsch reagiert, man giesst noch mehr, und der Tod der Pflanze ist programmiert!

Das Wasser

Wasser hat für die Pflanze verschiedene Aufgaben zu erfüllen:

- Wasser ist **Baustoff** für die Pflanze. Je nach Pflanzenart besteht sie zu 70 bis 90 % aus Wasser. Bei prall gefüllten Zellen ist die Pflanze voll turgeszent, sie welkt nicht, Atmung und Assimilation funktionieren.

- Wasser ist **Lösungs- und Transportmittel**. Die im Erdsubstrat vorhandenen Nährstoffe können von den feinen Wurzelhaaren nur in wassergelöster Form aufgenommen werden. Das Wasser wandert durch die Wurzeln in haarfeinen Leitungsbahnen durch den Spross in die breitgefächerten Blattflächen, wo es weitere Aufgaben erfüllt:

- Wasser als **Nährstoff**. Durch die Assimilation wird mit Hilfe des Lichtes, der Wärme und dem Kohlendioxidanteil aus der Luft (0,03 % oder 300 ppM CO_2) in den grünen Chlorophyllzellen (Blattgrün) aus Wasser und anderen Nährstoffen organische Zuckerverbindungen (Baustoff) hergestellt. Dabei wird Sauerstoff (O_2) frei, den wir Menschen zum Atmen benötigen.

- Wasser zur **Abkühlung**. Durch die kleinen Spaltöffnungen (meist auf der Blattunterseite) verdunstet die Pflanze Wasserdampf, um sich bei sonnigen und warmen Standorten abzukühlen und sich so vor Verbrennungen zu schützen.

- **Die Osmose**. In den Blättern wird durch die Verdunstung eine höhere Salzkonzentration erzeugt, die bewirkt, dass höhere Salzwerte schwächere anziehen (Osmose). Deshalb steigt das Wasser in den Pflanzen hoch, dies zusammen mit der Kapillarität (Haarröhrchenkraft) und der Kohäsion (Zusammenhangskraft).

Das Wasser sollte beim Giessen möglichst **Zimmertemperatur** aufweisen. In den meisten Fällen kann gewöhnliches Leitungswasser verwendet werden. Bei Pflanzen mit einem tiefen pH-Wert von 4.0 bis 5.5 (Orchideen, Bromelien, Farne u. a.) ist es jedoch zu empfehlen, wenn **kalkarmes Wasser** (Regenwasser) verwendet wird.

Wie giesse ich richtig?

Nicht jeder Mensch besitzt den berühmten «grünen Daumen». Es gibt aber gewisse «Spielregeln», die im Zweifel einige Sicherheit bieten. Merken wir uns:
Die meisten Zimmerpflanzen sind dankbar, wenn die Erdoberfläche zwischendurch etwas antrocknet (nicht austrocknet!). Dabei können die Wurzeln wieder voll atmen, und es können sich neue Wurzeln bilden, die auf Wassersuche gehen. Die Erdoberfläche ist dabei hell und fühlt sich mit dem Finger relativ trocken an. Tontöpfe sind aufgehellt. Das Gewicht ist geringer. Klopft man mit einem harten Gegenstand daran, tönt es hohl! – **Jetzt giesst man gründlich**, bis der Erdballen gleichmässig durchfeuchtet ist. Allfälliges Abflusswasser im Untersatz oder Übertopf soll nach ½ Stunde entfernt werden. So kann in der Regel nichts schief gehen! Also: **Gründlich giessen, dann warten bis zum Antrocknen, beobachten und dann wieder gründlich giessen!**

Ausnahmen: Sukkulente (wasserspeichernde) Pflanzen wie Kakteen, Aloe, Agaven, Crassula-Arten, Echeverien u. a. dürfen einige Tage etwas trocken stehen, besonders durch den Winter bei relativ tiefen Temperaturen sogar einige Wochen bis Monate. Da sie aber in der Regel ein sehr durchlässiges Erdsubstrat besitzen, läuft das Wasser rasch ab. Auch hier gilt es zu beobachten, denn die Pflanzen sollten keinenfalls vertrocknen und immer straff erscheinen.

Feuchtigkeitsliebende Pflanzen wie Farne, Camellia, Cyperus, Rhododendron u. a. sind **stets gleichmässig feucht zu halten**, auch kurze Trockenphasen sind zu meiden (Moorbeet- und Waldbodenpflanzen). Bei Ballentrockenheit gibt man ihnen ein Wasserbad, bis keine Luftblasen mehr aufsteigen.

Nässeliebende Pflanzenarten wie Cyperus involucratus, Cyperus papyrus u. a. **stehen mit Vorteil stets in einem mit Wasser gefüllten Untersatz.**
Man beachte auch die Tabellen mit den entsprechenden Hinweisen über den Wasserbedarf der einzelnen Pflanzenarten dieses Buches ab Seite 295.
Mit dem Einsatz der Hydrokultur mit kontrolliertem Wasserstand (siehe Seite 283) ist das richtige Giessen stark vereinfacht worden.
Doch, auch hier muss man kontrollieren und sinngemäss handeln!

Feuchtigkeitskontrolle:
(Fingerprobe)

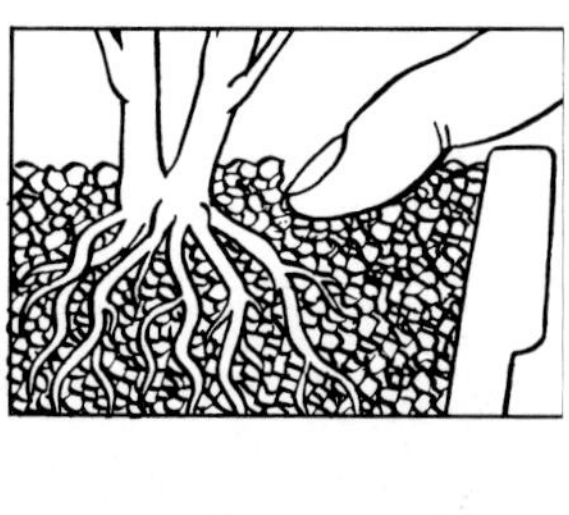

▲ Abb. 575 / Cyperus papyrus im Wasser

▲ Abb. 576 / Anthurium: mässig feucht halten

▼ Abb. 577 / Sukkulenten (Crassula) ertragen vorübergehende Trockenheit.

Düngen

Die Pflanze braucht für ihr Wachstum (Zellteilung an den Wurzelspitzen, an den Triebspitzen und im Kambium = Dickenwachstum) laufend neue Nährstoffe, die ihr für ein erfreuliches Wachstum fortwährend in einer geeigneten Form zugeführt werden müssen.

Begriffe

Wir unterscheiden:

- **Volldünger** enthalten die für die Pflanzenernährung wichtigsten Hauptnährelemente N, P und K in einem guten Verhältnis zueinander. Meist sind auch Spurenelemente (Mikroelemente) eingebaut.

- **Einzelnährstoff- oder Einzeldünger** enthalten nur einen der wichtigen Hauptnährelemente N, P oder K, z. B. Kalisalze (K), Hornmehl (N) oder Knochenmehl (P). Diese werden zur Erstellung eines Volldüngers miteinander gemischt, zum Beispiel wenn wir das Substrat zum Umpflanzen selbst herstellen wollen.

- **Zweinährstoffdünger** enthalten von den drei Hauptnährelementen N, P und K nur deren zwei. Sie kommen dann zur Anwendung, wenn eine Pflanze nur mit einem Nährelement gedüngt wurde, die anderen aber ganz oder teilweise fehlen.

- **Grunddüngung.** Diese wird beim Verpflanzen bereits dem Erdsubstrat beigemischt. Bei organischen Grunddüngern, bestehend u. a. aus Hornmehl, Klauenmehl oder/und Knochenmehl, werden diese durch Bodenbakterien nach und nach abgebaut (mineralisiert), damit sie für die Aufnahmen über die Wurzelhaare wasserlöslich werden. Es werden auch sogenannte *Langzeitdünger* eingesetzt. Die Nährstoffe werden langsam freigesetzt. Die Wirkungsdauer beträgt je nach Fabrikat zwei bis vierzehn Monate.

- **Nährsalze.** Am kostengünstigsten für die laufende Nährstoffversorgung sind die im Handel erhältlichen Nährsalze, die im NPK-Verhältnis einigermassen ausgewogen sein sollten. Für die meisten Zierpflanzen ist ein Verhältnis von 1 N, 0,8 P und 1,5 K anzustreben. Diese darin enthaltenen Nährstoffe werden von den Pflanzen **sofort aufgenommen und assimiliert.**

- **Flüssigdünger.** Diese weisen grundsätzlich die gleichen Eigenschaften und Wirkungsweisen auf wie die Nährsalze. Ihr Nährstoffgehalt ist jedoch um etwa 50 % geringer, andererseits enthalten sie in der Regel noch Spurenelemente. Sie sind auf den Wirkstoff gerechnet teurer als Nährsalze und müssen auch höher dosiert verabreicht werden.

- **Kopfdünger.** Langzeitdünger oder auch raschwirkende, körnige Mineraldünger können nach Bedarf auch im nachhinein auf die Erdballen gestreut und leicht eingemischt werden. Mit der Erdfeuchtigkeit und mit jedem Giessen werden während Wochen laufend etwas Nährstoffe frei. Nicht zu hoch dosieren! Ein bis zwei Gramm auf eine Topfgrösse von 12 bis 15 cm Durchmesser genügen.

- **Blattdünger.** Besonders nach dem Umpflanzen oder nach einer Pflanzenvermehrung durch Stecklinge, wenn die Pflanzen noch keine bis wenig Wurzeln entwickelt haben, können geeignete Blattdünger auf das Blatt gesprüht und durch dieses aufgenommen werden. **Diese Massnahme ist nur eine Hilfe.** Versuche haben gezeigt, dass man nur mit der Blattdüngung allein keine Pflanze vollständig ernähren kann. Beispiele Blattdünger: Wuxal und andere Flüssigdünger.

Wann wird gedüngt?

- Nur dann, wenn die Pflanze auch **gesunde Wurzeln** besitzt, d. h. erst ein bis zwei Monate nach einem Umpflanzen.

- Nur bei **feuchten Erdballen**, nie trockene Pflanzen düngen, sonst resultieren Wurzelverbrennungen!

- Vor allem vom **Frühjahr bis in den Herbst**. Bei Zimmerpflanzen in hellen Wohnräumen und bei Zimmertemperaturen von 15 bis 20 °C muss auch im Winter angepasst gedüngt werden. Blühende Pflanzen, die laufend neue Blütenanlagen und Blüten entwickeln sollen, haben einen höheren Närstoffbedarf als Grünpflanzen.

Wann wird nicht gedüngt?

- **Nach dem Umpflanzen** wird während ein bis zwei Monaten nicht gedüngt (evtl. Blattdüngung vornehmen).

- **Während Ruhezeiten** vor allem durch den Winter bei kühlen Temperaturen.

- **Nie bei trockenen Erdballen!** Immer vorher vorgiessen, wenn einzelne Töpfe trocken stehen. Es kommt sonst zu Wurzelverbrennungen und Blattrandschäden wegen zu hoher Salzkonzentration im Substrat.

Wie stark soll gedüngt werden?

Die Umwandlung von mineralischen Nährstoffen in organische Baustoffe ist stark von den Wachstumsfaktoren **Licht** und **Wärme** abhängig. Pflanzen an relativ dunklen Standorten dürfen nicht so stark gedüngt werden wie solche, die sehr hell stehen. Im Winter wird deshalb generell weniger gedüngt. Zudem kennen wir drei Bedürftigkeitsgruppen, die wir abgekürzt kurz vorstellen. In den Pflanzensteckbriefen sind entsprechende spezifische Hinweise vermerkt. Ausgangsbasis für die Dosierungsangaben sind Nährsalze. Für Flüssigdünger müssen die Dosen um etwa 50 bis 100 % erhöht werden, also statt z. B. 1 ‰ = 1½ bis 2 ‰. Lieber geringere Gaben, aber öfters düngen!

- **Salzempfindliche Pflanzen** (Anthurium-Arten, Bromelienarten, Farnarten, Orchideenarten):
  Frühjahr bis Herbst: ½ ‰ – 1 ‰ jede Woche
  Winter: ½ ‰ jede 2. Woche

- **Mässig salzverträgliche Pflanzen** (Amaryllis, Aphelandra, Begonien, Camellien, Cissus, Clivien, Cyclamen, Dracaena, Ficus-Arten, Monstera, Pelargonien, Peperomien, Philodendron, Saintpaulia, Sinningia, Streptocarpus u. a.):
  Frühjahr bis Herbst: 1 bis 1½ ‰ jede Woche
  Winter: ½ bis ¾ ‰ jede 2. Woche

- **Stark zehrende und salzverträgliche Pflanzen** (Asparagus densiflorus, Dendranthema, Chrysanthemen, Zantedeschia-Arten):
  Frühjahr bis Herbst: 1 bis 2 ‰ jede Woche zweimal
  Winter: ¾ bis 1 ‰ jede 2. bis 3. Woche

Was bewirken die einzelnen Nährstoffe?

- **Stickstoff N:** Hauptbestandteil des Eiweisses und somit wichtiger Bestandteil des Pflanzenkörpers. Er fördert vor allem das **vegetative Wachstum** wie Blatt- und Triebbildung und die Bildung von Chlorophyll (Blattgrün). Zuviel N gibt «verweichlichte» Pflanzen, und die Blütenbildung ist gehemmt. Die Pflanzen sind anfälliger für Schädlinge und Krankheiten.

- **Phosphor P:** Phosphor ist ebenfalls bei der Eiweissbildung und beim Stoffwechsel beteiligt. **Er fördert die Blütenbildung.**

- **Kali K: Kali reguliert den Wasserhaushalt und fördert die Assimilation** sowie die **Bildung von Stärke, Zucker und Zellulose**. Kali macht die Pflanzen **widerstandsfähiger gegen Krankheiten und gegen kühle Temperaturen**.

- **Kalk Ca:** Kalk wird nicht von allen Pflanzen in gleichem Masse benötigt oder vertragen. z. B. Pflanzenarten mit einem tiefen pH-Wert ertragen sehr wenig Kalk. Andererseits **bindet Kalk Säuren** in der Erde, der pH-Wert steigt an.

- **Magnesium MG: Magnesium ist wichtig für den Zellenaufbau** und vor allem für das Blattgrün. Ein gutes Pflanzennährsalz oder ein Flüssigdünger sollte daher immer auch etwas Magnesium enthalten.

- **Spurenelemente:** Bor, Jod, Mangan, Molybdän, Eisen und andere Stoffe werden nur in kleinsten Mengen benötigt. Fehlen sie jedoch, so ist mit Wachstumsstörungen zu rechnen.

▼ Die Wachstumsfaktoren und Einzelnährelemente, die eine Pflanze benötigt.

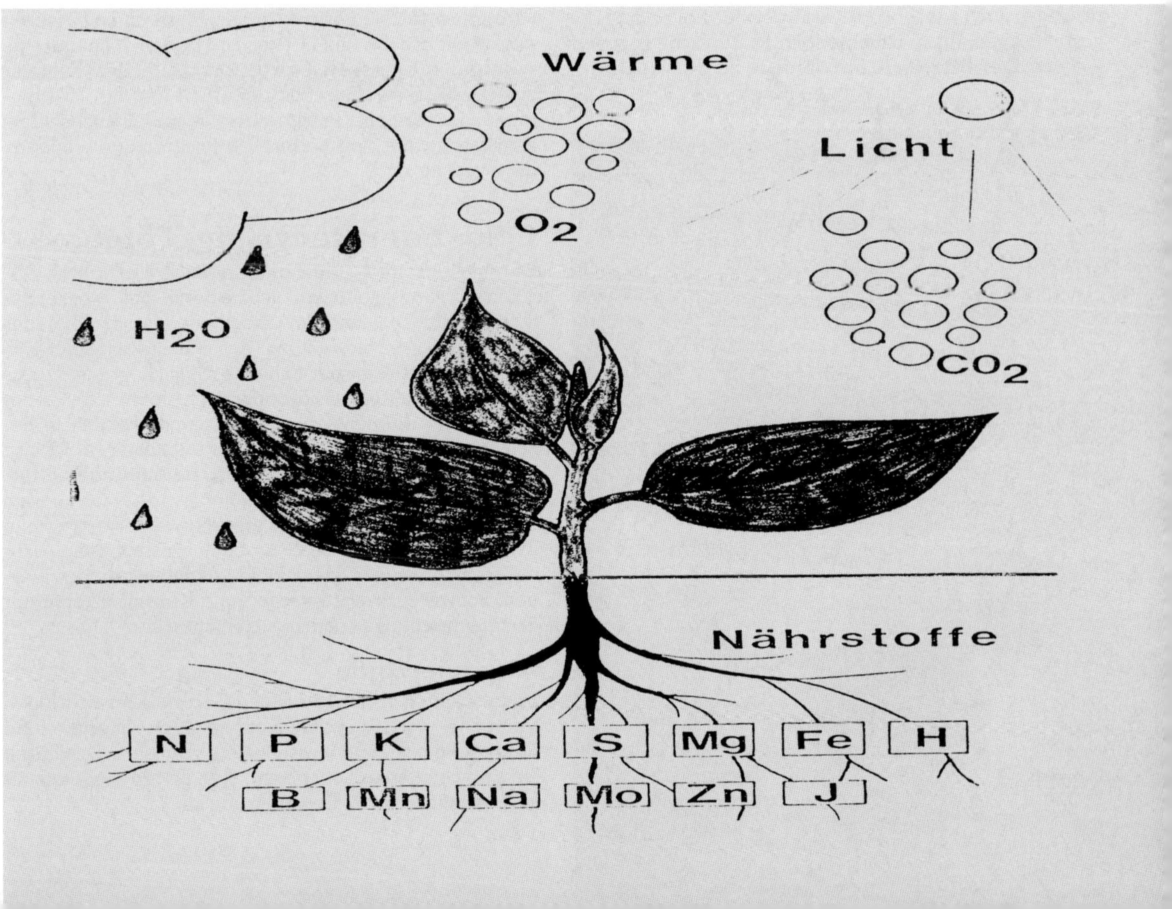

Pflanzengefässe

In der Anzucht von Zimmerpflanzen werden heute anstelle der relativ schweren und zerbrechlichen Tontöpfe vielfach **dünnwandige und leichte Kunststofftöpfe** verwendet. In der Wohnung aufgestellt ist jedoch der Zierwert solcher Anzuchttöpfe meist als gering einzustufen. Auch ist das Erdsubstrat aus transporttechnischen Gründen (Frachtspesen) oft zu humos, zu leicht und trocknet in der Folge rasch aus.
Importierte Pflanzen sollten vor dem Verkauf mit Vorteil in neues, etwas schwereres Substrat (mit Landerdezusatz) umgepflanzt werden. Zugleich sollte auch eine ansprechendere Wahl der Pflanzengefässe getroffen werden. Diese Arbeit kann schliesslich auch vom Kunden selbst vorgenommen werden, wenn er sich an die in diesem Buch empfohlenen pH-Werte und Substrate hält. Verschiedene Materialien in unterschiedlichen Formen und Farben stehen uns dabei zur Verfügung. Über den Geschmack lässt sich bekanntlich streiten, wichtig ist dabei auch, dass auf eine gute **Standfestigkeit** geachtet wird. Die leichteren Gefässe müssen folgerichtig unten breit genug gewählt werden.

Der Übertopf

Eine weitere Möglichkeit besteht auch darin, dass die Töpfe in grössere Übertöpfe oder «Cachepots» gestellt werden. Diese wirken oft sehr dekorativ und werden bisweilen auch aus teurem Keramik oder Porzellan hergestellt. Eines muss dabei jedoch in Betracht gezogen werden: **Der Pflanzentopf darf nie zu tief im Übertopf stehen**, sonst haben wir keine Kontrolle über den Feuchtigkeitszustand der Erde, und die Pflanzen stehen dann oft im zuviel verabreichten Wasser; die Wurzeln faulen und die Pflanzen sterben langsam ab. Daher: Leca-Blähton, Kies oder Styromull unten in die Übertöpfe als Abzug geben und die Töpfe auf das obere Niveau des Übertopfes anheben. Zugleich empfiehlt es sich, **allfällig angestautes Wasser periodisch auszuleeren!**

▼ Abb. 578 / Töpfe in verschiedenen Materialien.

Ton- oder Kunststofftöpfe?

Bezüglich Ton- oder Kunststoffgefässen bestehen für das Wachsen der Pflanzen wesentliche Unterschiede, die bei der Substratwahl und der Pflege beachtet werden müssen.

Tontöpfe

«atmen», sie sind also porös und ermöglichen eine bessere Wurzelatmung. Der grösste Teil der Wurzeln entwickelt sich daher innerhalb der Topfwand. Andererseits verdunsten Tontöpfe viel Wasser durch die Topfwand, **es muss fleissiger gegossen werden**. Durch ihr grösseres Gewicht besitzen sie eine bessere Standfestigkeit. Als grossen **Nachteil** empfinden wir, dass der Tontopf an der Aussenwand **Kalk- und Nährstoffausscheidungen** ansetzt, zugleich siedeln sich noch grüne Algen darauf an, ein unansehnliches Bild. Fleissig die Töpfe waschen!

Kunststoffgefässe

«atmen» nicht, sie besitzen andererseits einen besseren Abzug mit drei bis fünf Löchern im Boden. Man muss sie **weniger oft giessen**, Es ist auch ratsam, dem Substrat zwecks besserer Durchlüftung noch fünf bis 15 Volumenprozente Leca, Perlite oder Styromull zuzusetzen. Kunststofftöpfe sind wesentlich leichter und «kippen» daher gerne.

Öko- oder Recycling-Töpfe

Da die Kunststoff- und Tontöpfe infolge erhöhten Abfallentsorgungsgebühren nicht überall auf grosse Beliebtheit stossen, hat man verschiedenenorts ein neues Verfahren zur Verwertung der Kunststofftöpfe entwickelt. So ist es in der Schweiz möglich, graue Kunststofftöpfe, die defekt sind oder nicht mehr verwendet werden, an Blumenbörsen oder Sammelstellen in bezeichneten Gärtnereien wieder abzuliefern. Diese grauen Töpfe kommen in eine zentrale Schredderanlage, wo sie zerkleinert werden. Das anfallende Material wird eingeschmolzen, und daraus werden wieder neue graue Töpfe in verschiedenen Grössen hergestellt. Man rechnet, dass etwa 30% der Töpfe wieder verwertet werden. Schwarze, weisse und braune Kunststofftöpfe mit Farbbeimischungen eignen sich nicht dazu.

Altpapiertöpfe

Zurzeit laufen in verschiedenen Gartenbauinstitutionen Versuche mit Recycling-Töpfen aus Altpapier und Flachs. Die bisherigen Resultate zeigten gute Qualitäten bei verschiedenen Substraten. Der Erfolg hängt vor allem von einer guten Bewässerung ab.

Hydrokultur

Begriff

Der Ausdruck Hydrokultur stammt vom griechischen Wort hydor (=Wasser) ab und bedeutet eigentlich «Wasserkultur». Darunter versteht man das Kultivieren lebender Pflanzen ohne Erde in einer Nährlösung, die Wurzeln sind in einem anorganischen Substrat eingebettet.

Geschichte

Im Gegensatz zum Gemüsebau hatte die Hydrokultur bei Zimmerpflanzen praktisch keine Bedeutung, bis in den sechziger Jahren der Baufachmann Gerhard Baumann (Bern) das erste funktionierende Hydrokultursystem entwickelte. Er führte viele Substratversuche durch und verwendete eine Zeitlang auch Quarzsand. Aus dieser Zeit stammt auch der Name LUWASA-Hydrokultur-System (LU–WA–SA bedeutet Luft–Wasser–Sand).

Funktionsprinzip

Alle Pflanzen brauchen **Licht, Wärme, Luft, Wasser, Nährstoffe** und ein **Substrat**, dass ihren Wurzeln Halt gibt. Bei der Hydrokultur werden heute vorwiegend **Blähtonkörner** in der Grösse von 3 bis 20 mm Durchmesser als Substrat verwendet. Die Hydropflanzen werden mit dem Kulturtopf ins Gefäss gestellt, und mit Blähton wird das Gefäss randvoll aufgefüllt. Bis maximal ⅓ des Gefässes ist die Nährstoff-Wasserreserve. Im übrigen Teil herrscht eine ideale Mischung von Feuchtigkeit, Nährlösung und Luft, da durch die Kapillarität Nährlösung aufsteigt. Dies erlaubt den Pflanzen, ihre Wurzeln dort auszubilden, wo die ihren Bedürfnissen entsprechende Feuchtigkeit vorkommt.

Wasserstandsanzeiger

Er zeigt uns optisch an, wieviel Wasser respektive Nährlösung sich im Gefäss befindet. Der Wasserstandsanzeiger besteht aus einem Kunststoffröhrchen, das vom Gefässboden bis über das Substrat hinausragt und einen eingebauten Schwimmer enthält. Über dem Schwimmer ist ein Anzeigestäbchen, das im sichtbaren Teil der Einrichtung die Höhe des Nährlösungsspiegels anzeigt.

Wie giessen?

Handwarmes Wasser über den Blähton giessen, bis der rote Stab des Wasserstandsanzeigers die Optimum-Markierung (½) anzeigt. Nur bei längerer Abwesenheit, z. B. Urlaub, bis zur Maximum-Markierung (1) auffüllen. Nachgiessen, wenn die Minimum-Markierung (0) erreicht ist, ja nicht früher, damit die Wurzeln wieder atmen können!

Nährlösung

Die Nährlösung wird mit Leitungswasser und einer speziell für Hydrokultur entwickelten Vollnahrung herge-

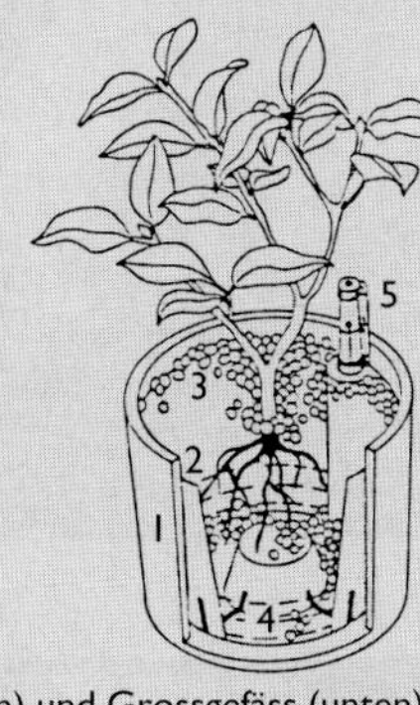

Kleingefäss (oben) und Grossgefäss (unten) im Querschnitt:

1 Gefäss, wasserdicht und säurebeständig
2 Einsatztopf
3 Blähton
4 Nährlösung
5 Wasserstandsanzeiger (bei Grossgefäss mit Absaugrohr)
6 Aussparung
7 Asthalter

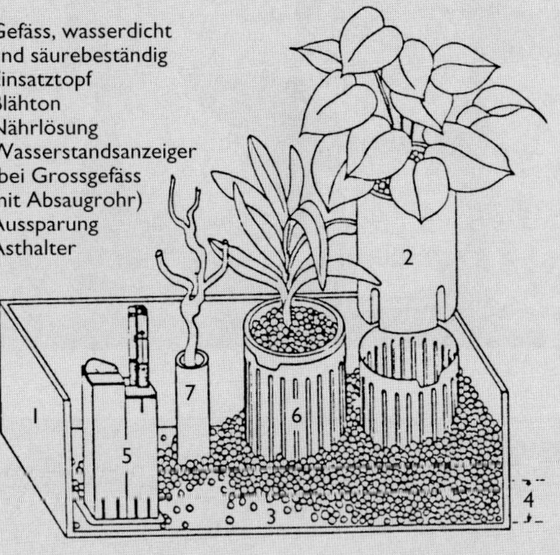

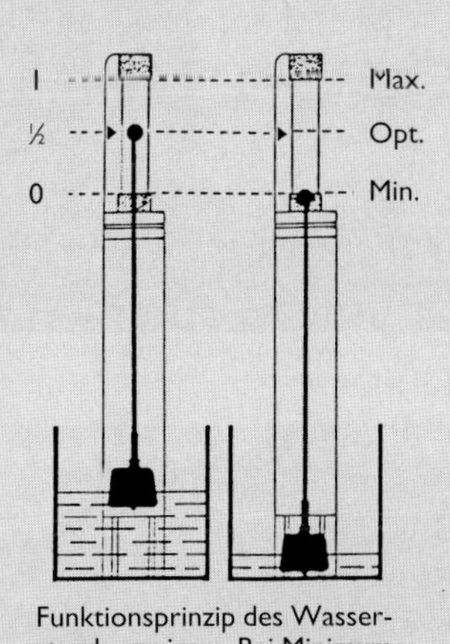

Funktionsprinzip des Wasserstandsanzeigers. Bei Minimumanzeige (rechts) steht die Nährlösung bei Kleingefässen noch mindestens 1 cm und bei Grossgefässen noch 1,5 cm bis 2 cm hoch.

▲ Abb. 579 / Blähton
▼ Abb. 580 / Verschiedene Hydrodüngerformen

▲ Abb. 581 / Verschiedene Wasserstandsanzeiger
▼ Abb. 582 / Pumpsysteme

stellt. Diese enthält alle Haupt- und Spurennährstoffe, in einer pflanzenverfügbaren Form. Viele Erdkulturdünger haben nicht genügend Spurenelemente, sind also für Hydrokultur nicht geeignet. Die Hydrokulturvollnahrung wird heute hauptsächlich in zwei Formen angeboten: als Flüssigkonzentrat und als Langzeitvollnahrung. Bei der Langzeitvollnahrung sind die Nährstoffe an Kunstharze gebunden und werden im Austausch gegen Mineralstoffionen im Giesswasser oder der Pflanzenwurzeln freigesetzt (daher kommt die Bezeichnung Ionenaustauscher). **Alle sechs Monate ist die Nahrlösung vollständig auszuwechseln.**

Blähton

Der Blähton wurde früher hauptsächlich für die Bauindustrie zur Herstellung von Leichtbeton oder als Isoliermaterial produziert. Neuerdings reichen die wärmedämmenden Eigenschaften des Blähtons nicht mehr aus. So mussten andere Verwendungsbereiche erschlossen werden. Dazu gehört die **Hydrokultur**, wo es als **Füllsubstrat** Verwendung findet. Der Blähton ist ein Jahrtausende alter Verwitterungsrückstand von Kieselsäuregestein. Diese Kieselsäure macht zirka 70% der Blähton-Bestandteile aus. Relativ reich ist der Blähton ausserdem an Eisen (etwa 8%), Kalium (3%) und Magnesium (2%). In geringen Mengen enthält der Blähton ferner Kalk, Mangan, Phosphor und andere Mineralstoffe. Diese liegen in überwiegendem Teil in wasserunlöslicher Form vor. Der pH-Wert ist leicht alkalisch.

Hydrogefässe

Diese müssen **wasserdicht** und **säurebeständig** sein, sie dürfen unter Einwirkung der Nährlösung keine pflanzenschädigenden Fremdstoffe abgeben (=lebensmittelecht). Wir unterscheiden zwischen Klein- und Grossgefässen. Die Grossgefässe haben eine Höhe von 21/22 cm und ganz verschiedene Abmessungen bis zu einem Meter Länge oder Breite. Die Kleingefässse enthalten in der Regel nur eine Pflanze oder eine Kombination mit einer schlichten Unterbepflanzung. Die Formen, Farben und Materialien sind stark von Trends und Mode abhängig und wechseln ständig. Die Gefässe sind aus Kunststoff, Keramik oder Porzellan, aber auch solche mit ganz verschiedenen Aussenbeschichtungen sind im Handel, wie Holz, Metall, Korbgeflecht, Rattan…

Zimmerbrunnen

«Aqua-Tuff», «Aqua-Decor» und neuerdings «Aquaverra» sind natürliche Luftbefeuchter. Sie werden aufgebaut mit Tuff-, Lava-, Kalk-, Schiefer- oder sogar neuerdings auch mit Edelsteinen, Glas-, Holz- und Metalldecor. Das Wasser mit schwacher Nährlösung wird mit einer Pumpe umgewälzt, so dass es über die Steine plätschert (Zimmerbrunnen). **Dadurch wird die Luftfeuchtigkeit im Raum erhöht**, und zugleich wird der Sauerstoffgehalt des Wassers heraufgesetzt, was sich positiv auf das Wachstum der Wurzeln respektive der Pflanzen auswirkt.

▲ Abb. 583 / Spathiphyllum in Hydrokulturtopf
▼ Abb. 585 / Hydrogefäss mit Holzdekor und Kugelspiel

▲ Abb. 584 / Zimmerbrunnen mit Metallschalen
▼ Abb. 586 / Solitärpflanze in Rattan-Gefäss

▲ Abb. 587 / Grünpflanzenschale (Dauerbepflanzung)
▼ Abb. 588 / Blumenschale in Kontrastfarben

Pflanzenschalen

Pflanzenschalen, also bepflanzte Schalen, haben in den letzten Jahren eine stete Steigerung in der Nachfrage, in den Gestaltungsmöglichkeiten und in der grossen Pflanzenauswahl erfahren. Der Möglichkeiten gibt es viele.
Grundsätzlich unterscheiden wir zwischen
- **Dauerbepflanzung für den Wohnraum**
- **Pflanzenschalen mit optimaler Wirkung für kürzere Zeit und**
- **saisonaler Bepflanzung.**

Dauerbepflanzungen

Hier werden langlebige Pflanzenarten – sowohl blühend wie auch grüne oder solche mit auffallender Blattzeichnung oder -färbung – verwendet. Wichtig ist, dass die zukünftige Pflanzengemeinschaft für **ganz bestimmte Klima- und Lichtverhältnisse** konzipiert ist, d. h., die Pflanzen sollten ungefähr **gleiche Ansprüche** stellen und andererseits durch ihre Farben oder Formen untereinander gut kontrastieren.

Blumenschalen mit optimaler Wirkung

Besonders für festliche Zwecke (Geburtstage, Jubiläen, aber auch für Trauerfälle) wird oft die Betonung auf **viele Blumen** gelegt. Z. B. Schalen mit Lorraine- oder Elatiorbegonien, Cyclamen, Weihnachtssterne oder Dendranthema (Chrysanthemen), die mit etwas Grün aufgelockert werden.

Saisonale Bepflanzungen

Frühlingsschalen sind schon im Winter sehr beliebt. Aber gerade hier werden immer wieder krasse Fehler festgestellt. Was haben hier neben **Primeln** aus dem Freiland noch **wärmebedürftige Saintpaulien** zu suchen? Das ist nur ein Beispiel davon! Im Herbst sind es z. B. Chrysanthemen und vor Weihnachten Poinsettien.

Pflanzengefässe

Früher kannte man praktisch nur einfache Tonschalen oder Blumenkörbe. Heute steht uns ein immenses Sortiment zur Verfügung, das auch kostbares Keramik, Porzellan, Kristallglas, Kupfer u. a. umfasst. Es ist zu beachten, dass die meisten Gefässe **kein Abzugloch** mehr besitzen. Das Giessen wird zur Gefühlssache. Andererseits sollten Schale und Pflanzen eine **kunstvoll gearbeitete Einheit** bilden!

▲ Abb. 589 / Bromelienschale
▼ Abb. 591 / Dauerbepflanzung

▲ Abb. 590 / Grünpflanzenschale
▼ Abb. 592 / Metallgefäss mit grösseren Pflanzen

▲ Abb. 593 / Blumenfenster eines Spitals
▼ Abb. 594 / «Doppelblumenfenster»

▼ Abb. 595 / Tropische Landschaft

Das Blumenfenster

Ein Blumenfenster, richtig geplant und gebaut, kann die Pflege der Pflanzen wesentlich erleichtern. Die Pflanzen stehen dabei nicht in Töpfen nebeneinander auf einer prunkvoll glänzenden Marmorplatte, sondern sind in einer vertieften Pflanzenwanne in Torf, Leca oder sonst in einem durchlässigen Material eingesenkt. Von den Töpfen sieht man nichts, nur die oberirdischen Pflanzenteile sind sichtbar. Also, weg von «Pflanzen am Fenster», wie man es früher im falsch verstandenen Sinne praktiziert hatte, zum Pflanzenbeet, zum eigentlichen Blumenfenster. Hier können die Pflanzen als **ein Stück tropische bis subtropische Landschaft** arrangiert werden. Auch Ampelpflanzen können darin aufgehängt werden, ein Stück Natur in der Wohnung!
Die Pflege wird wesentlich erleichtert, indem das ganze «Beet» gleichmässig bewässert oder gedüngt werden kann; die wasserfesten Seitenwände und Abdeckplatten ertragen auch Wasserspritzer ohne Probleme, Möbel werden nicht beschädigt. Die Luftfeuchtigkeit im Pflanzenbereich ist erhöht, der Lichteinfall kann durch Lamellenstoren individuell dosiert werden, zudem lassen sich wenn nötig, über den Pflanzen geeignete Pflanzenleuchten einbauen, um besonders während des Winters die Pflanzen mit genügend Licht für ein freudiges Wachstum zu versorgen. Eine Unterheizung lässt den Wurzelraum erwärmen nach dem in den Gärtnereien bevorzugten Motto: «Warmer Fuss und kühle Ohren». Einige wichtige Merkpunkte bei der Anlage eines Blumenfensters in einem Wohnraum:

Lage

Ideal sind Ost- bis Nordorientierungen, weil da im Sommer keine heissen Strahlen einfallen. Notfalls müssen südseits und westseits Lamellenstoren auf **der Aussenseite** des Blumenfensters eingebaut werden, damit die Sonnenstrahlen **vor** den Glasscheiben aufgefangen werden können. Dadurch wird es im Blumenfenster wesentlich kühler, als wenn sie innen montiert würden.

Grösse

Da die Pflanzen in einem Blumenfenster ein sehr gutes Wachstum aufweisen, ist es notwendig, dass die Glasflächen **gross genug** und vor allem **hoch** gewählt werden. Eine Höhe von 1,5 bis 2 Meter ist dabei ideal. Die Breite richtet sich proportional zur Raumgrösse.

Distanz Pflanzenwanne zu Glasscheibe

In der Praxis sind viele Pflanzenwannen zu nahe am Glas montiert. Die Pflanzen wachsen zum Licht und sind daher bei zu geringen Bemessungen in kurzer Zeit an den Scheiben, wo sie wie «eingeklemmt» wirken. Geben wir ihnen **genügend Freiraum,** mindestens 40 bis 50 cm sind anzustreben, damit sich die Pflanzen frei entwickeln können.

Höhe ab Boden

Vom Sitzmöbel aus betrachtet sollten die Pflanzen eines Blumenfensters mindestens seitlich, auf keinen Fall von unten her betrachtet werden können. **Je tiefer** die

Wanne angebracht wird, desto besser ist auch der Einblick in die Pflanzen. Das ergibt eine maximale Höhe ab Boden von 70 cm, besser wären 50 cm oder noch tiefer.

Temperatur

In der Regel ist die Temperatur in einem offenen Blumenfenster mit der Raumtemperatur identisch. Die Unterheizung darf nicht zu hoch eingestellt werden, sonst wird zuviel trockene Luft produziert, die sich ungünstig auf die Pflanzengesundheit auswirkt. Bei geschlossenen Blumenfenstern, die gegen die Zimmerseite noch mit Glas abgetrennt sind, werden oft selbständige Heizungen mit Luftbefeuchtern eingebaut. Hier ist die Luftfeuchtigkeit «tropisch» bei 70 bis 90%, und die Wärme steigt auf 20 bis 25 °C an. Diese Blumenfenster sind daher bestens geeignet, auch anspruchsvollere Pflanzenarten wie Caladium, Fittonia, Selaginella und auch tropische Orchideen aufzunehmen.

Belüftung

Kleinere Blumenfenster können in der Regel ohne Lüftungsklappen auskommen. Die Frischluftzufuhr ist durch das Öffnen der Zimmerfenster gewährleistet. (Vorsicht im Winter!) Grössere Blumenfenster ab etwa zwei Metern Breite sind für eingebaute Belüftungsklappen sehr dankbar.

Beleuchtung

Wenn nicht genügend natürliches Licht vorhanden ist, können Pflanzenleuchten, die ein sonnenlichtähnliches Spektrum aufweisen, mit Vorteil in die Decke einzubaut werden, damit man nicht geblendet wird. Mit einer Schaltuhr gesteuert, lassen sich beliebige Zeiten einstellen. Man belichtet an trüben Tagen auch tagsüber (Assimilationslicht) und während des Aufenthaltes in der Wohnung. Unter dieser Beleuchtung kommen die Pflanzen besonders gut zur Geltung.

Pflanzenschutz im Blumenfenster

Durch die allgemein besseren Klima- und Lichtverhältnisse in einem Blumenfenster hat man in der Regel weniger mit Krankheiten und Schädlingen zu rechnen als bei Einzelstellung der Pflanzen in der Wohnung. Andererseits können einmal infizierte Pflanzen mit Leichtigkeit benachbarte Pflanzen «anstecken». Doch, bei regelmässiger Beobachtung werden wir einen allfälligen Befall von Blattläusen, Schildläusen, Weissen Fliegen, Thripsen oder Spinnmilben noch bald einmal feststellen. Da die Seitenwände wasserfest sind, können wir ungehindert eine Pflanzenschutzbehandlung mit chemischen oder biologischen Präparaten vornehmen. Gerade im Blumenfenster als mehr oder weniger geschlossene Einheit können auch Nützlinge eingesetzt werden, z. B. gegen Blattläuse Aphidoletes-Raubgallmücken oder Aphidius-Schlupfwespen, gegen Weisse Fliegen die Encarsia-Schlupfwespen, gegen Thripse die Orius-Raubwanzen oder gegen Spinnmilben die Phytoseiulus-Raubmilben. Man erkundige sich über den Bezug in Fachgeschäften!

▼ Abb. 596 / Kupferwanne mit dekorativer Bepflanzung

▲ Abb. 597 / Wintergarten von aussen im Winter
▼ Abb. 598 / Wintergarten an einem Neubau

▼ Abb. 599 / Skizze und Plan für einen Wintergarten

Der Wintergarten

Der Wintergarten ist heute im Trend. Früher als Souvenir von Ferienreisen in südlichere Länder brachte man etwa Stecklinge, Ableger oder junge Pflanzen mit und zog sie zu Hause in Töpfen oder in Kübeln heran. Dazu kaufte man weitere «Südländer», und so wurde die Sammlung umfangreicher und die Pflanzen grösser. Sie wollten demzufolge auch im Winter einen ihnen zusagenden Platz für ein gutes Gedeihen erhalten. Nun galt es, am Wohnhaus einen Glasanbau anzubringen und damit den bestmöglichen Überwinterungsraum zu schaffen. Die übliche Orangerie in Nobelhäusern und in Schlössern wurde im normalen Wohnhaus zum Wintergarten.
Heute kommen zusätzlich weitere Überlegungen dazu: Ein gut funktionierender Wintergarten dient, mehr oder weniger aufwendig ausgestaltet, als zusätzliches helles **Wohnelement.** Tropische bis subtropische Pflanzen in üppiger Vegetation haben hier Platz, sie können sich fast ungehemmt entwickeln und zeigen erst hier durch optimale Licht-, Klima- und Raumverhältnisse ihre volle Schönheit. **Wohnen mit Grün, Wohnen im Grün, dies auch im Winter!** Dazu kommt, dass aus energetischen Gründen der Wintergarten zusätzlich als **Wärmespeicher und -lieferant** herangezogen wird. Um andererseits die Abkühlung relativ grosser Flächen in Grenzen zu halten, besteht die Aussenhaut meist aus zwei- bis dreifacher Verglasung mit einem hohen Isolationswert.

Lage

Ein Wintergarten sollte an **sonnenreicher Lage**, also auf der Süd- oder Westseite eines Wohnhauses, angebaut werden. Im Sommer wird es daher oft recht warm. Temperaturen von 30 bis 35 °C und mehr sind ohne weiteres möglich. Damit die Wärme auch im Sommer nicht zu hohe Werte erreicht und die Pflanzen darunter nicht leiden, sollte unbedingt eine **gut funktionierende Lüftung** (Öffnen der Falttüren oder Wände, und/oder Lüftungsklappen im Dachbereich) eingebaut werden. Ein zusätzliches **Schattieren** auf der Aussenseite bringt uns im Sommer ein angenehmes, kühlendes Klima in den Raum. Lamellenstoren mit individueller Einstellung, je nach Lichteinfall, haben sich dabei als vorteilhaft erwiesen. Mit Vorteil werden diese auf der Aussenseite installiert, damit die Wärme «draussen» bleibt!

Wärmebedarf im Winter

Je nach dem eigentlichen Verwendungszweck kommen drei Typen zur Anwendung:

1. Der frostfreie Wintergarten

Hier werden nur subtropische Pflanzen mit geringem Wärmebedarf im Winter gehalten. Der mittlere Wärmebedarf liegt da knapp über der Frostgrenze bei +3 bis +8 °C. Die meisten Kakteen, aber auch viele Blatt- und Stammsukkulenten, wie auch Bleiwurz, Camellien, Oleander, Oliven, Palmen, Passionsblumen u. a. überwintern darin sehr gut. Das Giessen wird auf ein notwendiges Minimum beschränkt.

2. Der temperierte Wintergarten

Auch in kalten Winternächten sollte hier eine Temperatur von **10 bis 15 °C** eingehalten werden können. Damit haben wir die Möglichkeit, dass wir auch blühende Pflanzen und Grünpflanzen mit einem mittleren Wärmebedarf im Winter in voller Schönheit betrachten können. Viele Zimmerpflanzen benötigen gerade durch den Winter eine kühlere Ruhephase zur Blütenknospenanlage. Hier ist der richtige Platz zum Beispiel für Abutilon, Begonien, Calceolarien, Clivien, Farne, Palmen, Primeln, Zinerarien u. a. Siehe auch die Tabelle für Pflanzen mit relativ kühlem Standort auf Seite 301.

3. Der warme Wintergarten

Dieser ist in der Regel voll mit der Wohnung integriert, also frei zugänglich. Auch in kalten Nächten sind **18 bis 20 °C** möglich, somit können auch tropische Pflanzen in grösseren Gruppen eingebaut werden. Ein pflegeleichter Boden (Keramik oder Steinplatten), zusätzlich kleine Bassins mit Springbrunnen und Zierfischen, sowie leichte, helle Gartenmöbel schaffen bei genügend Raum diejenige Note, die wir für ein zeitgemässes Wohnen anstreben.

Pflanzengefässe und -pflege

Damit die Pflege auf ein erträgliches Minimum reduziert werden kann, sollten für die Aufnahme und Plazierung der Pflanzen **grössere und gediegene Gefässe** zur Verfügung stehen. Teilweise können diese auch in den Boden eingelassen werden (mit Vorteil mit Bodenheizung) oder auf den Boden gestellt oder aufgebaut werden. Wichtig ist ein guter Wasserabzug! Mit einem Schlauch mit feiner Brause können wir in grösseren Anlagen wie in einem Gewächshaus giessen, im Winter mit Vorteil mit einer Giesspistole. Pflegeleicht sind auch alle Gefässe mit Hydrokultur. Achtung! In wenig geheizten Wintergärten ist eine Kältebrücke einzubauen oder mit Vorteil das Wasser zu erwärmen!

Pflanzenschutz im Wintergarten

Man beachte hiezu die Ausführungen im Kapitel «Blumenfenster» Seite 289!

▲ Abb. 600 / Tropische Vegetation im warmen Wintergarten
▼ Abb. 601 / Hydrokulturgefässe im Wintergarten

▲ Abb. 602 / Blattläuse an Abutilon megapotamicum
▼ Abb. 603 / Schildläuse an Aphelandra squarrosa

▲ Abb. 604 / Wolläuse mit Gespinsten an Aphelandra
▼ Abb. 605 / Weisse Fliegen mit Eiern und Larven

Blattläuse

Schadbild: Meist an jungen Pflanzenteilen, sowohl an Blättern (Unterseite), am Spross als auch an den Blüten Kräuselungen und zuckerige Ausscheidungen. In der Folge oft schwarze Russtaubildung.

Ursache: Zu hohe Wärme, trockene Luft und zu wenig belüftete Standorte sowie zu enger Stand fördern die Blattläuse in der Entwicklung. Sie sind lebendgebärend und können in kurzer Zeit grosse Schäden anrichten.

Bekämpfung: In Intervallen von acht bis zehn Tagen zwei- bis dreimal mit Insektiziden gründlich spritzen (die Läuse müssen getroffen werden)! *Nützlingseinsatz: Aphidoletes Raubgallmücke.*

Schildläuse

Schadbild: Meist den Blattrippen entlang finden wir ganze Kolonnen dieser hartnäckigen Schädlinge, die schwer zu bekämpfen sind. Muttertiere legen unter ihrem braunen runden Deckel Eier ab. Die Jungtiere breiten sich aus und saugen Pflanzensaft. Zugleich bilden sich klebriger Honigtau und Russtaupilze.

Ursache: Beim Zukauf von neuen Pflanzen auf «saubere» Blätter und Triebe achten. Stete Kontrolle!

Bekämpfung: Hartblättrige Pflanzen mit weicher Zahnbürste dem Hauptnerv entlang die Schildläuse entfernen. Pflanzenteile mit einem weichen Schwamm, dem mit Vorteil ein Insektizid in Wasser verdünnt zugesetzt wird, sorgfältig abwaschen. Stark befallene Pflanzenteile ausschneiden.

Woll- oder Schmierläuse

Schadbild: Meist an den Blattunterseiten den Nerven entlang oder zwischen dichtstehenden Blättern oder bei Kakteen zwischen den Areolen (Areolen sind Stachelbüschel meist auf Rippen) weisse Wachsausscheidungen. Darunter verstecken sich oft viele ovale, weissbepuderte Wolläuse. In der Folge Honig- und Russtaubildung.

Ursache: Meist durch zu dichten Pflanzenbestand. Unbedingt auf «saubere» zugekaufte Pflanzen achten.

Bekämpfung: Mit Schwamm, Zahnbürste oder Wattestäbchen die Wolläuse sorgfältig entfernen, ohne die Pflanzen zu verletzen. In der Regel nützt ein Spritzen nichts, da sie durch die Wachsbildungen geschützt sind. *Nützlingseinsatz: Leptumastix-Schlupfwespe.*

Weisse Fliegen (Mottenschildlaus)

Schadbild: Die bis 1,5 mm langen, weissen Fluginsekten befallen vorwiegend die Blattunterseiten und vermehren sich zahlreich. Auf den Befallstellen finden wir sehr bewegliche Fliegen, kleine Larven, runde Eier und noch grössere runde Zuckerausscheidungen. Schwarze Russtaupilze besiedeln die Zuckerbelage und machen die Pflanzen unansehnlich.

Ursache: Trockenwarmes Klima.

Bekämpfung: Die Blattunterseiten mit Insektiziden gründlich behandeln. In Intervallen von acht bis zehn Tagen zwei- bis dreimal wiederholen. Auch der Einsatz von gelben Klebefolien bringt einen Erfolg. *Nützlingseinsatz: Encarsia-Schlupfwespe.*

Spinnmilben («Rote Spinnen»)

Schadbild: Befallene Blätter und Blüten weisen eine fahle Farbe ohne Glanz auf. Zudem finden wir kleine weissgelbe Punkte (Saugstellen) und oft feine Spinnengewebe. Die kleinen grünen bis roten Milben bewegen sich rasch.

Ursache: Trockenwarme Luft, zu viel Sonne und zu wenig Wasser und Nährstoffe fördern einen Befall.

Bekämpfung: In Intervallen von acht bis zehn Tagen mit Akariziden gründlich spritzen, vor allem auch die Blattunterseiten. Vorbeugend kühler und feuchter halten. *Nützlingseinsatz: Phytoseiulus-Raubmilben.*

▲ Abb. 606 / Rote Spinne an Hortensie

▼ Abb. 607 / Typischer Weichhautmilbenschaden an Saintpaulia

Weichhautmilben

Schadbild: Die Triebspitzen sind meist verkrüppelt, das Herz stirbt ab. Die oberen Blätter sind klein und verdickt. Bei Saintpaulien sind die jungen Blätter auffallend behaart.

Ursache: Weichhautmilben vermehren sich bei feuchter Luft und im Verhältnis zum Bedarf zu kühlen Temperaturen relativ rasch. Da sie sehr klein und meist unsichtbar sind, stellen wir den Schaden oft zu spät fest.

Bekämpfung: Mit Akariziden gründlich in die Triebknospen spritzen und alle acht bis zehn Tage zwei- bis dreimal wiederholen. Das Klima sinngemäss verbessern. Stark befallene Triebe zurückschneiden.

Thripse (Blasenfüsse)

Schadbild: Zuerst weisse bis gelbe Punkte bis Flecken, später werden die Blätter silbrigweiss, und wir finden schwarze Kothäutchen sowie schmale weisse bis schwarzgelbe Insekten, meist in Gruppen.

Ursache: Thripse erscheinen immer dann, wenn die Luft zu trocken und zu warm ist, daher ist ein Befall in der Nähe von Heizkörpern zu erwarten.

Bekämpfung: Abwaschen der Blattunterseiten mit einem weichen Schwamm oder spritzen mit Insektiziden. Für kühlere und feuchtere Luft sorgen.

▲ Abb. 608 / Thrips an Zierpflanze

▼ Abb. 609 / Frassschäden von Asseln an Kaktus

Kellerasseln

Schadbild: An fleischigen Pflanzen wie z. B. Kakteen und Orchideen lochartige bis oberflächliche Frassstellen. Besonders an kühlen und schattigen Standorten überwintern die Asseln gerne, an denen sie sich in Ruhestellung einkugeln.

Ursache: Vorhandene Schlupflöcher an feuchtschattigen Stellen.

Bekämpfung: Schlupfwinkel vermeiden, notfalls Köder auslegen oder mit geeigneten Wirkstoffen aussprühen.

▲ Abb. 610 / Echter Mehltaubefall an Elatior-Begonien
▼ Abb. 611 / Falscher Mehltaubefall an Rosen

Echter Mehltau

Schadbild: Auf der Blattoberfläche, an Stengeln und Blüten weisser, mehliger Belag, der sich flächenmässig ausbreitet. In der Folge Wachstumsstörungen.

Ursache: Das weisse Pilzmyzel breitet sich nur an der Aussenseite der Pflanzen aus. Temperaturschwankungen und feuchte Pflanzenteile begünstigen eine Infektion.

Bekämpfung: Gleichmässige Temperaturen anstreben. Schwefelhaltige oder andere geeignete Wirkstoffe spritzen. Abstoppen mit einem mineralölhaltigen Präparat.

Falscher Mehltau

Schadbild: Bei gefährdeten Pflanzen mausgrauer Belag auf der Blattunterseite oder bei Rosen violette, durchscheinende Fleckenbildung. Innenpilz. Bei starkem Befall Blattfall und Schwächung der Pflanzen.

Ursache: Zu enger Stand der Pflanzen, zu feuchtes Klima oder zu einseitige Stickstoffdüngung.

Bekämpfung: Mit Vorteil alle zwei bis drei Wochen Schutzbeläge mit geeigneten Wirkstoffen (Fungiziden) anbringen. Vorbeugend kalibetonte Düngung und zu grosse Feuchtigkeit meiden.

▲ Abb. 612 / Botrytisbefall an Rosenblüte
▼ Abb. 613 / Rostpilze an Zinerarie (Blattunterseite)

Botrytis oder Grauschimmelpilz

Schadbild: An Blättern, Stengeln, Blüten und Knospen dunkle Faulstellen, die mit einem grauen Pilzrasen bedeckt sind. Grosser Qualitätsverlust.

Ursache: Zu enger Stand, zu feuchtes Klima, zu geringe Belüftung und zu einseitige Stickstoffdüngung.

Bekämpfung: Vorbeugend für Abhilfe sorgen: Die Pflanzen weiter auseinanderstellen, Befallstellen ausschneiden und vermehrt belüften.

Rostpilze

Schadbild: Auf der Blattoberfläche helle Flecken, auf der Blattunterseite ringförmige rostbraune Infektionsstellen, die sich kreisförmig ausbreiten. Innenpilz, der sich im Blatt ausbreitet und dieses zum Absterben bringt. Bei Dendranthema weisser Belag.

Ursache: Eine Infektion ist nur bei nassen Blättern möglich, daher vorsichtig giessen. Auch zu engen Stand meiden.

Bekämpfung: Gründliche Spritzbehandlung bei gefährdeten oder befallenen Pflanzen auf die Blattunter- und -oberseite mit geeigneten Fungiziden.

Russtaupilze

Schadbild: Auf verschiedenen Pflanzenteilen, die vorgängig von Läusen (Blattläuse, Schildläuse und Weisse Fliegen) befallen wurden, bildet sich auf zuckerigen Ausscheidungen ein zäher, schwarzer Belag, der die Pflanzen unansehnlich macht.

Ursache: Verschiedene Läusearten wurden nicht frühzeitig bekämpft.

Bekämpfung: Vorerst die Schädlinge mit Insektiziden bekämpfen. Mit weichem Naturschwamm gründlich, aber doch vorsichtig die Befallstellen abwaschen.

▲ Abb. 614 / Schwarze Russtaupilze als Folge von Läusen

▼ Abb. 615 / Welkes Geranienblatt (Bakteriose)

Bakteriose bei Geranien

Schadbild: Besonders während des warmen Sommers plötzliches Welken einzelner Pflanzen und leichtes Abfallen der Blätter. Die ganze Pflanze stirbt ab.

Ursache: Vorgängige Infektion durch Bakterien der Gruppe Xanthomonas. Übertragung durch Verletzungen beim Stecklingsschnitt, beim Pinzieren u. a. möglich.

Bekämpfung: Eine direkte Bekämpfung ist nicht möglich. Beim Einkauf auf gesunde Pflanzen achten. Befallene Pflanzen sofort mit den Wurzeln und umgebender Erde herausnehmen und verbrennen.

Ringflecken bei Gesneriaceen

Schadbild: Auf den Blättern weisse bis gelbe Ringzeichnungen bis grössere Flecken, die eine Pflanze stark verunstalten können.

Ursache: Wenn die Pflanzen an der Sonne stehen und mit Wasser unvorsichtig über die Blätter gegossen werden oder auch, wenn man zu kaltes Wasser verwendet, wird unter der Oberhaut das Blattgrün zerstört. Es ist keine Krankheit, sondern eine sogenannte physiologische Störung. Nennen wir es einen Pflegefehler!

Bekämpfung: Nie über das Blattwerk giessen und nicht zu kaltes Giesswasser verwenden!

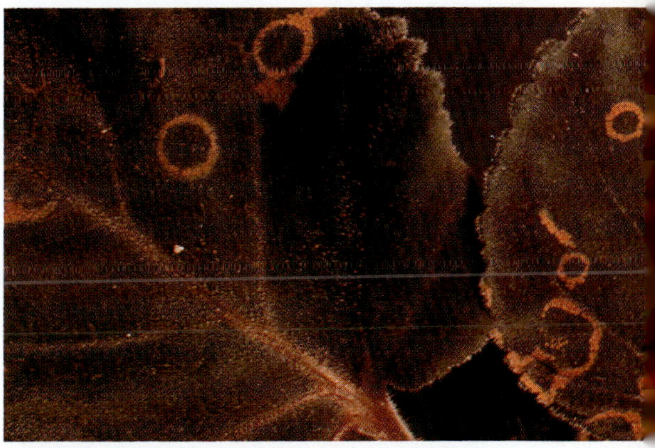

▲ Abb. 616 / Typische Ringflecken durch unvorsichtiges Giessen

▼ Abb. 617 / Eingetrockneter Blattrand durch Überdüngung

Eingetrocknete Blattränder

Schadbild: Die Blattränder vergilben und trocknen ein, und das Blatt vertrocknet nach und nach, besonders im unteren Pflanzenbereich. Auch die Wurzeln sterben teilweise ab.

Ursache: Die Pflanzen wurden überdüngt oder in trockene Topfballen gedüngt. Bei zu hoher Salzkonzentration in der Erde wird durch die Osmose Wasser aus der Pflanze gezogen, wodurch die unteren Blätter nach und nach eintrocknen.

Bekämpfung: Nie in trockene Erdballen düngen. Vorher immer vorgiessen. Düngergaben dem Bedarf anpassen! Lieber halbe Gaben verabreichen und öfter düngen.

Pflanzen für sehr warme Standorte 20 bis 25 °C

Botanischer Namen	Deutscher Namen (Handelsname)	Optimale Temperatur °C	Minimale Luxwerte	Sehr hell	hell	Schattig Mässig	Feucht bis trocken	Mässig feucht	Stets feucht	Erhöhte Luftfeuchtigkeit +LF
Achimenes-Hybriden	Schiefteller	18–22	1500		×			×		
Aechmea-Arten	Lanzenrosette	18–22	800–1000		×	×		×		
Allamanda cathartica	Goldtrompete	18–25	2000		×			×		×
Amomum compactum	Kardamom	18–22	1000		×			×	×	
Anthurium crystallinum	Genervte Anthurium	18–22	600–1000		×	×		×		×
Aphelandra squarrosa	Glanzkölbchen	18–25	1000		×		×			
Blechnum gibbum	Rippenfarn	18–25	800–1000		×	×		×	×	×
Calathea-Arten	Korbmarante	18–22	500–800		×	×		×		×
Ceropegia woodii	Leuchterblume	18–25	1200	×	×		×	×		
Cocos nucifera	Kokosnusspalme	20–23	800		×	×		×	×	×
Columnea-Arten	Kolumnee	18–22	1000		×			×		
Cordyline-Arten	Keulenlilie	15–22	700		×	×		×		×
Cryptanthus-Arten	Erdstern	18–25	400–700		×	×		×	×	×
Dieffenbachia-Arten	Dieffenbachie	18–25	600–800		×	×		×		
Dracaena-Arten	Drachenbaum	18–22	400–600		×	×		×		
Elettaria cardamomum	Kardomom	15–22	1000		×			×	×	
Epipremnum pinnatum	Efeutute	18–22	400		×	×		×		
Euphorbia-Arten	Wolfsmilch	16–25	2000	×	×		×	×		
Fittonia-Arten	Fittonie	16–25	800		×	×		×	×	×
Guzmania-Arten	Guzmanie	18–22	800–1000		×	×		×	×	×
Howeia-Arten	Kentiapalme	14–25	500–600		×	×		×	×	
Justicia brandegeana	Zimmerhopfen	18–25	1500–2000		×			×		
Maranta-Arten	Marante	18–22	400–600		×	×		×		×
Medinilla magnifica	Medinille	18–22	1200		×			×		×
Microcoelum weddelianum	Kokospälmchen	18–22	800		×	×		×	×	
Neoregelia carolinae	Nestananas	20–25	1000		×			×	×	
Nidularium innocentii var. striatum	Nestbromelie	20–25	1000		×			×	×	
Oncidium-Hybriden	Oncidie	18–20	1800		×			×	×	×
Pachypodium lamieri	Madagaskarpalme	15–25	1500	×	×		×	×		
Pandanus veitchii	Schraubenbaum	18–25	600–800		×	×		×	×	
Paphiopedilum-Hybriden	Venusschuhorchidee	18–25	1800		×			×	×	×
Peperomia-Arten	Pfeffergesicht	18–22	800–1000		×			×		
Phalaenopsis-Hybriden	Malaienblume	16–25	1800		×			×	×	×
Philodendron erubescens	Roter Baumfreund	18–22	600–800		×	×		×		
Saintpaulia-Ionantha-Hybriden	Usambaraveilchen	18–22	1000		×			×		
Schefflera elegantissima	Fingeraralie	18–22	1500		×			×		
Sinningia-Arten	Gloxinia, Rechsteinerie	18–22	1000		×			×		
Stromanthe amabilis	Stromanthe	18–22	500–600		×	×		×		×
Triplochlamys multiflora	Pavonie	18–22	1500		×			×		×
Vanda-Hybriden	Vanda-Orchidee	18–25	1800		×			×	×	×

Pflanzen für mässig warme Standorte 16 bis 20 °C

Botanischer Namen	Deutscher Namen (Handelsname)	Optimale Temperatur °C	Minimale Luxwerte	☼	◑	●	⊛	⊛⊛	⊛⊛⊛	+LF
Abutilon-Arten	Schönmalve	15–20	2000	X	X			X		
Acacia armata	Känguruhdorn	15–18	1500		X			X		
Acalypha-Arten	Katzenschwanz	16–20	1000–1500		X			X		X
Acorus graminaeus 'Variegatus'	Kalmus	15–18	800		X	X		X	X	
Adiantum-Arten	Frauenhaarfarn	15–20	600–800		X	X		X	X	
Aeonium arboreum	Dickblattrosette	15–20	2000	X	X		X	X		
Aeschynanthus-Arten	Schamblume	18–20	1000		X			X		
Aglaonema-Arten	Kolbenfaden	15–20	200–400		X	X		X	X	
Ampelopsis brevipedunculata	Scheinrebe	15–18	1000–1500		X			X		
Ananas comosus	Zierananas	18–20	700–1000		X	X		X	X	
Anthurium-Arten	Flamingoblume	16–20	600–1000		X	X		X		
Aphelandra-Arten	Glanzkölbchen	18–20	1000		X			X		
Araucaria heterophylla	Zimmertanne	15–18	800		X	X		X	X	
Ardisia crenata	Spitzblume	16–20	1000–1500		X			X		
Areca catechu	Betelnusspalme	16–18	800		X	X		X	X	
Asparagus-Arten	Zierspargel	15–20	1500		X			X		
Aspidistra elatior	Schusterpalme	15–18	400–600		X	X		X		
Asplenium nidus	Nestfarn	18–20	800–1000		X	X		X	X	X
Beaucarnea recurvata	Flaschenbaum	18–20	1500	X	X		X	X		
Begonia-Arten	Schiefblatt	13–20	800–2000		X			X		
Billbergia nutans	Haferbromelie	15–20	600	X	X	X		X		
Blechnum-Arten	Rippenfarn	18–25	800–1000		X			X	X	X
Bougainvillea-Arten	Bougainvillee	18–25	2000	X	X			X		
Brachychiton rupestris	Glücksbaum	15–20	1500–2000	X	X			X		
Brosimum alicastrum	Brotnussbaum	16–20	1000–1500		X			X		
Browallia speciosa	Browallie	15–18	2000		X			X		
Brunfelsia pauciflora var. calycina	Brunfelsie	18–20	1000		X			X		X
Callisia-Arten	Callisie	12–18	800–1000		X			X		
Camellia japonica	Kamelie	15–16	2000	X	X			X	X	
Capsicum annuum	Zierpfeffer	15–18	2000–3000	X	X			X		
Carex brunnea 'Variegata'	Ziersegge	15–20	1000		X			X	X	
Catharanthus roseus	Catharanthus	16–20	2000–3000		X			X		
Celosia cristata	Zelosie	15–18	2000–3000	X	X			X		
Chamaedorea elegans	Bergpalme	15–20	500–600		X	X		X	X	
Chlorophytum comosum 'Variegatum'	Grünlilie	8–20	1500		X			X		
Chrysalidocarpus lutescens	Goldfruchtpalme	16–22	800–1000		X	X		X	X	
Cissus-Arten	Zierrebe	15–20	500–800		X	X		X		
x Citrofortunella microcarpa	Kalamondie	15–20	1800		X			X		
Clerodendrum-Arten	Losbaum	18–20	2000–3000	X	X			X		
Cleyera japonica	Sperrstrauch	15–18	1500		X			X		
Clivia miniata	Klivie	15–20	500–800		X	X		X		
Codiaeum variegatum var. pictum	Wunderstrauch	18–20	1000–5000		X			X		X
Coffea arabica	Kaffeebaum	16–20	800		X	X		X		
Columnea-Arten	Kolumnee	18–22	1000		X			X		

Pflanzen für mässig warme Standorte 16 bis 20 °C

Botanischer Namen	Deutscher Namen (Handelsname)	Optimale Temperatur °C	Minimale Luxwerte	☼	◑	●	💧	💧💧	💧💧💧	+LF
Coprosma x kirkii	Koprosma	12–18	1500–2000	X	X			X		
Cordyline-Arten	Keulenlilie	15–22	600–800		X	X		X		X
Crassula-Arten	Dickblatt	15–25	1800	X	X		X	X		
Crossandra infundibuliformis	Crossandre	18–20	1500		X			X		
Ctenanthe-Arten	Ctenanthe	18–20	500–800		X	X		X		
Cuphea hyssopifolia	Köcherblümchen	15–18	1500–2000		X			X		
Cupressus macrocarpa 'Gold Crest'	Goldzypresse	15–20	1000		X			X		
Cyclamen persicum	Alpenveilchen	12–16	1000		X			X		
Cymbidium-Hybriden	Kahnorche	15–20	2000–3000	X	X			X		
Cyperus-Arten	Zypergras	12–20	1500		X			X	X	
Cyrtomium falcatum	Sichelfarn	12–18	600		X	X		X	X	
Cytisus-Arten	Geissklee	12–18	2000–3000	X	X			X		
Davallia mariesii	Katzenpfotenfarn	15–20	600–800		X	X		X	X	
Dendranthema-Grandiflora-Hybriden	Chrysantheme	12–18	2000–3000	X	X			X		
Dendrobium-Phalaenopsis-Hybriden	Dendrobie	18–25	1500–2000		X			X		X
Didymochlaena truncatula	Didymochlaena	12–18	600–1000		X	X		X	X	
Dieffenbachia-Arten	Dieffenbachie	18–25	500–800		X	X		X		
Dipladenia-Arten	Trichterblüte	18–20	1500		X			X		
Dipteracanthus makoyanus	Dipteracanthus	18–22	1500	X	X			X		
Dracaena-Arten	Drachenbaum	18–22	400–800		X	X		X		
Duchesnea indica	Indische Erdbeere	15–18	2000–3000	X	X			X		
Echeveria-Arten	Rosettenblüte	15–25	2000–5000	X			X	X		
Elettaria cardamomum	Kardamom	15–20	1000		X			X		
Epipremnum pinnatum	Goldranke	18–22	400		X	X		X		
Episcia cupreata	Schattenröhre	16–20	800		X			X		
Euonymus japonica	Spindelstrauch	15–18	800–1000		X			X		
Euphorbia-Arten	Wolfsmilch, Sukkulenten	16–25	2000	X	X		X	X		
Euphorbia pulcherrima	Weihnachtsstern	16–20	2000–3000		X			X		
Exacum affine	Blaues Lieschen	16–20	1500–2000		X			X		
x Fatshedera lizei	Efeuaralie	16–18	500–1000		X	X		X		
Ficus-Arten	Gummibaum	15–20	600–2000		X	X		X		
Fittonia verschaffeltii	Fittonie	18–25	800		X	X		X	X	X
Gardenia jasminoides	Gardenie	18–22	1500–2000		X			X		
Gerbera jamesonii	Gerbera	18–20	2000–5000	X	X			X		
Grevillea robusta	Silbereiche	15–20	1000	X	X			X		
Guzmania-Arten	Guzmanie	18–22	800–1000		X			X	X	
Gynura aurantiaca	Klettergynure	15–20	1000	X	X			X		
Harpephyllum caffrum	Zimmeresche	15–20	1500		X			X		
Hatiora gaertnerii	Osterkaktus	15–20	2000–3000	X	X		X	X		
Hebe-Arten	Zimmerveronika	15–18	1500–2000	X	X			X		
Hedera-Arten	Zimmerefeu	12–20	500–1000		X	X		X		
Hemionitis arifolia	Hemionitis	15–20	800–1000		X			X	X	
Hibiscus rosa-sinensis	Chinesischer Roseneibisch	15–18	2000	X	X			X		
Hippeastrum-Hybriden	Amaryllis	17–20	2000–5000	X	X			X		

Pflanzen für mässig warme Standorte 16 bis 20 °C

Botanischer Namen	Deutscher Namen (Handelsname)	Optimale Temperatur °C	Minimale Luxwerte	☼	◑	●	◉	◉◉	◉◉◉	+LF
Howeia-Arten	Kentiapalme	14–25	500–600		X	X		X	X	
Hoya-Arten	Wachsblume	16–20	2000–5000		X	X		X		
Hypocyrta glabra	Kussmäulchen	18–20	1500–2000		X			X		
Hypoestes phyllostachya	Punktblume	15–18	1500		X			X		
Impatiens-Arten	Fleissiges Lieschen	12–18	1800		X			X	X	
Ixora coccinea	Ixora	17–20	1500–2000		X			X		
Jacaranda mimosifolia	Palisanderbaum	15–20	1000–1500	X	X			X		
Jacobinia carnea	Jakobinie	18–20	1500–2000		X			X		
Jasminum-Arten	Jasmin	15–18	2000–3000		X			X		
Jatropha podagrica	Jatrophe	16–20	1500–2000	X	X		X	X		
Justicia brandegeana	Zimmerhopfen	18–25	1500–2000		X			X		
Kalanchoe-Arten	Flammendes Käthchen	15–20	1800		X			X		
Leea guinensis 'Burgundy'	Leea	18–22	1500		X			X		
Leptospermum scoparium	Südseemyrte	15–25	1500–2000	X	X			X		
Liriope muscari	Liriope	18–20	800–1000		X	X		X		
Livistonia rotundifolia	Schirmpalme	18–20	1000		X			X	X	
Ludisia discolor var. discolor	Blutstengel	18–22	1500–2000		X			X		
Maranta-Arten	Marante	18–22	400–600		X	X		X		X
Miltonia-Hybriden	Veilchenorchidee	15–18	1800–2000		X			X		X
Monstera-Arten	Fensterblatt	18–22	600–800		X	X		X		
Musa acuminata	Zierbanane	18–20	1000		X			X		
Myrtus communis	Brautmyrte	16–20	1000–1500	X	X			X		
Nematanthus gregarius	Getl. Kussmäulchen	16–20	5000–2000		X			X		
Nephrolepis exaltata	Schwertfarn	16–18	800–1000		X	X		X	X	
Oncidium-Hybriden	Oncidie	18–20	1800–2000		X			X		X
Ophiopogon jaburan 'Variegata'	Schlangenbart	15–18	800–1000		X	X		X		
Oxalis-Arten	Glücksklee	12–18	1500–2000	X	X			X		
Pachira aquatica	Flaschenbaum	16–20	1500–2000	X	X			X	X	
Pachypodium lamieri	Madagaskarpalme	15–25	1500	X	X		X	X		
Pachystachys lutea	Dichtähre	18–22	1500		X			X		
Passiflora caerulea	Passionsblume	15–25	1000	X	X			X		
Pelargonium-Grandiflorum-Hybriden	Glockengeranie	15–20	2000–3000		X			X		
Pellaea rotundifolia	Pellefarn	15–18	500–800		X	X		X	X	X
Pellionia-Arten	Pellionie	15–20	1000		X			X		
Peperomia-Arten	Pfeffergesicht	18–22	800–1000		X	X		X		
Perilepta dyeriana	Perilepte	15–20	1000		X			X		
Phalaenopsis-Hybriden	Malaienblume	16–25	1800–2000		X			X		X
Philodendron-Arten	Baumfreund	18–20	600–800		X	X		X		
Phoenix-Arten	Phönix-Palme	16–22	1000–2000	X	X			X		
Phyllitis scolopendrium	Hirschzungenfarn	12–18	800–1000		X	X		X	X	
Pilea-Arten	Kanonierblume	12–20	800–1000		X			X		
Piper crocatum	Zierpfeffer, rosa	15–20	500–800		X	X		X		X
Pisonia umbellifera	Pisonie	12–20	1000–1500		X			X		
Platycerium-Arten	Geweihfarn	18–22	600–1000		X	X		X	X	

Pflanzen für mässig warme Standorte 16 bis 20 °C

Botanischer Namen	Deutscher Namen (Handelsname)	Optimale Temperatur °C	Minimale Luxwerte	☼	◑	●	💧	💧💧	💧💧💧	+LF
Plectranthus-Arten	Mottenkönig	12–20	1000–1500	X	X			X		
Plumbago-Arten	Bleiwurz	15–25	1500–2000	X	X			X		
Polyscias scutellaria 'Pennockii'	Polyscias	15–20	1200		X			X		
Polystichum tsus-simense	Schildfarn	16–20	600–800		X	X		X	X	
Primula-Arten	Becherprimel u. a.	12–18	800–1500		X			X		
Pteris-Arten	Saumfarn	15–20	800		X	X		X	X	
Punica granatum 'Nana'	Zwerggranatapfel	15–25	1000–1500	X	X			X		
Radermachera sinica	Radermachera	16–20	800–1000		X			X		
Rhododendron-Simsii-Hybriden	Indische Azalee	15–18	800–1000		X			X	X	
Rhoicissus-Arten	Königsrebe	15–20	500–700		X	X		X		
Rossioglossum grande	Odontoglossum	18–22	1800–2000		X			X		
Saintpaulia-Ionantha-Hybriden	Usambaraveilchen	18–22	1000–5000		X			X		
Sansevieria trifasciata	Bogenhanf	18–25	800–1000	X	X	X	X	X		
Saxifraga stolonifera 'Tricolor'	Judenbart, bunt	16–20	800–1000		X			X		
Scadoxus multiflorus ssp. katherinae	Blutblume	15–20	1500–2000	X	X			X		
Schefflera-Arten	Fingeraralie	15–20	600–800		X	X		X		
Schlumbergera-Hybriden	Weihnachtskaktus	15–18	1800–2000	X	X			X		
Scindapsus pictus	Gefleckte Efeutute	18–25	700		X	X		X		X
Scirpus cernuus	Frauenhaargras	16–20	1000		X			X	X	X
Sedum-Arten	Fetthenne	15–18	1000–1500	X	X		X	X		
Selaginella-Arten	Mooskraut	15–18	800		X	X		X	X	X
Senecio-Arten	Kreuzkraut	15–18	800–1000		X			X		
Siderasis fuscata	Siderasis	16–20	800–1000		X	X		X		
Solanum pseudocapsicum	Korallenstrauch	15–18	1000–1500	X	X			X		
Soleirolia soleirolii	Bubiköpfchen	15–18	800–1500		X			X		
Sparmannia africana	Zimmerlinde	15–18	1500	X	X			X		
Spathiphyllum-Arten	Spathenblume	18–22	500		X	X		X		
Stephanotis floribunda	Duftranke	15–20	1000–1500	X	X			X		
Streptocarpus-Hybriden	Drehfrucht	17–20	1000		X			X		
Stromanthe amabilis	Stromanthe	18–22	500–800		X	X		X		X
Syngonium-Arten	Syngonium	15–20	400		X	X		X		
Tetrastigma voinierianum	Kastanienwein	12–18	600		X	X		X		
Tillandsia-Arten	Tillandsie	18–20	700–1000		X	X		X	X	
Tolmiea menziesii	Henne und Kücken	15–22	1000–1500		X			X		
Tradescantia-Arten	Tradeskantie	12–20	700–1000		X	X		X		
Triplochlamys multiflora	Pavonie	18–22	1200		X			X		
Vriesea-Arten	Schwertbromelie	16–22	1000		X			X	X	
Whitfieldia elongata	Whitfieldia	15–18	1500		X			X		
Yucca-Arten	Palmlilie	15–20	1500	X	X			X		
Zantedeschia-Arten	Kalla	16–20	1000	X	X			X	X	

Pflanzen für kühle Standorte 10 bis 15 °C

Botanischer Namen	Deutscher Namen (Handelsname)	Optimale Temperatur °C	Minimale Luxwerte	☼	◑	●	◉	◉◉	◉◉◉	+LF
Calceolaria-Hybriden	Pantoffelblume	12–15	800–1000		X	X		X		
Callisia-Arten	Callisie	12–18	800–1000		X	X		X		
Campanula-Arten	Glockenblume	10–15	1800	X	X			X		
Chlorophytum comosum	Grünlilie	8–20	1500		X			X		
Cissus-Arten	Japanwein	12–18	500–800		X	X		X		X
Coprosma x kirkii	Koprosma	12–18	1500–2000	X	X			X		
Cordyline indivisa	Keulenlilie	10–15	600–800	X	X	X		X		
Cyperus-Arten	Zypergras	12–20	1500		X			X	X	
Cyrtomium falcatum	Sichelfarn	12–18	600		X	X		X	X	
Dendranthema-Grandiflora-Hybriden	Chrysantheme	12–18	2000–3000	X	X			X		
Dianthus caryophyllus	Topfnelken	12–15	2000	X	X			X		
Didymochlaena truncatula	Didymochlaene	12–18	600–1000		X	X		X	X	X
Erica-Arten	Erika	10–15	1000–1500	X	X			X	X	
Fatsia japonica	Aralie	12–15	500–1000		X	X		X		
Hedera helix ssp. poetarum	Efeu, kleinblättrig	12–18	500–1000		X	X		X		
Impatiens walleriana	Fleissiges Lieschen	12–18	1800		X			X	X	
Nertera granadensis	Korallenbeere	12–15	1500–2000		X			X		
Oxalis deppei	Glücksklee	12–18	1500–2000	X	X			X		
Phyllitis scolopendrium	Hirschzunge	12–18	800–1000		X	X		X	X	
Pilea microphylla	Kleinblättrige Pilea	12–18	800–1000	X	X	X		X		
Pisonia umbellifera	Pisonie	12–20	1000–1500		X			X		
Plectranthus-Arten	Mottenkönig	12–20	1000–1500	X	X			X		
Primula-Arten	Primeln	10–15	2000–3000	X	X			X		
Pteris cretica	Saumfarn	12–15	800		X	X		X	X	
Rosa-Hybriden	Topfrose	10–15	2000–3000	X	X			X		
Saxifraga stolonifera, grüne Art	Judenbart	10–15	800–1000		X	X		X		
Selaginella-Arten	Mooskraut	10–18	800		X	X		X	X	X
Senecio-Cruentus-Hybriden	Zinerarie	12–18	2000–3000	X	X			X		
Skimmia-Arten	Skimmie	10–15	1000–1500	X	X			X	X	
Tetrastigma voinierianum	Kastanienwein	12–18	600	X	X	X		X		
Thunbergia alata	Schwarzäugige Susanne	12–20	1500–2000	X	X			X		
Tradescantia-Arten	Tradeskantie	12–20	700–1000		X	X		X		

Pflanzen für lichtarme Standorte (nach Luxwerten geordnet)

Botanischer Namen	Deutscher Namen (Handelsname)	Optimale Temperatur °C	Minimale Luxwerte	☼	◑	●	💧	💧💧	💧💧💧	+LF
Aglaonema commutatum var. robustum	Kolbenfaden	15–20	200–400		X	X		X	X	
Aglaonema crispum 'Silver Queen'	Kolbenfaden	16–20	200–400		X	X		X	X	
Philodendron scandens	Kletterbaumfreund	16–20	300		X	X		X		
Dracaena fragrans	Duftender Drachenbaum	18–22	400		X	X		X		
Epipremnum pinnatum	Efeutute	18–22	400		X	X		X		
Syngonium podophyllum	Syngonium	15–20	400		X	X		X		
Aspidistra elatior	Schusterpalme	15–18	400–600		X	X		X		
Dracaena deremensis	Drachenbaum	18–22	400–600		X	X		X		
Maranta leuconeura	Marante	18–22	400–600		X	X		X		X
Ficus lyrata	Geigengummibaum	18–20	400–700		X	X		X		
Dracaena sanderiana	Sanders Drachenbaum	18–22	500		X	X		X		X
Spathiphyllum-Arten	Spathenblume	18–22	500		X	X		X		
Chamaedorea elegans	Bergpalme	15–20	500–600		X	X		X	X	
Cissus antarctica	Känguruhwein	16–20	500–600		X	X		X		
Dracaena marginata	Drachenbaum	15–20	500–600		X	X		X		
Howeia forsteriana	Kentiapalme	20–25	500–600		X	X		X	X	
Schefflera actinophylla	Fingerblatt	15–20	500–600		X	X		X		
Stromanthe amabilis	Stromanthe	18–22	500–600		X	X		X		X
Cissus rhombifolia	Königswein	15–20	500–700		X	X		X		
Calathea-Arten	Calathea	18–22	500–800		X	X		X		X
Clivia miniata	Klivie	15–18	500–800		X	X		X		
Dieffenbachia-Arten	Dieffenbachie	18–25	500–800		X	X		X		
Dracaena surculosa var. maculata	Gefleckter Drachenbaum	18–22	500–800		X	X		X		X
Pandanus veitchii	Schraubenbaum	18–25	500–800		X	X		X	X	
Pellaea rotundifolia	Pellefarn	15–18	500–800		X	X		X	X	X
Philodendron bipennifolium	Baumfreund	18–20	500–800		X	X		X		
Begonia boweri	Bowers Begonie	15–18	500–1000		X	X		X		
Begonia-Rex-Hybriden	Königsbegonie	16–18	500–1000		X	X		X		
x Fatshedera lizei	Efeuaralie	16–18	500–1000		X	X		X		
Fatsia japonica	Aralie	12–15	500–1000		X	X		X		
Ficus leprieurii	Kongofeige	15–20	500–1000		X	X		X		
Hedera helix ssp. canariensis	Kanarischer Efeu	15–20	500–1000		X	X		X		
Sansevieria trifasciata	Bogenhanf	18–25	500–1000	X	X	X	X	X		
Adiantum-Arten	Frauenhaarfarn	15–20	600		X	X		X	X	
Billbergia nutans	Haferbromelie	15–20	600	X	X	X		X		
Schefflera arboricola	Strahlenaralie	15–20	600		X	X		X		
Tetrastigma voinierianum	Kastanienwein	12–18	600		X	X		X		
Begonia x erythrophylla	Rundblättr. Begonie	18–20	600–800		X	X		X		
Ficus cyathistipula	Gummibaum	15–20	600–800		X	X		X		
Ficus deltoidea	Mistelfeige	15–20	600–800		X	X		X		
Ficus pumila	Kletterfeige	15–20	600–800		X	X		X		
Monstera deliciosa 'Borsigiana'	Fensterblatt	18–22	600–800		X	X		X		
Philodendron-Arten	Baumfreund	18–22	600–800		X	X		X		
Cordyline-Arten	Keulenlilie	15–22	700		X	X		X		X

Pflanzen für lichtarme Standorte (nach Luxwerten geordnet)

Botanischer Namen	Deutscher Namen (Handelsname)	Optimale Temperatur °C	Minimale Luxwerte	☼	◑	●				+LF
Scindapsus pictus	Gefleckter Scindapsus	18–25	700		X	X		X		X
Hoya-Arten	Wachsblume	16–20	700–800		X	X		X		
Ananas comosus 'Variegata'	Zierananas	18–20	700–1000		X	X		X	X	
Neoregelia carolinae 'Tricolor'	Nestbromelie	20–25	700–1000		X	X		X	X	
Tillandsia cyanea	Tillandsie	18–20	700–1000	X	X	X		X	X	
Tradescantia fluminensis	Tradeskantie	12–20	700–1000		X	X		X		
Araucaria heterophylla	Zimmertanne	15–18	800		X	X		X	X	
Asplenium nidus	Nestfarn	18–20	800		X	X		X	X	
Cissus striata	Japanwein	12–18	800		X	X		X		
Cocos nucifera	Kokospalme	20–23	800		X	X		X	X	
Coffea arabica	Kaffeebaum	16–20	800		X	X		X		
Microcoelum weddelianum	Kokospälmchen	18–22	800		X	X		X	X	
Pilea-Arten	Kanonierblume	15–22	800		X	X		X		
Pteris cretica	Saumfarn	12–15	800		X	X		X	X	
Selaginella-Arten	Mooskraut	10–18	800		X	X		X	X	X
Aechmea fasciata u. a. Arten	Lanzenrosette	18–25	800–1000	X	X	X		X	X	
Begonia-Corallina-Hybriden	Forellenbegonie	15–18	800–1000		X	X		X		
Begonia masoniana 'Iron Cross'	Eisernes Kreuz-Begonie	18–22	800–1000		X	X		X		
Guzmania-Arten	Guzmanie	18–22	800–1000		X	X		X	X	
Nephrolepis exaltata	Schwertfarn	16–18	800–1000		X	X		X	X	
Peperomia-Arten	Pfeffergesicht	15-20	800–1000		X	X		X		
Saxifraga stolonifera	Judenbart	16–20	800–1000		X	X		X		
Aphelandra squarrosa	Glanzkölbchen	18–25	1000		X			X		
Elletaria cardamomum	Kardamom	15–20	1000		X			X		
Grevillea robusta	Silbereiche	15–20	1000	X	X			X		
Hedera helix ssp. poetarum	Kleinblättr. Efeu	12–18	1000		X			X		
Pisonia umbelliferae 'Variegata'	Pisonie	12–20	1000		X			X		
Polyscias scutellaria 'Penockii'	Efeubaum	15–20	1000		X			X		
Vriesea-Hybriden	Vriesea	18–22	1000		X			X	X	
Vriesea spendens	Schwertbromelie	16–22	1000		X			X	X	

Pflanzen, die hohe Luftfeuchtigkeit benötigen

Botanischer Namen	Deutscher Namen (Handelsname)	Optimale Temperatur °C	Minimale Luxwerte	☼	◑	●	☕	☕☕	☕☕☕	+LF
Acalypha-Arten	Katzenschwanz	16–20	1000–1500		X			X		X
Actiniopteris australis	Actiniopteris	15–20	800–1000		X	X		X	X	X
Alocasia lowii	Alokasie	18–22	800		X	X		X		X
Anthurium crystallinum	Weissgenervte Anthurie	18–22	600–1000		X	X		X		X
Aphelandra maculata	Glanzkölbchen	15–25	800–1000		X	X		X		X
Asplenium nidus	Nestfarn	18–20	800–1000		X	X		X	X	X
Blechnum brasiliense	Rippenfarn	18–25	800–1000		X	X		X	X	X
Brassovola perrinii	Brassavola	18–22	1800		X			X		X
Brunfelsia pauciflora var. calycina	Brunfelsie	20	1000		X			X		X
Caladium-Bicolor-Hybriden	Buntwurz	20–25	1000		X			X		X
Calanthe-Vestita-Hybriden	Calanthe-Orchidee	18–22	1800		X			X		X
Calathea-Arten	Calathea	18–22	500–800		X	X		X		X
Cattleya-Labiata-Hybriden	Cattleya-Orchidee	15–25	1800		X			X		X
Cissus discolor	Bunte Klimme	15–20	600–800		X	X		X		X
Cocos nucifera	Kokosnuss	20–23	800		X	X		X	X	X
Codiaeum variegatum var. pictum	Wunderstrauch	18–20	1000–5000		X			X		X
Cordyline fruticosa	Keulenlilie	18–22	700		X	X		X		X
Cryptanthus-Arten	Erdstern	18–23	400–700		X	X		X	X	X
Ctenanthe-Arten	Ctenanthe	18–20	500–800		X	X		X		X
Cymbidium-Hybriden	Kahnorchidee	15–20	1800		X			X		X
Darlingtonia californica	Kobrapflanze	12–15	1000		X			X	X	X
Dendrobium-Phalaenopsis-Hybr.	Dendrobium-Orchidee	18–25	1800		X			X	X	X
Didymochlaena truncatula	Didymochlaena	12–18	600–1000		X	X		X	X	X
Dionaea muscipula	Venusfliegenfalle	15–18	1000		X			X	X	X
Dipteracanthus makoyanus	Dipterakanthus	18–22	1000		X			X		X
Dischidia pectenoides	Dischidie	20–25	1800		X			X	X	X
Fittonia verschaffeltii	Fittonie	16–25	800		X	X		X	X	X
Guzmania-Arten	Guzmanie	18–22	800–1000		X	X		X	X	X
Hemionitis arifolia	Hemionitis	15–20	600–1000		X	X		X	X	X
Jasminum-Arten	Jasmin	15–18	1500		X			X		X
Ludisia discolor var. discolor	Blutstengel-Orchidee	18–22	1800		X			X		X
Maranta-Arten	Marante	18–22	500–800		X	X		X		X
Medinilla magnifica	Medinille	18–22	1200		X			X		X
Miltonia-Hybriden	Veilchen-Orchidee	15–18	1800		X			X	X	X
Mimosa pudica	Schampflanze	18–22	1500		X			X		X
Nepenthes-Hybriden	Kannenpflanze	20–22	1200		X			X	X	X
Oncidium-Hybriden	Oncidium-Orchidee	18–20	1800		X			X	X	X
Paphiopedilum-Hybriden	Frauenschuhorchidee	18–25	1800		X			X	X	X
Phalaenopsis-Hybriden	Malaienblume, Orchidee	16–25	1800		X			X	X	X
Philodendron melanochrysum	Dunkelblättr. Baumfreund	18–22	600–800		X	X		X		X
Pilea crassifolia 'Moon Valley'	Grossbl. Kanonierblume	18–22	800–1000		X	X		X		X
Piper crocatum	Zierpfeffer	15–20	500–800		X	X		X		X
Pseuderanthemum atropurpureum	Pseuderanthemum	18–22	1000		X			X		X
Pteris-Arten	Saumfarn	12–20	800		X	X		X	X	X

Pflanzen, die hohe Luftfeuchtigkeit benötigen

Botanischer Namen	Deutscher Namen (Handelsname)	Optimale Temperatur °C	Minimale Luxwerte	☼	◑	●	☕	☕☕	☕☕☕	+LF
Rossioglossum grande	Odontoglossum-Orchidee	18–22	1800		X			X	X	X
Schefflera elegantissima	Fingeraralie	18–25	1500		X			X		X
Scindapsus-Arten	Gefl. Efeutute	18–25	700		X	X		X		X
Scirpus cernuus	Frauenhaargras	16–20	1000		X			X	X	X
Selaginella-Arten	Mooskraut	10–18	800		X	X		X	X	X
Stephanotis floribunda	Kranzschlinge	15–20	1000		X			X		X
Stromanthe amabilis	Stromanthe	18–22	500–600		X	X		X		X
Tillandsia usneoides	Tillandsie, Bärenbart	18–22	800		X	X		X		X
Triplochlamys multiflora	Pavonie	18–22	1500		X			X		X
Vanda-Hybriden	Vanda-Orchidee	18–25	1800		X			X	X	X
x Vuylstekeara-Hybriden 'Cambria'	Cambria-Orchidee	18–22	1800		X			X	X	X

Pflanzen, die sonnige Lage und trockene Luft ertragen

Botanischer Namen	Deutscher Namen (Handelsname)	Sommer Optimale Temp./°C	Winter Optimale Temp./°C	☼	◑	●	☕	☕☕	☕☕☕	+LF
Aeonium arboreum	Dickblattrosette	15–20	8–10	X	X		X			
Aloe arborescens	Strauchige Aloe	15–25	5– 8	X	X		X	X		
Astrophytum-Arten	Bischofsmütze	18–25	5–10	X	X		X			
Beaucarnea recurvata	Flaschenbaum	18–20	6–10	X	X	X	X	X		
Bougainvillea-Arten	Drillingsblume	18–25	5–12	X	X		X	X		
Cephalocereus senilis	Greisenhauptkaktus	15–25	12–15	X	X		X	X		X
Cereus peruvianus	Felsenkaktus	15–25	6–10	X	X		X			
Ceropegia woodii	Leuchterblume	20–25	10–12	X	X		X	X		
Coprosma x kirkii	Koprosma	12–18	8–10	X	X		X	X		
Crassula coccinea	Sonnenglut	15–25	6–10	X			X			
Crassula muscosa	Moosartiges Dickblatt	15–25	6–10	X			X			
Crassula ovata	Talerbaum	15–25	6–10	X	X		X	X		
Crassula perfoliata var. falcata	Sichelblättr. Dickblatt	15–25	6–10	X			X			
Crassula perforata	Halskettendickblatt	15–25	6–10	X			X			
Crassula rupestris	Dickblatt	15–25	6–10	X			X			
Crassula schmidtii	Schmidt's Dickblatt	15–25	6–10	X			X			
Echeveria derenbergii	Rosettenblüte	15–25	5–10	X	X		X	X		
Echeveria elegans	Rosettenblüte	15–25	5–10	X	X		X	X		
Echeveria setosa	Behaarte Rosettenblüte	15–25	5–10	X	X		X	X		
Echinocactus grusonii	Goldkugelkaktus	20–25	5–10	X	X		X			
Euphorbia erythraeae	Kandelaber-Wolfsmilch	18–30	12–15	X	X		X	X		
Euphorbia grandicornis	Stachel-Wolfsmilch	18–25	8–10	X	X		X	X		
Euphorbia meloformis	Melonen-Wolfsmilch	18–25	15	X	X		X	X		
Euphorbia milii	Christusdorn	18–25	12–15	X	X		X	X		
Euphorbia resinifera	Vierkantige Wolfsmilch	18–25	8–10	X	X		X	X		
Euphorbia tirucalli	Tirucall's Wolfsmilch	16–20	12–15	X	X		X	X		
Euphorbia trigona	Dreikantige Wolfsmilch	18–25	12–15	X	X		X	X		
Gasteria liliputana	Zwerggasterie	15–25	5–12	X	X		X	X		
Graptopetalum bellum	Graptopetalum	18–25	3– 8	X			X			
Grevillea robusta	Silbereiche	15–20	6–10	X	X		X	X		
Gynura aurantiaca	Samtpflanze	15–20	12–15	X	X			X		
Haemanthus albiflos	Blutblume	15–25	12–15	X	X		X	X		
Haworthia fasciata	Haworthie	15–25	10–12	X	X		X			
Jatropha podagrica	Jatropha	16–20	16–20	X	X		X	X		
Kalanchoe daigremontiana	Brutpflanze	18–25	12–15	X	X		X	X		
Lithops ruschiorum	Lebende Steine	18–20	10–12	X			X			
Mammillaria zeilmanniana	Warzenkaktus	15–25	4– 6	X	X		X			
Opuntia robusta	Feigenkaktus	20–30	5– 8	X	X		X			
Pachypodium lamieri	Madagaskarpalme	15–25	15–20	X	X		X	X		
Passiflora caerulea	Passionsblume	15–25	3– 8	X	X		X	X		
Phoenix canariensis	Phönixpalme	18–25	4– 8	X	X			X	X	
Plectranthus coleoides 'Marginatus'	Mottenkönig, hängend	12–20	12–15	X	X			X		
Plectranthus fruticosus	Mottenkönig	12–20	12–15	X	X			X		
Plumbago auriculata	Bleiwurz blau	18–25	7–12	X	X			X		

Pflanzen, die sonnige Lage und trockene Luft ertragen

Botanischer Namen	Deutscher Namen (Handelsname)	Sommer Optimale Temp./°C	Winter Optimale Temp./°C	☼	◑	●	⊙	⊙⊙	⊙⊙⊙	+LF
Punica granatum 'Nana'	Zwerggranatapfel	15–25	2– 8	X	X			X		
Sansevieria trifasciata	Bogenhanf	18–25	18–25	X	X		X	X		
Sedum morganianum	Affenschaukel	15–18	5–12	X	X		X			
Sedum sieboldii	Oktoberli	18–20	8–12	X	X			X		
Selenicereus grandiflorus	Königin der Nacht	18–25	15–18	X	X		X			
Stapelia grandiflora	Aasblume	18–30	12–15	X			X			
Tradescantia pallida	Rotblatt	12–18	12–12	X	X		X	X		
Yucca aloifolia	Palmlilie, schmalblättrig	15–25	6–10	X	X		X	X		

Kübelpflanzen, Standorte im Sommer und im Winter

Botanischer Namen	Deutscher Namen (Handelsname)	Sommer Optimale Temp./°C	Winter Optimale Temp./°C	Überwinterung
Agapanthus africanus	Schmucklilie	18–25	5– 6	Mässig feucht
Agave-Arten	Agave	18–25	5– 6	Relativ trocken halten
Anisodontea capensis	Scheinmalve	20–30	6–10	Mässig feucht halten
Aucuba japonica	Aukube	18–25	4– 6	Mässig feucht
Cassia corymbosa	Kassie	20–30	6–10	Stets feucht halten
Cassia didymobotrya	Kerzenstrauch	20–30	6–10	Stets feucht halten
Chamaerops humilis	Zwergpalme	18–25	2– 6	Mässig feucht
Citrus sinensis	Orangenbaum	15–20	4– 6	Mässig feucht
Cordyline indivisa	Keulenlilie	15–25	6– 8	Schwach feucht
Cycas revoluta	Palmfarn	15–25	12–15	Schwach feucht
Datura-Arten	Engelstrompete	15–25	7– 8	Schwach feucht
Erythrina crista-galli	Korallenstrauch	15–25	5– 7	Nicht austrocknen lassen
Ficus carica	Feigenbaum	15–25	2– 6	Schwach feucht
Fuchsia-Hybriden	Fuchsie	16–25	5– 8	Gleichmässig feucht
Lantana-Camara-Hybriden	Wandelröschen	20–30	6–10	Gleichmässig feucht
Laurus nobilis	Echter Lorbeer	15–25	0– 6	Gleichmässig feucht
Myrtus communis	Brautmyrte	15–20	4–12	Gleichmässig feucht
Nerium oleander	Oleander	18–30	5– 8	Mässig feucht
Olea europaea ssp. europaea	Olive	18–30	0– 6	Schwach feucht
Phoenix canariensis	Phönixpalme	15–25	4– 8	Gleichmässig feucht
Plumbago auriculata	Bleiwurz blau	15–25	6–10	Schwach feucht
Punica granatum	Granatapfelbaum	15–25	2– 8	Schwach feucht
Solanum rantonnetii	Blauer Kartoffelstrauch	15–25	4– 8	Nach Rückschnitt schwach feucht
Tibouchina urvilleana	Tibouchine	18–30	5–10	Mässig feucht
Trachycarpus fortunei	Hanfpalme	15–20	4– 8	Schwach feucht
Yucca aloifolia	Schmalblättrige Palmlilie	15–25	5– 8	Mässig feucht

Pflanzenliste nach Familien

Pflanzennamen deutsch / botanisch

Literaturnachweis

- *Balkon- und Kübelpflanzen,* Halina Heitz, Gräfe und Unzer-Verlag
- *Blumen der Welt,* Francis Pery, Lingen-Verlag
- *Dänische Topfpflanzen,* Gau, Valby DK
- *Das neue Zimmerpflanzenbuch,* Herta Simon, BLV-Verlag
- *Das grosse Buch der Zimmerpflanzen,* Fritz Kummert, Südwest-Verlag
- *Die grossartige Welt der Sukkulenten,* Dr. W. Rauh, Parey-Verlag
- *Die schönsten aber sind die Orchideen,* Walter Richter, Neumann-Verlag
- *Enzyklopädie der Garten- und Zimmerpflanzen,* Mosaik-Verlag
- *Erdkundliches Lehrbuch zum Diercke-Atlas,* Dr. G. Mostler, G. Westermann Verlag
- *Exotica 3,* A. B. Graf, USA
- *Grünpflanzen,* Daniel Widmer, Dawiro-Verlag
- *Hydrokultur,* Gerhard Baumann, Hallwag-Verlag
- *Hydrokultur,* Edwin Hanselmann, Ulmer-Verlag
- *Hydrokultur in der Innenbegrünung,* Forschungsanstalt Geisenheim, Thalacker-Verlag
- *Kakteen,* Cullmann, Götz, Gröner, Ulmer Verlag
- *Orchideen,* Walter Richter, Neumann-Verlag
- *Parey's Blumengärtnerei Band 1 + 2,* C. Bonstedt, Parey-Verlag
- *Parey's Zimmerpflanzen-Enzyklopädie,* Rob Herwig, Parey-Verlag
- *Pflanzenschutz an Zier- und Nutzpflanzen,* Bürki, Fritschi, Schloz, Fischer-Verlag
- *Sommerblumen für Garten und Balkon,* Moritz Bürki, Fischer-Verlag
- *Zander Handwörterbuch für Pflanzennamen 1993,* Ulmer-Verlag
- *Zimmerpflanzen,* Fritz Encke, Ulmer-Verlag
- *Zimmerpflanzen von heute und morgen: Bromelien,* Walter Richter, Neumann-Verlag

Bildernachweis

- Dürig Walter, Pflanzenschutzberater a. D., Roggwil
  602, 606, 614
- Eidg. Forschungsanstalt für Wein, Obst- und Gartenbau, Wädenswil (Gewerbekulturlabor)
  47, 48, 49, 50, 51, 52, 53, 54
- Fuchs Marianne, Gartenbaulehrerin, Willisau
  55, 56, 58, 59, 60, 61, 62, 579, 580, 581, 583, 584, 585, 600
- Hänsli Otto, Kakteensammlung, Solothurn
  2, 4, 10, 90, 486
- Isler Jakob, Orchideenkulturen, Russikon
  5
- Lehmann Walter, Gärtner, Zuchwil
  6
- Interhydro AG, Allmendingen-Bern
  586, 601
- Maag Dr. Rud. AG, Pflanzenschutzmittelfabrik, Dielsdorf
  608, 610, 616
- Rohrer Edwin, Florist, Solothurn
  1, 3, 572, 590, 591, 592
- Steiner Fritz, Gartenbaulehrer a. D., Koppigen
  153, 433

Herzlichen Dank für die freundliche Mithilfe!

Alle übrigen Aufnahmen sind vom Mitautor Bürki Moritz, Gärtnerfachlehrer, Langendorf, erstellt worden.

Dank

An dieser Stelle wollen wir auch den nachfolgenden Personen, Firmen und Institutionen herzlichst danken, die uns für die Aufnahmen bereitwillig ihre Pflanzen zur Verfügung stellten. Ohne ihre tatkräftige und moralische Unterstützung wäre dieses Fachbuch nie entstanden.

- Arnosti, Hydropflanzen Spezialbetrieb, Herrn P. Bieri und Frau H. Gehrig
- Blumenbörse Bern
- Blumenbörse Rothrist
- Botanischer Garten der Universität Basel, Herrn A. Müller
- Botanischer Garten der Universität Bern, Herrn P. Weibel
- Botanischer Garten Toronto, Kanada
- Eidg. Forschungsanstalt Wädenswil, Gewebekulturlabor, Herrn R. Theiler
- Fa. Häberli, Proplant-Labor, Neukirch-Egnach
- Hänsli Otto, Kakteensammlung, Solothurn
- Isler Jakob, Orchideenkulturen, Russikon
- Kant. Gartenbauschule Oeschberg, Koppigen, Herrn B. Frutschi und Frau Sollberger
- Meyer Peter, Orchideenkulturen, Wangen bei Dübendorf
- Queen-Elisabeth-Park, Vancouver, Kanada
- Stadtgärtnerei Brüglingen-Basel
- Stadtgärtnerei Elfenau-Bern, Herrn D. Hansen
- Thommen H. + S., Pflanzenkulturen, Möhlin
- Weber, Orchideenkulturen, Ettingen
- Wyss Samen und Pflanzen AG, Abt. Gärtnerei, Zuchwil-Solothurn